21世纪
高职高专规划教材·**会计系列**

Enterprise Internal Control Practice

企业内部控制实务

（第2版）

主编◎张长胜　副主编◎林树良　娄秀玲　黄巧莉

中国人民大学出版社
·北京·

前　言

企业内部控制是目前我国政府界、管理理论界和实务界的热点课题。热的原因不仅在于财政部、证监会、审计署、银监会、保监会五部委联合发布了《企业内部控制基本规范》和《企业内部控制配套指引》，也不仅在于许多国家通过立法强化企业内部控制，使企业内部控制日益成为我国企业进入国际资本市场的“入门卡”和“通行证”，而且在于企业自身对内部控制体系建设的现实需要。建立和完善企业内部控制体系，对于企业科学分析、及时识别和正确评价影响企业生存、发展的各种不确定因素，有效构筑企业经营风险的“防火墙”，全面提高企业经营管理水平和风险防范能力，促进企业可持续发展，具有十分重要的意义。

企业贯彻《企业内部控制基本规范》和《企业内部控制配套指引》、建立规范的内部控制体系需要大批精通企业内部控制理论和方法的人才。为此，全国中级会计专业技术资格考试、高级会计师资格考试以及注册会计师统一考试也将企业内部控制定位为中高级会计人员必须掌握的知识与技能，促使企业中高层管理人员学习和掌握企业内部控制技能；众多高等院校也纷纷开设企业内部控制课程，让管理类、财经类专业学生了解和掌握企业内部控制理论和方法；社会上的企业内部控制培训活动更是如火如荼。

在上述背景下，编写一部以《企业内部控制基本规范》和《企业内部控制配套指引》为基本依据，采用理论联系实际的方法，系统讲解企业内部控制理论、方法及操作实务的教材，以满足高等院校管理类、财经类专业学生学习企业内部控制课程的需要，显得尤为必要。为此，我们编写了本书。

本书的编写力求突出三个特色：

一是内容规范性。本书以《企业内部控制基本规范》、《企业内部控制配套指引》和财政部会计司解读企业内部控制配套指引为基本依据，力求内容与政府法规相辅相成。

二是体系完整性。本书以内部控制五大要素为主线，以内部控制关键环节为重点，系统阐述了企业内部控制的理论与实务。

三是讲解通俗性。本书理论阐述与案例分析密切结合，深入浅出地讲解企业内部控制的基本方法和操作要点，通俗易懂。

本书第 1 版于 2014 年 10 月付梓出版后，得到了广大读者的广泛好评，也受到了众多高校师生的青睐。作为本书的编者，除了对读者、出版社充满感恩之心之外，还对能够为企业内部控制在我国各界的学习研究、推广应用做出微薄贡献而感到由衷高兴。企业内部控制是一门与时俱进的学科，其理论探索与实务操作具有很大的发展空间。为使本书能够与时俱进，编者结合在浙江新农化工股份有限公司构建企业内部控制体系的实践对本书进行了完善和修订。

本书由山东经贸职业学院产业教授、浙江新农化工股份有限公司副总经理张长胜担任主编，山东经贸职业学院特聘教授、潍坊市财政局企业处主任林树良，浙江新农化工股份有限公司财务部副部长、高级会计师娄秀玲和浙江新农化工股份有限公司财务部副部长、注册会计师黄巧莉担任副主编。在本书的编写过程中，我们参阅了大量专家、学者的文献资料，谨向他们致以最诚挚的感谢！编者热切希望广大读者和致力于企业内部控制研究的专家、学者多提宝贵意见，以期不断改进和完善本书。

本书既可以作为高等院校管理类、财经类专业教材，也可以作为企业进行内部控制培训与实施的参考书。

由于作者水平有限，书中不妥之处在所难免，敬请读者批评指正。

编 者

2020 年 1 月

目　录

项目一

内部控制基础知识

【教学目标】

1. 知识目标

- 理解内部控制的含义、作用
- 掌握内部控制的目标、原则与要素

2. 能力目标

- 明确我国企业内部控制规范体系的组成内容
- 明确企业内部控制制度设计的程序、方法和内容

【学习指南】

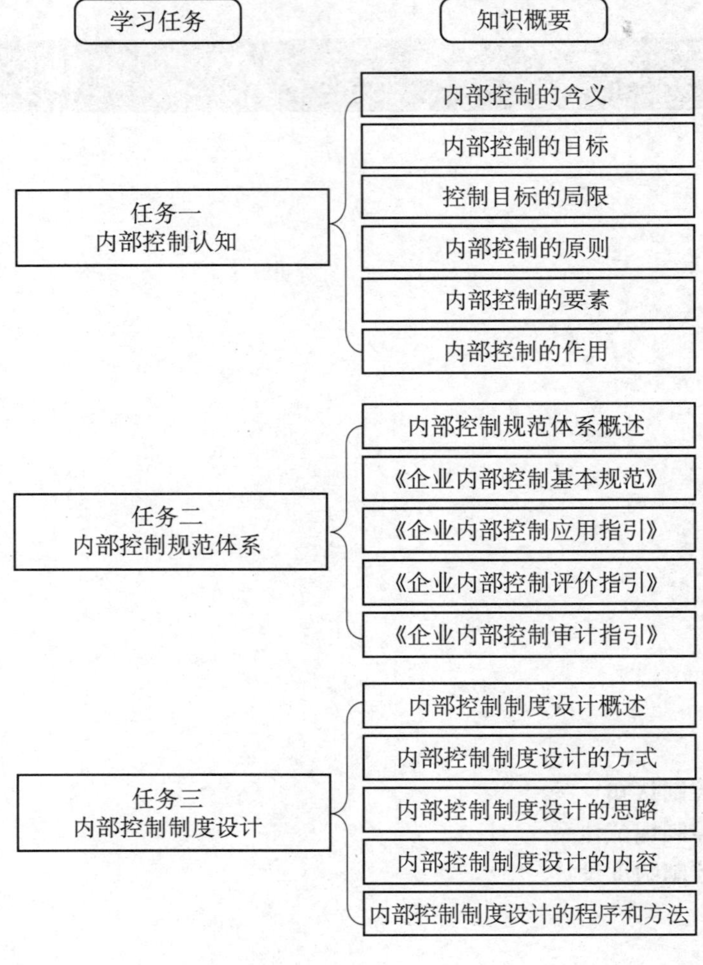

【教学引导】

内部控制真的很重要!

临近大学毕业，李立同学到山东圣源机械有限公司（简称圣源机械）应聘会计职位。财务部王经理让李立回答了诸如会计要素、会计对象、会计等式、记账规则等会计基本知识，还让李立做了几个业务活动的会计分录，这些都没有难倒早已取得会计从业资格证书的李立。

正当李立暗自高兴时，王经理突然问道："你在学校学过内部控制这门课程吗?"李立不知所措地回答："内部控制是选修课，我感觉与会计工作没啥关系，所以就没学……"

"没学？与会计工作没关系?"王经理没等李立说完就抢过了话题，"内部控制不仅与会计工作关系密切，而且是会计人员的必备技能之一。"

"什么？有这么重要吗?"看到李立满脸疑惑的样子，王经理索性给李立讲述了会计人员必须学习和掌握内部控制技能的四点理由：

第一，我国财政部、证监会、审计署、银监会、保监会五部委近年来联合发布了《企业内部控制基本规范》和《企业内部控制配套指引》，要求企业实施内部控制。

第二，世界上许多国家通过立法强化企业内部控制，使企业内部控制日益成为我国企业进入国际资本市场的"入门卡"和"通行证"。也就是说，我国企业如果不建立规范的内部控制体系，就难以跨出国门，走向世界。

第三，实践证明，企业的经营活动，得控则强、失控则弱、无控则乱。建立和完善企业内部控制体系，对于提高企业经营管理水平和风险防范能力，促进企业可持续发展具有十分重要的意义。

第四，当前，企业建立规范的内部控制体系需要大批精通内部控制理论和方法的人才。为此，全国中级会计专业技术资格考试、高级会计师资格考试以及注册会计师统一考试也将企业内部控制定位为中高级会计人员必须掌握的一种知识与技能，促使会计人员学习和掌握内部控制技能。

听完王经理的一席话，李立再也坐不住了。"王经理，感谢您让我明白了学习内部控制的重要性，我们学校正在开设内部控制课程，我决定先不参加工作，而是回学校学习内部控制课程去!"

"好啊，学好内部控制，我们公司欢迎您再来应聘!"王经理赞许道。

【问题思考】会计人员为什么要学习和掌握企业内部控制的技能?

内部控制认知

一、内部控制的含义

2008年6月28日，财政部、证监会、审计署、银监会、保监会联合发布的《企业内部控制基本规范》，对内部控制的概念进行了权威性的解释，即“内部控制是由企业董事会、监事会、经理层和全体员工实施的、旨在实现控制目标的过程”。

内部控制的定义有着极为丰富的内涵，需要从以下五个方面理解其深刻含义：

（一）内部控制的主体是“全员的”

“全员控制”“人人都是控制者”是内部控制的显著特征。它既包括企业董事会、监事会和经理层，也包括除董事会、监事会和经理层以外的全体员工。

（1）董事会是企业最高决策机构，对企业的所有重大事项都有最高决策权。因此，董事会理应是企业内部控制的第一责任人，负责建立和完善企业内部控制的政策和方案，监督企业内部控制的运转和执行。

（2）监事会是企业最高监督机构，拥有对董事、经理执行公司职务时违反法律法规或者公司章程的行为进行监督的权利和职责，并对公司财务状况进行检查、监督。因此，监事会也是企业内部控制的责任人。

（3）经理层是企业的执行机构，直接负责企业的日常经营管理工作。因此，经理层是企业内部控制的直接责任人，对企业内部控制制度的制定和有效执行承担责任。

（4）全体员工都在实现企业内部控制目标的过程中承担相应职责并发挥积极作用。因此，全体员工也是企业内部控制的责任人。全体员工要强化风险意识，以主人翁的姿态积极参与企业内部控制的建立与实施，并主动承担相应的责任，而不是被动地遵守企业内部控制的相关规定。

（二）内部控制的客体是“全面的”

内部控制覆盖企业及其所属单位的各种业务和事项，既包括企业人、财、物各方面，又包括产、供、销各环节。也就是说，企业的方方面面都是内部控制的对象。

（三）内部控制的目标是“多元的”

从本质上讲，内部控制是企业的一项管理活动，而任何管理活动都是有目标的，企业实施内部控制的目标是《企业内部控制基本规范》中既定的合规目标、资产目标、报告目标、经营目标和战略目标。

（四）内部控制的方法是“全方位的”

内部控制的方法包括经济的、教育的、制度的、法律的、行政的等控制方法。

（五）内部控制的过程是一个“全过程”

做任何事情都需要一个过程，内部控制也不例外。内部控制的过程是一个“全过程”，既包括内部控制体系的设置和建设过程，又包括内部控制的实施、执行和监督过程，还包括对内部控制结果的考核、分析过程，以及对内部控制体系诸方面的不断改进、完善过程。同时，内部控制还是一个动态的过程，一个防患于未然的过程，一个发现问题→解决问题→发现新问题→解决新问题的循环往复的过程。企业的经营活动不停止，企业的内部控制过程也不会停止。

总之，内部控制是由企业董事会、监事会、经理层和全体员工在本企业实施的、旨在实现控制目标的过程，是一个全面、全员、全方位、全过程的过程。

二、内部控制的目标

《企业内部控制基本规范》指出：“内部控制的目标是合理保证企业经营管理合法合规、资产安全、财务报告及相关信息真实完整，提高经营效率和效果，促进企业实现发展战略。”

上述五个目标是企业的总体控制目标。其中，战略目标是企业最高层次的目标，经营目标、资产目标、报告目标和合规目标是建立在战略目标基础上的业务层面目标。尽管企业董事会、监事会、经理层和一般员工的管理层次不同，在控制的具体对象上、方法上和目标上也不完全相同，但其总体控制目标是一致的。否则，企业就无法统一全体员工的思想和行动，更谈不上实现内部控制目标。

（一）合规目标——遵循国家法律法规

内部控制要合理保证企业经营管理合法合规。依法经营、诚实守信是政府、法律和社会对企业的基本要求，是企业从事经营活动的底线，也是企业健康发展、经久不衰的基石。逾越法律、投机取巧可能取得一时发展，但终将付出沉重代价。内部控制要求企业将发展置于国家法律法规允许的基本框架之下，在诚信守法的基础上实现自身的持续发展。

（二）资产目标——维护资产安全

内部控制要合理保证企业的资产安全。保护企业资产的安全完整，是投资者、债权人和其他利益相关者对企业经营管理者的基本要求，是企业可持续发展的物质基础，也是企业经营管理者的基本职责。内部控制系统应当为企业资产的安全完整提供坚实的保障。

（三）报告目标——提高财务信息质量

内部控制要合理保证企业的财务报告及相关信息真实完整。真实可靠的信息资料能够为企业的决策、执行、监督提供依据，支持企业经营活动的顺利进行；同时，对外披露信息报告的真实完整，有利于提升企业的诚信度和公信力，维护企业良好的声誉和形象。因此，财务报告及相关信息的真实、可靠与完整，不仅是企业管理经营活动的需要，也是政府、法律法规、投资者、债权人、其他利益相关者、行业及专业管理机构对企业经营管理者的基本要求，是企业诚信经营、长久经营之道。

（四）经营目标——提升经营效率和效果

内部控制要合理保证提升企业的经营效率和效果。提升经营效率和效果，不仅是企业发起成立的宗旨、投资者的目的和经营管理者的职责，而且是企业生存、发展的物质源泉。因此，企业应当结合自身所处的经营环境、行业环境和经济环境，通过建立健全有效的内部控制体系，不断提高企业的经营效率和效果。

（五）战略目标——促进企业实现发展战略

内部控制要合理保证促进企业实现发展战略。发展战略是企业现在及未来的发展思路和具体安排，是企业发展中带有全局性、长远性、根本性的总构想，也是内部控制的终极目标。“人无远虑，必有近忧”，促进发展战略的实现，不仅是投资者对企业决策者、经营管理者的要求，而且是企业成为百年老店的必由之路。因此，企业应当将短期利益与长远利益结合起来，在企业经营管理中努力做出符合战略要求的策略选择。通过内部控制规范体系的建立与实施，有效提升企业可持续发展能力和创造长久价值的能力。

三、控制目标的局限

受内部控制体系固有局限和内部控制自身特性的影响，内部控制只能为实现控制目标提供合理保证。所谓合理，是指合乎内部控制的规律、道理和事理；合理保证是指内部控制的目标是将企业风险降至在正常情况下可以接受的水平。

无论企业内部控制体系设计得多么完美、运行得多么顺畅，都只能对控制目标的实现提供合理保证，而不是绝对保证。其原因主要有以下两个方面：

（一）受内部控制体系固有局限的影响

内部控制体系的固有局限性产生于内部控制设计和内部控制运行两个环节。在内部控制设计环节，由于受成本效益原则的制约，以及内部控制制度不可能做到面面俱到、包罗万象，因此内部控制体系的设计往往存在预留的风险敞口[①]；在内部控制运行环节，决策过程中可能出现错误判断，执行过程中可能出现错误或过失，以及因勾结串通或管理层越权而导致内部控制措施失去应有的效能等，都有可能导致错弊发生或错弊发生后未被发现。因此，内部控制在设计和运行环节只能为控制目标的实现提供合理保证。

---

① 风险敞口是指未采取保护措施的风险。

（二）受内部控制自身特性的影响

内部控制属于管理科学，与其他管理科学一样，内部控制的主体、客体具有复杂性、多变性和不确定性，许多因素难以量化，无法完全预知。由于内部控制主要是与人发生关系，对人的行为进行控制，因此人的心理因素也是一项不可忽略的因素。在这样复杂的情况下，人们还没有找出更有效的定量方法使内部控制本身精确化，只能借助定性的方法或者利用统计学的原理来研究内部控制。可以说，内部控制是一门不很精确的科学。因此，理想化的、没有任何瑕疵的内部控制是不存在的，评价内部控制是否合格的标准主要不是看其控制系统是否存在缺点或不足，而是看这种缺点或不足是否阻碍其为控制目标的实现提供合理保证。

从上述意义上讲，企业内部控制体系的设计与运行没有最好，只有更好！

案例分析

红旗公司高层召开建立内部控制规范体系座谈会。A领导首先发言：“加强内部控制建设十分重要，可以杜绝串通舞弊、贪污浪费等违法违纪现象的发生。”B领导接着发言：“内部控制主要涉及财务管理，建议由总会计师牵头抓好这项工作。”C领导随后发言：“公司追求的是利润最大化，一切制度安排都要将利润最大化作为唯一目标，内部控制建设也不例外。”

分析要求：根据内部控制的定义与目标理论，分析A、B、C三位领导发言存在的缺陷或不恰当的地方。

分析提示：

A领导发言存在的缺陷是：

（1）内部控制由于其固有的局限性以及出于成本效益的考虑，只能合理保证有关目标的实现，不能完全杜绝违法违纪现象的发生。

（2）内部控制涉及五个方面的目标，这五个目标是一个完整的系统，不能仅仅局限在某一方面或某几个方面。

B领导发言存在的缺陷是：

（1）内部控制的客体覆盖了企业的各种业务和事项，既包括人、财、物各方面，又包括产、供、销各环节。因此，内部控制主要涉及财务管理的说法是不恰当的。

（2）内部控制的实施主体是董事会、监事会、经理层和全体员工，董事会是企业内部控制的第一责任人。因此，应由董事长牵头抓好企业的内部控制建设。

C领导发言存在的缺陷是：

（1）以利润最大化作为内部控制的唯一目标的观点不恰当。内部控制的目标不仅包括经营目标，而且包括战略目标、报告目标、资产目标和合规目标。

（2）内部控制建设与实现利润最大化并不矛盾，C领导的发言有将两者对立起来的嫌疑。

四、内部控制的原则

内部控制原则是指企业建立与实施内部控制所应遵循的基本标准或法则。我国的《企业内部控制基本规范》为企业建立与实施内部控制规定了应当遵循的五项原则，即全面性原则、重要性原则、制衡性原则、适应性原则和成本效益原则。

（一）全面性原则

全面性原则是指内部控制应当贯穿决策、执行和监督全过程，覆盖企业及其所属单位的各种业务和事项。内部控制是全面控制，全面性原则是针对内部控制主体和客体做出的规定。

（1）内部控制的主体是“全面的”。董事会、监事会、经理层和其他全体员工都是内部控制的实施者，没有一个员工是局外人。

（2）内部控制的客体是“全面的”。内部控制不存在真空地带和空白点。从控制范围上看，它覆盖了企业及其所属单位的各种业务和事项；从控制层次上看，它不仅要在企业总部层面执行，还要贯穿二级公司、三级公司；从控制过程上看，它贯穿了企业决策、执行、监督和反馈的全过程，要求决策科学、执行有效，监督有力、反馈及时。

（二）重要性原则

重要性原则是指内部控制应当在全面控制的基础上，关注重要业务、事项和高风险领域。全面性原则有助于从企业生产经营活动的全过程来构建内部控制体系。但是，任何组织都不可能对每一个部门、每一个环节的每一个人在每一个时刻的行为进行全面控制，绝对的全面控制既不可能也没有必要。内部控制应当在全面控制的基础上，选择关键控制点，关注重要业务、事项和高风险领域，并采取更为严格的控制措施，确保不存在重大缺陷。重要性原则的应用需要一定的职业判断，企业应当根据所处行业环境和经营特点，从业务、事项的性质和涉及金额两方面来考虑是否实行及如何实行重点控制。

（三）制衡性原则

制衡性原则是指内部控制应当在治理结构、机构设置及权责分配、业务流程等方面相互制约、相互监督，同时兼顾运营效率。绝对权力导致绝对腐败。因此，所谓制衡，一般是指权力制衡，要求权力不是集中在企业的某一部门或某一部分人手中，更不是个人独揽，而是将权力分割成若干部分，为不同机构、部门、个人所分掌，从而在不同权力主体之间形成相互牵制、互为监督的制衡关系。

（四）适应性原则

适应性原则是指内部控制应当与企业经营规模、业务范围、竞争状况和风险水平等相适应，并随着情况的变化及时加以调整。

企业的内部控制并不是一个固定不变的模式，而是必须与企业的具体情况相适应。

由于各企业的性质、业务范围、经营规模、企业文化、员工素质等方面各不相同，所处的内外环境、竞争状况、风险水平等因素也存在差异，因此内部控制的设计必须因企制宜，从本企业的实际情况出发。如果生搬硬套其他企业的内部控制体系，必然南辕北辙，流于形式。

另外，内部控制要随着企业内外环境变化、经营业务调整、管理要求提高等因素不断改进和完善。企业在发展，市场在变化，国家的法律法规也在不断完善，如果制定一个内部控制体系后永不改进，其就会像紧箍咒一样捆住企业的手脚，束缚企业的发展。因此，内部控制要在保持相对稳定的前提下，随着企业实际情况和外部环境的变化及时调整和改进。

（五）成本效益原则

成本效益原则是指内部控制应当权衡实施成本与预期效益，以适当的成本实现有效控制。企业内部控制的建立与实施必须统筹考虑投入成本和产出效益之比，实现以合理的成本控制达到最佳的控制效益。企业因实行内部控制所花费的代价不能超过由此而获得的效益，否则就会得不偿失、舍本逐末。

同时，对成本效益原则的判断需要从企业整体利益和长远利益出发，尽管某些控制可能会影响眼前利益和运营效率，但是可以使整个企业避免面临可能的巨大风险和损失，此种情况就应建立和实施相应的内部控制。

案例分析

家家乐超市刚刚成立，为了防止商品失窃，安保部门拟订了两个方案供总经理选择。

方案一：聘用 6 名保安人员巡视超市。该项控制程序预计使超市每年增加保安人员工资支出 30 万元；失窃的损失为零。

方案二：聘用 1 名保安人员巡视超市，并在超市各个角落装设镜子及电子监控器，安排 1 名员工观察电子监控器。该项控制程序预计使超市每年增加保安人员工资支出及安保设施维护费用 10 万元，失窃的损失为 5 万元。

分析要求：

（1）从控制的角度分析，哪个方案更严密？

（2）总经理应选择哪个方案？为什么？

分析提示：

（1）从控制的角度分析，方案一比方案二严密，它可以做到“失窃的损失为零”。

（2）总经理应选择防控措施不太严密的方案二。原因是：方案一尽管可以做到每年的商品失窃损失为零，但是每年需增加保安人员工资支出 30 万元，也就是说，每年因失窃和因防范失窃发生费用支出 30 万元；方案二尽管每年的商品失窃损失为 5 万元，但是每年只需增加保安人员工资支出及安保设施维护费用 10 万元，每年因失窃和因防范失窃发生费用支出 15 万元，比方案一每年减少费用支出15 万元。因此，根据内部控制的成本效益原则，总经理应当选择方案二。

五、内部控制的要素

内部控制要素是指构成内部控制必不可少的因素，是内部控制的基本框架。我国的《企业内部控制基本规范》将内部控制要素定义为内部环境、风险评估、控制活动、信息与沟通、内部监督五大组成部分。

（一）内部控制要素的组成

1. 内部环境

内部环境是企业建立与实施内部控制的基础，一般包括治理结构、机构设置及权责分配、发展战略、人力资源、企业文化和社会责任等内容。

内部环境是试金石，它反映了企业董事会、监事会和经理层对内部控制重要性的认识和态度；内部环境是内部控制赖以生存的土壤，是内部控制其他要素的基础，为其他要素提供约束和保障，决定着内部控制的存在与发展空间；内部环境是一种氛围，它塑造着企业文化，影响着企业战略和目标的制定以及风险的识别、评估和应对，影响着企业员工的控制意识，影响着企业员工实施控制活动和履行控制责任的态度、认识和行为。因为内部环境往往是因企而异的，所以内部环境的差异是造成各企业内部控制实施差异和效果差异的根本原因。

2. 风险评估

风险评估是企业及时识别、系统分析经营活动中与实现内部控制目标相关的风险，合理确定风险应对策略的行为与过程。风险是指可能对企业实现控制目标产生负面影响的不确定因素和事项。

风险评估是企业实施内部控制的重要环节和重要依据，主要包括目标设定、风险识别、风险分析和风险应对等环节。

目标设定是董事会和管理层按照一定程序设定的，企业在一定时期内的总体内部控制目标和具体内部控制目标。风险识别是指对企业实现控制目标可能遇到或发生的各种风险进行判断、分析和确认的过程。风险分析是在风险识别的基础上，采用定性与定量相结合的方法，对风险发生的可能性、影响程度等事项进行分析和排序，确定重点关注的风险和优先控制的风险，以便为风险应对提供依据的过程。风险应对是指企业在风险分析的基础上，结合风险承受度，权衡风险与收益，确定风险应对策略，实现对风险有效控制的过程。

风险应对策略是指有效控制相关风险的方法和措施。其中，风险规避是企业对超出风险可承受度的风险，通过放弃或者停止与该风险相关的业务活动以避免和减少损失的策略；风险降低是企业在权衡成本效益之后，准备采取适当的控制措施降低风险或减少损失，将风险控制在可承受度之内的策略；风险分担是企业准备借助他人力量，采取业务分包、购买保险等方式和适当的控制措施，将风险控制在可承受度之内的策略；风险承受是企业对风险可承受度之内的风险，在权衡成本效益之后，不准备采取控制措施降低风险或减少损失的策略。

企业应当根据设定的控制目标，全面系统持续地收集相关信息，结合实际情况，及时进行风险识别。要根据风险分析的结果，结合风险承受度，权衡风险与收益，确定风险应对策略，有效避免或降低内外风险对企业产生的不利影响。

3. 控制活动

控制活动是企业针对具体业务和事项，根据风险评估结果，采用相应的控制措施，将风险控制在可承受度之内的过程。

控制活动是企业实施内部控制的具体方式。常用的控制措施一般包括：不相容职务分离控制、授权审批控制、会计系统控制、财产保护控制、全面预算控制、运营分析控制和绩效考评控制等。

企业应当根据内部控制目标，结合风险评估结果，通过手工控制与自动控制、预防性控制与检查性控制相结合的方法，综合运用控制措施，对各种业务和事项实施有效控制，将风险控制在可承受度之内。

4. 信息与沟通

信息与沟通是企业及时、准确地收集、传递与内部控制相关的信息，确保信息在企业内部、企业与外部之间进行有效沟通。

信息与沟通是企业实施内部控制的重要条件。其构成要素一般包括建立信息与沟通制度、提高信息质量和有用性、及时沟通与反馈信息、利用信息技术建立信息系统、建立反舞弊机制等。信息与沟通的方式虽是灵活多样的，但无论哪种方式，都应当保证信息的真实性、及时性和有用性。

企业应当建立信息与沟通制度，明确内部控制相关信息的收集、处理和传递程序，确保信息及时沟通，促进内部控制有效运行。

5. 内部监督

内部监督是指企业对内部控制建立与实施情况进行监督检查，评价内部控制的有效性，发现内部控制缺陷，及时加以改进。

内部监督是实施内部控制的重要保证，是对内部控制的自我控制，一般包括对内部控制建立与实施情况的监督检查、评价内部控制的有效性、对发现的内部控制缺陷及时加以改进等。

企业应当根据有关法规制定内部监督制度，明确内部审计机构和其他内部机构在内部监督中的职责权限，规范内部监督的程序、方法和要求。

（二）内部控制五要素的关系

内部控制五要素既相对独立又相互联系，形成一个有机整体。其构成框架如图1-1所示。

内部控制五要素之间的关系是：

（1）内部环境是实施内部控制的重要基础。内部环境决定着内部控制的存在与发展空间，影响着内部控制其他要素的有效运行和作用发挥。

（2）风险评估是实施内部控制的重要环节和重要依据。通过风险评估，企业可以

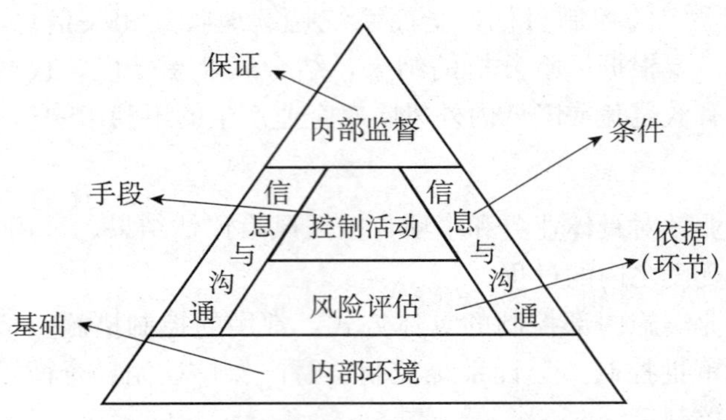

图1-1 内部控制五要素构成框架图

及时识别、科学分析与实现控制目标相关的风险，合理确定风险应对策略，为控制活动提供基础和依据。

（3）控制活动是实施内部控制的重要手段和过程。控制活动根据风险应对策略，采用相应的控制措施，将风险控制在可承受度之内。因此，控制活动的过程也是采取控制措施落实风险应对策略的过程。

（4）信息与沟通是实施内部控制的重要条件。信息与沟通在五项要素之间发挥着纽带和桥梁作用：内部环境与其他要素之间的联系需要通过信息与沟通完成，风险评估、控制活动和内部监督的实施需要以信息与沟通为媒介，各项要素的实施结果也需要通过信息与沟通进行反馈和交流。如果缺少信息与沟通，内部控制将变成一盘散沙，互不联系。

（5）内部监督是实施内部控制的重要保证。内部监督是对内部控制建立与实施情况的监督检查，通过内部监督可以发现内部控制缺陷，改善内部控制体系，提高内部控制的有效性。因此，内部控制的所有要素都要接受内部监督的制约，实现内部控制的自我控制。

六、内部控制的作用

内部控制作为企业管理的重要组成部分，在防范企业风险、保证财务信息质量、保护资产安全、促进企业有效经营、夯实审计基础等方面发挥着越来越大的作用。

（一）防范企业风险，促进持续发展

企业运营，控制风险是第一要务。企业从诞生那天起，就无时无刻不处在倒闭的风险之中。因此，企业要想达到持续发展的目标，就必须对来自企业外部和内部的各类风险进行有效的防范和控制。我国企业内部控制建设的基本目标是“建立一套以防范风险和控制舞弊为中心、以控制标准和评价标准为主体的内部控制制度体系”，企业通过建立与实施全面、全员、全方位、全过程的内部控制规范体系，可以有效防范企业风险的发生，将企业的各种风险消灭在萌芽阶段，从而促进企业健康、

持续发展。

（二）保证财务信息质量，维护企业信誉

保证财务报告及相关信息真实完整，不仅是政府、法规、投资者及其他利益相关者的要求，也是企业管理者了解过去、控制目前、预测未来、做出决策的必要条件，是维护企业信誉、提升企业公信力的百年大计。通过建立和实施企业内部控制规范体系，可以有效规范会计信息的采集、归类、记录、核算和报告过程，真实反映企业生产经营活动过程与经营成果、现金流量及资产、负债、所有者权益的实际状况，及时发现和纠正各种错弊，从而有效保证财务报告及相关信息的真实性和完整性。

（三）保护资产安全，维护长治久安

资产是企业从事生产经营活动的物质基础，企业要想在激烈的市场竞争中求得生存和发展，就必须保证各项资产安全完整、有效运行。企业一旦失去资产，就失去了从事生产经营活动的基本条件，就会陷入混乱。通过建立和实施内部控制规范体系，采取各种控制手段，企业可以科学、有效地监督、控制财产物资的采购、计量、验收、使用、保管、销售等各个环节，防止贪污、盗窃、滥用、毁坏、浪费等不法行为的发生，保护企业资产安全完整，维护企业长治久安。

（四）促进企业有效经营，提高经营效率

提高盈利能力是企业生产经营活动的行为目标。没有盈利能力，企业就无法生存；没有足够的利润空间，企业就无法发展壮大。而只有提高企业的经营效率和效果，企业盈利才能变为现实。通过建立和实施内部控制规范体系，企业可以科学理顺人、财、物各个方面和产、供、销各个环节，充分发挥整体的效能，增加收入，节约开支，杜绝浪费，规避风险，有效提高经营管理水平，从而促进有效经营，提高经营效率和效果。

（五）夯实审计基础，规避审计风险

审计风险是指审计人员对存有重大错报和漏报的财务报表审计后却认为该重大错报和漏报并不存在，从而发表的审计意见与事实不符的风险。随着市场经济的发展，社会审计的范围逐渐拓宽，审计的要求越来越高，审计风险日益增大。通过建立和实施内部控制规范体系，可以有效保证财务报告及相关信息的准确性、完整性，为社会审计提供良好的工作基础，有效规避审计风险，并大大降低审计成本，提高审计效率，最终提高企业的经济效益。

内部控制规范体系

一、内部控制规范体系概述

我国企业内部控制规范体系由《企业内部控制基本规范》《企业内部控制应用指引》《企业内部控制评价指引》《企业内部控制审计指引》四部分共同组成。

《企业内部控制基本规范》在企业内部控制规范体系框架中处于最高层次，起着统驭作用，是制定《企业内部控制应用指引》《企业内部控制评价指引》《企业内部控制审计指引》的基本依据；《企业内部控制应用指引》在企业内部控制规范体系框架中居于主体地位，是依据基本规范和有关法律法规制定的，是企业建立健全内部控制规范体系的指引；《企业内部控制评价指引》和《企业内部控制审计指引》在企业内部控制规范体系框架中处于基础地位，是依据有关法律法规、基本规范和应用指引制定的。《企业内部控制评价指引》是为企业管理层对本企业内部控制进行自我评价提供的指引和要求，《企业内部控制审计指引》是注册会计师和会计师事务所执行内部控制审计业务的执业准则。

《企业内部控制基本规范》《企业内部控制应用指引》《企业内部控制评价指引》《企业内部控制审计指引》之间既相互独立又相互联系，形成一个有机整体。我国企业内部控制规范体系如图1-2所示。

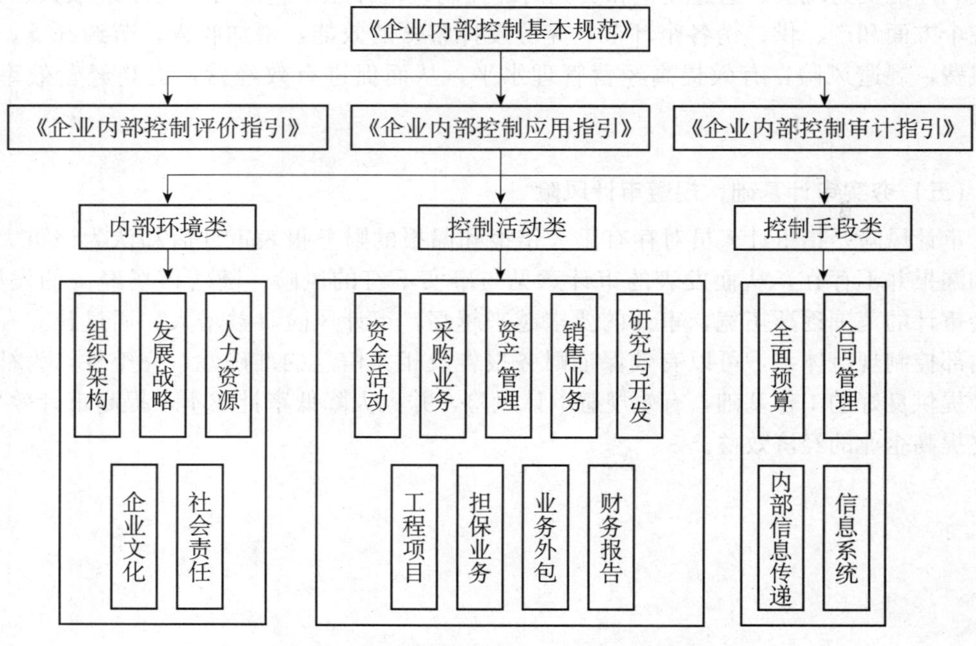

图1-2 企业内部控制规范体系示意图

二、《企业内部控制基本规范》

《企业内部控制基本规范》是财政部会同证监会、审计署、银监会、保监会制定的，是我国企业建立与实施内部控制的统一标准和基本要求，也是制定《企业内部控制应用指引》《企业内部控制评价指引》《企业内部控制审计指引》的基本依据。它阐述了企业建立与实施内部控制规范体系必须构建的框架结构，规定了内部控制的定义、目标、原则、要素等基本内容。

（一）制定目的及依据

为了加强和规范企业内部控制，提高企业经营管理水平和风险防范能力，促进企业可持续发展，维护社会主义市场经济秩序和社会公众利益，根据《中华人民共和国公司法》《中华人民共和国证券法》《中华人民共和国会计法》和其他有关法律法规，制定《企业内部控制基本规范》。

（二）制定、实施时间及适用范围

《企业内部控制基本规范》于 2008 年 5 月 22 日制定，于 2008 年 6 月 28 日发布，适用于中华人民共和国境内设立的大中型企业；自 2009 年 7 月 1 日①起在上市公司范围内施行，鼓励非上市的大中型企业执行，小企业和其他单位可以参照《企业内部控制基本规范》建立和实施内部控制。

（三）总体结构

《企业内部控制基本规范》共七章五十条，总体结构如表 1－1 所示。

表 1－1　　《企业内部控制基本规范》的总体结构

章序	标题	条数	内容
第一章	总则	十条	说明制定《企业内部控制基本规范》的目的、依据及适用范围，内部控制的定义和目的，建立和实施内部控制的原则、要素、基本要求等
第二章	内部环境	九条	主要说明治理结构、机构设置及权责分配、内部审计、人力资源政策、企业文化等内部环境的要素和基本要求
第三章	风险评估	八条	主要说明风险识别、风险分析、风险应对策略等的主要内容和基本要求
第四章	控制活动	十条	主要说明控制方法、控制措施等控制活动要素的主要内容和基本要求
第五章	信息与沟通	六条	主要说明信息与沟通的地位、作用及基本要求
第六章	内部监督	四条	主要说明内部监督主体、监督的分类、缺陷认定标准、缺陷分类、内部自我评价报告等内容
第七章	附则	三条	说明解释权限、配套制度制定权限、实施日期

① 由于受宏观经济等因素的影响，《企业内部控制基本规范》的实际实施时间延后至 2010 年 1 月 1 日。

三、《企业内部控制应用指引》

《企业内部控制应用指引》是企业建立健全内部控制规范体系的指引，在整个内部控制规范体系中占据主体地位。目前，我国已出台的《企业内部控制应用指引》共18项，由三类指引（内部环境类指引、控制活动类指引和控制手段类指引）组成，基本涵盖企业资金流、实物流、人力流、业务流和信息流等各项业务和事项。

（一）内部环境类指引

内部环境类指引共有五项，包括组织架构、发展战略、人力资源、企业文化和社会责任。

内部环境是影响、制约企业内部控制建立与实施的各种内部因素的总称，是企业实施内部控制的基础，它支配着企业全体员工的内控意识，影响着全体员工实施控制活动和履行控制责任的态度、认识和行为。内部环境在企业内部控制规范体系中处于基础地位，支撑着企业整个内部控制框架，反映企业各层级对内部控制的要求。一个企业的内部环境如果不好，内部控制就不可能好。

（二）控制活动类指引

控制活动类指引共有九项，包括资金活动、采购业务、资产管理、销售业务、研究与开发、工程项目、担保业务、业务外包和财务报告。

控制活动是指对企业各项具体业务活动实施的控制。企业是依法设立的以盈利为目的、从事商品的生产经营和服务活动的经济组织。从事商品的生产经营和服务活动是企业各项业务活动的核心内容，也是企业内部控制的主要对象。

（三）控制手段类指引

控制手段类指引共有四项，包括全面预算、合同管理、内部信息传递和信息系统。

控制手段是指实施内部控制活动的方法和工具。内部控制的手段有很多，控制手段类指引偏重于“工具”性质，其列举的控制手段往往涉及企业整体业务或管理。

四、《企业内部控制评价指引》

内部控制评价是指企业董事会或类似权力机构对内部控制的有效性进行全面评价，形成评价结论，出具评价报告的过程。在企业内部控制实务中，内部控制评价是极为重要的一环，它与企业的内部监督一起，共同构成了对企业内部控制建立与实施的自我监督、检查、诊断与评价。

《企业内部控制评价指引》的制定和发布，为企业开展内部控制自我评价提供了一个共同遵循的标准，为参与国际竞争的中国企业在内部控制建设方面提供了自律性要求，有利于提高投资者、社会公众乃至国际资本市场对中国企业素质的信任度。

《企业内部控制评价指引》的主要内容包括企业实施内部控制评价应当遵循的原则、内部控制评价的内容、内部控制评价的程序、内部控制缺陷的认定和内部控制评价报告等。

五、《企业内部控制审计指引》

内部控制审计是指会计师事务所接受委托，对企业特定基准日内部控制设计与运行的有效性进行审计。它是企业内部控制规范体系实施中引入的强制性要求，既有利于促进企业健全内部控制体系，又能增强企业财务报告的可靠性。

《企业内部控制审计指引》的制定和发布，为规范会计师事务所的内部控制审计行为和注册会计师衡量企业内部控制是否有效提供了基础标准。

《企业内部控制审计指引》的主要内容包括：内部控制审计责任的划分、审计范围、审计要求、计划审计工作、实施审计工作、评价控制缺陷、完成审计工作、出具审计报告、记录审计工作等。

总之，《企业内部控制基本规范》和《企业内部控制配套指引》的制定和发布，标志着“以防范风险和控制舞弊为中心、以控制标准和评价标准为主体，结构合理、层次分明、衔接有序、方法科学、体系完备”的企业内部控制规范体系建设目标在法规层面上基本建成，这是继中国企业会计准则、审计准则体系建成并有效实施之后的又一项重大系统工程。

内部控制制度设计

一、内部控制制度设计概述

企业内部控制规范体系建设是一个由若干因素和环节组成的整体，其内容包括内部控制制度设计、制度执行、内部控制评价、内部控制审计等内部控制活动。其中，内部控制制度设计既是内部控制规范体系建设的首要环节，又是企业内部控制规范体系建设的落脚点。通过设计一整套企业内部控制制度，可以达到用制度规范企业内部控制方法和行为的目的。

（一）内部控制制度

企业内部控制制度是按照相互制约、相互联系的原则，为实现企业内部控制目标而提供合理保证的一系列具有控制职能的方针、政策、程序、方法和措施。

企业内部控制制度具有全面性和有效性两个基本特征。

全面性具有两层含义：一是企业内部控制制度应当贯穿于经营活动的各个方面、各个环节，二是企业内部控制制度应当涵盖企业所有的部门和人员。

有效性具有两层含义：一是企业内部控制制度本身的有效性，二是企业内部控制制度应得到有效执行。

（二）内部控制制度设计

企业内部控制制度设计是以国家有关财经法规、内部控制规范及其配套指引为依据，结合企业具体情况和管理需要，运用内部控制理论和方法，采用文字、图示、表格等形式，对企业内部控制制度进行系统规划、明确规定并使之规范化、文本化的管理活动。

企业内部控制制度设计是一项系统工程，涉及企业经营管理的各个方面和各个环节。企业内部控制制度能否发挥预期的作用，很大程度上取决于制度的设计是否科学、合理和完善。

二、内部控制制度设计的方式

企业内部控制制度设计是一项复杂的系统工程。从本质上讲，一个科学、合理、有效、实用的企业内部控制制度是理论与实践活动相结合的产物，是管理方法与操作经验的结晶。企业内部控制制度设计者除了要熟谙企业内部控制的一般规律、程序和方法，熟悉和理解企业的生产经营特点和管理要求外，还应掌握哲学、政治经济学以及系统论、信息论和控制论等现代理论和技术，它们能够为内部控制制度设计提供理论和一般方法指导，确保制度设计的科学、有效。

在企业内部控制制度设计实务中，企业需要根据内部控制制度设计的范围、内容、难易程度等具体情况决定制度设计的方式。一般而言，企业内部控制制度设计的方式主要有自行设计、委托设计和联合设计三种。

（一）自行设计

自行设计是指由企业自己的人员组织和独立进行的制度设计。这种方式的优点是：设计人员了解企业的基本情况和业务流程，掌握企业的管理需要，便于不同相关部门和人员的沟通，节省设计费用。缺点是：内部设计人员往往囿于成说、创新不足、保守有余，难以在制度设计创新上取得突破；如果同时设计全部内部控制制度，则时间上不能保证；假若设计人员的学识水平达不到要求，则很难保证内部控制制度的设计质量，最终导致成本提高。自行设计方式适用于企业单项内部控制制度的设计或本企业拥有高水平制度设计团队的情况。

（二）委托设计

委托设计是指企业委托、聘请社会上的管理咨询服务机构、会计师事务所或其他内部控制专家为企业设计内部控制制度。这种方式的优点是：设计人员一般为理论水平、技术水平较高的专家，知识面宽、创新意识强、无后顾之忧，且了解国内外行业情况，可以设计出水平较高的内部控制制度，有利于企业内部控制水平的提高。缺点是：外部设计人员需要花费较长的时间调研和了解企业的基本情况、业务流程和管理需要，设计成本较高；如果设计人员实践经验不足，就会造成重形式、轻内容的设计风格，使设计的内部控制制度缺乏实用价值。委托设计方式适用于企业全部内部控制制度的设计或本企业缺乏高水平制度设计团队的情况，特别是新建企业、改制企业和发展较快的企业更适合委托设计方式。

（三）联合设计

联合设计是指以企业自己的人员为基础，同时聘请管理咨询服务机构、会计师事务所或其他内部控制专家进行指导，共同设计企业内部控制制度。这种方式综合了自行设计和委托设计的优点，有效规避了两者的缺点，使内部设计人员和外部设计人员相互配合、取长补短、相得益彰，设计的内部控制制度往往比较科学和实用。特别是企业人员通过和制度设计专家一起工作，可以有效提升自身业务技术素质，提高企业的内部控制水平。联合设计方式适用于各类企业、各种情况下的企业内部控制制度设计。

三、内部控制制度设计的思路

（一）从分析企业内部控制现状入手

除新建企业外，大多数企业或多或少都建有内部控制制度，只是在制度的健全程度、规范程度、执行情况上存在较大的差异。因此，内部控制制度设计应当从分析、评价企业内部控制现状入手。通过对企业内部控制现状的分析，掌握企业内部控制制度的优缺点和健全情况，发现企业内部控制制度存在的缺陷，然后通过企业内部控制制度设计，规范和完善企业内部控制体系。

（二）以实现控制目标为目标

内部控制的主体不同、控制对象不同，其具体控制目标也不相同。因此，进行企业内部控制制度设计首先要明确控制目标，然后以实现控制目标为目标设计、制定内部控制的控制流程、关键控制点和控制措施。

（三）以风险控制为导向

企业在实现内部控制目标的过程中，可能会遇到许多风险。这些风险具有客观性、普遍性、损失性和不确定性的特征，人们可以在一定的时间和空间内改变风险存在和发生的条件、降低风险发生的频率和损失程度。因此，企业内部控制制度设计应当以风险控制为导向，以有效防范和控制各种风险作为内部控制制度设计的出发点和落脚点，将控制措施融合、镶嵌到业务管理流程之中，设计出可以有效控制风险、保证控制目标实现的内部控制制度。

（四）以《企业内部控制手册》为形式

《企业内部控制手册》是企业内部控制体系建设的系统性文件，内容涵盖企业有关内部控制制度建设的所有制度、规定和控制流程。通过编制《企业内部控制手册》，建立一套科学、系统的内部控制体系建设的方法和规范，为公司内部控制体系建设、运行和维护提供指引和操作工具，并作为建立、运行及评价内部控制体系的依据，从而确保企业上下从思想认识到经营管理行为的协调与统一。

（五）以内部控制制度有效执行为重点

设计企业内部控制制度不是内部控制体系建设的目的，通过内部控制制度统一企业各个部门、各个环节、各项活动、各项事件的行为，有效规避各种风险，实现企业的健康可持续发展才是企业内部控制制度设计的终极目标。因此，设计的内部控制制度应当得到有效执行。要保证内部控制制度得到有效执行，就必须在制度设计上保证其可行性和有效性，同时要设计内部控制制度执行监控制度，建立完善的内部控制监督约束机制。

四、内部控制制度设计的内容

企业内部控制制度设计的内容一般包括公司层面内部控制制度设计和业务层面内部控制制度设计。

（一）公司层面内部控制制度设计

公司层面内部控制是指确保企业决策层、管理层在企业内部各个领域获得有效控制的重要机制。公司层面内部控制制度设计主要包括以下内容：1）内部环境控制；2）风险评估控制；3）信息传递与信息系统控制；4）内部监督控制；5）全面预算控制；6）合同管理控制。

（二）业务层面内部控制制度设计

业务层面内部控制是指直接作用于公司经营业务活动的具体控制。业务层面内部控制制度设计主要包括以下内容：1）资金活动控制；2）销售业务控制；3）采购业务控制；4）成本费用控制；5）资产管理控制；6）研究与开发控制；7）工程项目控制；8）担保业务控制；9）业务外包控制；10）财务报告控制。

五、内部控制制度设计的程序和方法

企业内部控制制度设计一般应按以下程序和方法进行：

（一）现状调研与项目方案确定

现状调研与项目方案确定阶段的工作主要包括：

（1）成立内部控制规范建设领导小组和内部控制规范建设项目工作组，并聘请外部专业咨询团队或咨询专家加盟。

（2）确定内部控制规范建设范围，编制内部控制制度设计清单。

（3）对企业的内外部环境、组织架构、业务流程等与内部控制制度设计有关的情况进行深入细致的调查。从总体上了解、把握以下情况：1）企业的性质，设立、发展过程与发展前景；2）企业所处行业的发展情况及本企业在行业中的地位；3）企业的经营规模、产品特点与市场情况；4）企业的管理体制、组织结构及分支机构情况；5）企业的资产状况、财务状况和盈利水平；6）企业主要负责人及财务负责人的管理思想与管理理念；7）其他涉及制度设计的事项。

（4）对企业各种风险与控制现状进行分析、调研，从总体上把握企业内部控制现状。

（5）制订内部控制规范实施工作方案，并履行有关审批手续。

例如：浙江新农化工股份有限公司制定的内部控制制度设计规范如下所示：

浙江新农化工股份有限公司内部控制制度设计规范

为加强内部控制体系建设，实现内控制度的科学化、规范化，特制定本规范。

1. 公司内部控制制度体系为三个层级

第一级：公司内部控制管理制度

该层级制度以《企业内部控制基本规范》为基本依据，结合公司内部控制体系建设的实际情况制定。主要对内部控制的目的、目标、原则、要素、范围、职责权限等基本内容做出界定和规范，是统驭公司内部控制体系建设的纲领性文件。

第二级：各业务模块内部控制规范

该层级制度以《企业内部控制应用指引》和《公司内部控制管理制度》为基本依据，结合各业务模块的实际情况制定，各业务模块制度的统一名称为《××内部控制规范》。各模块内部控制规范由9个部分组成，主要阐明各控制模块的职责与权限、基本业务流程、流程各环节的主要控制目标、业务风险、关键控制点和控制措施，以及控制流程图等内容，是公司内部控制体系制度建设的核心部分，在各控制模块中起到总纲和统驭作用。

第三级：各业务模块内部控制规范的操作性文件

该层级制度以《××内部控制规范》为基本依据，结合各业务模块实际情况和内部控制要求制定，是《××内部控制规范》所属的制度、细则、规定、规程、办法、方案、操作手册等操作性文件。该层级的制度名称不做统一规定。

各层级制度所涉及的表单、流程图、格式模板均以附件形式呈现，不作为内部控制制度体系中的一级。

2. 各模块内部控制规范的基本结构

2.1　目的：说明制定本控制规范的主要依据和目的。

2.2　适用范围：说明执行本制度的公司、部门，以及本规范涵盖的企业活动。

2.3　术语与定义：就本规范本身的含义，以及规范所涉及的主要名词做出解释、说明。

2.4 职责与权限：明确界定本规范的责任部门，以及各责任部门在本制度中所涉及的主要职责与权限。

2.5 基本控制目标：说明本规范需要达到的主要控制目标。

2.6 基本业务流程：是为了达到特定基本控制目标而由不同的部门、岗位分别或共同完成的一系列业务活动。包括基本业务流程和流程环节简介两部分内容。

2.7 主要控制目标、业务风险、关键控制点及控制措施：该部分是规范的核心内容，需要较详细地阐明基本业务流程中各业务环节的主要控制目标、业务风险、关键控制点及控制措施。

2.8 附则：说明本规范的制定、审批、解释权、修改权、生效日、操作性文件的拟定等。

2.9 附件：隶属于本规范之下的表单、业务流程图、风险控制矩阵等。

浙江新农化工股份有限公司内部控制体系建设项目组

2016年7月7日

（二）风险评估与流程梳理

风险评估与流程梳理阶段的工作主要包括：

（1）制定风险评估标准，进行风险评估。根据风险识别和评估的结果，编制风险清单，建立或更新企业风险数据库，确定重点和优先控制的关键风险点。

（2）根据关键风险点，梳理企业现有内部控制制度与业务流程，识别业务流程中的关键内部控制活动，对内部控制梳理结果进行记录并形成风险控制矩阵等相关内控文档。

（3）将企业现有的内部控制制度及运行情况与《企业内部控制基本规范》及《企业内部控制配套指引》进行逐一对比测评，形成内部控制缺陷清单，并编制企业内部控制测评报告。

（三）内部控制制度设计

内部控制制度设计阶段的工作主要包括：

（1）制定或完善企业相关部门及岗位的内部控制职责和授权审批体系。

（2）根据《企业内部控制基本规范》和《企业内部控制配套指引》，结合企业实际情况编制《企业内部控制手册》和《企业内部控制评价手册》。

（四）制度讲解与修改完善

制度讲解与修改完善阶段的工作主要包括：

（1）召集与制度运行有关的人员参加专题制度讲解会，由制度设计人员用演示文稿的方式详细讲解制度的设计思想和具体规定，并现场解答参会人员的质询和疑问。

（2）将制度设计初稿复制若干份，分别交给企业有关领导和部门负责人，请他们审阅并提出书面修改意见。

（3）召开专门会议，征求有关部门和人员对制度设计初稿的修改意见。

（4）设计人员根据收集到的修改意见，对制度设计初稿进行系统修改。

（五）评审验收与批准实施

《企业内部控制手册》和《企业内部控制评价手册》编制完成后，应经过1～3个月的试运行。在制度试运行过程中，要围绕制度设计目标，寻找问题，及时修正，力求制度的尽善尽美。经过修改、完善后的企业内部控制制度，要按照制度审批权限进行审批验收后才能正式颁布实施。

（六）贯彻执行与不断完善

经过法定程序获得批准的内部控制制度，应按制度规定的生效日期实施。对于内容比较复杂、关系比较重大的内部控制制度，应由公司负责人召开会议进行宣传落实，以确保内部控制制度的贯彻执行。经过一段时间的运行后，应对制度的运行情况进行调查、反馈，以确定制度是否适用和有效。对于内部控制制度实施过程中存在的问题要及时分析，查找原因，研究对策。

对于因制度理解偏差而造成的问题，应通过解释予以纠正；对于因执行偏差而造成的问题，应通过检查予以纠正；对于因内部控制制度本身设计缺陷而造成的问题，应通过必要的修订予以纠正。

总之，企业内部控制制度设计是一个动态的过程，设计人员只有在具体执行、正确评价等实践过程中不断完善内部控制制度，才能真正确保企业控制目标的实现。

案例分析

在进行内部控制（简称内控）建设之初，潍柴动力股份有限公司（简称潍柴动力）就把内控目标定义为不仅是合规，而且是以内控为契机，全面提升企业管理水平。

2011年1月1日，潍柴动力与其他67家A＋H上市公司成为第一批全面执行《企业内部控制配套指引》的企业，至此正式踏上了潍柴动力的内控之路。

一、董事长亲自挂帅

内控是“一把手”工程。这句从内控风暴掀起之初就被定论的话，在潍柴动力体现得尤为明显。

2010年7月19日，财政部、证监会等五部委在北京联合举办A＋H上市公司内控培训班第一期，接受培训的无一例外全是董事长、总经理等企业的核心领导，成为内控培训班中级别最高的一期。彼时，潍柴动力参加培训的领导在接受记者采访时曾表示，回去之后潍柴动力将立即着手推进内控的执行。

潍柴动力踏踏实实做事的企业文化无处不在。一个月后，潍柴动力即成立了由董事长亲自担任领导小组组长、集团主要领导参与的内控体系建设领导小组，负责指导集团内控体系建设工作。在潍柴动力，内控体系建设已经是整个集团的事情。

在潍柴动力，集团领导不仅亲自调度，亲自参加国家部委、专业协会组织的内控讲解，还派出集团主管财务、运营的副总及部门负责人参加财政部、会计协会等组织的内控知识专题培训班，进一步搞清内控的意义，使内控建设成为名副其实的“一把手”工程。

二、内控人才是关键

内控是一项全新的工作，涉及企业管理的方方面面。抓紧内控工作的同时，潍柴动力开始培养自己专业的内控队伍。

“咨询公司对内控方案的设计和检测是阶段性的。在其离开后，整个内控体系的运转、维护及整改都将由我们自己完成，因而内控队伍的建设是重中之重。”潍柴动力有关负责人表示。

2010年9月，潍柴动力分别在潍坊和上海成立了内控推进办公室，配置全职人员，专职承担起内控体系建设中的具体协调工作。以潍坊母公司内控推进办公室为例，主管企管的职能部门部长任内控办主任，从企管、审计、财务、绩效考核、证券、运营等部门抽调7名同志成立内控研究室，专职从事内控体系建设工作。各部门还有一名主管领导和同志专门负责与内控研究室对接，形成了良好的沟通渠道。整个集团组建了百余人的内控队伍，这犹如一张无形的内控网覆盖了整个潍柴动力。

内控体系建设只有开始，没有结束。在潍柴动力，“上项目培养人”成为锻造内控人才的新理念。

在具体项目实施过程中，对内控项目成员的要求是全面学习、全程参与、全面掌握，以项目学知识，借项目长能力，从而通过项目实施培养更多内控专业人才，促使其尽快具备独立工作能力。

三、内控不仅仅是合规

短短一年间，潍柴动力的内控工作在有条不紊、迅速地推动着。

在实施内控前，潍柴动力参照中国企业会计准则指导各项财务核算和报告工作，未能将财务管理、会计核算和报告编制等内容及流程标准化。通过实施内控，公司依据实际业务，总结现有财务管理实务经验，在此基础上建立规范而明确的财务管理制度，健全和规范了财务管理流程，编制了财务管理手册，更有效地指导了实际业务的开展。

在内控建设过程中，企业有效识别各种风险后，会把梳理流程作为一项非常重要的工作。如何既能完善流程又能提高工作效率，有时是必须直面的问题。

记者了解到，潍柴动力一直在同步进行流程梳理和优化。“要控制风险，有些流程是必需的，随之效率可能会降低，但更多时候，合理的流程会提高效率。”潍柴动力负责人说。

比如，以前投资项目要经过多个部门流转，程序复杂，时间较长。此次借内控建设的机会，潍柴动力对项目流程进行了重新梳理，现在从立项到最终通过评审的时间大幅缩短。

内控从来都不仅仅是为了合规，而是要定位更高，即通过内控实现企业管理水平的全面提升。

资料来源：杨雪．潍柴动力：实施内控提升了企业管理．中国会计报，2011－07－15.

分析要求：

(1) 潍柴动力的内部控制建设具有哪些特点？

(2) 潍柴动力的内部控制建设还有哪些缺陷？

分析提示：

(1) 潍柴动力是由原潍坊柴油机厂联合境内外投资者设立的中国最大的汽车零部件企业集团，是一家既在香港H股上市，又回归内地实现A股再上市的大型企业。通过案例可以看到，潍柴动力的内部控制建设具有以下特点：

第一，内部控制是一项政府部门推动、企业实施、中介机构咨询服务的系统工程。例如，有关“财政部、证监会等五部委在北京联合举办A+H上市公司内控培训班”“咨询公司对内控方案的设计和检测”“潍柴动力与其他67家A+H上市公司成为第一批全面执行《企业内部控制配套指引》的企业”等报道都说明了政府部门的推动作用和中介机构的咨询服务作用。

第二，内部控制建立与实施的关键环节是领导重视。潍柴动力的内控体系建设领导小组由董事长担任组长，主要领导不仅亲自调度，亲自参加国家部委、专业协会组织的内控讲解，还派出主管财务、运营的副总及部门负责人参加财政部、会计协会等组织的内控知识专题培训班。事实再次证明，任何一项重大工程的建立与实施，都离不开企业主要领导的重视和支持，内部控制的建立与实施更是如此。

第三，内部控制必须以人为本。内部控制归根结底是一项企业管理活动，内控方案需要人设计，整个内控体系的运转、维护及整改都需要人完成。因此，内部控制必须以人为本，提高全体员工的内部控制意识，使内部控制成为全体员工的自觉行为。

(2) 通过案例可以看到，潍柴动力的内部控制建设还存在以下缺陷：

第一，对内部控制主体的定位还不是很准确。内部控制不能成为董事长、公司主要领导、部门主要负责人以及“百余人内控队伍”的专利，也不仅仅是“一把手”工程，而应是“由企业董事会、监事会、经理层和全体员工实施的、旨在实现控制目标的过程。”

第二，对内部控制的目标还不是很清楚。将内控目标从仅仅为了合规，诠释为通过内部控制实现企业管理水平的全面提升是一个进步，但还不够。“内部控制的目标是合理保证企业经营管理合法合规，资产安全，财务报告及相关信息真实完整，提高经营效率和效果，促进企业实现发展战略。”因此，促进企业实现发展战略才是内部控制的终极目标。

【能力训练】

一、知识巩固

（一）单选题

1. 内部控制是由企业董事会、监事会、经理层和全体员工实施的、旨在实现控制目标的（　　）。

A. 过程　　B. 活动　　C. 工作　　D. 任务

2. 我国的《企业内部控制基本规范》是财政部会同（　　）五部委制定的。

A. 证监会、审计署、银监会和国资委

B. 证监会、审计署、银监会和保监会

C. 证监会、审计署、工商总局和税务总局

D. 证监会、审计署、司法部和监察部

3. 企业内部控制制度设计的内容一般包括公司层面内部控制制度设计和（　　）内部控制制度设计。

A. 业务层面　　B. 基础层面　　C. 具体层面　　D. 经营层面

4. 企业内部控制评价是指企业（　　）或类似权力机构对内部控制的有效性进行全面评价，形成评价结论，出具评价报告的过程。

A. 监事会　　B. 经理层　　C. 董事会　　D. 审计部

（二）多选题

1. 内部控制的目标是合理保证企业经营管理合法合规，财务报告及相关信息真实完整，（　　）。

A. 资产安全　　B. 提高经营效率和效果

C. 增强企业凝聚力　　D. 促进企业实现发展战略

2. 内部控制的要素包括（　　）、信息与沟通、内部监督五大组成部分。

A. 内部环境　　B. 控制活动　　C. 控制方法　　D. 风险评估

3. 内部控制是由企业（　　）实施的、旨在实现控制目标的过程。

A. 董事会　　B. 监事会　　C. 经理层　　D. 全体员工

4. 中国企业内部控制规范体系包括（　　）。

A.《企业内部控制评价指引》　　B.《企业内部控制应用指引》

C.《企业内部控制审计指引》　　D.《企业内部控制会计指引》

（三）判断题

1. 只要方法得当，内部控制就可以为企业实现控制目标提供绝对保证。（　　）

2. 成本效益原则是指内部控制应当以经济效益为中心，不应考虑成本费用。（　　）

3. 企业内部控制制度设计的内容一般包括公司层面内部控制制度设计和业务层面内部控制制度设计。（　　）

二、案例分析

1. 白云公司为了加强销售工作，决定产品推销、产品发运、销售货款结算等销售业务均由公司销售部统一负责。

【分析要求】根据内部控制有关理论，分析白云公司关于加强销售工作的措施存在哪些缺陷或不恰当的地方，应该如何办理。

2. 白云公司总会计师指出："鉴于其他公司因内部控制薄弱而给企业造成重大损失的教训，白云公司要切实加强内部控制建设，各级领导不要怕程序复杂，也不要怕审批烦琐，只要能搞好内部控制、堵塞漏洞，企业花多大的代价都是值得的。"

【分析要求】根据内部控制有关理论，分析白云公司总会计师的讲话存在哪些缺陷或不恰当的地方。

三、复习思考

1. 简述内部控制的原则与作用。
2. 简述内部控制五要素之间的关系。
3. 简述我国企业内部控制规范体系由哪几部分共同组成。
4. 企业内部控制制度设计包括哪些内容？

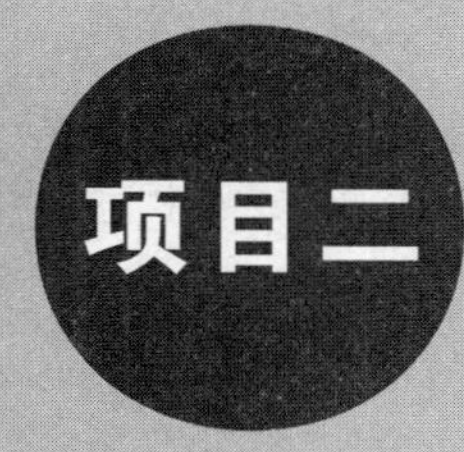

内部控制方法

【教学目标】

1. 知识目标
- 理解有关内部控制方法的含义
- 掌握有关内部控制方法的要求

2. 能力目标
- 明确有关内部控制方法的内容
- 熟悉有关内部控制方法的应用

【学习指南】

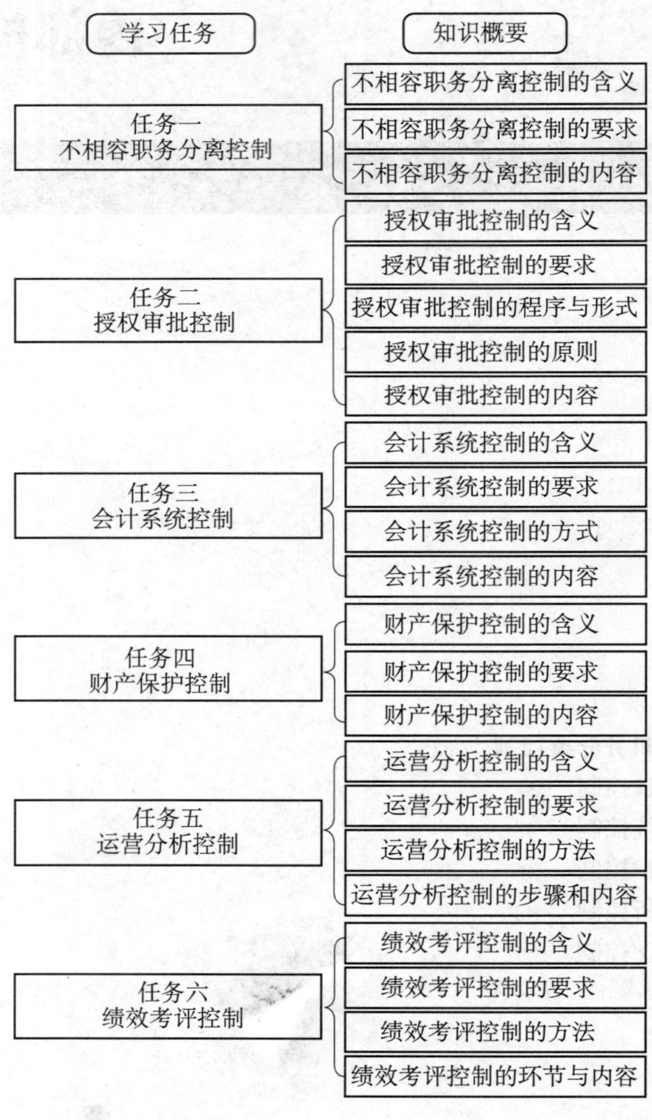

【教学引导】

出纳员何以轻易贪污 250 余万元？

27 岁的女出纳员白艳华利用发放拆迁补偿款的职务便利，在两年半的时间里贪污拆迁款 250 余万元，购买了高档住宅、高级轿车，大肆进行挥霍，还用赃款出国留学。北京市第一中级人民法院日前以贪污罪一审判处其无期徒刑。

据介绍，2001 年 1 月至 2003 年 2 月，白艳华利用其担任北京市延庆县八达岭高速公路（三期）领导小组办公室出纳的职务便利，在负责向拆迁户发放拆迁补偿款的过程中，多次伪造拆迁补偿协议，将虚增的补偿款人民币 2 273 895 元非法占为己有。

据检察机关出示的证人证实，白艳华是在 2000 年 8 月经人介绍担任出纳员的，虽然拆迁补偿协议不由白艳华负责填写，但办公室的公章由白艳华保管；她还负责制作拆迁款领取表，把补偿款从办公室账上支出来到银行办成存折，通知拆迁户签字领款。白艳华供述，她就是利用这个机会，伪造了十余人的拆迁补偿协议，并将多增加的补偿款以被拆迁人的名字存入银行，再将钱取出后占为己有。

另外，白艳华还于 2003 年 3 月至 2003 年 9 月，利用担任延庆县 110 国道县城段东移暨延农路建设工程领导小组办公室出纳的职务便利，在负责发放拆迁补偿款的过程中，采取复印已存档的拆迁补偿协议、重复记账的手段，将公款共计人民币 309 696 元非法占为已有。这笔钱也是白艳华为自己出国留学准备的学费。

白艳华将贪污的公款人民币 250 余万元用于购买高档住宅、高级轿车或挥霍。2005 年春节期间，反贪机关将回国过春节的白艳华抓获归案。案发后追缴部分赃款、赃物，尚有人民币 130 余万元赃款未能追回。

人们不禁要问：仅仅是名出纳员的白艳华，何以轻而易举地贪污 250 余万元拆迁款呢？显然，内部控制措施的缺失是导致案件发生的罪魁祸首之一。

内部控制方法，也称内部控制措施，是指为了完成控制任务、达到控制目标而采用的控制手段、控制方式及控制程序等。内部控制的方法多种多样，不胜枚举。针对不同的经济业务、不同的控制内容和不同的控制目标，可以采取不同的内部控制方法。即使是同样的经济业务，不同企业不同时期所采用的内部控制方法也不完全相同；对同一经济业务或控制内容，也可同时采用几种不同的内部控制方法。企业应当根据内部控制目标，结合风险应对策略，综合运用内部控制方法，对各种业务和事项实施有效控制，将风险控制在可承受度之内。

【问题思考】白艳华作为一名出纳员，何以轻而易举地贪污 250 余万元拆迁款？采取哪些措施可以有效防止或及时发现这些贪污行为？

不相容职务分离控制

一、不相容职务分离控制的含义

不相容职务分离控制，也称职责分工控制，是指企业将各项业务流程中所涉及的不相容职务，实施相互分离的控制措施。

不相容职务，是指那些如果由一个人担任既可能发生错误和舞弊行为，又可能掩盖其错误和舞弊行为的职务。不相容职务一般包括：授权批准与业务经办、业务经办与会计记录、会计记录与财产保管、业务经办与稽核检查、授权批准与监督检查等。

不相容职务分离的核心是“内部牵制”。对于不相容职务，如果不实行相互分离的控制措施，就容易发生错误和舞弊行为。例如，在物资采购活动中，采购业务的审批与采购业务的办理就属于不相容职务，如果这两个职务由同一名员工担任，就会出现这名员工既有权力决定采购什么，采购多少，从哪里采购，何时采购，价格如何；又可以在没有其他人参与的情况下亲自将上述采购活动付诸实施。显然，没有其他岗位人员的监督和制约，物资采购业务是很容易发生舞弊行为的。

二、不相容职务分离控制的要求

（1）企业应当全面系统地分析、梳理业务流程中所涉及的不相容职务，实施相应的分离控制措施，形成各司其职、各负其责、相互制约的工作机制。

（2）企业在设计、建立内部控制制度时，首先应确定哪些岗位和职务是不相容的，其次要明确规定各个机构和岗位的职责权限，使不相容岗位和职务之间能够相互监督、相互制约，形成有效的制衡机制。

三、不相容职务分离控制的内容

一个企业需要进行分离控制的职务有很多，企业日常业务活动中不相容职务分离控制举例如表2-1所示。

在物资采购、领用业务活动过程中，不相容职务分离控制如图2-1所示。图中的不同图形表示属于不相容职务，双箭头代表相互核对关系。

表 2－1　　企业日常业务活动中不相容职务分离控制举例

业务活动	不相容职务	分离原则
货币资金业务	（1）会计职务与出纳职务分离，出纳人员不得兼任稽核、会计档案保管和收入、支出、费用、债权债务账目的登记工作 （2）出纳人员职务与银行日记账核对职务分离 （3）支票保管职务与印章保管职务分离 （4）支票审核职务与支票签发职务分离，支票签发职务由出纳人员担任，其他会计人员不得兼任 （5）银行印鉴保管职务、企业财务章保管职务、人名章保管职务分离，不得由一人保管支付款项所需的全部印章	不得由同一人办理货币资金业务的全过程
签署合同业务	（1）合同签署（或委托签署）职务与条款订立职务分离 （2）条款订立职务与法律顾问职务分离 （3）合同谈判职务与合同定价职务分离 （4）合同履行职务与收付款职务分离 （5）合同审计职务与上述职务分离	不得由同一部门或同一人办理签署合同业务的全过程
固定资产采购业务	（1）批准采购职务与采购经办职务分离 （2）询价定价职务与确定供应商职务分离 （3）采购职务与验收职务分离 （4）付款审批职务与付款执行职务分离 （5）采购职务、入库登记职务、会计记录职务分离	不得由同一部门或同一人办理固定资产采购业务的全过程
投资业务	（1）投资计划的编制职务与投资计划的审批职务分离 （2）投资业务的操作职务与会计记录职务分离 （3）有价证券的保管职务与会计记录职务分离 （4）投资股利、利息的经办职务与会计核算职务分离	不得由同一部门或同一人办理投资业务的全过程
有关职务安排	（1）企业领导人的直系亲属不得担任本企业的会计机构负责人、会计主管职务 （2）会计机构负责人、会计主管人员的直系亲属不得在本企业会计机构中担任出纳职务 （3）纪委委员的直系亲属不得担任本企业或下属企业的主要领导人职务	直系亲属“回避”

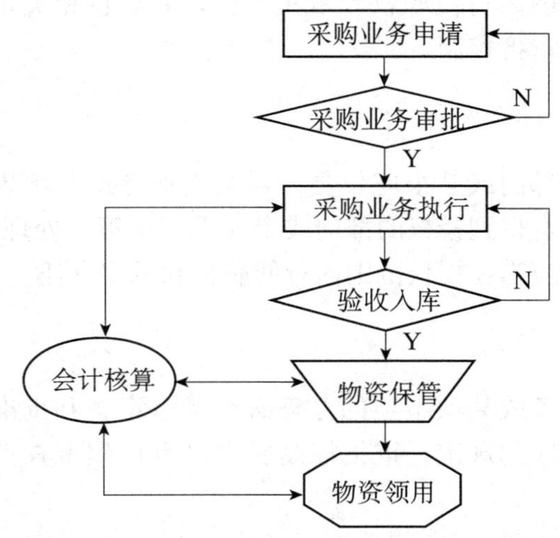

图 2－1　物资采购、领用业务中不相容职务分离控制图

案例分析

白云公司出纳人员负责保管全部财务印鉴、货币资金收付、支票签发、银行日记账登记与核对、往来账登记等工作。

分析要求：根据内部控制有关要求，分析白云公司出纳人员负责的工作是否存在缺陷或不恰当的地方。

分析提示：出纳人员负责的工作有三项属于不相容职务，应实行不相容职务分离控制措施。

（1）全部财务印鉴不能由一人保管，应该由两人以上分别保管。

（2）出纳人员职务与银行日记账核对职务不相容，应安排其他会计人员负责核对银行日记账。

（3）出纳人员职务与往来账登记职务不相容，应安排其他会计人员负责登记往来账。

授权审批控制

一、授权审批控制的含义

授权审批控制是指企业员工在办理各项经济业务时，必须经过授权才能实施，业务经办人员要在授权范围内行使职权和承担责任，并履行相关审批程序。授权审批控制可细分为授权控制和审批控制。

（一）授权控制

授权是指授予某个部门或某个职位员工对某类业务或某项事项进行决策、处理的权力。授权控制要求没有得到授权的部门或个人无权决策、处理某类业务或某项事项，获得授权的部门或个人应当在授权范围内行使职权和承担责任。

（二）审批控制

审批是指对某类业务或某项事项的办理必须经过审查和批准才能付诸实施，包括审批人的规定和审批程序的规定。审批控制要求没有得到审查批准的业务活动一律不得实施。

二、授权审批控制的要求

（1）企业应当建立授权审批体系，编制常规授权的权限指引，规范特别授权的范围、权限、程序和责任，严格控制特别授权。

（2）企业各级管理人员应当在授权范围内行使职权和承担责任，业务经办人员应当在授权范围内办理业务。

（3）企业对于重大的业务和事项，应当实行集体决策审批或者联签制度，任何个人不得单独进行决策或者擅自改变集体决策。

三、授权审批控制的程序与形式

在公司制企业中，通常的授权审批控制程序是股东大会授权予董事会，董事会授权予总经理，总经理授权予有关部门经理，部门经理授权予具体岗位的负责人和经办人员。一般情况下，企业每一层级的管理人员既是上级管理人员的授权对象，又是对下级管理人员的授权主体。

授权审批控制的形式通常有常规授权和特别授权两种。

（一）常规授权

常规授权也称一般授权，是指企业在日常经营管理活动中按照既定的职责和程序进行的授权。它是对办理常规性经济业务的权力、条件和有关责任者做出的一般性规定，其时效性一般较长。

常规授权通常是在对管理人员的职务任命时确定的，也可以采用岗位责任制、权限指引、管理制度以及下发“红头文件”等授权形式予以明确。例如，红旗公司借款管理制度规定：“工作人员到财务部门借款，必须经过总会计师的签字批准。”根据此项制度，总会计师即可行使审批员工借款的权力。

（二）特别授权

特别授权又称特定授权，是指企业在特殊情况、特定条件下进行的授权。它是对办理例外的、非常规性的经济业务的权力、条件和责任做出的应急性规定，其时效性一般较短。

特别授权一般采用书面的“一事一授”的方式进行明确。例如，红旗公司的总会计师因为出国考察一个月，所以签署授权书规定：“本总会计师出国考察期间，授权财务部经理行使总会计师在资金审批上的职权。”根据此授权书，财务部经理即可行使总会计师在资金审批上的权力。

（三）常规授权与特别授权的区分

企业要准确判断哪些事项应该采用常规授权，哪些事项应该采用特别授权，有时是比较困难的。通常的方法是，凡是经常发生的、重复发生的、涉及金额比较小的事项采用常规授权；不经常发生的、不具有重复性、涉及金额比较大的事项，则采用特别授权。

四、授权审批控制的原则

（一）授权审批要有依据

企业各级管理人员要依据法律法规、规章制度、公司治理结构、决议规定等正式文件实施授权审批，不能因人授权、随心所欲。

（二）授权审批要有界限

授权人对下级的授权必须在自己的权力范围内，不能超越自己的权限进行授权；被授权人要在授权人界定的权力范围内行使职权，不能超越授权范围，滥用职权。

（三）授权审批要有尺度

授权人既不能“疑人不用”，不愿放权；又不能“用人不疑”，过度放权。权力下放的合理尺度要以有利于生产经营活动的顺利进行和企业控制目标的实现为标准。

（四）授权审批要有责任

授权审批要遵循权责一致原则，授权人和被授权人所拥有的权力应当与其所承担的责任相互适应。既不能拥有权力却不承担责任，也不能只承担责任却不授予权力。

（五）授权审批要有监督

绝对权力导致绝对腐败。因此，企业所有拥有权力的人员和岗位都要接受有效的监督，都要实现有效的控制。

五、授权审批控制的内容

不论采用哪种授权审批控制形式，企业都必须建立严密的授权审批控制体系。通常包括以下内容：

（一）授权审批的范围

企业所有的经营管理活动都应当纳入授权审批的范围，它不仅包括人、财、物各方面的授权审批，而且包括供、产、销各环节的授权审批，还包括业务活动的计划、组织、执行、协调、报告、分析、考核、奖惩等事项的授权审批。总之，在授权审批的范围上，不能存在真空区，所有的经营管理活动应该在授权审批的制度、规定、程序、办法、文件中有明确的规定。

（二）授权审批的层次

企业应当根据业务活动的重要性和涉及金额的大小等情况，将审批权限分配给不同的管理层次。例如，对于重要的、涉及金额大的事项，审批权限应该授予董事会、总经理等高层机构或人员；对于影响不大、涉及金额较小的事项，审批权限可以授予下级管理层。这样，就会在企业内部形成一个严密的、层次清晰的授权审批控制体系，既有利于不同管理层之间的合理分工，又有利于调动各级管理人员的工作积极性和主动性。

（三）授权审批的责任

在授权审批控制中，授权人和被授权人都应当明确自己承担的责任。通常情况下，授权人应当承担由于授权不当、监督检查不力所导致不良后果的责任，被授权人应当承担由于用权不当、工作失误所导致不良后果的责任。

（四）授权审批的程序

授权审批的程序体现在两个方面：一是授权人要按照企业法定的授权程序办理授权审批事宜；二是企业经营管理活动中需要授权审批的事项都要规定科学、合理、相互关联的审批程序，避免越级审批、违规审批事件的发生。

会计系统控制

一、会计系统控制的含义

会计系统控制是指利用会计系统和会计方法对企业所发生的各项能用货币计量的经济业务进行确认、记录、归集、核算、报告等实施的控制。

会计系统又称会计信息系统，是指以计算机为主要工具，利用现代信息技术，对各种会计数据进行收集、记录、处理、存储、传递和分析，完成会计核算任务，并为企业内外两方面信息使用者提供有关会计信息和财务信息的现代会计运作体系。

会计系统控制既可以为内部控制系统的有效运行提供信息上的支持，成为企业内部控制信息的主要来源；又可以间接地服务于实物资产控制、全面预算控制等。因此，会计系统控制是一个综合性的控制系统，其他很多控制系统和控制方式的实施都离不开会计系统控制。

二、会计系统控制的要求

（1）企业要严格执行国家统一的会计准则和会计制度，加强会计基础工作，明确会计凭证、会计账簿和财务会计报告的处理程序，保证会计资料真实完整。

（2）企业应当根据会计业务的需要，设置会计机构，或者在有关机构中设置会计人员并指定会计主管人员；不具备设置条件的，应当委托经批准设立从事会计代理记账业务的中介机构代理记账。

（3）国有的和国有资产占控股地位或主导地位的大中型企业必须设置总会计师岗位。总会计师的任职资格、任免程序、职责权限由国务院规定。

（4）会计人员应当具备从事会计工作所需要的专业能力。担任单位会计机构负责人（会计主管人员）的，应当具备会计师以上专业技术职务资格或者从事会计工作三年以上。

三、会计系统控制的方式

在会计系统控制中，核心的控制方式是会计记录控制。其主要内容是：

（一）凭证编号

凭证编号可以控制企业签发的凭证数量，以及相应交易涉及的其他凭单和文件，如支票、发票、订单、存货收发单的使用情况，便于查询，避免重复或遗漏；同时，凭证的连续编号在一定程度上可以减少不法分子利用抽取发票、截取银行收款凭证等手段进行营私舞弊的可能性。

（二）复式记账

复式记账能够将企业发生的经济业务按其来龙去脉、相互联系全面系统地记入有关账户，使各账户全面系统地反映各会计要素具体内容的增减变动情况及结果。复式记账有利于保证会计记录的准确、无误，从而保证会计信息的正确性和完整性。

（三）统一会计科目

企业应根据会计准则的规范要求和经营管理的实际需要，统一设定会计科目。特别是集团性公司更有必要统一各子公司、分公司的会计科目，以利于统一口径、统一核算，便于汇总、对比、分析。

（四）会计政策

会计政策是企业进行会计核算和编制会计报表时所采用的具体原则、方法和程序。对于会计准则和其他财经法规有硬性规定的、没有选择余地的会计处理方法，企业必须严格遵守；对于同一经济业务允许采用多种会计处理方法的，企业应根据发展战略、经营管理和内部控制的要求，在会计准则的框架范围内制定适合本企业的会计政策。

（五）结账与对账程序

结账是指在将本期发生的全部经济业务登记入账的基础上，计算并记录本期账目发生额和期末余额的账务处理工作。在结账的基础上，企业还需要进行总账与明细账、本单位的账与外单位的账、会计部门的账与内部其他部门的账，以及账簿记录与实物情况之间的核对。通过结账与对账程序，可以及时发现会计信息的差错，以及经营活动中的漏洞和舞弊行为。

四、会计系统控制的内容

会计系统控制的主要内容包括货币资金、实物资产、对外投资、工程项目、采购与付款、筹资、销售与收款、成本费用、担保业务等经济业务的会计控制。

（一）货币资金控制

企业应当对货币资金收支和保管业务建立严格的授权审批制度，办理货币资金业务的不相容职务应当分离，相关机构和人员应当相互制约，确保货币资金的安全。

（二）实物资产控制

企业应当建立实物资产管理的岗位责任制度，对实物资产的验收入库、领用、发出、盘点、保管及处置等关键环节进行控制，防止各种实物资产被盗、毁损和流失。

（三）对外投资控制

企业应当建立规范的对外投资决策机制和程序，通过实行重大投资决策集体审议联签等责任制度，加强投资项目立项、评估、决策、实施、投资、处置等环节的会计控制，严格控制投资风险。

（四）工程项目控制

企业应当建立规范的工程项目决策程序，明确相关机构和人员的职责权限，建立工程项目投资决策的责任制度，加强工程项目的立项、预算、招投标、合同签订、付款、质量管理、竣工验收等环节的会计控制，防范决策失误及工程发包、承包、施工、验收等过程中的舞弊行为。

（五）采购与付款控制

企业应当合理设置采购与付款业务的机构和岗位，建立和完善采购与付款的会计控制程序，加强请购、审批、合同订立、采购、验收、付款等环节的会计控制，堵塞采购环节的漏洞，减少采购风险。

（六）筹资控制

企业应当建立规范的筹资决策程序，加强对筹资活动的会计控制，合理确定筹资规模和筹资结构，选择最有利的筹资方式，降低资金成本，防范和控制财务风险，确保筹措资金的合理、有效使用。

（七）销售与收款控制

企业应当在制定商品或劳务等的定价原则、信用标准和条件、收款方式等销售政策时，充分发挥会计机构和人员的作用，加强合同订立、商品发出和账款回收的会计控制，避免或减少坏账损失。

（八）成本费用控制

企业应当建立成本费用控制系统，做好成本费用管理的各项基础工作，制定成本费用标准，分解成本费用指标，控制成本费用差异，考核成本费用指标的完成情况，落实奖罚措施，降低成本费用，提高经济效益。

（九）担保业务控制

企业应当加强对担保业务的会计控制，严格控制担保行为，建立担保决策程序和责任制度，明确担保原则、担保标准和条件、担保责任等相关内容，加强对担保合同订立的管理，及时了解和掌握被担保人的经营和财务状况，防范潜在风险，避免或减少可能发生的损失。

财产保护控制

一、财产保护控制的含义

财产保护控制是指采取限制接近等一系列控制方法，保护企业财产的安全完整。财产保护的对象主要是实体资产，包括现金及有价证券、存货和其他实物资产。

二、财产保护控制的要求

（1）企业应当建立财产日常管理制度和定期清查制度，采取财产记录、实物保管、定期盘点、账实核对等措施，确保财产安全。

（2）企业应当严格限制未经授权的人员接触和处置财产。

三、财产保护控制的内容

财产保护控制包含的范围比较广泛，从理论上讲，内部控制的各种方法都具有保护财产安全的作用。一般而言，财产保护控制主要包括以下内容：

（一）限制接近

限制接近是指严格限制未经授权的人员对有关资产的直接接触，即只有经过授权批准的人员才能接触有关资产。限制接近包括限制对资产本身的接触和通过文件批准方式对资产使用或分配的间接接触。一般情况下，对货币资金、有价证券、贵重物品、存货等变现能力强的资产，必须限制无关人员的直接接触。

1. 限制接近现金

现金收支及库存的管理应该局限于出纳人员。出纳人员要与登记现金收支及结存账簿的会计人员、登记应收账款的会计人员相分离；现金的收付、存取、保管要采取可靠措施，以保护现金资产的安全。

2. 限制接近存货

存货实物的保护应由专职的仓库保管员负责控制。一般企业可以通过设置分离、封闭的仓库区域，以及非库管人员不得进入仓库区域等控制方式来实现；在零售企业中，存货实物的保护可以通过在营业时间中和营业时间后控制接近库房的方式来实现。对于贵重物品使用保险容器储存，以及聘用专人日常巡视和采用某些监控设备等，也是财产保护控制的重要措施。

3. 限制接近其他易变现资产

其他易变现资产主要是指应收票据和有价证券等。对于这些资产，一般可以采用确保两个人同时接近资产的方式加以控制。例如，存放有价证券的保险柜必须要由两名以上人员各自使用不同的钥匙才能开启；在处理易变现资产时，要求由两个以上人员共同签名等。

（二）资产盘点

资产盘点是指对资产进行实物清点，并将盘点结果与会计记录进行核对，以达到保护资产安全和完整的目的。企业应当重视会计账簿与保管账簿的账账相符管理，因为只有在确保账账相符的前提下，进行资产盘点才有实际意义。资产盘点应当根据实际需要定期或不定期举行。

1. 盘点结果与会计记录核对

对实物资产进行盘点并与会计记录核对一致，可以在很大程度上保证实物资产的安全。通过实物盘点，可以发现资产管理中存在的缺陷和漏洞，并通过后续的改进措施来防范实物资产的流失。

2. 差异分析与调整

由于财产溢余、短缺或会计记录错误等，在盘点时经常会出现盘点结果与会计记录不一致的情况。实物盘点结果与有关会计记录之间的差异应由独立于保管和记录职务的人员进行调查。为防止差异再次产生，应详细分析造成差异的原因，落实相关人员的责任，并根据资产性质、现行制度以及差异大小，有针对性地采取有关控制措施。

（三）记录保护

记录保护是指应当妥善保管涉及资产的各种文件资料，避免记录毁损、遗失、被盗和破坏。

1. 限制接近

要严格限制非相关人员接近有关资产的会计记录，以保证保管、批准和记录职务相分离的有效性。

2. 妥善保存

会计记录应设置专门的档案室、档案柜等保护设施予以妥善保存，以减少会计记录受损、被盗或被毁的可能性。

3. 备份管理

对于某些重要的信息资料，应留有备份记录，以便在遭受意外损失或毁坏时重新恢复。

（四）财产保险

财产保险是指投保人根据合同约定，向保险人交付保险费，保险人按保险合同的约定对所承保的财产及其有关利益因自然灾害或意外事故造成的损失承担赔偿责任的财产保护措施。企业应通过财产保险来增加实物资产受损后补偿的程度或机会，将资产受损对企业带来的影响降到最低限度，从而确保财产安全完整、保值增值。

运营分析控制

一、运营分析控制的含义

运营分析控制是指企业借助统计系统、会计系统提供的信息资料，采用专门方法，对企业一定期间的生产经营活动过程及结果进行分析研究，掌握企业运营效率和效果，并不断改进、完善企业经营管理的控制活动。

运营分析控制包含总结过去、指导未来的双重任务：如果不对过去进行认真的分析、总结，就很难对未来做出科学的预测；在未来的生产经营活动中，就很难避免过去的缺点和错误的再次发生。因此，运营分析控制是企业前后两个经营活动循环的联结点，每通过一次运营分析控制，企业的经营管理水平就应当有一次相应的提高；持续下去，企业的经营管理水平就会持续向上、不断提高。

二、运营分析控制的要求

（1）企业应当建立运营情况分析制度。

（2）企业经理层应当综合运用生产、购销、投资、筹资、财务等方面的信息，通过因素分析、比较分析、趋势分析等方法，定期开展运营情况分析。

（3）通过运营分析发现存在的问题，及时查明原因并加以改进。

三、运营分析控制的方法

运营分析控制方法由定量分析方法和定性分析方法两大类组成。定量分析方法是最基本的分析方法，定性分析方法是辅助分析方法。在运营分析控制实务中，应根据具体的运营分析对象和运营分析控制要求，选择相应的定量分析方法和定性分析方法，实现二者的有机结合、灵活运用。

（一）定量分析方法

定量分析方法是借助于数学模型，从数量上测算、比较和确定各项分析指标变动的数额，以及影响分析指标变动的原因和影响数额大小的一种分析方法。常用的定量分析方法主要有比较分析法、因素分析法、比率分析法、趋势分析法、因果分析法、价值分析法、量本利分析法等。

1. 比较分析法

比较分析法是通过某项经济指标与性质相同的指标评价标准进行对比，揭示企业经济状况和经营成果的一种分析方法。在运用比较分析法时，要注意各项指标的可比性，相互比较的经济指标必须是相同性质或类别的指标。一般而言，应做到指标的计算口径、计价基础和时间单位都保持一致，以保证比较结果的正确性。

2. 因素分析法

因素分析法是依据分析指标与其影响因素的关系，从数量上确定各因素对分析指标影响方向和影响程度的一种定量分析方法。因素分析法适用于多种因素构成的综合性指标分析，如成本、利润、资金周转等方面的指标。因素分析法是在比较分析法的基础上加以应用的，是比较分析法的发展和补充。因素分析法按分析特点可分为连环替代法和差额分析法两种具体方法。

（1）连环替代法是将分析指标分解为各个可以计量的因素，并根据各个因素之间的依存关系，顺次用各因素的比较值（即实际值）替代基准值（即标准值），据以测定各因素对分析指标的影响。

（2）差额分析法是连环替代法的一种简化形式，它是利用各个因素的比较值与基准值之间的差额，来计算各因素对分析指标的影响。

因素分析法既可以全面分析若干因素对某一经济指标的共同影响，又可以单独分析其中某个因素对某一经济指标的影响，在运营分析控制中的应用十分广泛。

3. 比率分析法

比率分析法是通过计算和对比各种比率指标来确定经济活动变动程度的分析方法。采用比率分析法，首先要将对比的指标数值变成相对数，然后进行对比分析。常用的比率指标有构成比率、效率比率和相关比率三类。

（1）构成比率是某项经济指标的各组成部分数值占总体数值的百分比。这类比率揭示了部分与整体的关系。利用构成比率，可以考察总体中某个部分的形成和安排是否合理，通过不同时期构成比率的比较还可以揭示其变化趋势。

（2）效率比率是某经济活动中所费与所得的比率，反映投入与产出的关系。利用效率比率指标可以进行得失比较，考察经营成果，评价经济效益。

（3）相关比率是以某个项目和与其相关但又不同的项目加以对比所得出的比率，反映有关经济活动之间的相互关系。利用相关比率指标，可以考察企业有联系的项目指标数值之间的合理性，反映企业某方面的能力水平。

4. 趋势分析法

趋势分析法又称动态分析法，它是根据财务报表中的有关数字资料，通过定基或环比方法对比三期或连续数期的相同指标或比率，确定有关指标增减变动的方向、数额和幅度，以揭示企业财务状况、经营情况和现金流量变化趋势的一种分析方法。

（二）定性分析方法

定性分析方法是指运用归纳和演绎、分析与综合、抽象与概括等方法，对企业各项经济指标变动的合法性、合理性、可行性、有效性进行思维加工、去粗取精、去伪存真、由此及彼、由表及里的科学论证和说明。它是对定量分析的结果，根据国家有关法规、政策和企业的客观实际进行相互联系的研究，考虑各种不可计量的因素加以综合论证，并对定量分析结果进行切合实际的修正，做出“质”的判断的分析方法。

定性分析方法具体包括实地观察法、经验判断法、会议分析法、类比分析法等。

四、运营分析控制的步骤和内容

运营分析控制通常包括下列基本步骤和内容：

（一）确定分析对象，明确分析目的

在进行运营分析之前，首先要确定分析对象及范围，明确分析目的，熟悉与分析有关的资料，以保证有的放矢地开展分析工作。

（二）收集资料，掌握情况

进行运营分析时，必须广泛收集内容真实、数字正确的资料。这些资料既包括来自企业内部的资料，又包括来自企业外部的资料。

（三）对比分析，确定差异

通过运营指标对比，可以得到运营结果与运营标准之间的差额，然后采用比率分析法、因素分析法等定量分析方法说明运营指标的完成程度，提示偏离标准的原因，为进一步的定性分析指明方向。

（四）分析原因，落实责任

通过定量分析，一般只能看出数量和现象上的差异，还不能说明产生差异的实质。因此，必须通过定性分析进行深入研究，分析造成差异的原因，抓住主要矛盾，并落实至责任单位和责任人。

（五）提出措施，改进工作

确定差异、分析原因、落实责任是为了解决企业经营活动中存在的不足和问题。因此，当存在的问题找准、找出后，就应根据分析的结果，提出加强内部控制的具体措施，以提高企业的经营管理水平。

（六）归纳总结，编写分析报告

归纳总结是依据对各项运营指标执行情况的分析结果进行综合概括，对企业经营活动过程及结果做出正确评价。在运营分析的最后阶段，要根据归纳总结的内容，编写书面分析报告。

绩效考评控制

一、绩效考评控制的含义

绩效考评控制是指企业为了实现控制目标，运用特定的标准和指标，采用科学的方法，对各部门和全体员工的工作业绩进行定期考核、评价的控制措施。

绩效考评控制的重点是绩效与薪酬的结合。在人力资源管理中，绩效与薪酬是两个密不可分的部分。在设定薪酬时，一般已将薪酬分解为固定工资和绩效工资，绩效工资正是通过绩效予以体现的，而对员工进行绩效考评的结果也必须表现在薪酬上，否则，绩效与薪酬就都失去了应有的激励作用。

二、绩效考评控制的要求

（1）企业应当建立和实施绩效考评制度，科学设置考核指标体系。

（2）企业应当对各责任单位和全体员工的业绩进行定期考核和客观评价。

（3）企业要将绩效考评结果作为确定员工薪酬以及职务晋升、评优、降级、调岗、辞退等的依据之一。

三、绩效考评控制的方法

绩效考评控制方法一般包括关键绩效指标法、经济增加值法、平衡计分卡等。在绩效考评控制实务中，企业可根据自身战略目标、业务特点和管理需要，结合不同方法的特征及适用范围，既可以选择一种适合的方法单独使用，也可选择两种及以上的方法综合运用。

（一）关键绩效指标法

关键绩效指标法，是指基于企业战略目标，通过建立关键绩效指标（Key Performance Indicator，KPI）体系，将价值创造活动与战略规划目标有效联系，并据此进行绩效管理的方法。关键绩效指标法的应用对象可为企业、所属单位（部门）和员工。关键绩效指标，是对企业绩效产生关键影响力的指标，是通过对企业战略目标、关键成果领域的绩效特征分析，识别和提炼出来的最能有效驱动企业价值创造的指标。

企业构建关键绩效指标体系，一般按照以下程序进行：

（1）制定企业级关键绩效指标。企业应根据战略目标，结合价值创造模式，综合考虑内外部环境等因素，设定企业级关键绩效指标。

（2）制定所属单位（部门）级关键绩效指标。根据企业级关键绩效指标，结合所属单位（部门）关键业务流程，按照上下结合、分级编制、逐级分解的程序，在沟通反馈的基础上，设定所属单位（部门）级关键绩效指标。

（3）制定岗位（员工）级关键绩效指标。根据所属单位（部门）级关键绩效指标，结合员工岗位职责和关键工作价值贡献，设定岗位（员工）级关键绩效指标。

（二）经济增加值法

经济增加值法，是指以经济增加值（Economic Value Added，EVA）为核心，建立绩效指标体系，引导企业注重价值创造，并据此进行绩效管理的方法。

经济增加值，是指税后净营业利润扣除全部投入资本的成本后的剩余收益。经济增加值及其改善值是全面评价经营者有效使用资本和为企业创造价值的重要指标。经济增加值为正，表明经营者在为企业创造价值；经济增加值为负，表明经营者在损毁企业价值。经济增加值的计算公式为：

经济增加值＝税后净营业利润－平均资本占用×加权平均资本成本

其中：税后净营业利润衡量的是企业的经营盈利情况，平均资本占用反映的是企业持续投入的各种债务资本和股权资本，加权平均资本成本反映的是企业各种资本的平均成本率。

企业应用经济增加值法，一般按照制定以经济增加值指标为核心的绩效计划、制定激励计划、执行绩效计划与激励计划、实施绩效评价与激励、编制绩效评价与激励管理报告等程序进行。

（三）平衡计分卡

平衡计分卡，是指基于企业战略，从财务、客户、内部业务流程、学习与成长四个维度，将战略目标逐层分解转化为具体的、相互平衡的绩效指标体系，并据此进行绩效管理的方法。

企业应用平衡计分卡工具方法，一般按照制定战略地图、制订以平衡计分卡为核心的绩效计划、制订激励计划、制订战略性行动方案、执行绩效计划与激励计划、实施绩效评价与激励、编制绩效评价与激励管理报告等程序进行。

四、绩效考评控制的环节与内容

（一）设定绩效考评目标

绩效考评目标的设定源于对企业目标的分解，即将企业一定时期的经营目标逐层分解到每个部门及全体员工。通过目标分解所得到的绩效考评目标，应当具有很强的针对性和可操作性，其内容是每个岗位、每个人最主要的且必须完成的工作。绩效考评是自上而下的，董事长、总经理要率先垂范，建立“千斤重担大家挑，人人头上有目标”的绩效考评体系。

（二）建立绩效考评指标体系

绩效考评指标体系包括定量指标和定性指标两大类。其中，定量指标是可以量化的指标，反映了绩效考评目标的数量要求和价值预期；定性指标是无法量化的指标，主要通过客观描述和分析来反映绩效考评结果。绩效考评要以定量指标为主，定性指标为辅。对不同绩效考评指标，要赋予科学、合理的权重，体现各项绩效考评指标对绩效考评结果的影响程度和重要程度。

（三）制定绩效考评标准

绩效考评标准是对员工绩效进行考核的标准和尺度。员工的绩效考评标准既要达到绩效考评的各项目的，又要被考评对象普遍接受。在制定绩效考评标准时，要满足公正性与客观性、明确性与具体性、一致性与可靠性、民主性与透明性四项要求。

（四）形成绩效考评结果

在设定的时间内，企业需要依据绩效考评指标和绩效考评标准，对全体员工一定时期的工作绩效进行定期考核和客观评价，形成绩效考评结果。考评人员要按照每项指标设置的量化指标和考评分值，逐项核实工作绩效，逐项进行评分记分，累计计算考评对象该考核周期工作绩效的实际得分。

（五）运用绩效考评结果

如何运用绩效考评结果，会直接影响绩效考评控制的激励作用。企业要结合企业管理资源的实际情况，充分考虑企业文化的负载能力，选择和确定绩效考评结果的具体运用方式。通常情况下，绩效考评结果要作为确定员工薪酬以及职务晋升、评优、降级、调岗、辞退等的依据。

案例分析

北京高盟新材料股份有限公司高级管理人员薪酬及绩效考核管理制度

（2017年4月19日第三届董事会第八次会议修订）

第一章 总 则

第一条 为推进北京高盟新材料股份有限公司（以下简称“公司”）建立与现代企业制度相适应的高级管理人员（以下简称“高管人员”）薪酬激励约束机制，有效地调动高管人员的积极性、主动性和创造性，提高企业经营管理水平，促进企业效益的增长，根据《中华人民共和国公司法》《上市公司治理准则》等有关法律、法规以及《北京高盟新材料股份有限公司公司章程》，结合公司实际，特制定本制度。

第二条 本制度适用对象为公司高管人员，具体包括以下人员：

（一）公司董事长、副董事长、总经理、副总经理、董事会秘书、财务负责人。

（二）公司董事会认定的其他人员。

第三条 公司高管人员的薪酬分配与考核应以企业经济效益为出发点，根据公司年度经营计划和高管人员分管工作的工作目标，进行综合考核，根据考核结果确定高管人员的年度薪酬分配。

第四条 公司高管人员薪酬的确定应遵循以下原则：

（一）按劳分配与责、权、利相结合的原则；

（二）收入水平与公司效益及工作目标挂钩的原则；

（三）薪酬与公司长远利益相结合的原则；

（四）薪酬标准公开、公正、透明的原则。

第二章 管理机构及职责

第五条 董事会的职责和权限：

（一）审批制定公司高管人员薪酬管理及绩效考核制度；

（二）审批制定公司高管团队年度整体绩效目标，并进行绩效考核。

第六条 薪酬与考核委员会的职责和权限：

（一）起草提出公司高管人员薪酬管理及绩效考核制度，报董事会审批；

（二）审批公司高管人员年度绩效考核实施方案；

（三）对公司薪酬制度执行情况进行监督；

（四）检查公司高管人员的履行职责情况。

第七条　总经理的职责和权限：

（一）制定公司高管人员年度绩效考核具体办法，并在薪酬与考核委员会批准后组织实施；

（二）牵头成立绩效考核小组，负责对高管人员绩效考核的日常工作；

（三）组织对高管人员进行年度考核；

（四）根据本制度以及绩效考核具体办法的规定，拟订高管人员的绩效薪酬分配方案。

第三章　薪酬的构成

第八条　高管人员薪酬由基本薪酬和绩效薪酬两部分组成。

第九条　基本薪酬：

（一）基本薪酬主要根据职位、责任、能力、市场薪资行情等因素确定，分十二个月按月发放；

（二）公司高管人员年度收入实行年薪制，年薪水平与其承担责任、风险、经营业绩以及公司整体经营成果成正比；

（三）公司高管人员基本年薪由公司薪酬与考核委员会向公司董事会提出，由董事会审定。

第十条　绩效薪酬：

（一）绩效薪酬是高管人员不可预期的薪酬，是根据公司年度总体经营业绩完成情况、高管人员的绩效考核和业绩目标、勤勉尽职等方面的评价情况确定的薪酬；

（二）公司高管人员绩效薪酬于年度结束后统一发放，可以由公司总经理、财务负责人和人力资源管理部门制订具体的发放计划，可以在未来不超过十二个月的若干月份以及在考核年度的次年年底一次性发放。

（三）经公司董事会薪酬与考核委员会提案，公司董事会审批，可以临时性地为专门事项（项目）设立专项奖励或惩罚，作为对公司高管人员的薪酬的补充。

（四）鉴于每个经营年度的外部经营环境的变化，在经过公司薪酬与考核委员会提案、董事会审议通过的情况下，前述公司高管人员薪酬标准可进行调整，并以通过后的标准实施。

第十一条　高管人员任职期间，出现下列情形之一时，年度绩效考核为零分，不予发放年度绩效薪酬，已发放的，亦应予以追回：

（一）严重违反公司各项规章制度，受到公司内部严重警告以上处分的；

（二）严重损害公司利益的；

（三）年度财务会计报告被会计师事务所及注册会计师出具保留意见、否定意见或无法表示意见的审计报告的；

（四）因重大违法违规行为被中国证监会予以行政处罚或被深圳证券交易所予以公开谴责或宣布为不适当人员的；

（五）因个人原因擅自离职、辞职或被免职的；

（六）董事会认为不应发放年度绩效薪酬与奖励的其他情形。

第四章　考核与实施程序

第十二条　高管绩效考核工作应在会计师事务所完成年度审计后一个月内完成，由公司总经理根据年度经营目标的整体完成情况和每位高管分管部门考核指标完成情况以及薪酬分配政策，确定高管人员的年度绩效薪酬方案，报薪酬与考核委员会审核。

第十三条　绩效薪酬方案确定后，由公司总经理、财务负责人和人力资源管理部门制订具体的发放计划，可以在未来不超过十二个月的若干月份以及在考核年度的次年年底一次性发放。

第十四条　在经营年度中，如经营环境等外界条件发生重大变化，董事会可以调整总经理及高管团队的考核指标。总经理可以相应调整副总经理等其他高管人员的考核指标。

第五章　其他激励事项

第十五条　公司可实施股权激励计划对高管人员进行激励，激励的主要原则基于相应的岗位职责的履行程度、年度经营目标和个人绩效指标的完成情况及其他相关指标。高管人员的股权激励由薪酬与考核委员会负责拟订股权激励计划草案，并提交董事会审议。股权激励的相关事项根据国家的相关法律、法规等确定。

第十六条　公司可依据具体情况通过董事会薪酬与考核委员会提案、董事会审批的方式，对高管人员提出其他奖惩措施。

第十七条　上述薪酬均为税前金额，其所涉及的个人所得税统一由公司代扣代缴。

第六章　附　　则

第十八条　本制度作为高管人员薪酬与绩效考核体系的基本制度，如有其他具体实施细则可另行确定，并作为本制度的组成部分。

第十九条　本制度的解释权归公司董事会。

第二十条　本次修订自公司董事会审批通过之日起生效，同时2012年8月15日第一届董事会第十三次会议通过的原管理制度自动失效。

第二十一条　本制度如与国家立法机关、监管机构发布的最新法律、法规和规章存在冲突，以最新法律、法规和规章规定为准，本制度如与公司章程相抵触，以公司章程为准。除前述法律法规及公司章程外，公司其他制度与本制度相抵触的，遵循本制度。

北京高盟新材料股份有限公司董事会

2017年4月19日

分析要求：根据《中华人民共和国公司法》和绩效考评控制的有关规定和要求，分析北京高盟新材料股份有限公司制定的《高级管理人员薪酬及绩效考核管理制度》是否存在缺陷或不恰当的地方。

分析提示：该制度存在如下缺陷：

（1）违反了《中华人民共和国公司法》关于董事、监事报酬决定权的规定。《中华人民共和国公司法》第三十七条第二款规定，股东会“决定有关董事、监事的报酬事项”；第四十六条第九款规定，董事会“决定聘任或者解聘公司经理及其报酬事项，并根据经理的提名决定聘任或者解聘公司副经理、财务负责人及其报酬事项”。而该制度没有区分董事、监事和经理、副经理、财务负责人在报酬上的管理权限，将公司高管人员的报酬决定权都归董事会行使是错误的。

（2）对于公司高管人员绩效考评的规定过于笼统。绩效考评控制要求企业科学设置考核指标体系，而该制度一是没有明确高管人员基本薪酬和绩效薪酬两部分的构成比例，二是没有建立包含定量指标和定性指标两大类的绩效考评指标体系。

【能力训练】

一、知识巩固

（一）单选题

1. 授权审批控制可细分为（　　）。

A. 授权控制和审批控制　　B. 常规授权和特别授权

C. 集权控制和分权控制　　D. 一般控制和重要控制

2. 不相容职务分离的核心是（　　）。

A. 发生错误　　B. 分离控制　　C. 内部牵制　　D. 出现舞弊

3. 对于同一经济业务允许采用多种会计处理方法的，企业应根据发展战略、经营管理和内部控制的要求，在会计准则的框架范围内制定适合本企业的（　　）。

A. 会计制度　　B. 会计方法　　C. 会计政策　　D. 会计规则

（二）多选题

1. 企业各项业务流程中，应当实行分离控制的不相容职务包括（　　）。

A. 授权批准与业务经办　　B. 业务经办与会计记录

C. 会计记录与财产保管　　D. 业务经办与稽核检查

2. 会计系统控制要求，担任单位会计机构负责人（会计主管人员）的，除取得会计从业资格证书外，还应当具备（　　）。

A. 会计师以上专业技术职务资格　　B. 曾担任过会计机构负责人

C. 从事会计工作三年以上　　D. 注册会计师

3. 会计系统控制的核心控制方式是会计记录控制，其主要内容包括（　　）。

A. 凭证编号　　B. 复式记账　　C. 权责发生制　　D. 会计政策

4. 财产保护控制包括的主要内容是（　　）。

A. 限制接近　　B. 资产盘点　　C. 账账相符　　D. 财产保险

（三）判断题

1. 企业应当建立授权审批体系，编制常规授权的权限指引，规范特别授权的范围、权限、程序和责任，严格控制常规授权。（　　）

2. 财产保护的对象主要是实体资产，包括现金及有价证券、存货和其他资产。（　　）

3. 凡是经常发生的、重复发生的、涉及金额比较小的事项，采用常规授权；不经常发生的、不具有重复性、涉及金额比较大的事项，则采用特别授权。（　　）

二、案例分析

2004年11月9日，北京市第一中级人民法院对国家自然科学基金委员会财务局经费管理处原会计人员卞中贪污、挪用巨额公款案做出一审判决，以贪污罪、挪用公款罪判处被告人卞中死刑，缓期两年执行，剥夺政治权利终身，并处没收个人全部财产。

经法院审理查明，1999年8月至2002年12月，卞中在负责办理向申请国家自然科学基金经费的院校、科研单位拨款的工作中，多次将部分因故被退回款以重新拨出为名，分别采取伪造银行进账单、信汇凭证、电汇凭证在单位平账的手段，将公款共计人民币1 262.37万元侵吞。2002年3月至2003年1月，卞中多次采取伪造银行对账单、进账单，编造支票配售记录的手段，先后8次将公款共计人民币19 993.3万元挪出，转入北京汇人建筑装饰工程有限责任公司及其女友柴某家人开办的东方旭阳公司账内，用于上述两家公司的盈利活动。为此，卞中收取汇人建筑装饰工程有限责任公司支付的利息款人民币8万元。

此外，1995年8月，卞中伙同当时担任国家自然科学基金委员会综合计划局财务处会计的吴锋，私自将公款人民币1 000万元存入中国农村发展信托投资公司，并以委托贷款方式借给广州银鸿国际贸易有限公司进行盈利活动。为此，卞中、吴锋收取广州银鸿国际贸易有限公司支付的利息人民币294.5万元，其中，吴锋分得赃款人民币1万元。

【分析要求】国家自然科学基金委员会财务局采取哪些内部控制方法，就可以避免小会计贪污大资金的事件发生？为什么？

三、复习思考

1. 什么是不相容职务分离控制？简述其要求与内容。
2. 什么是授权审批控制？简述授权审批控制的原则与形式。
3. 什么是会计系统控制？简述会计系统控制的要求与方式。
4. 什么是财产保护控制？简述财产保护控制的要求与内容。
5. 什么是运营分析控制？简述运营分析控制的要求与方法。
6. 什么是绩效考评控制？简述绩效考评控制的环节与内容。

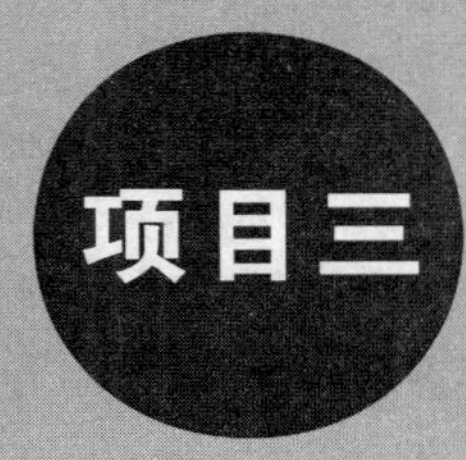

全面预算控制

【教学目标】

1. 知识目标

■ 理解全面预算控制的含义

■ 掌握全面预算控制的总体要求

■ 重点掌握全面预算控制的主要风险、关键控制点和控制措施

2. 能力目标

■ 理解全面预算控制制度设计的目标

■ 初步掌握全面预算控制制度设计的方法

【学习指南】

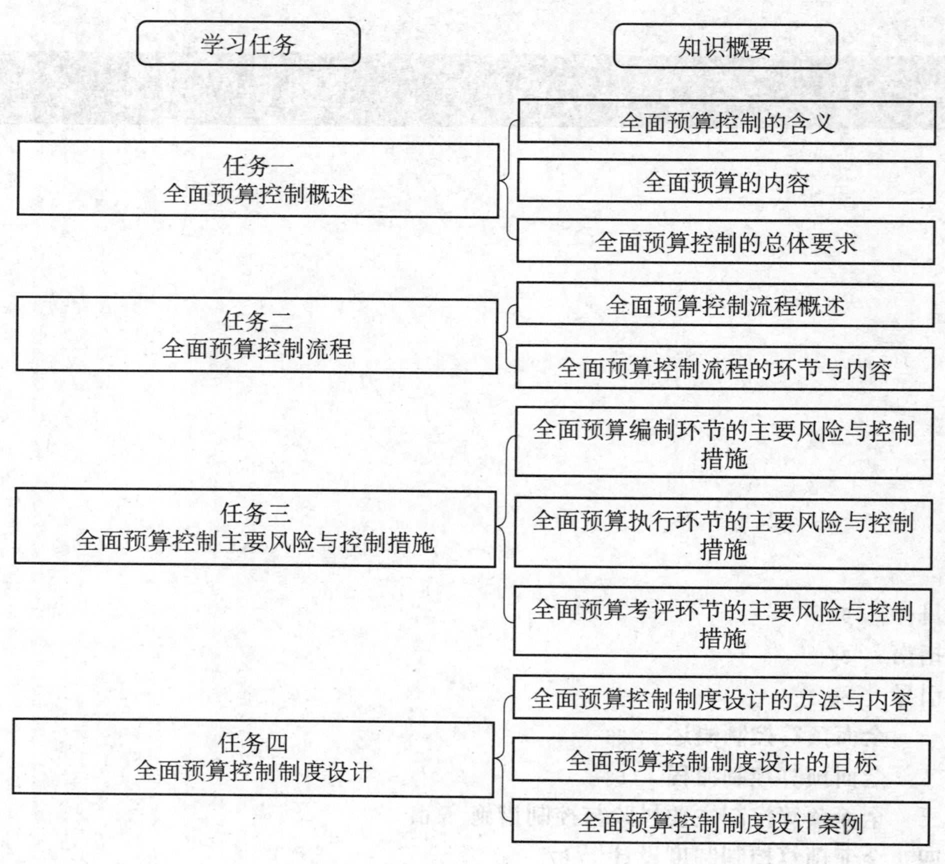

【教学引导】

全面预算管理的过去、现在与未来

在中国，人们很早就有了预算管理的思想。例如，封建社会读书人求取功名的必读书——《礼记·中庸》中就有“凡事预则立，不预则废”的至理名言。历史和现代社会中的许多名人也都引用此语说明无论做什么事，都要事先进行周密的计划，才能成功，否则就很可能荒废、失败的道理。

20世纪70年代末80年代初，伴随着我国的经济体制改革和对外开放，我国高等财经院校和部分综合性大学从国外引入了管理会计学科，预算管理（或称全面预算）作为其中的一章，被正式应用于教学。进入20世纪90年代，随着我国社会主义市场经济的培育发展和现代企业制度的推行，企业被逐渐推向市场，企业管理目标也从完成产值、产品品种、产品产量计划，逐渐转移到追求经济效益、实现企业价值最大化上来。为了不在激烈的市场竞争中被淘汰，企业就必须内抓管理、外抓市场，并学会根据市场需求，自主安排生产经营活动。预算管理这一为世界工业发达国家企业所普遍采用的、行之有效的管理方法，就顺理成章地被国内越来越多的企业借鉴和采用，并取得了显著成效。

中国新兴铸管联合公司，从1994年开始在企业推行全面预算管理，收到了可喜的效果：在全国57家地方钢铁骨干企业中，新兴铸管的规模居第29位，但利润却名列前3位；为了有效规避财务风险，建立以财务管理为中心的运营模式，实施了以推行全面预算管理为核心内容的“三个重点转移”，促进了整个集团的健康、快速发展。

2000年9月，由国家经贸委会同有关部门起草，经国务院批准颁布的《国有大中型企业建立现代企业制度和加强管理的基本规范（试行）》第三十九条提出：企业应“建立全面预算管理制度，以现金流量为重点，对生产经营各个环节实施预算编制、执行、分析、考核”；2001年4月，财政部颁布的《企业国有资本与财务管理暂行办法》中规定，“企业对年度内的资本营运与各项财务活动，应当实行财务预算管理制度”；2002年4月，财政部又颁布了《关于企业实行财务预算管理的指导意见》，进一步提出企业应实行包括财务预算在内的全面预算管理；2008年6月，财政部、证监会、审计署、银监会、保监会联合制定的《企业内部控制基本规范》的第三十三条规定，“要求企业实施全面预算管理制度，明确各责任单位在预算管理中的职责权限，规范预算的编制、审定、下达和执行程序，强化预算约束”；2010年4月，财政部又会同证监会、审计署、银监会、保监会五部委联合发布了《企业内部控制配套指引》，其中，《企业内部控制应用指引》的第15号应用指引就是全面预算。这些行政规章的颁布，标志着“预算管理”这一科学管理理念已经在我国政府界、理论界和企业界得到了广泛认同，并进入了规范和推广阶段。

中国政府的经济主管部门、理论界的专家学者以及众多的企业家已经深深认识到：全面预算管理是实现公司治理和企业整合的最基本、最有效的方法，是企业实施内部控制的主要方法和工具，是管理和运营现代企业的必备制度和有效手段。

21世纪，必将是全面预算管理在中国的快速发展和成熟的时期。

【问题思考】会计人员为什么要学习和掌握全面预算管理？

全面预算控制概述

一、全面预算控制的含义

全面预算控制是指企业通过实施全面预算管理制度，建立以预算为标准的经营活动管理控制系统，实现企业对经营活动、投资活动、财务活动的全面控制和管理。

全面预算和全面预算管理是两个不同的概念。其中，全面预算是企业为了实现战略规划和经营目标，对预算期内的经营活动、投资活动、财务活动做出的预算安排，包括经营预算、投资预算和财务预算；全面预算管理是企业为了实现战略规划和经营目标，采用预算方法对预算期内所有经营活动、投资活动和财务活动进行统筹安排，并以预算为标准，对预算执行过程和结果进行控制、核算、分析、考评、奖惩等一系列管理活动的过程。

全面预算管理的本质属性是以预算为标准的管理控制系统，是企业实施内部控制的方法和工具。企业内部控制的方法和工具有很多，包括不相容职务分离控制、授权审批控制、会计系统控制、财产保护控制、全面预算控制、合同管理控制、内部审计控制、运营分析控制和绩效考评控制等。其中，全面预算控制是企业内部管理控制的主要工具和方法，它通过编制预算来制定执行、控制和评价的标准，对企业所有经济活动实施事前、事中和事后全过程的控制，在企业内部控制体系中发挥着核心作用。

全面预算管理涉及企业经济活动的方方面面，是一项全员参与、全方位管理、全过程控制的综合性、系统性管理活动。全员参与是指企业内部各部门、各单位、各岗位，上至董事长，下至各部门负责人、各岗位员工都必须参与全面预算控制。全方位管理是指企业的一切经济活动，包括人、财、物各个方面，供、产、销各个环节，都必须全部纳入全面预算控制。全过程控制是指企业各项经济活动的事前、事中和事后都必须纳入全面预算控制。

二、全面预算的内容

全面预算是由一系列预算按照其经济内容及相互关系有序排列组成的有机整体。各项预算之间前后衔接、相互关联、相互制约、相辅相成、环环相扣，存在严格的钩稽关系，形成了一个完整的、科学的、系统的、牵一发而动全身的全面预算体系。从其内容上看，主要包括经营预算、投资预算、财务预算三大部分。

（1）经营预算是预算期内企业日常生产经营活动的预算，主要包括销售预算、生产预算、供应预算、期间费用预算和其他经营预算。

(2) 投资预算也称资本预算，是预算期内企业有关资本性投资活动的预算，主要包括固定资产投资预算、权益性投资预算、债券投资预算、项目筹资预算和其他投资预算。

(3) 财务预算是预算期内企业财务活动、经营成果和财务状况方面的预算，主要包括利润预算、现金预算和财务状况预算。

企业全面预算的主要内容如图 3-1 所示。

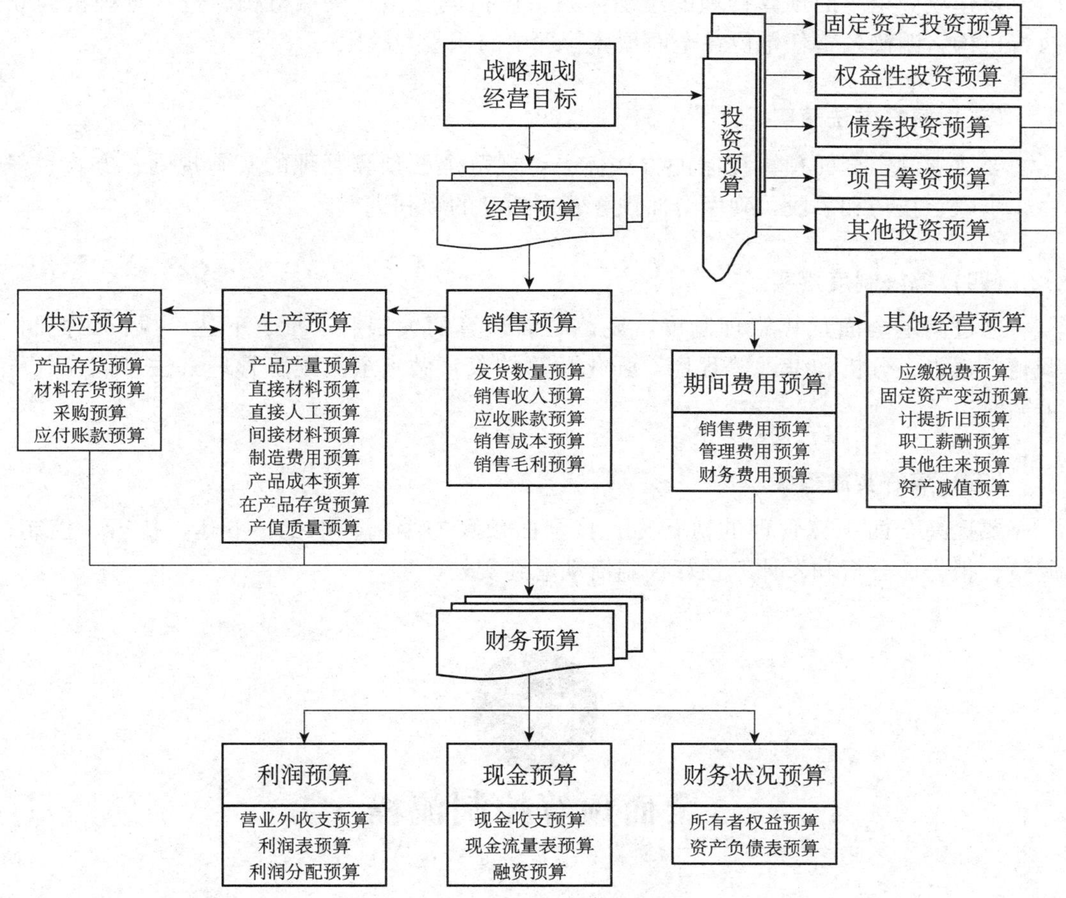

图 3-1　全面预算内容示意图①

三、全面预算控制的总体要求

企业实施全面预算控制，关键要做到“五个落实”：

① 示意图中的销售预算、生产预算、供应预算标注为双向箭头的原因是，它们之间互为条件、相互影响。

（一）搞好思想落实

由于全面预算管理涉及企业经济活动的方方面面，是一项全员参与、全方位管理、全过程控制的综合性、系统性管理控制活动，因此必须统一全体员工，特别是各级领导对全面预算管理重要性的认识。

（二）搞好组织落实

要建立健全全面预算管理的组织体系，包括成立预算决策机构、日常管理机构和执行机构，明确各责任单位在全面预算管理中的职责与权限。

（三）搞好方法落实

要建立健全全面预算控制的方法体系，规范全面预算管理的实施规则、方式、程序、步骤、技巧和手段，确保全面预算管理活动的顺利进行。

（四）搞好制度落实

通过制定全面预算管理制度，规范全面预算的编制、审批、下达、执行、控制、调整、报告、分析和考评等程序，强化预算约束，做到全面预算管理有法可依、有章可循。

（五）搞好实施落实

要提高全面预算管理的执行力，将全面预算的编制、审批、下达、执行、控制、调整、报告、分析和考评等预算控制活动落到实处。

全面预算控制流程

一、全面预算控制流程概述

全面预算控制流程包括预算编制、预算执行和预算考评三个基本环节。其中，预算编制环节包括拟定预算目标、预算编制、预算审批等内容；预算执行环节包括预算分解与落实、预算执行、预算控制、预算调整、预算核算、预算报告、预算审计等内容；预算考评环节包括预算分析、预算考评、预算奖惩等内容。三大基本环节及各项内容之间相互关联、相互作用、相互衔接，并周而复始地循环，从而实现对企业所有经济活动的科学管理与有效控制。

二、全面预算控制流程的环节与内容

全面预算控制流程各个环节的主要内容如下：

（一）预算编制环节

1. 拟定预算目标

预算目标是预算期内企业各项经济活动所要达到的结果，是落实到各预算部门的具体的责任目标值。在安排各预算部门编制预算草案之前，首先需要企业管理当局根据战略规划和年度经营目标拟定企业及各预算部门的预算目标，作为编制全面预算的主线和方向。

2. 预算编制

企业各预算部门根据预算决策机构下达的预算目标和预算编制大纲，综合考虑预算期内市场环境、资源状况、自身条件等因素，按照“自上而下、自下而上、上下结合”的程序编制预算草案。

3. 预算审批

首先，企业预算管理部门对各预算部门上报的预算草案进行审查、汇总，提出综合平衡的建议，在审查、平衡过程中，针对发现的问题提出调整意见，并反馈给有关部门予以修正。

其次，在企业有关部门进一步修订、调整、平衡的基础上，汇总编制企业全面预算草案，经公司总经理签批后提交董事会或股东大会审议批准。

（二）预算执行环节

1. 预算分解与落实

全面预算审批下达后，企业管理当局要通过签订预算责任书的方式将预算指标层层分解、细化，从横向和纵向两个方面将预算指标落实到企业内部各预算执行部门，形成全方位的预算执行责任体系。

2. 预算执行

在整个预算期内，企业的各项经济活动都要以全面预算为基本依据，确保全面预算的贯彻执行，形成以全面预算为轴心的企业经济活动运行机制。

3. 预算控制

预算控制是按照一定的程序和方法，确保企业及各预算执行部门落实全面预算、实现预算目标的过程，它是企业全面预算管理顺利实施的有力保证。企业通过预算编制为预算期内的各项经济活动制定了目标和依据，通过预算执行将编制的预算付诸实施，通过预算控制确保预算执行不偏离预算的方向和目标。

4. 预算调整

预算调整是在预算执行过程中，对现行预算进行修改和完善的过程。因为预算是指导和规划未来的经营活动的，编制预算的基础很多都是假设，在预算执行过程中如果预算指标或预算内容与实际情况大相径庭，就必须按照规定的程序对现行预算进行实事求是的调整。

5. 预算核算

为了对预算的执行情况和执行结果进行计量、考核和反映，企业必须完善预算核算体系，建立与各部门责任预算口径一致的责任会计制度，包括原始凭证的填制、账簿的记录、费用的归集和分配、内部产品及劳务的转移结算、收入的确认，以及最终经营业绩的确定和决算报表的编制等核算内容。

6. 预算报告

预算报告是指采用报表、报告、通报等书面或电子文档形式对预算执行过程和结果等信息进行的统计、总结和反馈。它既包括日常预算执行情况的报告，也包括预算年度结束后，对全年预算执行结果进行的决算报告。

7. 预算审计

预算审计是企业内部审计部门对全面预算管理活动的真实性、合法性和效益性进行的审计监督。通过审查、评价预算管理体系的效率和效果，维护全面预算管理的严肃性、合法性和真实性，促进企业各预算执行部门改善预算管理、提高经济效益。

（三）预算考评环节

1. 预算分析

预算分析是指采用专门方法对全面预算管理活动全过程进行的事前、事中和事后分析。其中，对预算执行结果的分析是重点，目的是确定预算执行结果与预算标准之间的差异，找出产生差异的原因，并确定其责任归属，从而为预算考评提供依据。

2. 预算考评

预算考评是对企业全面预算管理实施过程和实施效果进行的考核和评价，既包括对企业全面预算管理活动实施效果的全面考评，又包括对预算执行部门和预算责任人的考核与业绩评价。

3. 预算奖惩

预算奖惩是按照预算责任书中确定的奖惩方案，根据预算执行部门的预算执行结果进行奖惩兑现。预算奖惩是全面预算管理的生命线，是预算激励机制和约束机制的具体体现。通过建立科学的奖惩制度，一方面能使预算考评落到实处，真正体现权、责、利的结合；另一方面能有效引导人的行为，使预算目标和预算行为协调一致。

全面预算控制流程如图3-2所示。

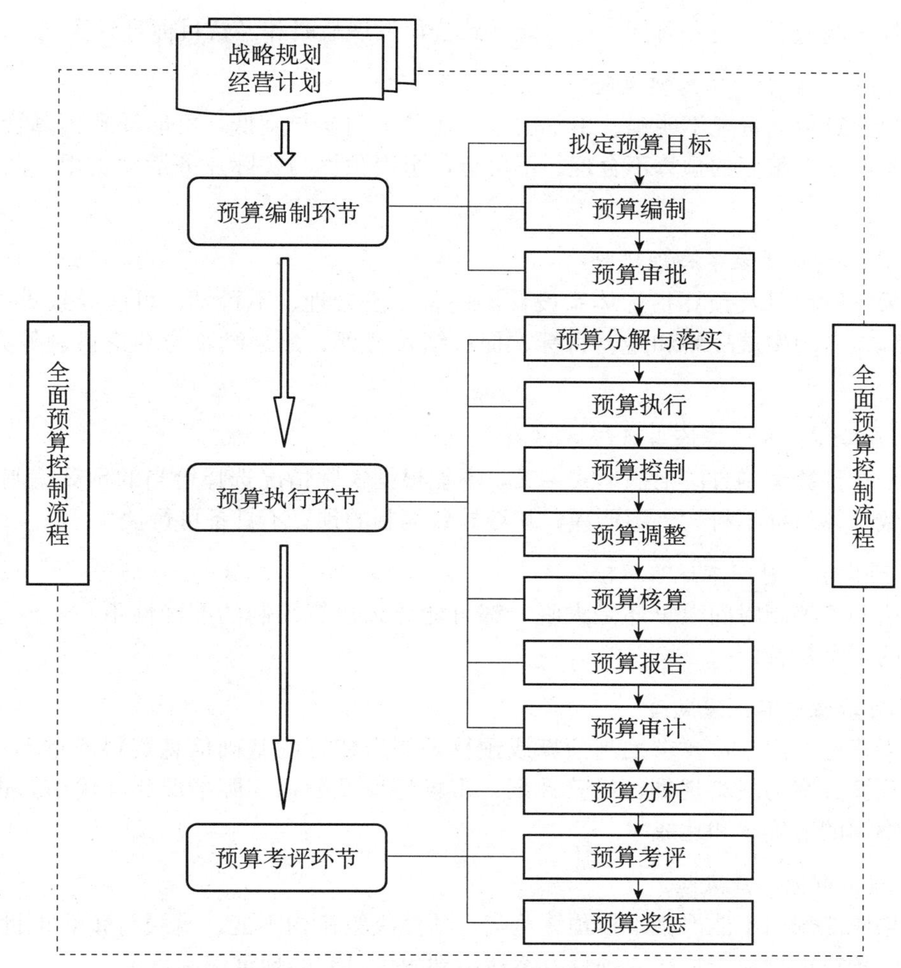

图 3-2　全面预算控制流程示意图

全面预算控制主要风险与控制措施

一、全面预算编制环节的主要风险与控制措施

（一）全面预算编制环节的主要风险

全面预算编制至少应当关注下列风险：

1. 经营目标不合理风险

如果公司战略规划不明确，市场把握不准确，不能合理确定经营目标，不仅可能

导致预算编制缺乏方向和目标，还可能导致公司发展战略和经营目标难以实现。

2. 预算编制责任不落实风险

如果预算编制责任不明确、不落实，各业务部门参与度低，可能导致预算管理责、权、利不匹配，编制的预算不合理、不可行，全面预算与实际业务活动出现“两张皮”现象。

3. 预算指标体系不合理风险

如果预算项目及预算指标体系设计不完整、不合理、不科学，可能导致难以发挥预算管理在实现发展战略和经营目标、促进绩效考评、建立激励与约束机制等方面的功能。

4. 预算编制方法不恰当风险

如果在预算编制方法上搞形式主义，不能根据实际情况选择恰当的预算编制方法，可能导致预算目标不科学、不严谨，甚至导致编制的预算不具备可行性。

5. 预算编制时间不适当风险

无论预算编制时间太早还是太晚，都可能导致预算编制的准确性不高，或影响预算方案的正常执行。

6. 预算编制不严谨风险

如果职能部门不按要求编制预算或预算编制所依据的基础信息资料严重不足，可能导致预算方案与战略规划、经营计划、市场环境及公司实际情况相互脱节，进而降低预算编制的准确率和达成率。

7. 预算审批不严风险

如果职能部门不能严格审核预算草案，预算决策机构不能认真履行预算审批职责，可能导致预算审批流于形式，预算方案达不到积极可靠的预算编制目标。

8. 预算下达不规范风险

如果不按规定下达经过审议批准的预算方案，可能导致预算指标弱化，丧失预算的权威性，甚至导致预算执行或考核无据可查现象的发生。

（二）全面预算编制环节的关键控制点、控制目标和控制措施

全面预算编制环节内部控制的关键控制点、控制目标和控制措施如表 3-1 所示。

表 3-1　全面预算编制环节内部控制的关键控制点、控制目标和控制措施

关键控制点	控制目标	控制措施
1. 确定经营目标	合理确定经营目标	(1) 以战略规划为引领。董事会在布置年度预算之前，要以公司战略为引领，在充分考虑公司内外因素的基础上合理确定年度经营目标 (2) 宣传贯彻公司战略意图。管理层通过编写《年度经营目标制定说明书》的方式将董事会的战略意图和年度经营目标的制定方法、依据等传达给各职能部门

续前表

关键控制点	控制目标	控制措施
2. 预算大纲编制	预算大纲切实可行	(1) 落实预算编制责任。在预算编制大纲中要明确并落实公司各部门的预算编制责任，严格执行“由预算执行者编制预算草案”的编制原则，将公司各部门、各环节的经营活动、投资活动和财务活动全部纳入预算编制范畴 (2) 科学设计预算指标体系。按照“以财务指标为主体、非财务指标为补充”的原则，根据各职能部门的工作性质、权责范围、业务活动特点，设计不同或各有侧重的预算指标体系 (3) 科学确定预算编制方法。本着遵循经济活动规律，充分考虑符合公司自身经济业务特点、基础数据管理水平、生产经营周期和管理需要的原则，选择或综合运用固定预算、弹性预算、滚动预算、零基预算、增量预算等方法编制预算
3. 预算草案编制	预算草案科学合理	(1) 搞好市场预测。销售部门在编制预算之前要搞好市场预测，并制订契合实际的营销计划，以确保预算编制以市场预测为依据，与市场、社会环境相适应 (2) 把握企业状况。预算编制部门要深入分析公司上期预算的执行情况，充分预计预算期内公司资源状况、生产能力、技术水平等自身环境的变化，确保预算编制符合公司生产经营活动的客观实际 (3) 加强基础工作。要切实加强历史资料、原始记录、定额制定与管理、价格制定与管理、信息化工作、标准化工作、会计统计等基础管理工作，确保预算编制以可靠、翔实、完整的基础数据为依据 (4) 搞好人员培训。对预算编制人员要进行专业培训，确保其具备正确编制预算的能力；财务部门要配备精通全面预算管理的专职人员，指导各职能部门编制预算草案，要对各部门提报的预算草案全面审查、综合平衡，确保预算编制质量
4. 预算方案审批	认真履行预算审批程序	(1) 明确预算审批权责。在公司全面预算管理制度和权限指引表中明确各级预算管理决策机构的审批职责与权限 (2) 落实董事会及股东大会审批职责。董事会要在预算审批中发挥主导作用，严格审核全面预算草案，重点关注预算的科学性和可行性，确保年度全面预算与公司发展战略、年度经营计划相互协调
5. 预算方案下达	规范下达预算	年度预算方案审议批准后，公司要及时以文件的形式下达执行。其中，年度财务预算需报经股东大会审议批准

二、全面预算执行环节的主要风险与控制措施

（一）全面预算执行环节的主要风险

全面预算执行至少应当关注下列风险：

1. 不编制月度预算风险

如果公司不编制月度预算，可能导致年度预算方案缺乏可行性，最终导致年度预算形同虚设，根本得不到贯彻执行。

2. 预算执行不力风险

如果预算执行部门不严格执行预算或缺乏达成预算目标的能力，可能导致预算方案和预算执行出现“两张皮”现象，导致预算目标无法实现。

3. 预算控制不力风险

如果公司缺乏行之有效的预算控制措施或预算控制部门、人员不作为，可能导致预算行为失控，预算执行的过程和结果可能会偏离预算的方向和目标，甚至导致全面预算管理事倍功半、流于形式。

4. 预算调整缺失风险

如果公司不重视预算调整或者不适时进行预算调整，可能导致预算安排与预算执行出现“两张皮”现象。

5. 预算调整随意风险

如果预算调整随意、频繁，不仅会丧失预算的严肃性和硬约束，还可能导致预算编制流于形式，全面预算管理达不到预期效果，并给公司经营活动造成混乱。

6. 预算目标未达成风险

如果预算目标不能达成，可能导致公司年度经营计划落空，甚至影响公司发展战略的实现。

（二）全面预算执行环节的关键控制点、控制目标和控制措施

全面预算执行环节内部控制的关键控制点、控制目标和控制措施如表3-2所示。

表3-2　全面预算执行环节内部控制的关键控制点、控制目标和控制措施

关键控制点	控制目标	控制措施
1. 实施月度预算	将年度预算分解为月度预算	建立实施月度预算制度。月度预算是为了实现年度预算，以量化形式表现的公司及各部门在月度预算期内的具体业务行动计划，实施月度预算制度对于确保全面预算目标的完成具有十分重要的作用
2. 预算执行审批	严格执行预算方案	（1）建立实施预算执行与控制制度。明确预算执行与控制的职责、权限、方法、程序和内容，有利于预算执行部门严格以预算为标准实施各项生产经营活动，各预算管理部门严格按标准监督控制预算执行过程，确保预算执行不偏离预算目标 （2）建立实施预算执行授权审批制度。对涉及资金支付的预算内事项、超预算事项、预算外事项建立规范的授权批准制度和程序，避免随意审批、越权审批、违规审批、重复审批的现象发生，有效提高预算执行效率和预算执行的严肃性

续前表

关键控制点	控制目标	控制措施
3. 预算调整审批	确保预算调整的规范性	（1）建立实施预算调整制度。建立实施预算调整制度，确定预算调整审批权限，规范预算调整程序，明确预算调整条件，强化预算调整原则，严格控制调整频率，坚决杜绝随意调整预算的现象发生 （2）规范预算调整审批。预算管理机构要严格依据预算调整制度规定的预算调整审批程序和审批权限，审查预算调整申请，详细审查预算调整的理由、调整方案、调整前后预算指标的比较，以及调整后对公司预算总目标的影响等内容，确保预算调整后实现预算方案的最优化目标
4. 预算反馈与报告	确保预算目标达成	（1）建立实施预算执行实时监控制度。及时发现和纠正预算执行中的偏差，确保办理的采购与付款、销售与收款、成本费用、工程项目、对外投融资、研究与开发、信息系统、人力资源、安全环保、资产购置与维护等各项业务和事项，均符合预算要求，且接受预算管理的有效监控 （2）建立健全预算执行反馈和报告制度。财务部门要加强与各预算执行部门的沟通协调，运用财务信息和其他相关资料监控预算执行情况，采用日报、周报等方式及时向公司领导报告和反馈预算执行进度、预算执行差异及其对预算目标的影响，确保预算执行信息传输及时、畅通、有效，促进全面预算目标的实现

三、全面预算考评环节的主要风险与控制措施

（一）全面预算考评环节的主要风险

全面预算考评至少应当关注下列风险：

1. 预算分析不力风险

如果预算分析不准确、不科学、不全面、不及时，可能导致预算管理弱化，削弱预算执行与控制的效果，甚至导致预算考评不客观、不公正，影响有关部门严格执行预算、努力完成预算的积极性。

2. 预算改进措施不落实风险

如果通过预算分析提出的改进措施和解决方案得不到重视和落实，可能造成预算分析走过场的现象，导致预算分析形同虚设。

3. 预算考评缺失风险

如果公司不进行预算考评，可能导致预算执行部门缺乏预算执行的积极性和主动性，全面预算管理的功能就有可能丧失殆尽。

4. 预算考评不力风险

如果预算考评不严格、不合理、不到位，可能导致预算目标难以实现、预算管理

流于形式。

5. 奖惩方案不公平合理风险

如果预算奖惩方案没有关注各部门利益的公平合理性，经不起比较和推敲，可能导致部门之间苦乐不均、怨声四起，使得预算管理丧失激励与约束功能。

6. 奖惩兑现不客观公正风险

如果忽视预算奖惩结果的客观公正性，或者对预算奖惩方案不予兑现，可能导致各部门之间的利益分配不公，严重影响员工齐心协力完成公司经营目标的积极性。

（二）全面预算考评环节的关键控制点、控制目标和控制措施

全面预算考评环节内部控制的关键控制点、控制目标和控制措施如表3－3所示。

表3－3　全面预算考评环节内部控制的关键控制点、控制目标和控制措施

关键控制点	控制目标	控制措施
1. 预算分析报告	预算分析准确及时	（1）建立实施预算分析制度。公司建立预算执行分析制度，按月召开预算执行分析会议，通报预算执行情况，研究、解决预算执行中存在的问题，认真分析原因，提出改进措施 （2）落实预算分析责任，改进预算分析方法。财务部门要设置预算分析岗位，增强预算分析能力，提高预算分析水平，加强对预算分析流程、方法和内容研究，确保预算分析结果的准确性、合理性。要从定量与定性两个层面，从投入与产出两个维度，充分反映公司及各部门预算执行情况、存在的问题，并提出改进建议
2. 预算措施落实	预算措施全面落实	建立预算措施落实督查制度。将通过预算分析发现的执行偏差、存在问题，以及提出的解决措施和改进建议分清责任归属，落到实处。预算执行部门要将预算措施的落实情况形成《预算改进措施落实报告》上报至预算管理办公室和总经理审查
3. 预算考评方案	考评方案科学合理	（1）建立实施预算考评制度。通过建立实施预算考评制度，可以有效增强预算刚性，克服预算管理的形式主义，充分发挥预算管理的激励与约束功能 （2）科学设计预算考评指标。预算考评指标要以各部门承担的预算指标为主，同时本着相关性原则，增加一些全局性的预算指标和与其关系密切的相关部门的预算指标；考评指标应以定量指标为主，同时根据实际情况辅之以适当的定性指标；考评指标应当具有可控性、可达成性和明晰性
4. 预算考评结果	考评结果客观公正	按照客观、公正的原则实施预算考评。预算考评部门要认真履行预算考评职能，按照公开、公平、公正原则实施预算考评，确保预算考评的准确性、客观性、合理性和全面性，预算考评过程及结果要有完整的记录存档

续前表

关键控制点	控制目标	控制措施
5. 预算奖惩方案	奖惩方案公平合理	(1) 建立实施预算奖惩制度。将预算目标执行情况和执行结果纳入绩效考核体系和奖惩范畴，切实做到有奖有惩、奖惩分明，有利于规范公司预算管理过程，有效提高预算目标的达成率 (2) 合理设计预算奖惩方案。设计预算奖惩方案要以实现全面预算目标为首要原则，同时遵循公平合理、奖罚并存原则。奖惩方案要注意各部门利益分配的合理性，要根据各部门承担工作的难易程度和技术含量合理确定奖励系数，避免苦乐不均的现象。要奖罚并举，不能只奖不罚或只罚不奖。预算奖惩方案要在预算执行前确定下来，并作为《预算目标责任书》的附件或内容之一
6. 奖惩方案兑现	奖惩结果及时兑现	及时兑现预算奖惩方案。预算考评结果确认后，公司要按照预算目标责任书或预算奖惩方案的约定及时进行预算奖惩兑现。只有这样才能维护预算考核的严肃性和权威性，才能使预算考核真正达成奖勤罚懒、激励预算执行部门完成预算目标的目的

全面预算控制制度设计

一、全面预算控制制度设计的方法与内容

全面预算控制制度设计主要包括现状调研、风险评估和制度设计三大基本环节。各环节的工作方法与内容如下：

（一）现状调研

制度设计者首先要整理描述企业全面预算管理方面的管理制度或相关文件，梳理全面预算控制的现状及业务流程，编制全面预算管理制度或相关文件情况表，完成编制全面预算控制流程目录、绘制全面预算控制流程图等全面预算控制制度设计的基础性工作。

1. 整理描述制度文件

制度设计者要认真梳理企业现有的全面预算控制制度或文件，重点关注有无全面预算管理方面的相关制度，制度设计是否完善，制度是否得到有效执行，有无具体的操作文件、表单及监控档案等。

2. 梳理描述业务流程

分析企业全面预算管理现行的控制流程包括哪些环节，能否有效控制预算风险，并将企业全面预算控制的业务流程现状用图表的形式描绘出来。

3. 确定业务流程目录

在梳理企业全面预算管理制度和业务流程现状的基础上，制度设计者应根据内部控制制度设计的要求，编制全面预算控制流程目录，绘制全面预算控制流程图。

（二）风险评估

全面预算管理风险评估的基本程序为：识别全面预算管理风险，并进行具体描述；分析全面预算管理风险，编制全面预算管理风险分析表；评估全面预算管理风险，编制全面预算管理风险评估表；确定全面预算管理风险应对策略；编制全面预算管理风险数据库；等等。

1. 识别并描述风险

评估全面预算管理风险，首先要把全面预算管理的具体风险识别出来，然后整理出整体层面的风险。企业应根据《企业内部控制应用指引》有关全面预算管理风险的提示，结合企业全面预算管理的实际情况，识别并具体描述全面预算管理存在的风险，以便完善全面预算控制，有效控制全面预算管理风险。

2. 分析风险

全面预算管理风险分析的内容很多，一般应从成因和结果两个方面进行，并编制全面预算管理风险分析表。

3. 评估风险

评估全面预算管理风险应从可能性和影响程度两个维度进行，根据评估结果进行风险排序或划分等级，并编制全面预算管理风险评估表。

4. 选择风险应对策略

全面预算管理风险应对是根据风险评估的结果，针对风险的不同等级选择全面预算管理风险应对策略的过程。要针对不同等级的全面预算管理风险，采取相应的应对策略，并编制全面预算管理风险应对表。

5. 编制风险数据库

依据全面预算管理风险评估的结果编制全面预算管理风险数据库。全面预算管理风险数据库的基本要素包括业务流程、风险描述、风险分析、风险排序、风险应对策略、剩余风险等，也可以加上制度设计完成后的控制措施、控制部门或岗位等。

（三）制度设计

全面预算控制制度设计就是在评估全面预算管理风险的基础上，对全面预算控制进行设计的过程，是全面预算控制设计的关键环节。全面预算控制制度设计的基本程序包括：确定全面预算控制关键控制点、明确全面预算控制目标、提出全面预算控制措施、设计全面预算控制证据、优化全面预算控制制度、绘制全面预算控制流程图、编制全面预算控制矩阵等。

1. 确定关键控制点

企业在构建与实施全面预算控制的过程中，要针对全面预算管理风险评估的结果，确定全面预算管理的一般控制点和关键控制点，并编制全面预算控制要点表。一般来说，全面预算管理的关键控制点至少应当包括预算编制、预算审批、预算执行、预算控制、预算调整、预算报告、预算分析、预算考评等环节。

2. 明确控制目标

全面预算控制的基本目标是实现全面预算控制的规范性、可行性和有效性，有效控制各种经营风险和预算风险的发生。各关键控制点的具体控制目标，应根据识别出来的可能存在的具体风险来设计。

3. 提出控制措施

构建全面预算控制体系，必须强化对全面预算管理控制点，尤其是关键控制点的风险控制，并采取相应的控制措施。全面预算控制措施要与各项经济业务活动相融合，并嵌入经济业务活动业务流程中。企业应当结合实际情况，全面梳理全面预算控制流程，完善全面预算控制相关管理制度，明确预算编制、审批、执行、控制、调整、核算、分析、考评等环节的职责和权限，按照规定的权限和程序实施全面预算管理，建立全面预算控制监督机制，定期检查和评价全面预算控制过程中的薄弱环节，采取有效控制措施，确保全面预算控制的规范性、可行性和有效性。

4. 设计控制证据

为了保证全面预算控制制度能够有效实施，企业需要制定必要的表单，为全面预算控制流程留下控制证据。全面预算管理的相关表单很多，包括预算编制表、预算工作底稿、预算审批单、预算调整审批表、预算反馈表、预算执行报告、预算分析表、预算考评表等。

5. 优化控制制度

企业要将内部控制的思想、方法和措施嵌入全面预算管理制度中。全面预算管理制度应制定多少个、内容包括哪些，会因企业规模、业务特点及管理要求的不同而不同。至少应明确预算编制、审批、执行、控制、调整、反馈、报告、分析、考评等环节的职责和权限。

6. 绘制控制流程图

企业应根据全面预算控制流程、风险点、控制点及其相关的控制措施，结合具体单位的实际情况来绘制全面预算控制流程图。特别要强调的是，应将全面预算控制流程和经济业务活动的业务流程整合在一起，并在图上标示风险点和控制点。

7. 编制控制矩阵

全面预算控制矩阵是对全面预算控制流程图中的风险点、控制措施和控制证据等的详细说明与描述，是全面预算控制制度设计结果的集中体现，也是企业内部控制管理手册的重要组成部分。

二、全面预算控制制度设计的目标

全面预算控制制度设计的目标要围绕企业内部控制的战略目标、经营目标、资产目标、报告目标和合规目标，根据全面预算控制的总体要求来确定。一般而言，全面预算控制的基本目标是规范全面预算控制行为，有效发挥全面预算管理的功能作用。为此，全面预算控制制度设计应能实现如下控制目标：

（一）实现全面预算管理的规划与计划功能

全面预算管理是股东会对董事会、董事长对经理班子、总经理对整个企业的经济活动及其结果，进行规划和计划的基本手段。通过编制全面预算，能够综合反映企业经济活动的全貌，将企业的战略规划和经营目标细化为企业各个层级、各个环节、各个部门的具体工作目标和行动计划，使企业的长期战略规划和年度具体行动方案紧密结合，从而实现“化战略为行动”，确保企业发展目标的实现。

（二）实现全面预算管理的整合与凝聚功能

全面预算管理作为一项系统工程，它以经营目标为起点，通过编制全面预算将企业有限的资源加以整合，协调分配到能够提高企业经营效率、经营效果的业务、活动和环节中去，从而实现企业资源的优化配置，增强资源的价值创造能力，促进企业经营管理从粗放型向集约型的转变。同时，企业可以通过预算管理这种方式，有效地将企业的各个层级、每个层级的各个单位、每个单位的各个成员与企业总体目标连接起来，并使这些层级、单位和成员围绕企业的总体目标进行运作，从而提高企业的凝聚力和向心力。

（三）实现全面预算管理的激励与约束功能

通过全面预算管理这种方式，可以将企业各层级之间、各部门之间、各责任单位之间的责权利关系予以规范化、明细化、具体化和度量化；可以明确每个部门、每个员工在实现企业总目标中的责任、权力和利益，从而实现出资者对经营者的有效激励与制约，以及经营者对企业经营活动、企业员工的有效计划、控制和管理。同时，实施全面预算管理，层层分解预算目标，不仅可以使企业的每一个部门、每一个员工都有明确、具体的奋斗目标，而且可以有效激发各部门及全体员工努力工作的主观能动性，为全面完成企业经营目标奠定坚实的基础。

（四）实现全面预算管理的沟通与协调功能

实施全面预算管理，不仅可以促使企业高层管理者从整体上考虑企业各个运行环节之间的相互关系，明确各部门的责任，便于各部门间的协调，避免因责任不清而造成相互推诿事件的发生，而且企业管理当局可以很方便地将管理意图准确而快捷地传递到企业的各个层级、各个单位和各位成员。同时，全面预算管理将企业各方面和各部门的工作纳入一个统一的、有序的预算体系中，促进了企业内部各部门间的合作与交流，减少了相互间的矛盾与冲突。由于各部门的预算指标是相互衔接、环环相扣的，这就促使企业各部门主管人员能够清楚地了解本部门在全局中所处的地位和作用，协调好自身发展和企业整体发展之间的有机关系，使企业内部目标一致、步调一致，促成企业整体长期目标的最终实现。

（五）实现全面预算管理的控制与监督功能

全面预算管理是一个以预算为标准的管理控制系统，其控制功能贯穿了企业经营活动、投资活动和财务活动的全过程。

首先，预算编制是一种事前控制。通过制定全面预算，可以有效规划企业的经营活动，明确预定期内的工作计划，避免企业因盲目发展而遭受不必要的经营风险和财务风险。

其次，预算执行是一种事中控制。在预算执行过程中，通过计量和反馈，上级经理可以及时掌握下级经理预算执行的进度和结果，可以判断何时干预下级经理的经营过程，以保证企业经营目标的实现，从而使预算管理起到控制和管理日常生产经营活动的作用。

最后，预算分析与考评是一种事后控制。通过对比分析和考评，可以揭示实际工作与预算标准之间的偏差，并通过分析造成差异的原因和落实责任，为今后的工作指明方向。

在全面预算管理控制功能发挥的同时，对企业经营活动、投资活动和财务活动的监督功能也得以同步发挥。

（六）实现全面预算管理的考核与评价功能

预算指标是企业数量化、具体化的经营目标，是企业各个部门、每位员工的工作目标。因此，预算指标不仅是控制企业经营活动的依据，而且是考核、评价企业及其各职能部门、每位员工工作绩效的最佳标准。在考核、评价企业和各部门工作绩效时，以预算指标为标准，通过对比分析，划清和落实经济责任，评价各个部门的工作，并通过一定的奖惩措施激励员工的工作热情和工作素养，促使企业全体员工为完成公司总体经营目标而努力。此外，用预算指标去评价部门及员工的绩效，可以有效避免各种关系及个人感情对企业的不良影响；有效避免个人的主观印象、主观意识、个人喜好、个人感觉对绩效考评的不利影响，有利于提高绩效考评的客观性和公正性。

三、全面预算控制制度设计案例

浙江新农化工股份有限公司全面预算管理制度

1. 目的

为规范公司全面预算管理活动，实现预算编制、预算执行和预算考评全过程的有章可循，达成“化战略为行动”，确保企业发展目标的实现，根据《企业内部控制应用指引——全面预算》和公司全面预算内部控制规范，结合公司实际情况，制定本制度。

2. 适用范围

2.1　本制度涵盖公司全面预算管理活动的全过程。

2.2　本制度适用于浙江新农化工股份有限公司及各分公司、子公司。

3. 术语与定义

3.1　全面预算管理是企业为了实现战略规划和经营目标，采用预算方法对预算期内所有经营活动、投资活动和财务活动进行统筹安排，并以预算为标准，对预算执行过程和结果进行控制、核算、分析、考评、奖惩等一系列管理活动的过程。

3.2　战略规划、经营目标、年度经营计划与年度预算之间的关系是：战略规划和经营目标是编制年度经营计划和年度预算的基本依据，年度经营计划和年度预算不能偏离公司战略规划和经营目标，年度经营计划和年度预算要相互对应和衔接；年度经营计划和年度预算是公司实施战略规划、落实经营目标的具体行动方案。

4. 职责与权限

4.1　全面预算管理组织体系包括：公司股东大会、董事会、预算管理委员会、预算管理办公室和各预算执行部门。

4.2　股东大会是公司的权力机构，负责审议批准公司的年度预算方案、决算方案。

4.3　董事会是公司的决策机构，在全面预算管理中的主要职责是：

4.3.1　决定公司的经营计划和投资方案；

4.3.2　决定公司年度经营目标和预算目标；

4.3.3　制订公司年度预算方案、决算方案；

4.3.4　决定公司全面预算考评与奖惩方案；

4.3.5　决定公司年度全面预算重大调整事项；

4.3.6　决定公司预算管理委员会的构成及职责；

4.3.7　决定公司预算工作机构和执行机构设置方案；

4.3.8　审批公司预算管理制度及重要预算文件；

4.3.9　其他需要决定及制定的全面预算管理事项。

4.4　预算管理委员会是公司董事会设立的专门委员会之一，对公司董事会负责。公司预算管理委员会人员组成如下：

主　任：董事长

副主任：财务总监

委　员：公司高管团队成员、各分公司、子公司主要负责人

预算管理委员会在董事会的领导和授权下，决定和处理全面预算管理的重大事项。其主要职责是：

4.4.1　拟定公司年度预算目标和预算政策；

4.4.2　制定全面预算管理的具体措施和办法；

4.4.3　组织编制、平衡、审议年度等预算草案；

4.4.4　审查公司预算草案，协调解决预算编制的问题；

4.4.5　下达经批准的年度预算；

4.4.6　仲裁和协调全面预算管理中产生的冲突与纠纷；

4.4.7　协调解决预算执行中的问题；

4.4.8　审议预算调整事项；

4.4.9　接受预算与实际比较的定期预算报告，审定年度决算；

4.4.10　董事会授权的其他全面预算管理事项。

4.5　预算管理办公室是负责全面预算管理具体组织和日常管理的机构，与公司财务部合署办公，预算管理办公室主任由公司财务总监担任。预算管理办公室的主要职责是：

4.5.1　拟定公司有关预算管理制度、规定、办法；

4.5.2　组织、指导公司各部门、各分（子）公司的预算管理工作；

4.5.3　编制公司年度预算编制大纲；

4.5.4　审查各部门编制的预算草案，提出修改意见；

4.5.5　编制公司年度及月度全面预算草案；

4.5.6　对预算执行过程进行有效管理和控制，定期进行预算分析；

4.5.7　结合预算运行的实际情况，提出调整预算指标的建议方案；

4.5.8　定期向公司董事长、总经理提供预算反馈报告，反映预算执行中的问题；

4.5.9　负责公司预算编制、执行情况的考核与评价；

4.5.10　负责全面预算管理的其他日常工作。其中，预算编制、控制、调整、核算、报告、分析由财务部牵头负责；预算考核、奖惩由人力资源部牵头负责；其他各职能部门按其职能分工配合。

4.6　各分（子）公司要成立二级预算管理组织体系，专司本公司的预算管理之职。二级预算管理组织体系的设置及人员名单要报公司预算管理办公室备案。

4.7　公司总部、各分（子）公司财务部门要设置预算管理工作岗位，配备掌握和熟练运用全面预算管理的人员专司预算管理之职；各部门要指定有关岗位具体负责本部门的预算管理工作。各专职、兼职预算管理人员的任命及变更要报公司预算管理办公室备案。

4.8　公司各部门、各分（子）公司为预算执行主体。预算执行主体在全面预算管理中的主要职责是：

4.8.1　整理编制预算的各项基础资料，夯实预算管理的各项基础工作；

4.8.2　负责本部门全面预算的编制、完善和上报工作；

4.8.3　将公司批准下达的预算指标层层分解，落实到本部门的各环节和岗位；

4.8.4　制定、落实本部门实施各项预算的方案和措施；

4.8.5　严格执行经批准的预算，监督检查本部门预算执行情况；

4.8.6　及时分析、报告本部门的预算执行情况，解决预算执行中的问题；

4.8.7　根据内外部环境变化及预算管理制度，提出预算调整申请；

4.8.8 组织实施本单位内部的预算考核和奖惩工作；

4.8.9 配合预算管理办公室做好企业总预算的综合平衡、执行监控及考核奖惩等工作；

4.8.10 执行预算管理委员会及预算管理办公室下达的其他预算管理任务。

5. 全面预算管理的原则与任务

5.1 公司全面预算管理遵循如下基本原则：

5.1.1 量入为出，综合平衡；

5.1.2 效益优先，确保重点；

5.1.3 全面预算，过程控制；

5.1.4 责权明确，精细管理；

5.1.5 严格考核，奖惩兑现。

5.2 公司全面预算管理的基本任务是：

5.2.1 通过预算编制，将公司董事会确定的经营计划、投资方案和年度经营目标分解为预算目标，细化为各责任部门的具体工作目标和行动计划。

5.2.2 通过预算执行与控制，公司各项经营活动、投资活动和财务活动都要以预算标准为基本依据，以确保各项预算得到贯彻落实。

5.2.3 通过预算报告与分析，有效控制公司各项经营活动、投资活动和财务活动全过程，并落实预算责任，纠正预算偏差，保证公司年度经营目标的实现。

5.2.4 通过预算考评，链接公司绩效考核体系，为考核、评价各责任部门的经营绩效提供标准和依据。

5.2.5 通过预算奖惩，形成科学而有效的激励和约束机制，体现权、责、利的有效结合，从而使公司的各项预算目标与各责任部门的预算行为协调一致。

6. 预算目标制定

6.1 预算目标是以公司发展战略和经营目标为导向，在市场预测和平衡公司各项资源的基础上，由公司预算管理委员会拟定、董事会决定的公司预算期内各项经济活动所要达到的量化指标，是公司发展战略和经营目标在预算期内的具体化和明细化。

6.2 预算目标的制定应遵循以下原则：

6.2.1 挑战性与可实现性兼顾的原则：预算目标的制定既要考虑公司发展战略的要求，又要兼顾公司内在的经营情况、管理水平和员工素质等因素，体现促进公司资源优化配置与持续发展的理念。制定下达的预算目标应当是各预算责任部门经过努力可以实现的目标，对各预算责任部门的经营活动具有现实的指导意义。

6.2.2 外部市场与内部条件相结合的原则：在制定预算目标时，既要充分考虑行业政策环境、市场竞争等各种相关因素的变化，又要准确客观评价公司内部资源条件、竞争能力等综合优势和劣势，通过综合评价做出最优决策。

6.2.3 充分沟通与协调的原则：预算目标制定过程要进行充分的沟通、协调与平衡，使各预算责任部门的分目标与公司总目标相互协调，形成有机整体。

6.2.4 短期目标与长期目标相平衡的原则：预算目标的制定既要考虑公司短期

目标的实现，也要兼顾公司的长期发展及战略目标的实现。

6.3　公司实行“以战略为导向，上下结合，落实经营目标”的预算目标制定程序。

6.3.1　每年9月，董事会依据发展战略和实际情况拟定公司下一年度经营目标和投资计划。

6.3.2　每年10月上旬，公司经理层组织经营计划会议落实董事会拟定的下一年度经营目标，拟订年度经营计划和投资方案。

6.3.3　每年10月中旬，预算管理委员会组织拟定公司下一年度预算目标和预算政策；预算管理办公室负责征求各预算责任部门对下一年度预算目标草案的修正意见，提报下一年度预算目标修正案。

6.3.4　每年10月下旬，预算管理委员会结合上下互动的具体情况，审议预算管理办公室提报的下一年度预算目标修正案，决定并下达公司下一年度预算目标。

7. 预算编制

7.1　预算编制的原则。

7.1.1　目标性原则：预算编制要以完成经营目标为目标，要通过分析完成经营目标的有利因素和不利因素，综合考虑市场状况和内部条件，落实实现公司经营目标的策略和措施。

7.1.2　全面性原则：一是公司各个责任部门都要编制预算，使公司各部门、各环节的业务活动全部纳入预算管理的范畴；二是所有与企业经营目标有关的经济业务和事项，均要通过编制预算加以反映和规范。

7.1.3　重要性原则：预算编制要把握方向、抓住主线、关注重点、粗细结合、繁简有度，切忌不分主次、不分轻重缓急。

7.1.4　准确性原则：首先，各项收入的来源数据要准确、可靠，既不夸大收入数额，也不隐瞒收入数额；其次，各项成本费用支出要有依据、有标准，对于关系到企业生产经营活动正常运转的必要支出，编制预算时必须足量安排，不能留有预算缺口。

7.1.5　可行性原则：在预算指标上，就是要做到积极可靠、留有余地。积极可靠是指要充分估计目标实现的可能性，不能把预算指标定得过低或过高；留有余地是指预算的制定要有一定的灵活性，以免在意外事件发生时措手不及，造成被动，影响整个经营目标的实现。

7.1.6　参与制原则：预算编制要遵循“谁执行预算，谁就编制预算草案”规则，让负责预算执行的部门和人员参与到预算编制过程之中，以有效强化全员预算意识，提高全员参与全面预算管理的积极性、主动性和创造性。

7.1.7　及时性原则：预算编报牵一发而动全身，各预算责任部门应当同预算管理办公室进行充分的沟通，并在规定的时间内编制好本部门的预算草案和编制说明，不得随意推迟进度。

7.2　预算编制的范围涵盖公司所有经营活动、投资活动和财务活动，具体包括经营预算、投资预算和财务预算。

7.2.1 经营预算是预算期内公司及各预算责任部门日常生产经营活动的预算。主要包括销售预算、生产预算、供应预算、人力资源预算、成本预算、费用预算等生产经营活动预算。

7.2.2 投资预算是预算期内公司有关资本性投资活动的预算。主要包括固定资产投资预算、固定资产大修与更新改造预算、无形资产投资预算、权益性资本投资预算、收购兼并预算、债券投资预算、投资收益预算和项目筹资预算等。

7.2.3 财务预算是预算期内公司财务活动、经营成果和财务状况方面的预算。主要包括：融资预算、税金预算、财务费用预算、利润表预算、资产负债表预算和现金流量表预算。

7.3 公司编制年度预算和月度预算。

7.3.1 年度预算是为了实现战略规划和年度经营目标，按照一定程序编制、审查、批准的，以量化形式表现的预算年度经营活动、投资活动、财务活动统筹计划。年度预算编制的重点是落实年度销售目标、生产目标、成本目标和利润目标，实现财务收支平衡。

7.3.2 月度预算是为了落实年度预算，细化分解的预算月度经营活动、投资活动、财务活动具体行动计划。月度预算编制的重点是落实年度预算，将年度预算细化分为公司各部门的月度经济活动执行计划和实施方案。

7.4 年度预算编制：年度预算的编制按照“由上而下、上下结合、分级编制、逐级汇总”的程序进行。具体编制程序、方法和时间要求是：

7.4.1 下达目标：每年10月下旬，预算管理办公室负责编制公司下一年度预算编制大纲，牵头召开下一年度预算编制会议，确定公司下一年度预算编制的原则和要求，下达预算目标，布置年度预算编制工作。

7.4.2 编制上报：11月15日前，各预算责任部门按照公司下达的预算目标和政策，结合本预算责任部门实际以及预测的执行条件，按照统一格式和分工，编制本部门年度预算草案上报预算管理办公室。

7.4.3 审查平衡：11月30日前，预算管理办公室牵头对各预算责任部门呈报的预算草案进行审核、平衡，并签署审核意见；在与各预算责任部门共同修正调整预算草案的基础上，汇总编制公司全面预算草案，呈报公司预算管理委员会。

7.4.4 审议批准：预算管理委员会对预算管理办公室提报的公司年度预算草案进行审议，对于不符合企业发展战略或者年度预算目标的事项，预算管理办公室应当责成有关预算责任部门进行修订、调整；经预算管理委员会审议后的年度预算草案要在12月20日前上报公司董事会审议；公司董事会应在预算年度的1月1日前决定公司年度预算；年度预算方案需经过公司股东大会的审议批准。

7.4.5 下达执行：公司董事会决定的年度预算，在1月5日前，下达到各预算责任部门。

7.5 月度预算编制：月度预算的编制按照“由下而上、上下结合、分级编制、逐级汇总”的程序进行。具体编制程序、方法和时间要求是：

7.5.1 各预算责任部门于每月25日前（2月为23日前），将本预算责任部门下月份的预算草案编制完毕上报公司预算管理办公室。

7.5.2　预算管理办公室于每月28日前（2月为25日前），对各部门的预算草案进行审核，与各预算责任部门进行充分沟通，将预算草案修订平衡，编制公司月度全面预算草案上报公司预算管理委员会。

7.5.3　预算管理委员会于每月30日前（2月为28日前），审批下月份预算方案。

7.5.4　月度预算经董事长签批后下发执行。

7.6　各部门、各分（子）公司上报预算管理办公室的年度、月度预算草案必须首先经过本部门的严格把关和审议，并经本部门负责人和公司总部分管领导签字认可。上报的预算草案必须围绕公司发展战略和年度经营目标，各项预算指标的确定必须以经过努力能够实现为标准。

7.7　预算管理办公室应根据各部门预算编制的准确性，拟定有关部门预算编制的具体期间。凡是预算准确率低于80%的部门或分（子）公司，经预算管理委员会批准后，应安排编制旬预算或周预算。

8. 预算执行

8.1　预算执行是以预算为标准组织实施公司各项经济活动的过程，也是公司以预算为标准控制各项经济活动的过程。

8.2　预算方案一经批准下达，即具有指令性，各预算执行部门必须认真组织实施，以确保实现预算目标。

8.3　各预算执行部门要将预算指标层层分解，从横向和纵向落实到内部各环节和各岗位，形成全方位的预算执行责任体系。

8.4　各预算执行部门必须将预算指标作为预算期内组织、协调本部门各项经济活动的基本依据。

8.5　各预算执行部门要落实预算执行责任，对照已确定的责任指标，定期或不定期地对相关部门及岗位人员的责任指标完成情况进行监督检查。

8.6　各预算执行部门办理货币资金、采购与付款、工程项目、投融资、成本费用、固定资产、存货等经济业务，应当严格执行预算标准，健全凭证记录，严格执行月度预算和成本费用定额、费率标准，并对执行过程进行认真监控。

9. 预算控制

9.1　预算控制是指公司以预算为标准，通过过程监督、信息反馈、预算调整等方法促使预算执行不偏离预算标准的过程。

9.2　各预算责任部门要强化预算管理，按时组织预算资金收入，从严控制预算资金支付，调控资金收付平衡，控制支付风险。

9.3　公司各项经济活动都要严格按照公司下达的预算指标进行有效监控。

9.4　预算支出指标原则上不准突破。对于预算内的资金支付，要按照授权审批程序执行；有特殊原因，必须超出预算支出指标的，预算责任部门必须填写“追加预算支出审批单”，写明追加预算的理由，经部门负责人签字后报公司财务总监签批，并上报公司董事长批准。

9.5 公司建立全面预算报告制度，各预算责任部门必须按预算管理办公室的要求定期报告全面预算的执行情况。对于全面预算执行中发生的新情况、新问题及出现偏差较大的重大项目，预算管理办公室要责成有关预算执行部门查找原因，提出改进经营管理的措施和建议。

9.6 预算管理办公室要利用财务报表、核算资料和统计资料，严密监控各项预算的执行情况，及时向各预算责任部门、财务总监、总经理和董事长提供全面预算的执行进度、执行差异等预算信息，促进公司完成预算目标。

9.7 预算管理委员会和预算管理办公室有权对预算执行过程中的重大事项或者特定问题组织调查，各预算责任部门应当如实反映情况并提供相关资料。

10. 预算调整

10.1 全面预算正式下达后，一般不予调整。但在预算执行过程中，遇到下列情况，可对预算进行适当的调整：

10.1.1 公司发展战略调整，需要重新制订公司经营计划；

10.1.2 公司内外相关政策、环境发生重大变化，预算编制基础发生重大差异，导致无法执行现行预算时；

10.1.3 公司生产经营做出重大调整，致使现行预算与实际差距甚远时；

10.1.4 外部市场发生重大变化，企业必须调整营销策略或产品结构时；

10.1.5 突发事件及其他不可抗事件导致原预算不能执行时；

10.1.6 董事会和预算管理委员会认为应该调整的其他情况。

10.2 预算调整方式及程序：

10.2.1 由上而下的预算调整。当公司内、外部环境向着有利方向发展，而且具备中长期的稳定趋势，有明确证据表明经营预算目标应向上提高时，由公司预算管理委员会提出并经董事会审批预算调整方案。

10.2.2 自下而上的预算调整。当企业内、外部环境向着不利方向变化，严重影响公司预算执行时，首先应挖掘与预算目标相关的其他因素的潜力，或采取其他措施进行弥补，在确实无法消除不利因素影响的情况下，启动如下调整程序：

(1) 预算责任部门向预算管理办公室提出书面报告，阐述预算执行的具体情况、客观因素变化情况及其对预算执行造成的影响程度，提出预算的调整幅度。

(2) 预算管理办公室对预算责任部门的预算调整报告进行审核分析，集中编制公司全面预算调整方案，提交预算管理委员会审定。

(3) 经预算管理委员会审定的公司预算调整方案，提交公司董事会审议批准，然后下达执行。

10.2.3 对预算调整事项进行决策时，应当按照以下要求：

(1) 预算调整事项不能偏离公司发展战略和年度经营目标。

(2) 预算调整方案应当在效益上能够实现最优化。

(3) 预算调整重点应当放在全面预算执行中出现的重要的、非正常的、不符合常规的关键性差异方面。

10.3 预算调整的时间：

10.3.1　年度预算的调整一般安排在每年6月和11月各进行一次。

10.3.2　月度预算原则上不予调整。

10.3.3　如果出现必须立即调整预算的例外事项，预算管理办公室应审时度势，立即启动预算调整程序。

10.4　未经董事会批准，各预算责任部门一律不得擅自调整预算方案。

11. **预算分析**

11.1　公司建立预算分析制度，由财务部按月召开预算执行分析会议，全面掌握预算的执行情况，研究、解决预算执行中存在问题的政策与措施，纠正预算的执行偏差。

11.2　预算分析结果要形成预算分析报告。当出现异常情况、重大事件时要随时编制分析报告。

11.3　预算分析报告要对全面预算管理实施情况及预算执行情况进行总结，要从定量与定性两个层面全面反映预算执行的现状、发展趋势和存在的问题，说明预算执行结果与预算标准之间的差异及其成因。

11.4　预算分析报告应重点针对异常情况、重大事件进行分析，确定对差异拟采取的调整措施，预算分析报告中针对差异的调整措施由预算管理办公室审议后报预算管理委员会批准，由相关预算责任部门落实，预算管理办公室要跟进措施的落实情况，同时在预算分析报告中应跟进反映前期改进措施的落实情况。

12. **预算考核**

12.1　预算考核是保障各预算责任部门实现年度预算目标的一项重要措施，是公司绩效评价的重要组成部分。预算考核的内容和指标应当纳入公司的绩效评价体系。

12.2　预算考核原则：

12.2.1　目标原则：以预算目标为基准，按照预算完成情况考核和评价各预算责任部门的经营业绩。若公司对预算目标进行了调整，则区分两种情况进行考核：

(1) 因客观原因进行的预算调整，以调整后的预算目标为基准。

(2) 因主观原因进行的预算调整，以调整前的预算目标为基准。

12.2.2　奖惩结合原则：预算考核必须与激励制度、惩罚制度相结合，做到赏罚分明、及时兑现。

12.2.3　可操作性原则：考核评价方法应具有可操作性，并充分考虑各预算责任部门的业务特点与管理重点，并与其权责协调一致。

12.2.4　例外原则：对预算执行过程中发生的一些重大的不可控因素，如产业环境变化、政策法规变化、重大意外灾害等，考核时可作为特殊情况处理。

12.3　预算管理办公室和人力资源部要配合设计预算考核表，以量化预算考核内容。预算考核表中指标的选取可以依据管理工作重点、各预算责任部门的经营性质设置，要在驱动各部门完成自身目标的同时促进公司整体战略目标的实现。预算考核指标表中的各指标可设置不同的权重以体现考核的重点。

13. **预算责任落实**

13.1　预算责任实行分级负责制：

13.1.1　每年1月10日之前，公司总经理与各预算责任部门签订新年度《部门年度预算责任书》。

13.1.2 每年1月15日之前，各预算责任部门负责人与本部门下属单位签订《下属单位年度预算责任书》，将预算责任分解落实。

13.2 签订年度预算责任书后，实行月度考核，年终奖惩兑现。由于不可抗力导致预算指标需要调整时，经董事会批准，可对年度全面预算责任书的有关条款进行修订。

14. 附则

14.1 本制度由董事会审议通过，由预算管理委员会负责解释。

14.2 本制度自董事会审议批准之日起执行。

浙江新农化工股份有限公司董事会

2016年1月1日

【能力训练】

一、知识巩固

（一）单选题

1. 全面预算控制是指企业通过实施全面预算管理制度，建立以预算为标准的经营活动管理控制系统，实现企业经营活动、投资活动、（　　）的全面控制和管理。

A. 财务活动　　B. 业务活动　　C. 资金活动　　D. 生产活动

2. 建立健全全面预算管理的组织体系，包括成立预算决策机构、（　　）和执行机构。

A. 控制机构　　B. 核算机构　　C. 监督机构　　D. 日常管理机构

3. 全面预算控制流程包括预算编制、（　　）和预算考评三个基本环节。

A. 预算控制　　B. 预算分析　　C. 预算执行　　D. 预算报告

（二）多选题

1. 全面预算管理涉及企业经济活动的方方面面，是一项（　　）的综合性、系统性管理活动。

A. 全员参与　　B. 全方位管理　　C. 全过程控制　　D. 全面预算

2. 全面预算是由一系列预算按照其经济内容及相互关系有序排列组成的有机整体，主要包括（　　）。

A. 经营预算　　B. 投资预算　　C. 筹资预算　　D. 财务预算

3. 全面预算编制环节主要包括（　　）。

A. 拟定预算目标　　B. 预算编制　　C. 预算审批　　D. 预算下达

4. 全面预算执行环节的主要风险包括不编制月度预算风险、（　　）以及预算目标未达成风险。

A. 预算执行不力风险　　　　　　　　B. 预算控制不力风险
C. 预算调整缺失风险　　　　　　　　D. 预算调整随意风险

（三）判断题

1. 全面预算管理是公司为了实现战略规划和经营目标，对预算期内的经营活动、投资活动、财务活动做出的预算安排，包括经营预算、投资预算和财务预算。（　　）

2. 全面预算管理的本质属性是以预算为标准的管理控制系统，是企业实施内部控制的方法和工具。（　　）

3. 财务预算是预算期内企业财务活动、经营成果和财务状况方面的预算，主要包括利润预算、现金预算和成本预算。（　　）

二、案例分析

蓝天公司董事会决定在企业实施货币资金预算管理，由财务部负责拟定管理制度。拟定的预算管理制度既要符合全面预算管理的规范，又要结合本公司的实际情况。

财务部经过研究，拟定《蓝天公司货币资金预算管理制度》如下：

第一章　总　则

第一条　为加强货币资金管理，提高货币资金收支的科学性、有效性和计划性，保证公司生产经营、基建技改、财务融资等一系列经济活动的顺利进行，特制定本制度。

第二条　货币资金预算管理的内容：

（一）各部门按时编制年度及月度货币资金预算草案。

（二）财务部审查、平衡各部门的货币资金预算草案。

（三）公司经理办公会和董事会审批年度及月度货币资金预算（其中，月度预算由经理办公会审批）。

（四）各部门严格执行货币资金预算。

（五）定期编制反馈报告，对货币资金预算执行情况进行分析。

（六）公司对各部门的货币资金预算执行结果进行考核。

第二章　货币资金预算的编制与审批程序

第三条　年度货币资金预算的编制：

（一）编制草案：每年 12 月 1 日前，公司各部门将经过部门负责人签字的本部门下年度货币资金预算申报表编制完毕，报公司财务部。

（二）审查平衡：12 月 10 日前，财务部将各部门编制的年度货币资金预算申报表审查平衡完毕，并汇总编制公司下年度货币资金预算草案，经财务总监签字后，上报公司总经理；总经理在 12 月 15 日之前召开经理办公会，研究审议货币资金预算草案。

（三）审议批准：12 月 20 日前，公司董事会审议、批准公司下年度货币资金预算。

（四）下达执行：财务部于每年 12 月 31 日前，将公司下年度的货币资金预算下达到各部门。

第四条　月度货币资金预算的编制：

（一）编制草案：每月 23 日前，公司各部门将经过部门负责人签字的本部门下月份货币资金预算申报表编制完毕，报公司财务部。

（二）审查平衡：每月 25 日前，财务部将各部门编制的月度货币资金预算申报表审查平衡完毕，并汇总编制公司下月份货币资金预算草案，经财务总监签字后，上报公司总经理。

（三）审议批准：每月 28 日前，公司总经理召开资金平衡会议，审议、批准公司下月份货币资金预算。

（四）下达执行：财务部于每月 30 日前，将公司下月份的货币资金预算下达到各部门。

第三章　货币资金预算的执行与控制

第五条　货币资金预算的执行：

各部门到财务部办理付款时，除应办理有关领导签字、批准手续外，还须办理如下手续：

（一）申请付款部门的业务经办人到有关责任会计岗位申领货币资金付款凭单。

（二）各责任会计人员要审查各项付款业务的合法性、真实性和审批手续的完整性，并在月度货币资金预算指标内开具货币资金付款凭单。

（三）业务经办人凭货币资金付款凭单及其他付款凭证（如发票等）到财务部出纳人员处办理付款业务。

第六条　货币资金预算的控制：

公司下达的货币资金预算具有指令性，各部门必须严格执行：

（一）销售部要按时、按量组织产品销售货款资金的收入，确保货币资金收入预算的完成。

（二）财务部要按时、按量完成银行借款等资金筹措预算，搞好货币资金的收支平衡，控制资金支付风险。

（三）各货币资金预算支出部门要严格将货币资金的支出控制在货币资金预算指标内，不得突破月度货币资金预算支出指标。

（四）财务部要严格控制货币资金支出，对于无预算、无合同、无审批手续及不合理、不合法的付款业务，一律不予支付。

第四章　货币资金预算的分析与考核

第七条　公司建立货币资金分析制度，由财务部按月召开资金分析会议，全面分析货币资金管理情况，通报公司的资金状况，研究、解决资金管理中存在的问题，提出加强和改进资金管理的政策措施，纠正预算执行中的偏差。

第八条　每月终了，财务部要编制货币资金预算执行情况表，全面分析、报告货币资金预算的执行情况，并依据预算完成情况对预算执行部门进行考核。

第五章　附　则

第九条　本制度由公司董事会审议通过。

第十条　本制度自颁布之日起施行。

【分析要求】根据全面预算控制的有关要求，分析蓝天公司制定的《蓝天公司货币资金预算管理制度》是否存在缺陷或不恰当的地方。

三、复习思考

1. 什么是全面预算控制？简述全面预算控制的总体要求。
2. 什么是全面预算管理？全面预算管理的本质属性是什么？
3. 全面预算控制包括哪些基本环节？各环节包括哪些内容？
4. 简述全面预算管理的功能作用。

内部环境控制

【教学目标】

1. 知识目标

- 明确内部环境的重要性
- 掌握内部环境的构成

2. 能力目标

- 理解内部环境的内容及相应风险
- 掌握组织架构、发展战略、人力资源、社会责任、企业文化控制的要点

【学习指南】

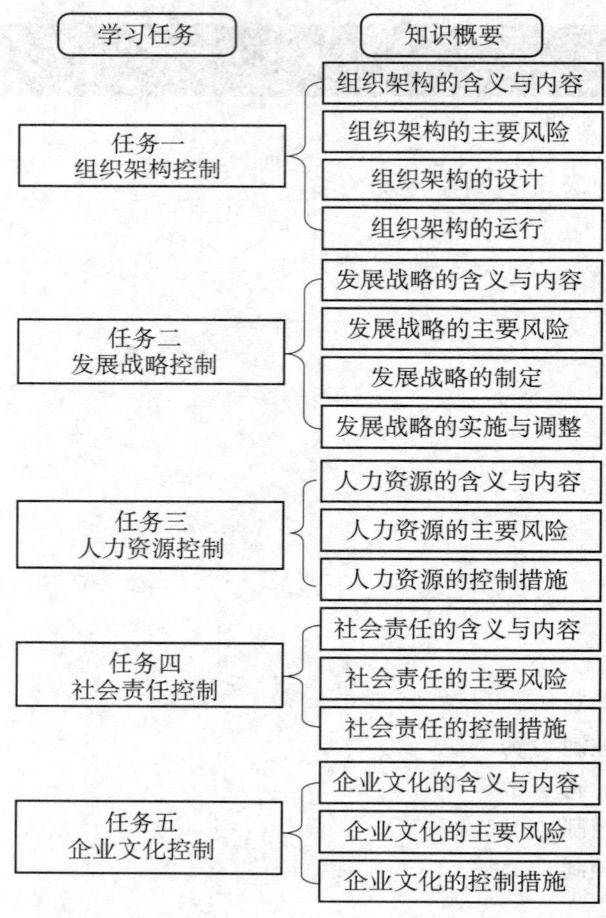

【教学引导】

内部环境混乱与“亚细亚”倒闭

内部环境作为内部控制五大要素之首，是企业建立与实施内部控制的基础，是影响、制约企业内部控制建立与实施的各种内部因素的总和。没有一个良好的内部环境，其他要素不管质量如何，都不可能形成有效的内部控制结果。也就是说，企业只有创造良好的内部环境，才能为内部控制的有效运行奠定基础，才能实现企业的持续发展、经久不衰。现实社会中，因内部环境混乱而最终导致企业破产倒闭的案例屡见不鲜。轰动一时的亚细亚商场倒闭就是因内部环境混乱而导致企业倒闭的典型案例。

郑州亚细亚商场于1989年5月开业，之后仅用7个月时间就实现销售额9 000万元。1990年销售额达1.86亿元，实现税利1 315万元，一年就跨入全国50家大型商场行列。到1995年，其销售额达到4.8亿元。亚细亚商场取得过几个“全国第一”：全国商场中第一个设立迎宾小姐、电梯小姐，第一个设立琴台，第一个创立自己的仪仗队，第一个在中央电视台做广告。当年的亚细亚商场以其在经营和管理上的创新创造了一个平凡而奇特的现象——“亚细亚现象”。来自全国30多个省区市的近200个大中城市的党政领导、商界要员来到亚细亚商场参观学习。然而，就在1998年8月15日，亚细亚商场悄然关门！面对这一残酷的现实，人们众说纷纭。

导致亚细亚倒闭的原因是多方面的，分析其内部环境状况即可窥得一斑。

内部环境具体包括董事会及管理人员的品行、操守、价值观、素质与能力、管理哲学与经营观念，企业文化，人事政策与员工素质，规章制度等。那么，亚细亚商场的内部环境如何呢？

1. 经营者的品行与操守

1992年11月，亚细亚商场总经理王遂舟在海南注册了海南亚细亚商联总公司（简称海南商联），亚细亚集团没有投资，法人代表是王遂舟本人。亚细亚集团董事会做出决定，委托海南商联管理和经营亚细亚商场，并在1995年6月28日的会议中明确规定“董事会同意海南商联按销售额1%的比例提取管理费”。王遂舟既是海南商联的法人代表，又是亚细亚集团的总经理，可以随意抽调人员与资金。这种制度安排的结果是：亚细亚商场的信誉和人员被海南商联利用，亚细亚商场的经营利润被海南商联占有，而这一切都是无偿的。

这种制度安排，足以说明亚细亚集团的经营者是何等的品行与操守。

2. 公司的董事会与总经理

董事会是公司的经营决策机构，总经理受董事会委托行使公司经营管理权。董事会与总经理的设置与权责安排既是治理结构的重要内容，也是内部环境的重要因素。在亚细亚集团，董事会一直处于瘫痪状态。亚细亚集团的注册日期是1993年10月，但直到1995年6月才确立董事会构成；而且董事会从未召集董事们就重大决策进行过表决，凡事都由总经理王遂舟一个人拍板。

总经理凌驾于董事会之上的状况，足以说明亚细亚集团的治理结构是何等的混乱不清。

3. 人事政策与员工素质

人既是企业最重要的资源，也是企业重要的内部环境因素。那么，亚细亚集团的人事政策与员工素质如何呢？

（1）以貌取人。1995年年底，广州、上海、北京三地大型商场相继开业，亚细亚集团从西安招聘了几百名青年，经过短期培训后，准备派往三地。选人的方式是对名观相，五官端正、口齿清楚的派往广州、上海或北京的商场当经理或处长，其他人员则当营业员。

（2）随意用人。亚细亚商场艺术团的报幕员周美美，不懂管理不会看账，被任命为开封亚细亚商场的总经理。

（3）任人唯亲。亚细亚集团某领导的一位表弟，原郑州市郊的农民，被任命为北京一家大型商场总经理；某领导的两位妻弟，本在山东务农，也被委以重任，就连他家的小保姆也被任命为亚细亚集团货物配送中心的财务总监。

（4）排斥异己。亚细亚集团曾有四位年轻的副总，因他们不附和总经理的意见，在1990年被借故派往外地办事处。1991年夏，亚细亚驻外办事处撤销，四位副总返回商场时，他们的位置已被别人取代，接着半年赋闲，被调离商场。

亚细亚集团的上述人事政策，足以说明其用人环境的恶劣。

4. 内部机构设置

亚细亚集团设有一个货物配送中心，其职能是为郑州亚细亚商场本店和四家直接连锁店配货。该中心负责向厂家直接订货，目的是降低进货成本并防止各商场自行进货时吃回扣。但该中心配送给各大商场的所有商品，价格不但比批发市场上的批发价高出许多，而且高于自由市场上的零售价！货物配送中心实际上成了亚细亚集团的一个大黑洞。

上述四个方面已经比较清楚地说明了亚细亚集团的内部环境状况。如此混乱的内部环境，其最终结局也只能是走向倒闭。

资料来源：吴水澎，陈汉文，邵贤弟．论改进我国企业内部控制——由“亚细亚”失败引发的思考．会计研究，2000（9）.

【问题思考】为什么说企业内部环境的好坏直接决定了内部控制规范建立与实施的效果？

组织架构控制

一、组织架构的含义与内容

组织架构是指企业按照国家有关法律法规、股东大会决议和企业章程，结合本企业实际，明确股东大会、董事会、监事会、经理层和企业内部各层级机构设置、职责权限、人员编制、工作程序和相关要求的制度安排。组织架构分为治理结构和内部机构两个层面的内容。

（一）治理结构

治理结构又称法人治理结构、公司治理结构，是指公司股东大会、董事会、监事会及经理层之间的权、责、利关系，相互制衡关系和决策关系的体系。

企业作为法人，需要根据相关的法律法规设置治理结构层面的组织架构，使之具有决策能力、监督能力和管理能力，从而依法行使权力、承担责任，并保障各利益相关者的基本权益。

（二）内部机构

内部机构是企业内部设置的，由不同专业人员组成的，负责企业某一管理或专业区域工作的职能部门，是保证企业生产经营活动顺利进行的支撑平台。它是表明企业内部各职能部门的排列顺序、空间位置、聚散状态、联系方式以及各部门之间相互关系的一种模式，是整个企业管理系统的框架。

企业作为经济实体，应当根据业务发展需要设置内部机构层面的组织架构，针对各项业务功能行使决策、计划、执行、监督、评价的权力，并承担相应的责任，从而为业务顺利开展提供支撑平台。

股份有限公司的组织架构一般如图 4－1 所示。

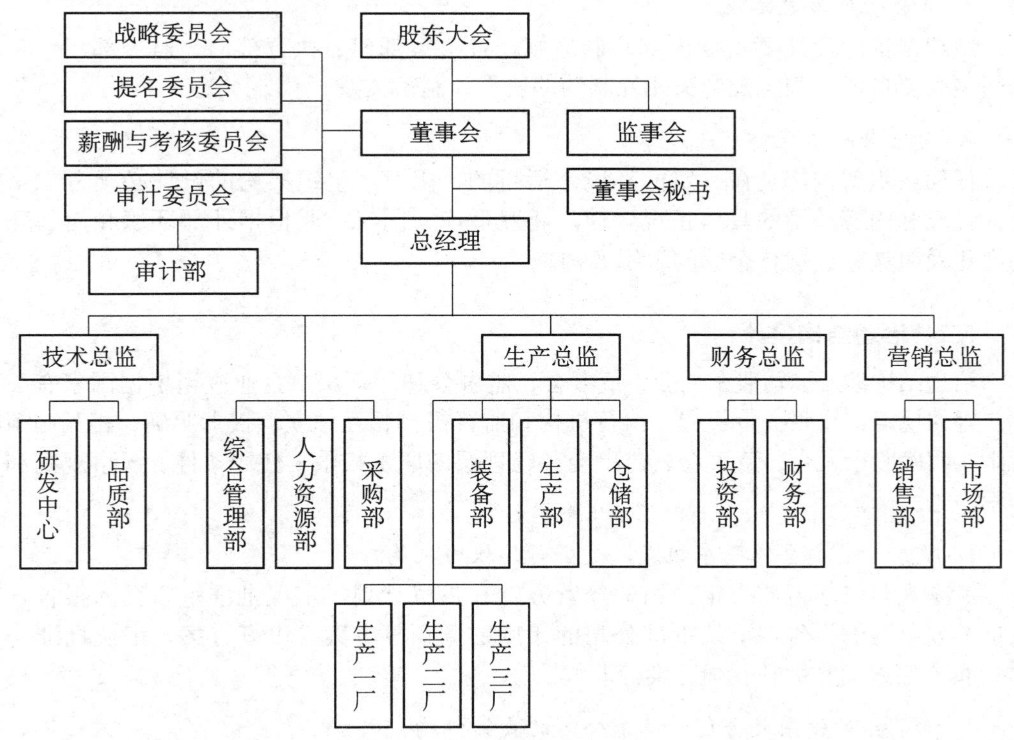

图 4－1　股份有限公司组织架构图

二、组织架构的主要风险

企业至少应当关注组织架构设计与运行中的下列风险：

（1）治理结构形同虚设，缺乏科学决策、良性运行机制和执行力，可能导致企业经营失败，难以实现发展战略。

（2）内部机构设计不科学，权责分配不合理，可能导致机构重叠、职能交叉或缺失、推诿扯皮，运行效率低下。

三、组织架构的设计

（一）设计原则

1. 符合法律法规

组织架构的设计必须遵守《中华人民共和国公司法》《企业内部控制基本规范》等法律法规和公司章程的相关规定。

2. 符合发展战略

实现发展战略既是企业经营活动的长远目标，也是实施内部控制的最终目标，因此，组织架构的设计要有助于企业发展战略的实现。

3. 符合管理控制要求

组织架构的设计要贯彻内部牵制原则，各决策部门、执行部门、监督部门、管理部门之间要形成既相互配合又相互制约的协作、制衡关系。

4. 适应内外环境要求

任何组织架构都是在一定的环境下运行的，因此，组织架构的设计必须考虑企业外部环境和内部环境的具体情况，使之相互适应；同时，要根据外部环境和内部环境的变化及时调整、优化企业的组织架构。

（二）治理结构设计

治理结构涉及公司股东大会、董事会、监事会和经理层。企业应当根据国家有关法律法规的规定，按照决策机构、执行机构和监督机构相互独立、权责明确、相互制衡的原则，明确股东大会、董事会、监事会和经理层的职责权限、任职条件、议事规则和工作程序等。

1. 股东大会由全体股东组成，是公司的权力机构

股东大会依法行使决定公司的经营方针和投资计划，审议批准董事会的报告，审议批准监事会的报告，审议批准公司的年度财务预算方案、决算方案，审议批准公司的利润分配方案和弥补亏损方案等职权。

2. 董事会对股东大会负责，是公司的决策机构

董事会依法行使企业的经营决策权，可按照股东大会的有关决议，设立战略、审

计、提名、薪酬与考核等专门委员会，明确各专门委员会的职责权限、任职资格、议事规则和工作程序，为董事会科学决策提供支持。

3. 监事会对股东大会负责，是公司的监督机构

监事会依法检查公司财务，对董事、高级管理人员执行公司职务的行为进行监督，对违反法律、行政法规、公司章程或股东会决议的董事、高级管理人员提出罢免的建议。

4. 经理层对董事会负责，是公司的执行机构

经理层依法主持公司的生产经营管理工作。经理和其他高级管理人员的职责分工应当明确。

（三）内部机构设计

内部机构的设计要切合企业经营业务特点和内部控制要求，具体如下：

（1）企业应当按照科学、精简、高效、透明、制衡的原则，综合考虑企业性质、发展战略、文化理念和管理要求等因素，合理设置内部职能机构，明确各机构的职责权限，避免职能交叉、缺失或权责过于集中，形成各司其职、各负其责、相互制约、相互协调的工作机制。

（2）企业应当对各机构的职能进行科学合理的分解，确定具体岗位的名称、职责和工作要求等，明确各个岗位的权限和相互关系。在内部机构设计过程中，应当体现不相容职务分离原则，并根据相关的风险评估结果设立内部牵制机制。

（3）企业应当制定组织结构图、业务流程图、岗（职）位说明书和权限指引等内部管理制度或相关文件，使员工了解和掌握组织架构设计及权责分配情况，正确履行职责。企业各项决策和业务必须由具备适当权限的人员办理，这一权限通过公司章程约定或其他适当方式授予。

（4）企业应当加强内部审计工作，保证内部审计机构设置、人员配备和工作的独立性。内部审计机构应当结合内部审计监督，对内部控制的有效性进行监督检查。内部审计机构对监督检查中发现的内部控制缺陷，应当按照企业内部审计工作程序进行报告；对监督检查中发现的内部控制重大缺陷，有权直接向董事会及其审计委员会、监事会报告。

四、组织架构的运行

（一）梳理治理结构

治理结构的梳理应当重点关注董事、监事、经理及其他高级管理人员的任职资格和履职情况，以及董事会、监事会和经理层的运行效果。治理结构存在问题的，应当采取有效措施加以改进。

（二）梳理内部机构

内部机构的梳理应当重点关注内部机构设置的合理性和运行的高效性等。内部机

构设置和运行中存在职能交叉、缺失或运行效率低下的，应当及时解决。

（三）管控子公司

企业应当建立科学的投资管控制度，通过合法有效的形式履行出资人职责、维护出资人权益，重点关注子公司特别是异地、境外子公司的发展战略、年度财务预决算、重大投融资、重大担保、重要人事任免、大额资金使用、主要资产处置、内部控制体系建设等重要事项。

（四）调整组织架构

企业应当定期对组织架构设计与运行的效率和效果进行全面评估，发现组织架构设计与运行中存在缺陷的，应当进行优化调整。调整组织架构应当充分听取董事、监事、高级管理人员和其他员工的意见，按照规定的权限和程序进行决策审批。

案例分析

东兴机械有限公司是一家生产销售农用机械的中型企业，公司的组织架构如图4-2所示。

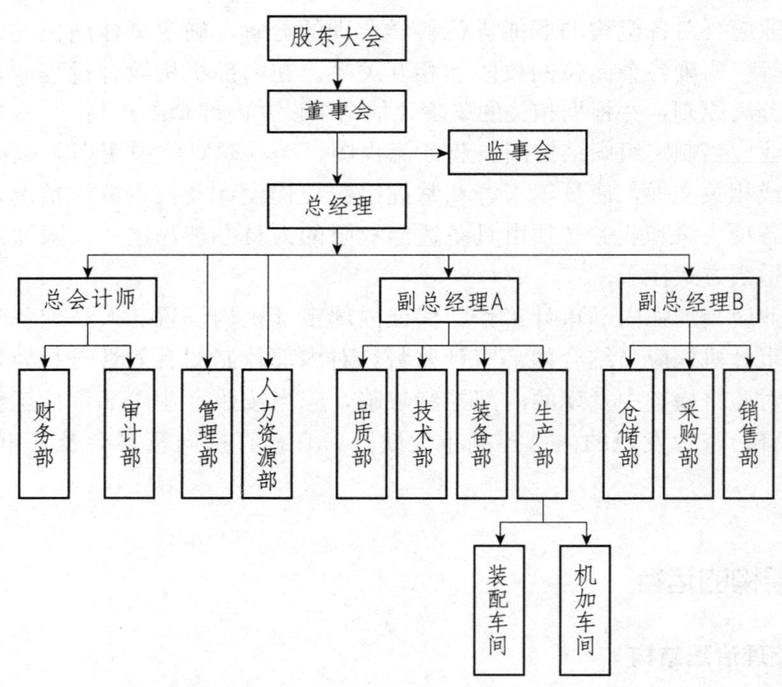

图4-2 东兴公司组织架构图

分析要求：根据学过的知识，说明东兴机械有限公司组织架构的设计是否合理，并阐述理由。

分析提示：

(1) 东兴机械有限公司的治理结构设计存在一处不合理的地方，即公司监事会不能隶属于公司董事会。因为治理结构要求，公司的决策机构、执行机构和监督机构要相互独立、权责明确、相互制衡，监事会对股东大会负责。因此，公司监事会应与董事会一样，隶属于股东大会。

（2）东兴机械有限公司的内部机构设计存在两处不合理的地方：1）审计部不能划归总会计师分管。因为内部控制要求企业保证内部审计机构设置、人员配备和工作的独立性，所以审计部应隶属于公司董事会或监事会。2）仓储部不能划归主管经营的副总经理分管。因为仓储部在存货入库、出库等方面都与采购部、销售部形成制衡关系，采购部、销售部和仓储部同归一个领导管理，必然导致缺乏必要的制衡，所以仓储部应该划归总经理直接分管。

发展战略控制

一、发展战略的含义与内容

发展战略是指企业在对现实状况和未来趋势进行综合分析和科学预测的基础上，制定并实施的长远发展目标与战略规划。企业作为市场经济的主体，要想求得长期生存和持续发展，关键在于制定并有效实施适应外部环境变化和自身实际情况的发展战略。作为一个现代企业，如果没有明确的发展战略，就不可能在当今激烈的市场竞争和国际化浪潮冲击下求得长远发展。

发展战略的内容分为发展目标和战略规划两个方面。其中，发展目标是企业发展战略的核心和基本内容，是在最重要的经营领域对企业使命的具体化，表明企业在未来一段时期内所要努力的方向和所要达到的水平。战略规划是企业为了实现发展目标而制订的分阶段的总体计划，是企业发展目标的实施步骤和方略，表明企业在每个发展阶段的具体目标、工作任务和实施路径。

二、发展战略的主要风险

企业制定与实施发展战略至少应当关注下列风险：

（1）缺乏明确的发展战略或发展战略实施不到位，可能导致企业盲目发展，难以形成竞争优势，丧失发展机遇和动力。

（2）发展战略过于激进，脱离企业实际能力或偏离主业，可能导致企业过度扩张，甚至经营失败。

（3）发展战略因主观原因频繁变动，可能导致资源浪费，甚至危及企业的生存和持续发展。

三、发展战略的制定

企业应当立足当前、面向未来，科学制定切合自身实际又符合市场经济发展规律的发展战略。

（一）建立健全发展战略制定机构

企业应当在董事会下设立战略委员会，或指定相关机构负责发展战略管理工作，履行相应职责。战略委员会对董事会负责。战略委员会成员应当具有较强的综合素质和实践经验，其任职资格和选任程序应当符合有关法律法规和企业章程的规定。其中，战略委员会主席应当由董事长担任，委员中应当有一定数量的独立董事。

战略委员会的主要职责是对公司长期发展战略和重大投资决策进行研究并提出建议，具体事项包括：公司的长期发展规划、经营目标、发展方针；产品战略、市场战略、营销战略、研发战略、人才战略等经营战略；公司重大战略性投资、融资方案，重大资本运作，资产经营项目等。

企业应在内部机构中设置专门的部门或指定相关部门，承担战略委员会有关具体工作。

（二）分析评价影响发展战略的内外部因素

企业外部环境、内部资源等因素，是影响发展战略制定的关键因素。只有对企业所处的外部环境和拥有的内部资源展开深度分析，才能制定出科学合理的发展战略。

1. 分析外部环境

外部环境是制定发展战略的重要影响因素，包括企业所处的宏观环境、行业环境及竞争对手、经营环境等。分析企业面临的外部环境，应当着重分析环境的变化和发展趋势及其对企业发展战略的重要影响，同时评估有哪些机会可以挖掘，以及企业可能面临哪些威胁。

2. 分析内部资源

内部资源是企业发展战略的重要制约条件，包括企业资源、企业能力、核心竞争力等各种有形和无形资源。分析企业拥有的内部资源，应当着重分析这些资源和能力使企业在同行业中处于何种地位，与竞争对手相比，企业有哪些优势和劣势。

（三）科学制定发展战略

1. 制定发展目标

发展目标是指导企业生产经营活动的准绳，一般包括盈利能力、生产效率、市场竞争地位、技术领先程度、生产规模、组织结构、人力资源、用户服务、社会责任等。

2. 编制战略规划

发展目标制定后，企业应当考虑使用何种手段、采取何种措施、运用何种方法来达到发展目标，即编制战略规划。战略规划应当明确企业发展的阶段性和发展程度，制定每个发展阶段的具体目标和工作任务，以及达到发展目标必经的实施路径。

3. 严格审议和批准发展战略

发展战略拟定后，应当按照规定的权限和程序对发展战略方案进行审议和批准。

审议发展战略方案是董事会的重要职责。在审议过程中，董事会应着力关注发展战略的全局性、长期性和可行性。具体包括：1）发展战略是否符合国家行业发展规划和产业政策；2）发展战略是否符合国家经济结构战略性调整方向；3）发展战略是否突出主业，有助于提升企业核心竞争力；4）发展战略是否具有可操作性；5）发展战略是否客观全面地对未来的商业机会和风险进行分析预测；6）发展战略是否有相应的人力、财务、信息等资源保障等。

企业发展战略方案经董事会审议通过后，应当报经股东大会批准后付诸实施。

四、发展战略的实施与调整

（一）发展战略的实施

发展战略的实施是一个复杂的系统工程。企业只有重视和加强发展战略的实施，在所有相关目标领域全力推进，才有可能将发展战略描绘的蓝图转变为现实，铸就核心竞争力。

1. 加强实施领导

企业经理层应当担任发展战略实施的领导者，要本着“统一领导、统一指挥”的原则，围绕发展战略的有效实施，卓有成效地发挥企业经理层在资源分配、内部机构优化、企业文化培育、信息沟通、考核激励相关制度建设等方面的协调、平衡和决策作用，确保发展战略的有效实施。

2. 搞好分解落实

发展战略制定后，企业经理层要将发展战略分解细化，确保落实。

第一，要根据战略规划，制订年度工作计划。

第二，要按照上下结合、分级编制、逐级汇总的原则编制全面预算，将发展目标逐一分解落实为能够有效指导企业各项生产经营管理活动的年度经营目标和行动计划。

第三，要进一步将年度预算细分为季度预算、月度预算，通过实施分期预算控制，促进年度预算目标的实现。

第四，要通过建立发展战略实施的激励约束机制，将各责任单位年度预算目标完成情况纳入绩效考评体系，切实做到有奖有惩、奖惩分明，以促进发展战略的有效实施。

3. 保障有效实施

发展战略实施过程是一个系统工程，需要研发、生产、营销、财务、人力资源等各个职能部门之间的密切配合、协同运作。为此，企业应当采取切实有效的保障措施，确保发展战略的顺利实施。

第一，培育与发展战略相匹配的企业文化。发展战略制定后，要充分利用企业文化所具有的导向、约束、凝聚、激励等作用，统一全体员工的观念行为，共同为发展战略的有效实施而努力奋斗。

第二，优化调整组织结构。要解决好发展战略前导性和组织结构滞后性之间的矛盾，企业必须在发展战略制定后，尽快调整企业组织结构、业务流程、权责关系等，以适应发展战略的要求。

第三，整合内外部资源。在发展战略实施过程中，只有对拥有的资源进行优化配置，达到战略与资源的匹配，才能充分保证发展战略的实现。

第四，调整管理方式。企业要克服各种阻力，改变企业日常惯例，在管理体制、机制及管理模式等方面实施变革，由粗放、层级制管理向集约、扁平化管理转变，为发展战略的有效实施提供强有力的支持。

4. 做好宣传培训

企业应当重视发展战略的宣传培训工作，为推进发展战略实施提供强有力的思想支撑和行为导向。

第一，在企业董事、监事和高级管理人员中树立战略意识和战略思维，充分发挥其在发展战略制定与实施过程中的示范带头作用。

第二，通过采取内部会议、培训、讲座、知识竞赛等多种行之有效的方式，把发展战略及其分解落实情况传递给内部各管理层级和全体员工，营造发展战略宣传的强大舆论氛围。

第三，企业高管层要加强与广大员工的沟通，使全体员工充分认清企业的发展思路、发展战略目标和具体举措，自觉将发展战略与自己的具体工作结合起来，促进发展战略的有效实施。

（二）发展战略的调整

在当今瞬息万变的环境中，企业只有在变化中不断调整发展战略，保持健康的发展活力，并将这种活力转变成惯性，通过有效的发展战略不断表达出来，才能获得并持续强化竞争优势，将企业做大做强。

1. 要加强对发展战略实施的监控

企业应当建立发展战略评估制度，加强对发展战略制定与实施的事前、事中和事后评估；战略委员会应当加强对发展战略实施情况的监控，定期收集和分析相关信息。对于发展战略制定与实施过程中存在的问题和偏差，应当及时报告，并采取措施予以纠正。

2. 要持续优化发展战略

企业在开展发展战略监控和评估过程中，发现下列情况之一的，应当调整、优化发展战略，以促进企业内部资源能力和外部环境条件保持动态平衡。

（1）经济形势、产业政策、技术进步、行业竞争态势以及不可抗力等因素发生较大变化，对企业发展战略的实现有较大影响的情况。

（2）企业内部经营管理发生较大变化，确有必要对发展战略做出调整的情况。因为发展战略调整牵一发而动全身，因此，应当严格按照规定的权限和程序调整发展战略。

人力资源控制

一、人力资源的含义与内容

人力资源是指企业组织生产经营活动而录（任）用的各种人员，包括董事、监事、高级管理人员和全体员工。作为一种特殊的资源形式，人力资源具有不同于自然资源的特殊性质，主要表现在以下几个方面：

（一）人力资源具有生命周期性

人具有生命周期，在生命周期的不同阶段，其劳动能力有所不同。对于个体而言，个人的劳动能力经历了从产生、发展壮大到衰亡的过程；从社会整体来看，人口各年龄段的比例也处于不断变化中，并呈现出一定的周期性。因此，企业组织中的人力资源必然会表现出生命周期性。

（二）人力资源具有能动性

人力资源是由劳动者的劳动能力构成的，劳动者具有自主意识，在各种活动中总是处于发起、操纵和控制其他资源的位置上，可以根据外部环境和自身条件，有目的地确定活动的方向，创造性地选择自己的行为。

（三）人力资源具有再生性

自然资源大部分属于不可再生资源，而人力资源在劳动消耗过后还能够被再生产出来，这是因为劳动者的体力和精神状态被消耗后可以通过休息、补充营养或体育锻炼等方式恢复到原来的状态。对于整个社会来说，始终是一部分人力资源走向衰亡的同时另一部分人力资源正在形成，其再生性可以通过人力资源总体内部各个体不间断地替换和更新来实现。

（四）人力资源具有增值性

人力资源在使用过程中，劳动者所掌握的知识和技能在不断提高，劳动力的价值也在不断增值。更重要的是，由于知识的积累和传承，人类的生产活动经验越来越丰富，从而提高了生产技术，改进了企业管理方式，使人力资源的总体价值也逐步增加。

（五）人力资源具有社会性

人力资源在形成过程中明显会受到时代和社会因素的影响。人从一出生便置身于既定的生产力和生产关系之中，社会发展水平从整体上制约着人力资源的素质。人力资源创造的财富为全社会所共同享有。

二、人力资源的主要风险

企业人力资源管理至少应当关注下列风险：

（1）人力资源缺乏或过剩、结构不合理、开发机制不健全，可能导致企业发展战略难以实现。

（2）人力资源激励约束制度不合理、关键岗位人员管理不完善，可能导致人才流失、经营效率低下以及关键技术、商业秘密、国家机密泄露。

（3）人力资源退出机制不当，可能导致法律诉讼或企业声誉受损。

三、人力资源的控制措施

人力资源的控制事项主要包括人力资源的引进与开发、人力资源的使用和人力资源的退出。对于上述事项，企业应当采取如下控制措施：

（一）人力资源的引进与开发

人力资源是企业总体资源的组成部分。从量上看，人力资源的引进与开发要依据年度人力资源需求计划确定；从质上看，人力资源的引进与开发要符合相关能力框架、知识结构和综合素质的要求；从层次上看，人力资源的引进与开发要区分高级管理人员、专业技术人员和一般员工。

1. 人力资源引进与开发的总体要求

（1）企业应当根据人力资源总体规划，结合生产经营实际需要，制订年度人力资源需求计划，完善人力资源引进制度，规范工作流程，按照计划、制度和程序组织人力资源引进工作。

（2）企业应当根据人力资源能力框架要求，明确各岗位的职责权限、任职条件和工作要求，遵循德才兼备、以德为先和公开、公平、公正的原则，通过公开招聘、竞争上岗等多种方式选聘优秀人才，重点关注选聘人员的价值取向和责任意识。

（3）企业选拔、聘用各层级人员，应当切实做到因事设岗、以岗选人，避免因人设事或设岗，确保选聘人员能够胜任岗位职责要求。

（4）企业确定选聘人员后，应当依法签订劳动合同，建立劳动用工关系。

（5）企业对于在产品技术、市场、管理等方面掌握或涉及关键技术、知识产权、商业秘密或国家机密的工作岗位，应当与该岗位员工签订有关岗位保密协议，明确保密义务。

（6）企业应当建立选聘人员试用期和岗前培训制度，对试用人员进行严格考察，促进选聘人员全面了解岗位职责，掌握岗位基本技能，适应工作要求。试用期满考核合格后，方可正式上岗；试用期满考核不合格者，应当及时与之解除劳动关系。

（7）企业应当重视人力资源开发工作，建立员工培训长效机制，营造尊重知识、尊重人才和关心员工职业发展的文化氛围，加强后备人才队伍建设，促进全体员工的知识、技能持续更新，不断提升员工的服务效能。

2. 高级管理人员的引进与开发

（1）企业引进高管人员应符合企业发展战略，满足企业当前和长远需要。引进的高管人员应对企业所处行业及行业的发展定位、优势等有足够的认知，对企业的文化和价值观有充分的认同；同时，必须具备所任高级职务的任职能力。

（2）企业应当重视高管人员的开发工作，通过多种形式促进中层以上员工的知识更新，注重激励和约束相结合，创造良好的工作环境和事业前景，让各类人才的聪明才智得到充分展示和发挥，逐步成为企业的高级管理人员。

（3）在高管人员的引进与开发过程中，企业应当按照德才兼备原则选人用人，不唯学历、不唯关系、不唯职称，重实绩、重贡献、重真才实学。

3. 专业技术人员的引进与开发

（1）对专业技术人员的引进，既要满足企业当前实际生产经营需要，又要有一定的前瞻性，适量储备人才，以备急需；既要注重专业技术人员的专业素质、科研能力，又应注意其道德素质、协作精神以及对企业文化和价值观的认同感；同时，要关注专业技术人员的事业心、责任感和使命感。

（2）对专业技术人员的开发，要注重知识持续更新，紧密结合企业技术攻关及新技术、新工艺和新产品开发来开展各种专题培训等继续教育，帮助专业技术人员不断补充、拓宽、深化和更新知识。同时，要建立良好的专业技术人员激励约束机制，努力做到以事业、待遇、情感留人。

4. 一般员工的引进与开发

（1）为确保企业生产经营正常运转，企业应当根据年度人力资源计划和生产经营的实际需要，通过公开招聘方式引进一般员工。在此过程中，企业应当严格遵循国家有关法律法规的要求，注意招收那些具有一定技能、能够独立承担工作任务的员工，以确保产品和服务质量。

（2）企业要根据组织生产经营的需要，加强岗位培训，不断拓展和提升一般员工的知识技能和水平。同时，要善待一般员工，在最低工资标准、保险保障标准等方面严格按照国家或地区要求办理，努力营造一种宽松的工作环境。

（二）人力资源的使用

人力资源的使用是人力资源管理的重要组成部分。良好的人力资源使用机制，可以促进企业员工队伍充满活力，保证员工连续的职业生涯，实现企业和员工的双赢。

（1）企业应当建立和完善人力资源激励约束机制，设置科学的业绩考核指标体系，对各级管理人员和其他全体员工进行严格考核与评价，以此作为确定员工薪酬、职级调整和解除劳动合同等的重要依据，确保员工队伍处于持续优化状态。

（2）企业应当制定与业绩考核挂钩的薪酬制度，切实做到薪酬安排与员工贡献相协调；要完善以按劳分配为主体、多种分配方式并存的分配制度，坚持效率优先、兼顾公平，多种生产要素按贡献参与分配。

（3）企业应当制定各级管理人员和关键岗位员工定期轮岗制度，明确轮岗范围、轮岗周期、轮岗方式等，形成相关岗位员工的有序持续流动，全面提升员工素质。

（4）企业应当注意发挥福利待遇对企业发展的重要促进作用，既吸引企业所需员工，降低员工的流动率，同时激励员工，提高员工士气及对企业的认可度与忠诚度。

（5）企业应当尊重人才成长规律，善于克服人力资源管理的“疲劳效应”。在人才发展最好时，要适时地调整岗位和职位，使之始终处于亢奋期和“临战”状态。

（三）人力资源的退出

企业应当从战略层面和管理层面理性对待人力资源的退出，致力于促进企业人力资源系统的良性循环。

（1）人力资源的退出必须以科学的绩效考核机制为前提，同时需要相关的环境支撑。企业要在观念上将人员退出机制纳入人力资源管理系统和企业文化之中，使人力资源退出从计划到操作成为可能，同时获得员工的理解与支持。企业要建立科学合理的人力资源退出标准，使人力资源退出机制程序化、公开化，有效消除人力资源退出可能造成的不良影响。同时，人力资源退出一定要建立在遵守法律法规的基础上，严格按照法律法规进行操作。

（2）企业应当按照有关法律法规规定，结合企业实际，建立健全员工退出（辞职、解除劳动合同、退休等）机制，明确退出的条件和程序，确保员工退出机制得到有效实施。企业对考核不能胜任岗位要求的员工，应当及时暂停其工作，安排再培训，或调整工作岗位，安排转岗培训；仍不能满足岗位职责要求的，应当按照规定的权限和程序解除劳动合同。企业应当与退出员工依法约定保守关键技术、商业秘密、国家机密和竞业限制的期限，确保知识产权、商业秘密和国家机密的安全。企业关键岗位人员离职前，应当根据有关法律法规的规定进行工作交接或离任审计。

（3）企业应当定期对年度人力资源计划执行情况进行评估，总结人力资源管理经验，分析存在的主要缺陷和不足，完善人力资源政策，确保企业整体团队充满生机和活力。

社会责任控制

一、社会责任的含义与内容

社会责任是指企业在经营发展过程中应当履行的社会职责和义务，主要包括安全生产、保证产品（含服务，下同）质量、环境保护、资源节约、促进就业、员工权益保护等。

社会责任是企业与社会经济发展到一定历史阶段的产物。随着经济发展、社会进步和企业规模的不断扩大，企业对社会生活的影响日益深入，企业在经济社会发展中发挥着越来越重要的作用，担负起更多的社会责任成为社会对企业的普遍期望和要求。企业是社会的细胞，社会是企业利润的源泉，企业在享受社会发展赋予的条件和机遇的同时，也应该主动回报社会、奉献社会，促进社会的和谐进步，这是企业不可推卸的责任。对企业而言，传统的成本、质量、服务是衡量竞争力的最基本标准，而道德标准正在成为保持企业竞争优势的重要因素。只有积极履行社会责任，塑造和展现有益于公众、有益于环境、有益于社会发展的良好形象，取得社会公信力，企业才能更被市场青睐，具有更强的竞争力，实现企业与员工、企业与社会、企业与环境的健康和谐发展。

二、社会责任的主要风险

企业在履行社会责任方面至少应当关注下列风险：

（1）安全生产措施不到位，责任不落实，可能导致企业发生安全事故。

（2）产品质量低劣，侵害消费者利益，可能导致企业巨额赔偿、形象受损，甚至破产。

（3）环境保护投入不足，资源耗费大，造成环境污染或资源枯竭，可能导致企业巨额赔偿、缺乏发展后劲，甚至停业。

（4）促进就业和员工权益保护不够，可能导致员工积极性受挫、人才流失，影响企业发展和社会稳定。

三、社会责任的控制措施

对于企业应履行的社会责任，企业应当采取如下控制措施：

（一）安全生产

安全生产是安全与生产的统一，其宗旨是安全促进生产，生产必须安全。安全生产方面的主要控制措施包括：

1. 建章建制，落实责任

（1）企业应当根据《中华人民共和国安全生产法》和相关法律法规，结合本企业实际情况，建立严格的安全生产管理体系、操作规范和应急预案，强化安全生产责任追究制度，切实做到安全生产。

（2）企业应当设立安全管理部门和安全监督机构，负责企业安全生产的日常监督管理工作。

（3）企业应当落实安全生产责任制度，企业主要负责人对本企业的安全生产全面负责。

2. 加大安全投入，维护安全设施

（1）企业应当具备《中华人民共和国安全生产法》和有关法律法规、国家标准、行业标准规定的安全生产条件；不具备安全生产条件的，不得从事生产经营活动。

（2）企业应当重视安全生产投入，在人力、物力、资金、技术等方面提供必要的保障，健全检查监督机制，确保各项安全措施落实到位，不得随意降低保障标准和要求；安全设备的设计、制造、安装、使用、检测、维修、改造和报废，应当符合国家标准或行业标准。

（3）企业应当对安全设备进行经常性维护、保养，并定期检测，保证正常运转，及时排除安全隐患，切实做到安全生产。

3. 开展安全教育，实行认证制度

（1）企业主要负责人和安全生产管理人员必须具备与本企业所从事的生产经营活动相应的安全生产知识和管理能力。

（2）企业应当对从业人员进行安全生产教育和培训，保证从业人员具备必要的安全生产知识，熟悉有关的安全生产规章制度和安全操作规程，掌握本岗位的安全操作技能。未经安全生产教育和培训合格的从业人员，不得上岗作业。

（3）企业采用新工艺、新技术、新材料或者使用新设备，必须了解、掌握其安全技术特性，采取有效的安全防护措施，并对从业人员进行专门的安全生产教育和培训。

（4）企业的特种作业人员必须按照国家有关规定经专门的安全作业培训，取得特种作业操作资格证书，方可上岗作业。

4. 建立安全事故应急预案和报告机制

（1）企业发生重大生产安全事故时，企业主要负责人应当立即组织抢救，按照安全生产管理制度妥善处理，排除故障，减轻损失，查明原因，追究责任。

（2）重大生产安全事故应当启动应急预案，同时按照国家有关规定及时报告，严禁迟报、谎报和瞒报。

5. 维护员工合法权益

(1) 企业与员工订立的劳动合同，应当载明有关保障员工劳动安全、防止职业危害的事项，以及依法为员工办理工伤社会保险的事项。

(2) 企业不得以任何形式与员工订立协议，免除或者减轻其对员工因生产安全事故伤亡依法应承担的责任。

(3) 因生产安全事故受到损害的员工，除依法享有工伤社会保险外，依照有关法律尚有获得赔偿权利的，有权向企业提出赔偿要求。

(二) 保证产品质量

产品质量是企业长久发展的生命线。在保证产品质量方面，企业至少应做好以下三个方面的控制措施。

1. 建立健全产品质量标准体系

企业应当根据国家法律法规规定，结合企业产品特点，制定完善的产品质量标准体系，包括生产设备条件、生产技术水平、原料组成、产品规格、售后服务等，努力为社会提供优质、安全、健康的产品，最大限度地满足消费者的需求，对社会和公众负责，接受社会监督，承担社会责任。

2. 严格产品质量控制和检验制度

企业应当规范生产流程，建立严格的产品质量控制和检验制度，从原材料进厂，一直到产品销售等各个环节和流程，都必须有严格的产品质量控制标准作保证。企业应当加强对产品质量的检验，严禁缺乏质量保障、危害人民生命健康的产品流向社会。

3. 加强产品售后服务

企业应当加强产品的售后服务。售后发现存在严重质量缺陷、隐患的产品，应当及时召回或采取其他有效措施，最大限度地降低或消除其对社会的危害。同时，企业应当妥善处理消费者提出的投诉和建议，切实维护消费者的合法权益。

(三) 环境保护与资源节约

建设资源节约型、环境友好型社会，是我国经济社会发展的一项重大战略任务。为此，企业在环境保护与资源节约方面要做到以下三点：

1. 转变发展方式，实现清洁生产和循环经济

企业应当按照国家有关环境保护与资源节约的规定，结合本企业实际情况，建立环境保护与资源节约制度，认真落实节能减排责任，积极开发和使用节能产品，实现清洁生产；要转变发展方式，发展循环经济，降低污染物排放，提高资源综合利用率。

2. 依靠科技进步和技术创新，着力开发利用可再生资源

企业应当着力开发利用可再生资源，防止对不可再生资源进行掠夺性或毁灭性开发。企业只有不断增强自主创新能力，通过技术进步推动替代技术和发展替代产品、

可再生资源，降低资源消耗和污染物排放，实现低投入、低消耗、低排放和高效率，才能有效实现环境保护与资源节约的目标。

3. 建立监测考核体系，强化日常监督检查

企业应当建立环境保护与资源节约监控制度，定期开展监督检查，发现问题，及时采取措施予以纠正；发生紧急、重大环境污染事件时，应当立即启动应急机制，同时根据国家法律法规规定，及时上报，并依法追究相关责任人的责任。

（四）促进就业与员工权益保护

促进员工就业，维护员工合法权益，既是社会和谐稳定的需要，又是企业长远发展的需要。为此，企业在促进就业与员工权益保护方面要做到以下四点：

1. 贯彻人力资源政策，积极促进就业

企业应当依法保护员工的合法权益，贯彻人力资源政策，保护员工依法享有劳动权利和履行劳动义务，保持工作岗位相对稳定，积极促进充分就业，切实履行社会责任；企业应当避免在正常经营情况下批量辞退员工，增加社会负担。

2. 履行劳动合同，建立薪酬增长机制

企业应当与员工签订并履行劳动合同，遵循按劳分配、同工同酬的原则，建立科学的员工薪酬制度和激励机制，不得克扣或无故拖欠员工薪酬；要建立高级管理人员与员工薪酬的正常增长机制，切实保持合理水平，维护社会公平。

3. 办理社会保险，搞好健康监护

企业应当及时为员工办理社会保险，足额缴纳社会保险费，保障员工依法享受社会保险待遇；企业应当按照有关规定做好健康管理工作，预防、控制和消除职业危害，按期对员工进行非职业性健康监护，对从事有职业危害作业的员工进行职业性健康监护；企业应当遵守法定的劳动时间和休息休假制度，确保员工的休息休假权利。

4. 加强职代会建设，发挥工会组织作用

企业应当加强职工代表大会和工会组织建设，维护员工合法权益，积极开展员工职业教育培训，创造平等发展机会；企业应当尊重员工人格，维护员工尊严，杜绝性别、民族、宗教、年龄等各种歧视，保障员工身心健康。

（五）重视产学研用结合

企业、高校和科研机构在实践中积极探索的产学研用结合机制，取得了明显成效，支撑了我国产业技术进步和相关行业的发展，尤其是推动了教育改革和应用型人才培养。企业应当按照产学研用相结合的社会需求，积极创建实习基地，大力支持社会有关方面培养和锻炼社会需要的应用型人才。

（六）支持慈善事业

企业应当积极履行社会公益方面的责任和义务，关心帮助社会弱势群体，支持慈善事业。“予人玫瑰，手有余香”，通过捐赠等慈善公益事业，企业能够达到无与伦比

的广告效应，既能享受税收优惠，又能提升企业的形象和消费者的认可度与赞誉度，提高市场占有率。

企业文化控制

一、企业文化的含义与内容

企业文化是指企业在生产经营实践中逐步形成的、为整体团队所认同并遵守的价值观、经营理念和企业精神，以及在此基础上形成的行为规范的总称。

企业文化是一种以人为本的文化，其本质内容就是强调人的理想、道德、价值观、行为规范在企业管理中的核心作用，强调在企业管理中要理解人、尊重人、关心人。在激烈的市场经济竞争条件下，企业要想实现发展战略、做大做强，就必须重视和加强企业文化建设，充分发挥企业文化在促进企业发展战略实现过程中的灵魂和支柱作用。一般来说，企业文化主要包括价值观、经营理念、企业精神、行为规范、企业形象和企业制度等内容。

二、企业文化的主要风险

加强企业文化建设至少应当关注下列风险：

（1）缺乏积极向上的企业文化，可能导致员工丧失对企业的信心和认同感，使企业缺乏凝聚力和竞争力。

（2）缺乏开拓创新、团队协作和风险意识，可能导致企业发展目标难以实现，影响可持续发展。

（3）缺乏诚实守信的经营理念，可能导致舞弊事件的发生，造成企业损失，影响企业信誉。

（4）忽视企业间的文化差异和理念冲突，可能导致并购重组失败。

三、企业文化的控制措施

（一）打造优秀的企业文化

企业文化是在长期的生产经营过程中形成的。因此，打造优秀的企业文化是一个长期而复杂的系统工程，不能一蹴而就。

1. 要注重塑造企业核心价值观

核心价值观是指企业及其员工的价值取向以及对事物的判断标准。有了这一判断标准，员工才知道什么是重要的，什么是可有可无的；什么是该做的，什么是不该做的；什么是可贵的，什么是要抛弃的。正像一个人的所有行为都是由他的价值观所决定的那样，一个企业的行为取向也是由企业的核心价值观所决定的。这种价值观和理念是一个企业的文化核心，凝聚着董事、监事、高级管理人员和其他全体员工的思想观念，从而使大家朝着一个方向去努力，反映出一个企业的行为和价值取向。

2. 要重点打造以主业为核心的品牌

品牌通常是指能够给企业带来溢价、产生增值的一种无形资产，其载体是用以和其他竞争者的产品或劳务相区分的名称、术语、象征、记号或者设计及其组合。打造以主业为核心的品牌是企业文化建设的重要内容。企业应当将核心价值观贯穿于自主创新、产品质量、生产安全、市场营销、售后服务等方面的文化建设中，着力打造源于主业且能够让消费者长久认可、在国内外市场上彰显强大竞争优势的品牌。

3. 要充分体现以人为本的理念

企业要在企业文化建设过程中牢固树立以人为本的思想，坚持全心全意依靠全体员工办企业的方针，尊重劳动、尊重知识、尊重人才、尊重创造，用美好的愿景鼓舞人，用宏伟的事业凝聚人，用科学的机制激励人，用优美的环境熏陶人。努力为全体员工搭建发展平台、提供发展机会，挖掘其创造潜能，增强其主人翁意识和社会责任感，激发其积极性、创造性和团队精神。

4. 要强化企业文化建设中的领导责任

董事、监事、经理和其他高级管理人员应当在企业文化建设中发挥主导和垂范作用，以自身的优秀品格和脚踏实地的工作作风，带动影响整个团队，共同营造积极向上的企业文化环境。企业主要负责人应当站在促进企业长远发展的战略高度重视企业文化建设，对企业文化建设进行系统思考，出思想、谋思路、定对策，确定本企业文化建设的目标和内容，提出正确的经营管理理念。企业要着力将核心价值观转化为企业文化规范，通过梳理和完善相关管理制度，对员工日常行为和工作行为进行细化，逐步形成企业文化规范，以理念引导员工的思维，以制度规范员工的行为，使全体员工增强主人翁意识，做到与企业同呼吸、共命运、同成长、共生死，真正实现“人企合一”，充分发挥核心价值观对企业发展的强大推动作用。

（二）并购重组中的文化整合

企业在进行并购尤其是境外并购过程中，应当重视并购相关风险，尤其应防止忽视企业间文化差异和理念冲突，要特别注重文化整合，确保并购重组成功。

1. 在组织架构设计环节考虑文化整合因素

如果企业并购采用的是吸收合并方式，则必然会遇到各参与并购企业员工“合并”工作的情况。为防止文化冲突，既要在治理结构层面上强调融合，又要在内部机构设置层级上体现“一家人”的思想，务必防止吸收合并方员工与被吸收合并方员工“分拨”的现象。如果企业并购采用的是控股合并方式，则应在根据《公司法》组建企业集团时体现文化整合。要在坚持共性的前提下体现个性化。要以统一的企业精神、核心理念、价值观念和企业标识规范集团文化，保持集团内部文化的统一性，增强集团的凝聚力、向心力，树立集团的整体形象。同时，允许子公司在统一性指导下培育和创造自身的特色文化，为下属企业留有展示个性的空间。

2. 在并购交易完成后进行深度的文化整合

文化整合方式一般有三种：一是以并购方的文化进行整合；二是以并购方的文化为主体，吸收被并购方文化中优秀的一面进行整合；三是以并购双方的文化为基础，创建全新的、优秀的文化。

无论采用哪种方式，其过程都较长。不变的原则是，应当采取多种有效措施，促进文化融合，减少文化冲突，求同存异，优势互补，实现企业文化的有效对接，促进企业文化的整合与再造，确保企业并购真正成功。

（三）企业文化的创新

企业应当建立文化评估制度，明确评估的内容、程序和方法，落实评估责任制，避免企业文化建设流于形式。

1. 要着力构建企业文化评估体系

企业应当定期对企业文化建设工作以及取得的进展和实际效果进行检查和评估，着力关注以下主要内容：董事、监事、经理和其他高级管理人员在企业文化建设中的责任履行情况，全体员工对企业核心价值观的认同感，企业经营管理行为与企业文化的一致性，企业品牌的社会影响力，参与企业并购重组各方文化的融合度，员工对企业未来发展的信心等。

2. 要着力根据综合评估结果推进企业文化创新

创新是事物发展的持续动力。企业要重视企业文化评估结果的利用，既要巩固和发扬文化建设取得的成果，又要针对评估过程中发现的企业文化缺失，研究分析深层次的原因，及时采取措施加以改进，以推进企业文化建设。

案例分析

红旗公司按照财政部等五部委发布的《企业内部控制基本规范》的要求，建立并实施本公司的内部控制制度。其中，有关内部环境问题形成如下董事会决议：

内部环境是建立和实施内部控制的基础。为此，会议决定采取以下措施优化企业的内部环境：

（1）严格规范公司治理结构，各类业务和事项均应提交董事会或股东大会审核批准。

（2）调整内部机构设置和权责分配，做到所有不相容岗位或职务都要严格分离、相互制约、相互监督。

分析要求：根据企业内部控制的基本理论，分析、判断红旗公司董事会决议中有哪些不当之处，并简要说明理由。

分析提示：

（1）各类业务和事项均应提交董事会或股东大会审核批准的观点不恰当。

理由：各类业务和事项应按照规定的权限和程序进行审核批准，重大业务和事项才需要提交董事会或股东大会审核批准。

（2）所有不相容岗位或职务都要严格分离的观点不恰当。

理由：一是不符合适应性原则和成本效益原则的要求；二是受公司规模、业务特点等因素影响，无法对不相容岗位或职务实现有效分离的，可不予分离。

（3）企业内部环境一般包括治理结构、内部机构设置及权责分配、发展战略、人力资源、企业文化和社会责任等内容。红旗公司的董事会决议只涉及治理结构、内部机构设置和权责分配，而其他内容没有涉及。

【能力训练】

一、知识巩固

（一）单选题

1. 发展战略是指企业在对现实状况和未来趋势进行综合分析和科学预测的基础上，制定并实施的（　　）。

A. 战略目标和经营计划　　B. 长远发展目标与战略规划

C. 发展目标和实施步骤　　D. 战略规划和经营目标

2. 企业在内部机构设计过程中，应当体现（　　），并根据相关的风险评估结果设立内部牵制机制。

A. 重要性原则　　B. 不相容职务分离原则

C. 公平透明原则　　D. 科学化原则

3. 战略委员会的主要职责是对公司长期发展战略和（　　）进行研究并提出建议。

A. 战略方针　　B. 经营目标

C. 战略规划　　D. 重大投资决策

4. 核心价值观是指企业及其员工的（　　）以及对事物的判断标准。

A. 世界观　　B. 方法论

C. 价值取向　　D. 政治思想

（二）多选题

1. 组织架构分为（　　）两个层面的内容。

A. 董事会　　B. 治理结构　　C. 监事会　　D. 内部机构

2. 下列选项中，属于企业人力资源的有（　　）。

A. 董事　　B. 监事　　C. 总经理　　D. 全体员工

3. 企业应履行的社会责任主要包括（　　）。

A. 安全生产　　B. 保证产品质量

C. 文化娱乐　　D. 降低成本

4. 企业在安全生产方面的控制措施包括（　　）。

A. 建章建制，落实责任　　B. 加大安全投入，维护安全设施

C. 开展安全教育，实行认证制度　　D. 维护员工合法权益

（三）判断题

1. 内部审计机构对监督检查中发现的内部控制重大缺陷，应首先向总经理报告。（　　）

2. 人力资源主要是指企业在生产经营活动中聘用的职业经理人。（　　）

3. 企业文化是指企业在生产经营实践中逐步形成的、为整体团队所认同并遵守的价值观、经营理念和企业精神，以及在此基础上形成的行为规范的总称。（　　）

二、案例分析

2011 年 6 月 4 日以来，蓬莱 19－3 油田发生重大溢油事故。国家海洋局北海分局监测结果显示：截至 7 月 11 日，蓬莱 19－3 油田溢油除了造成 840 平方千米的劣四类严重污染海水面积以外，还导致其周边约 3 400 平方千米海域由第一类水质下降为第三、四类水质。该事故污染海洋面积高达 6 200 平方千米，对渤海湾的生态环境造成了极大破坏，直接损失和间接损失难以估量。

国家海洋局网站 2011 年 11 月 11 日刊登《蓬莱 19－3 油田溢油事故联合调查组公布事故原因调查结论》："经调查，康菲石油中国有限公司（简称康菲公司）在蓬莱 19－3油田生产作业过程中违反总体开发方案的规定，在制度和管理上存在缺失，明显出现事故征兆后，没有采取必要的防范措施，由此导致一起造成重大海洋溢油污染的责任事故。据核查，康菲公司在蓬莱 19－3 油田 B 平台的生产违反总体开发方案的规定，没有执行分层注水的开发要求，长期笼统注水，导致注采比失调，破坏了地层和断层的稳定性，造成断层开裂，形成窜流通道，发生海上溢油。当 B23 井出现注水量明显上升和注水压力明显下降的事故征兆时，没有及时停止注水、查明原因，而是继续维持压力注水作业，进一步加剧了海上溢油的污染程度。康菲公司在蓬莱 19－3 油田 C 平台 C25 井的回注岩屑作业违反总体开发方案的规定，数次擅自上调注岩屑层位至接近油层，造成回注岩屑层异常高压，形成向上部油层窜流高压源，造成 C20 井钻井至该层时产生井涌。同时，该井作业表层套管下深过浅，违反环境影响评价报告书的要求，降低了应急处置事故能力，发生侧漏溢油。"

【分析要求】根据内部控制的有关理论和方法，分析和点评蓬莱 19－3 油田发生的重大溢油事故。

三、复习思考

1. 什么是组织架构？它包括哪几个层面？
2. 什么是发展战略？企业如何实施发展战略？
3. 什么是人力资源？人力资源政策主要包括哪些内容？
4. 什么是社会责任？其主要风险有哪些？
5. 什么是企业文化？如何打造优秀的企业文化？

项目五

资金活动控制

【教学目标】

1. 知识目标
- 了解各项资金活动的业务流程
- 掌握资金活动内部控制的总体要求
- 重点掌握资金活动的主要风险、关键控制点和控制措施

2. 能力目标
- 理解资金活动控制制度设计的目标
- 初步掌握资金活动控制制度设计的方法

【学习指南】

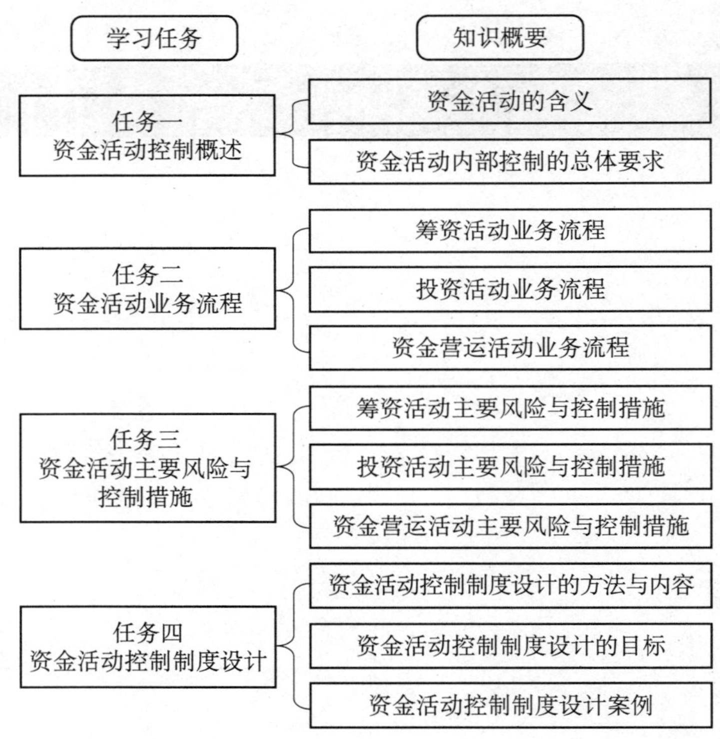

【教学引导】

资金是企业的命脉

人的命脉是血液。血液充沛、畅流不息是人体充满生机和活力的必要条件，血液枯竭、流动梗塞就预示着一个人的生命即将终结。老子曰：“万事万物，同出一理。”

世间之事物都有关乎其生死存亡的命脉，企业也不例外。如果我们把企业比作人的躯体，那么资金就是企业的血液。人的生存离不开血液，企业的生存离不开资金。一个企业，不管是创办还是运营，是维持还是发展，是萎缩还是壮大，是持续还是终结，都与资金息息相关。一个健康运营的企业，其资金必然是充沛的，流动肯定是顺畅的；一个濒临破产的企业，其资金必然是枯竭的，流动肯定是梗塞的。因此，毫无疑问，资金是企业的命脉。

纵观企业破产风云，无论是国内企业，还是国外企业；无论是赫赫有名的大企业，还是默默无闻的小企业；无论是股票上市的公众企业，还是独资、合资的有限公司；无论是屹立百年的老牌企业，还是正在培育、成长的初创公司：破产的厄运总是眷恋那些资金枯竭、资金链断裂的公司。众多破产案例表明，导致企业资金枯竭、资金链断裂的原因是多种多样的，但是，由于资金活动控制失效或缺失造成企业资金枯竭、资金链断裂而被法院受理破产的法则是一致的。无论是在1997年东南亚金融风暴中破产的韩国企业，还是在2008年世界金融风暴中破产的美国企业，无一例外。这与《中华人民共和国企业破产法》规定的人民法院受理企业破产的充分必要条件“企业法人不能清偿到期债务，并且资产不足以清偿全部债务或者明显缺乏清偿能力”的条款是完全一致的。

可以说，实现企业基业长青、百年不倒的秘诀很多，其中有一条是亘古不变的，这就是：加强资金活动控制，让企业的命脉——资金源源不断、长流不息！

【问题思考】你认同“企业管理以财务管理为中心，财务管理以资金管理为中心”这个观点吗？为什么？

资金活动控制概述

一、资金活动的含义

资金活动是企业筹资、投资和资金营运等活动的总称。资金活动的起点是资金筹集，终点是资金营运形成的经营成果。从内容上看，企业的资金活动主要包括筹资活动、投资活动和资金营运活动三个环节，各个环节前后衔接、相互制约、环环相扣，形成了一个完整的、科学的、系统的资金活动体系。

（一）筹资活动

筹资活动是企业资金筹集的行为与过程。通过筹资活动，企业取得投资和日常生产经营活动所需的资金，从而使企业投资活动、生产经营活动能够顺利进行。从筹资渠道来看，资金可以分为两大类：一类是所有者投入资金，一类是借入资金。具体来说，包括国家财政资金、银行信贷资金、非银行金融机构资金、其他企业资金、居民个人资金、企业自留资金、外商资金等。主要的筹资方式包括银行借款、发行债券、吸收直接投资、发行股票、融资租赁、商业信用等。

（二）投资活动

投资活动是企业投放资金的行为与过程。它既包括厂房、机器设备的购置、新建、改建、扩建活动，又包括科研开发，创办企业，购买股票、债券以及以联营方式向其他单位投入资金等活动。投资活动作为企业的一种盈利活动，对于筹资成本补偿和企业利润创造具有举足轻重的意义。企业应该根据自身发展战略和规划，结合企业资金状况以及筹资可能性，拟定投资目标，制订投资计划，合理安排资金投放的数量、结构、方向与时机，慎选投资项目，突出主业，谨慎从事股票或衍生金融工具等高风险投资。境外投资还应考虑政治、经济、金融、法律、市场等环境因素。如果采用并购方式进行投资，应当严格控制并购风险，注重并购协同效应的发挥。

（三）资金营运活动

资金营运活动是企业生产经营过程中资金组织、调度、平衡、利用和管理的行为与过程。对资金的利用是资金营运的目的，对资金的组织、调度、平衡和管理是为资金利用服务的，是为了提高资金利用率而采取的管理手段和措施。如果企业不能合理调度、科学管理各项资金，就无法实现对资金的有效利用，企业的生产经营活动就难以顺利进行。因此，企业应当加强对资金营运全过程的管理，统筹协调内部各机构在生产经营过程中的资金需求，切实做好资金在采购、生产、销售等各环节的综合平衡，实现资金营运的良性循环，提高资金营运效率。

企业经营犹如逆水行舟，不进则退。企业要想在激烈的市场竞争中求得生存和发展，就必须通过持续不断地筹资、投资，再筹资、再投资以及日常的资金营运活动，时刻保持企业强劲的生存与成长能力。无数成功企业的成长轨迹充分表明，企业由小到大、由弱到强的发展历程，实际上就是一个不断筹资、投资和资金营运管理的过程。可以说，企业要发展，必然要投资；企业要投资，必然要筹资；而企业要合理筹资、有效投资，必须搞好资金营运管理。企业只有根据自身的规模和发展方向，通过科学的筹资活动、投资活动和资金营运活动，才能实现持续发展。

二、资金活动内部控制的总体要求

企业应当科学确定投融资目标和规划，完善资金管理制度，加强资金活动的集中归口管理，明确筹资、投资、资金营运等各环节的职责权限和岗位分离要求，定期或不定期检查和评价资金活动情况，落实责任追究制度，确保资金安全、有效运行。

（一）科学确定投融资目标

企业应当根据自身发展战略，综合考虑宏观经济政策、市场环境等因素，结合本企业发展实际，科学确定投融资目标和规划。如果目标不明确、决策不正确，控制措施就难以执行到位，资金活动也将难以顺利进行。

（二）切实搞好制度建设

规章制度是企业经营管理各项活动顺利开展的基础性保障，企业应当根据《中华人民共和国会计法》《企业内部控制基本规范》等法律法规，结合企业自身的管理需要，完善资金授权、批准、审验等相关管理制度。例如，通过资金集中归口管理，明确筹资、投资、资金营运等各环节相关部门和人员的职责权限；通过不相容职位分离制度，形成有效的内部牵制；通过监督检查和责任追究制度，跟踪资金活动内部控制的实际情况，确保资金安全、有效运行。

（三）设计合理的资金业务控制流程

对资金活动的内部控制，也是对资金业务的控制。企业资金活动内部控制的重点在资金业务流程，应详细确定每一个环节、每一个步骤的工作内容和应该履行的程序。由于很多资金业务是伴随生产经营活动的开展而开展的，因此，在设计资金业务流程的同时，要充分考虑相关生产经营活动的特征，根据生产经营活动的流程设计合理的资金业务控制流程。

（四）有效控制关键风险

企业应当针对业务流程中的每一个环节、每一个步骤，认真细致地进行风险分析，根据不确定性的大小、危害性的严重程度等，明确关键业务、关键程序、关键人员和关键岗位，从而确定关键风险控制点，然后针对关键风险控制点制定有效的控制措施，集中精力管控住关键风险。

（五）实行资金集中管理

资金集中管理是母、子公司和集团公司在资金管理上的重要手段。通过建立资金结算中心、内部银行等资金集中管控模式，依托现代化的网络信息技术，不仅可以实现资金的统一筹集、统一调配、统一管理，而且能够有效监督、控制资金收入、支出、营运和结存情况，有效避免资金沉淀，达到资金利用率的最大化。

（六）严格执行规章制度

制度再好、流程再完善，也是纸面上的东西，如果不严格执行，其功效不可能自动发挥。因此，规章制度的执行到位与否是事关整个内控活动能否取得实效的关键。只有严格执行规章制度，才能保证实现资金活动的控制目标。

（七）充分发挥会计人员作用

为了加强对资金活动的管控，促使资金活动内部控制制度得到切实有效的实施，企业财务部门应负责资金活动的日常管理，参与投融资方案等可行性研究，总会计师或分管会计工作的负责人应当参与投融资决策过程。

资金活动业务流程

一、筹资活动业务流程

筹资活动是企业资金活动的起点，也是企业经营活动的基础。企业筹资活动的业务流程如下：

（一）提出筹资方案

财务部门根据企业投资活动、资金营运活动及资本结构调整产生的资金需求，综合考虑企业经营战略、预算安排、资金现状、国家筹资法规及金融市场状况等因素，提出筹资方案。筹资方案主要包括筹资金额、筹资渠道、筹资方式、利率、筹资期限、资金用途等内容，要对筹资成本和潜在风险做出充分估计。境外筹资还应考虑所在地的政治、经济、法律、市场等因素。

（二）论证筹资方案

可行性论证是筹资活动内部控制的重要环节，企业的重大筹资方案应当形成可行性研究报告，全面反映风险评估情况。对筹资方案的分析论证可从以下三个方面进行：

1. 筹资方案的战略评估

主要评估筹资方案是否符合企业整体发展战略，因为只有符合企业发展需要的筹资方案才具有可行性。另外，要控制筹资规模，防止因盲目筹资而给企业造成沉重的债务负担。

2. 筹资方案的经济性评估

主要分析筹资方案是否符合经济性要求，是否以最低的筹资成本获得了所需的资金，是否还有降低筹资成本的空间以及更好的筹资方式，筹资期限等是否经济合理，利息、股息等水平是否在企业的可承受度之内。

3. 筹资方案的风险评估

主要对筹资方案面临的风险进行分析，特别是对于利率、汇率、货币政策、宏观经济走势等重要条件进行预测分析，对筹资方案面临的风险做出全面评估，并有效应对可能出现的风险。

（三）审批筹资方案

企业应当按照分级授权审批的原则对筹资方案进行严格审批，重点关注筹资用途的可行性和相应的偿债能力。重大筹资方案应当按照规定的权限和程序实行集体决策或者联签制度。

筹资方案需经有关部门批准的，应当履行相应的报批程序。筹资方案发生重大变更的，应当重新进行可行性论证并履行相应的审批程序。

（四）编制与执行筹资计划

企业应根据审核批准的筹资方案，编制筹资计划，严格按照相关程序筹集资金。

（1）通过银行借款方式筹资的，应当与有关金融机构进行洽谈，明确借款金额、利率、期限、担保、还款安排、相关的权利义务和违约责任等内容。双方达成一致意见后签署借款合同，据以办理相关借款业务。

（2）通过发行债券方式筹资的，应当合理选择债券种类（如普通债券还是可转换债券等），并对还本付息方案做出系统安排，确保按期、足额偿还到期本金和利息。

（3）通过发行股票方式筹资的，应当依照《中华人民共和国证券法》等有关法律法规和证券监管部门的规定，优化企业组织架构，进行业务整合，并选择具备相应资质的中介机构协助企业做好相关工作，确保符合股票发行条件和要求。

（五）监督、评价筹资活动与责任追究

企业要加强筹资活动的检查监督，严格按照筹资方案确定的用途使用资金；确保款项的收支、股息和利息的支付、股票和债券的保管等符合有关规定，防范和控制资金使用风险。由于市场环境变化等确需改变资金用途的，应当履行相应的审批程序。筹资活动完成后要按规定进行筹资后评价，对存在违规现象的，严格追究相关人员责任。

企业筹资活动业务流程如图 5－1 所示。

二、投资活动业务流程

投资活动是筹资活动的延续，也是企业筹集资金的重要目的之一。企业投资活动的业务流程如下：

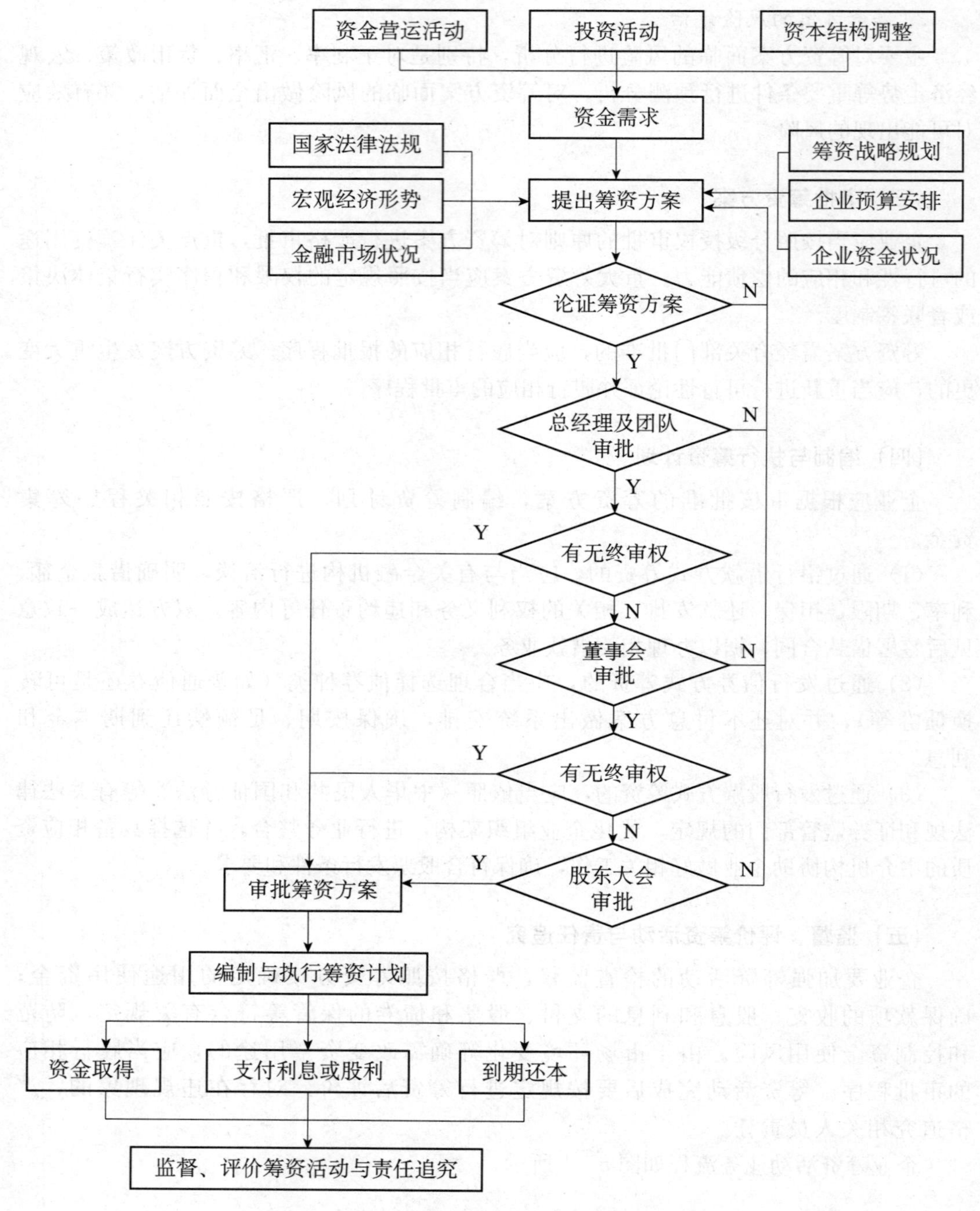

图5-1　筹资活动业务流程图

（一）拟订投资方案

企业应当根据发展战略、宏观经济环境、市场状况、投资目标和规划等因素，合理安排资金投放结构，科学确定投资项目，拟订投资方案。要合理确定投资规模，重点关注投资项目的收益和风险。

（二）论证投资方案

投资的风险性决定了企业必须做好投资方案的可行性研究与论证工作。可行性研究的重点是对投资目标、规模、方式、资金来源、风险与收益等做出客观评价，即判断投资项目是否符合企业的发展战略，是否有可靠的资金来源，能否取得稳定的投资收益，投资风险是否处于可控或可承受度之内，投资活动的技术可行性、市场容量与前景等。重大投资项目应委托具备相应资质的专业机构进行可行性研究，提供独立的可行性研究报告。

（三）审批投资方案

企业按照规定的权限和程序对投资项目进行决策审批，重点审查投资方案是否可行，投资项目是否符合国家产业政策及相关法律法规的规定、是否符合企业投资战略目标和规划、是否具有相应的资金能力、投入资金能否按时收回、预期收益能否实现，以及投资和并购风险是否可控等。

投资方案需经有关管理部门批准的，应当履行相应的报批程序。投资方案发生重大变更的，应当重新进行可行性研究并履行相应审批程序。

（四）编制投资计划

根据审批通过的投资方案，编制详细的投资计划，落实不同阶段的投资数量、投资内容、项目进度、完成时间、质量标准与要求等，并按程序报经有关部门批准。凡是有被投资方的投资项目，企业要与被投资方签订投资合同或协议，明确出资时间、金额、方式、双方权利义务和违约责任等内容。

（五）实施投资计划

企业应当认真履行投资合同或协议，指定专门机构或人员对投资项目进行跟踪管理，及时收集被投资方经审计的财务报告等相关资料，定期组织投资效益分析，关注被投资方的财务状况、经营成果、现金流量以及投资合同履行情况，发现异常情况，应当及时报告并妥善处理。

（六）投资项目的到期处置

投资项目到期后，要严格履行相关审批流程，搞好投资收回和处置环节的内部控制，实现企业最大经济收益。企业应对投资收回、转让、核销等决策和审批程序做出明确规定。转让投资应当由相关机构或人员合理确定转让价格，报授权批准部门批准，必要时可委托具有相应资质的专门机构进行评估；核销投资应当取得不能收回投资的法律文书和相关证明文件；对于到期无法收回的投资，应当建立责任追究制度。

企业投资活动业务流程如图 5－2 所示。

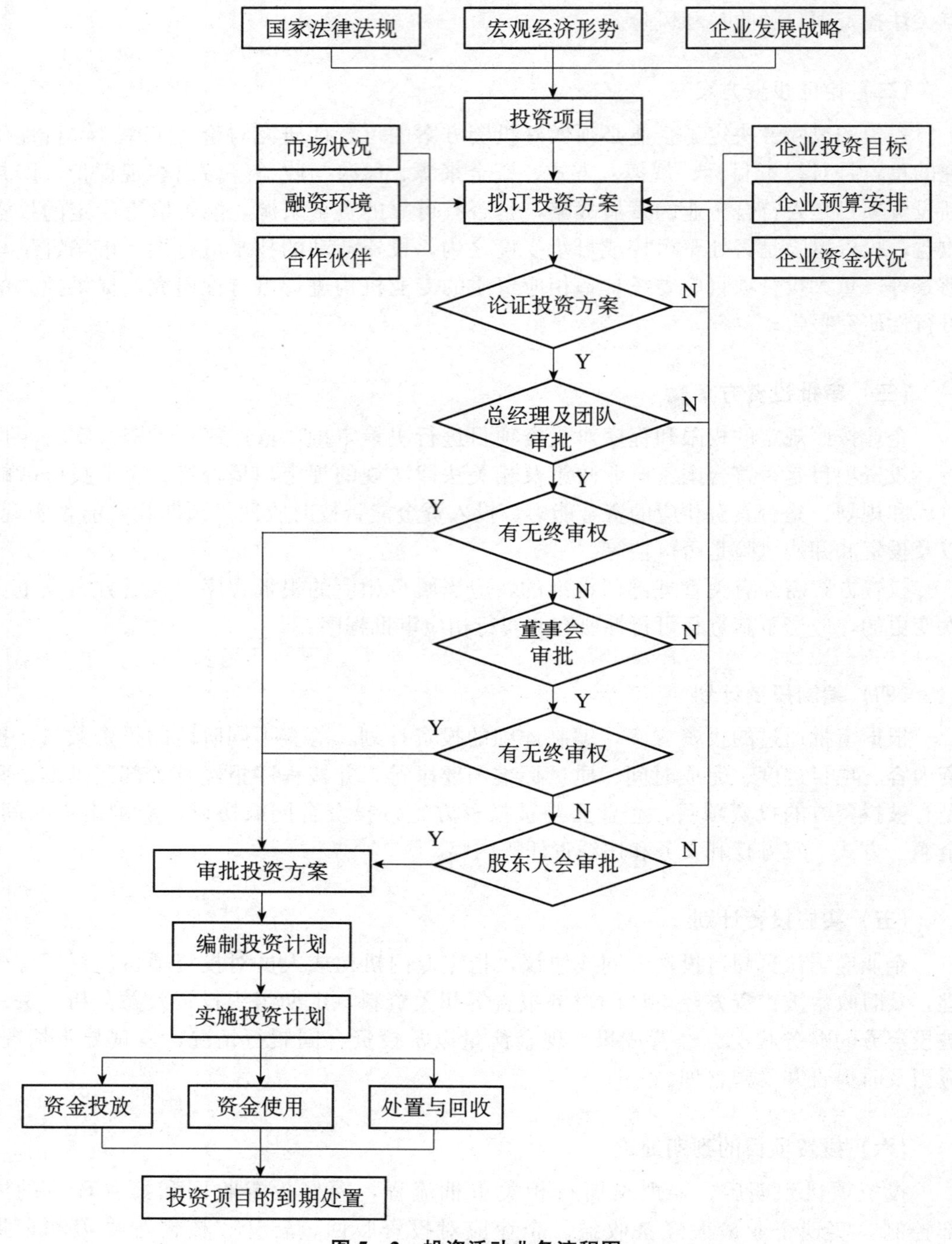

图5-2 投资活动业务流程图

三、资金营运活动业务流程

企业资金营运过程，是企业经营活动所占用资金在各种形态下的不断转化，并且最终达到增值目的的过程。这一过程是通过一系列资金营运活动来完成的。例如，企业开展经营活动，首先要筹集到能满足其经营规模要求的一定数额的资金；其次，通过有效的资金配置和投放，将资金转化为各类经营要素；最后，通过销售收回经营的成本资金，并获得经营利润，再进行合理分配，确保企业再生产活动的持续进行。在企业资金的筹集、配置、付出、收入和分配等一系列营运活动中，都应当设计严密的业务流程进行控制。其中，资金收付活动的业务流程如下：

（一）授权控制

企业通过授权控制措施明确资金收付经办人员的权力和责任，没有得到授权的部门或个人无权办理资金收付业务，获得授权的部门或个人应当在授权范围内行使资金收付职权和承担责任。

（二）制作或取得原始凭证

不管是资金收入业务，还是资金支付业务，都必须以实际发生的业务为基础，并制作或提交有关原始凭证，切实做到“收款有凭据，付款有依据”。

（三）审核批准

各项资金收付应当严格履行授权审批制度，行使审批职权的人员要在自己的授权范围内，审核有关业务及凭证的真实性、准确性和合法性，严格监督资金收付活动。

（四）复核凭证

财务部门收到经企业授权部门审批签字的相关凭证后，应由稽核人员复核业务的真实性、金额的准确性，以及相关票据的齐备性、相关手续的合法性和完整性，并签字认可。

（五）收付资金

出纳人员接受凭证后，要再次审核收付款凭证的正确性，审核无误后按照凭证开列的金额收付资金，并加盖“收讫”“付讫”戳记。

（六）登记账簿

会计人员根据资金收付款原始凭证编制记账凭证，并登记有关账簿。

（七）核对账目

会计人员定期与银行、往来单位核对有关账目，并进行现金盘点，做到账账相符、账实相符。

企业资金收付活动业务流程如图 5－3 所示。

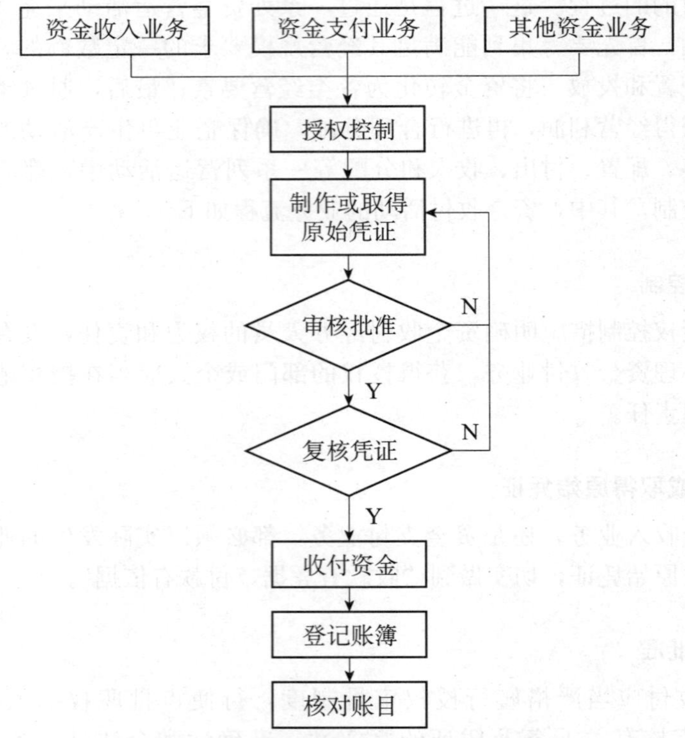

图5-3 资金收付活动业务流程图

资金活动主要风险与控制措施

一、筹资活动主要风险与控制措施

（一）筹资活动的主要风险

企业筹资活动至少应当关注下列风险：

1. 决策失误风险

筹资决策失误可能引发资本结构不合理或无效融资，导致筹资成本过高或产生债务危机。

2. 盲目筹资风险

盲目筹资会导致以下后果：一是造成企业资本结构、资金来源结构、利率结构等处于频繁变动中，给企业带来巨大的财务风险；二是导致筹资过度或者筹资不足。

3. 筹资审批不善风险

如果企业缺乏完善的授权审批制度，可能导致忽视筹资方案中的潜在风险，使得筹资方案草率决策、仓促上马，给企业带来严重的潜在风险。

4. 筹资合同审核不严风险

如果企业缺乏对筹资条款的认真审核，可能导致因筹资合同条款审核不严而给企业带来潜在的不利影响，使企业在未来可能发生的经济纠纷或诉讼中处于不利地位。

5. 筹资成本支付不力风险

如果企业不能按期支付筹资利息，可能导致经济处罚；如果不能按时支付股息，可能导致股东抛售股票、法律诉讼、资金链断裂等重大不利影响。

6. 筹资管理不善风险

如果企业缺乏严密的筹资跟踪管理制度，可能导致资金管理失控，或因资金被挪用而导致财务损失，也可能因此导致利息没有及时支付而被银行罚息，使企业面临不必要的财务风险。

（二）筹资活动的关键控制点、控制目标和控制措施

企业应根据业务流程，确定筹资活动内部控制的关键控制点、控制目标和控制措施（见表 5-1）。

表 5-1　筹资活动内部控制的关键控制点、控制目标和控制措施

关键控制点	控制目标	控制措施
1. 论证筹资方案	对筹资方案进行科学论证	(1) 进行筹资方案的战略性评估，包括是否与企业发展战略相符合，筹资规模是否适当 (2) 进行筹资方案的经济性评估，如筹资成本是否最低，资本结构是否恰当，筹资成本与资金收益是否匹配 (3) 进行筹资方案的风险性评估，如筹资方案面临哪些风险，风险大小是否适当、可控，是否与收益匹配
2. 审批筹资方案	选择批准最优筹资方案	(1) 根据分级授权审批制度，按照规定程序严格审批经过可行性论证的筹资方案 (2) 审批中应实行集体审议或联签制度，保证决策的科学性
3. 编制筹资计划	筹资计划切实可行	(1) 财务部门根据筹资方案，正确选择筹资方式和不同方式下的筹资金额，制订具体的筹资计划 (2) 按照审批权限履行严格的审查报批程序
4. 执行筹资计划	保证筹资活动合法、有效，按计划进行	(1) 根据筹资方案，严格按照规定权限和程序筹集资金 (2) 签订筹资合同或协议，确保严格执行 (3) 实施严密的筹资程序控制和岗位分离控制 (4) 做好严密的筹资记录，发挥会计控制的作用
5. 监督、评价筹资活动与责任追究	(1) 筹集资金正确，使用有效 (2) 维护企业筹资信用	(1) 严格按照筹资方案、计划、合同确定的用途使用资金 (2) 采取有效措施，保护资金的安全完整 (3) 定期评价筹资活动过程和结果，严肃追究违规人员责任

（三）筹资活动的会计系统控制

企业应当建立健全记录筹资业务的会计凭证和账簿，正确核算和监督资金筹集、本息偿还、股利支付等相关情况，妥善保管筹资合同或协议、收款凭证、入库凭证等资料，定期与资金提供方进行账务核对，确保筹资活动符合筹资方案的要求。筹资活动的会计系统控制具体措施包括以下四个方面：

1. 准确核算筹资业务

企业应按照国家统一的会计准则，对筹资业务进行准确的会计核算与账务处理，要通过相应的会计账户准确进行筹集资金核算、本息偿还、股利支付等业务活动。

2. 妥善保管筹资合同、凭证等资料

财务部门要对筹资活动的合同、协议、凭证等文件资料登记造册，派专人负责，妥善保管，以备查用。

3. 搞好资金管理，掌握资金情况

财务部门要严格管理筹资程序，通过编制借款计划表、借款存量表、借款使用表、还款计划表等，及时掌握借贷资金动向，并与资金提供方定期进行账务核对，保证资金及时到位和资金安全。

4. 控制筹资费用，降低资金成本

财务部门要协调好筹集资金的利率结构和期限结构，最大限度地降低企业的资金成本，减少筹资风险。

二、投资活动主要风险与控制措施

（一）投资活动的主要风险

企业投资活动至少应当关注下列风险：

1. 决策失误风险

投资决策失误可能引发企业盲目扩张或丧失发展机遇，导致资金链断裂、投资失败，或者导致资金使用效益低下，影响企业发展。

2. 盲目投资风险

盲目投资会导致以下后果：一是投资活动与企业发展战略不符，对企业实现战略目标带来不利影响；二是可能导致并购风险，或者发生投资无所不及、无所不能的现象，危及企业生存。

3. 资金缺口风险

投资项目与企业的筹资能力不符，可能导致投资与筹资在资金数量、期限、成本与收益上不匹配的风险，导致财务危机发生。

4. 控制措施不力风险

缺乏严密的授权审批制度和不相容职务分离制度，可能导致投资活动中的舞弊行为发生，使企业投资活动呈现出随意、无序、无效的状况，导致投资失误和企业生产经营失败。

5. 投资管理不善风险

一是投资活动忽略资产结构与流动性，可能导致资金周转缓慢、效益低下；二是疏于投资资产监控，可能导致资产流失、损毁及各种舞弊行为的发生，危及投资资产的安全完整。

6. 资产处置不善风险

投资资产退出机制不完善，可能导致串通舞弊行为，造成资产价值低估、流失，损害企业利益。

（二）投资活动的关键控制点、控制目标和控制措施

根据业务流程，确定企业投资活动内部控制的关键控制点、控制目标和控制措施（见表5-2）。

表5-2 投资活动内部控制的关键控制点、控制目标和控制措施

关键控制点	控制目标	控制措施
1. 论证投资方案	对投资方案进行科学论证	（1）论证投资方案是否符合公司发展战略，是否突出主业 （2）论证投资项目的必要性和资金来源的可靠性 （3）论证投资目标、规模、方式与时机的适当性 （4）论证投资方案技术、市场、财务的可行性 （5）论证投资风险的可能性和影响程度 （6）必要时，委托具备相应资质的专业机构进行可行性研究
2. 审批投资方案	选择最佳投资方案	（1）明确投资方案的审批权限、程序和审批责任 （2）实行集体决策审议或联签制度 （3）投资方案经批准后，与有关投资合作方或被投资方签署投资协议
3. 编制投资计划	投资计划切实可行	（1）投资管理部门负责制订具体的投资计划 （2）按照审批权限履行严格的审查报批程序
4. 实施投资计划	投资活动按计划实施	（1）根据投资计划，适时投放资金，严格控制资金流量和时间 （2）实施严密的投资程序控制和岗位分离控制、授权审批控制 （3）全程监督投资过程，有效控制投资风险
5. 投资项目的到期处置	投资资产处置利益最大化	（1）严格按法定程序处置投资资产 （2）投资资产处置必须经过董事会的授权批准

（三）投资活动的会计系统控制

企业应当按照会计准则的规定，准确进行投资活动的会计处理。要根据对被投资方的影响程度，合理确定投资会计政策，建立投资管理台账，详细记录投资对象、金

额、持股比例、期限、收益等事项，妥善保管投资合同或协议、出资证明等资料。被投资方出现财务状况恶化、市价当期大幅下跌等情形的，企业财务部门应当根据会计准则和会计制度的规定，合理计提减值准备，确认减值损失。投资活动的会计系统控制具体措施包括以下四个方面：

1. 准确核算投资业务

财务部门要按照会计准则的要求，对投资项目进行准确的会计核算、记录与报告，确定合理的会计政策，准确反映企业投资的真实状况。

2. 妥善保管投资合同、凭证等资料

财务部门应当对投资活动的合同、协议、凭证、备忘录、出资证明等重要文件资料登记造册，派专人负责，妥善保管，以备查用。

3. 建立投资管理台账

财务部门应当建立投资管理台账，详细记录投资对象、金额、期限等情况，作为企业重要的档案资料以备查用。

4. 关注投资项目的营运情况

财务部门应当密切关注投资项目的营运情况，一旦被投资方出现财务状况恶化、市价当期大幅下跌等情形，必须按照会计准则的要求，合理计提减值准备。企业必须准确、合理地对减值情况进行估计，而不应滥用会计估计，把减值准备作为调节利润的手段。

三、资金营运活动主要风险与控制措施

（一）资金营运活动的主要风险

企业资金营运活动至少应当关注下列风险：

1. 资金营运不善风险

资金调度不合理、营运不畅，可能导致企业陷入财务困境或资金冗余。

2. 资金管控不严风险

资金管控不严、措施不力，可能导致资金被挪用、侵占、抽逃或企业遭受欺诈。

（二）资金营运活动的关键控制点、控制目标和控制措施

根据业务流程，确定企业资金营运活动内部控制的关键控制点、控制目标和控制措施（见表 5-3）。

表 5-3　资金营运活动内部控制的关键控制点、控制目标和控制措施

关键控制点	控制目标	控制措施
1. 调度资金	实现资金综合平衡	（1）定期组织召开资金调度会，随时掌控资金运行情况 （2）实行资金预算管理，严格控制资金收支 （3）统筹协调各部门、各环节的资金需求

续前表

关键控制点	控制目标	控制措施
2. 融通资金	提高资金利用率	(1) 通过短期融资等方式，避免资金冗余或资金链断裂 (2) 通过购买国债等方式，融通富余资金，提高资金效益
3. 监控资金	保护资金安全	加强资金安全防范，定期或不定期进行安全检查
4. 审批业务	确保资金业务合法	(1) 企业员工未经授权不得经办资金收付业务 (2) 明确资金收付的审批权限与责任
5. 复核凭证	相关凭证真实、合法	(1) 会计人员对相关凭证进行全面复核 (2) 落实凭证复核责任制，保证资金凭证真实、合法
6. 收付资金	(1) 收入入账完整 (2) 支出手续完备	(1) 出纳人员根据审核无误的收付款凭证收款和付款 (2) 明确资金收付责任，在收付款凭证上加盖有关印章
7. 会计核算	保证准确性、及时性和完整性	(1) 及时填制记账凭证，准确登记日记账、明细账和总账 (2) 加强会计稽核，保证会计核算的真实性、完整性
8. 核对账目	保证真实性和资金安全性	(1) 定期或不定期核对账目、盘点资金 (2) 授权专人保管资金，保证账账相符、账实相符
9. 管理银行账户	合法合规，防范违规	(1) 严格按规定开立账户，办理存款、取款和结算 (2) 定期检查银行账户管理情况
10. 管理票据与印章	保管安全，使用规范	(1) 票据统一印制或购买，票据由专人保管 (2) 印章与空白票据分开保管，财务专用章与法人章分开保管

（三）资金营运活动的会计系统控制

企业应当加强对资金营运活动的会计系统控制，严格规范资金的收支条件、程序和审批权限，确保资金营运活动符合内部控制的目标。资金营运活动的会计系统控制具体措施包括以下四个方面：

1. 建立健全资金管理规定

资金营运活动涉及和覆盖企业经营活动的各个环节和各个方面，必须建立健全各项资金管理制度、程序和规定，确保资金营运活动有法可依、有章可循。

2. 准确核算资金收入业务

企业在生产经营及其他业务活动中取得的资金收入应当及时入账，不得账外设账，严禁收款不入账和设立“小金库”。

3. 准确核算资金支付业务

企业办理资金支付业务，应当明确支出款项的用途、金额、预算、限额、支付方式等内容，并附原始单据或相关证明，履行严格的授权审批程序后，方可安排资金支付。

4. 严格遵守货币资金管理规定

企业办理资金收付业务，应当遵守现金和银行存款管理的有关规定，不得由一人办理货币资金全过程业务，严禁将办理资金支付业务的相关印章和票据由一人集中保管。

资金活动控制制度设计

一、资金活动控制制度设计的方法与内容

资金活动控制制度设计主要包括现状调研、风险评估和制度设计三大基本环节。各环节的工作方法与内容是：

（一）现状调研

制度设计者首先要整理描述企业资金活动方面的内部管理制度或相关文件，梳理企业资金活动的业务流程，完成编制资金活动内部管理制度或相关文件情况表、资金活动业务流程目录、绘制资金活动业务流程图等资金活动控制制度设计的基础性工作。

1. 整理描述制度文件

制度设计者要认真梳理企业现有的控制制度或文件，重点关注有无资金活动方面的相关制度，制度设计是否完善，制度是否得到有效执行，有无具体的操作文件、表单及监控档案等。

2. 梳理描述业务流程

分析企业资金活动现行的业务流程包括哪些环节，能否有效控制资金活动风险，并将企业资金活动方面的业务流程现状用图表的形式描绘出来。

3. 确定业务流程目录

在梳理企业资金活动管理制度和业务流程现状的基础上，设计者根据内部控制制度设计的要求，编制资金活动业务流程目录，绘制资金活动业务流程图。

（二）风险评估

风险评估就是识别、分析、评价资金活动方面的风险。资金活动风险评估的基本程序为：识别资金活动风险，并进行具体描述；分析资金活动风险，编制资金活动风险分析表；评估资金活动风险，编制资金活动风险评估表；确定资金活动风险应对策略；编制资金活动风险数据库；等等。

1. 识别并描述风险

评估资金活动风险，首先要把资金活动的具体风险识别出来，然后整理出整体层面的风险。资金活动具体风险是多种多样的，又因企业的不同而不同。企业应根据《企业内部控制应用指引》中有关资金活动风险的提示，结合企业资金活动的实际情况，分别识别并具体描述筹资活动、投资活动和资金营运活动方面存在的风险，以便完善资金活动的内部控制，有效控制资金活动风险。

2. 分析风险

首先要从内部因素和外部因素两方面分析企业筹资活动风险产生的原因；其次对企业投资活动可能出现的风险进行科学预测，分析可能出现的投资活动风险产生的原因及后果；最后对企业资金营运活动可能出现的风险进行因果分析。

3. 评估风险

评估资金活动风险，就是评估资金活动风险发生的可能性及影响程度，并根据评估结果进行风险排序或等级划分，编制资金活动风险评估表或绘制资金活动风险图谱。这项工作技术性强、难度大，一般是从整体层面进行。

4. 选择风险应对策略

资金活动风险应对是选择资金活动风险应对策略的过程。企业应根据风险分析和评估结果，围绕发展战略，确定风险偏好、风险承受度、风险管理有效性标准，选择风险规避、风险降低、风险分担和风险承受四种应对策略，并确定风险管理所需人力和财力资源的配置原则。

5. 编制风险数据库

根据资金活动风险评估的结果编制资金活动业务层面的风险数据库。资金活动风险数据库的要素包括业务流程、风险描述、风险分析、风险排序、风险应对策略、剩余风险等，也可以加上内部控制制度设计完成后的控制措施、控制部门或岗位等。

（三）制度设计

资金活动控制制度设计是在评估资金活动风险的基础上，对资金活动内部控制进行设计的过程。资金活动控制制度设计的基本程序包括：确定资金活动关键控制点，明确资金活动控制目标，提出资金活动控制措施，设计资金活动控制证据，优化资金活动控制制度，绘制资金活动控制流程图，编制资金活动控制矩阵。

1. 确定关键控制点

资金活动控制要点涉及资金活动的全过程，应重点对关键控制点进行控制。资金活动关键控制点的确定，应根据资金活动风险评估的结果，结合具体单位实际情况进行。实际操作中，资金活动关键控制点要分别从筹资活动、投资活动、资金营运活动等具体业务流程和管理环节中确定。

2. 明确控制目标

企业筹资、投资活动内部控制的基本目标包括：保证筹资、投资活动的合法性、安全性、有效性，以及筹资、投资活动信息的可靠性等。资金营运活动内部控制的基本目标是保证企业资金营运活动的合法、安全、完整、有效和可靠。各关键控制点的具体控制目标，应根据识别出来的可能存在的具体风险来设计。

3. 提出控制措施

企业应当根据自身发展战略，科学确定筹资、投资目标和规划，完善严格的资金授权、批准、审验等相关管理制度，加强资金活动的集中归口管理，明确筹资、投资、资金营运等各环节的职责权限和岗位分离要求，定期或不定期检查和评价资金活动情况，落实责任追究制度，确保资金安全、有效运行。要根据资金活动风险评估结果、资金活动控制目标、资金活动关键控制点等，结合企业资金活动的实际情况确定资金活动内部控制措施。

4. 设计控制证据

为了资金活动控制制度能够有效实施，需要制定必要的控制凭单，为资金活动过程留下控制证据。资金活动的相关表单很多，包括资金需求计划、资金预算、资金预算执行情况分析表、资金支付申请、月度资金分析表、年度资金分析表、资金检查报告、资金考核结果、资金日记账、资金明细账、资金收付款凭证等。

5. 优化控制制度

资金活动内部控制制度设计的重要环节就是优化资金活动管理制度，主要工作就是根据资金活动内部控制的要求，提出完善或补充制定资金活动管理制度的建议，并督促相关部门修订、完善或补充制定资金活动相关制度。这样既可以将资金活动内部控制嵌入现行资金活动管理制度之中，又可以单独制定一套专门的资金活动内部控制制度。

6. 绘制控制流程图

资金活动控制流程图要根据梳理的资金活动业务流程、风险点、控制点及其相关的控制措施，结合具体单位的实际情况来绘制。

7. 编制控制矩阵

资金活动控制矩阵是对资金活动业务流程图中的风险点、控制措施和控制证据等的详细说明与描述，是资金活动内部控制制度设计结果的集中体现，也是企业内部控制管理手册的重要组成部分。

二、资金活动控制制度设计的目标

资金活动控制制度设计的目标要围绕企业内部控制的战略目标、经营目标、资产目标、报告目标和合规目标，根据资金活动内部控制的总体要求来确定。一般而言，资金活动内部控制的基本目标是规范资金活动行为，有效控制资金活动风险，实现资金活动的计划性、合法性、安全性和效益性。

（一）筹资活动控制制度设计的目标

1. 依法筹资、合法筹资

企业的筹资活动必须遵循国家的相关法律法规，依法履行法律法规和筹资合同约定的责任，合法合规筹资，依法披露信息，维护各方的合法权益。

2. 严格执行筹资审批程序

筹资方案必须经过完整的授权审批流程方可正式实施；重大筹资方案，应当按照规定的权限和程序实行集体决策或者联签制度；筹资方案发生重大变更的，应当重新履行可行性研究及相关审批程序。

3. 有效控制企业筹资行为

设计的筹资活动控制制度要具备可行性和可操作性，能够有效控制企业的筹资行为。

4. 避免筹资活动的盲目性

通过实施筹资活动控制制度，能够合理确定资金的需要量，提高筹资活动的效果，使资金的筹措量与需要量达到平衡。既要防止因筹资不足而影响生产经营活动的进行，又要避免因筹资过剩而增加财务费用支出。

5. 有效规避筹资风险

企业应根据筹资动机选择适当的筹资渠道和筹资方式，实现最佳筹资组合，力求降低筹资成本，有效规避筹资风险。

6. 筹资活动信息真实可靠

筹资活动控制制度要合理保证企业筹资活动相关信息的真实可靠，能够为企业及投资者的决策、执行、监督提供依据，保证企业筹资活动的顺利进行。

（二）投资活动控制制度设计的目标

1. 依法投资、合法投资

企业的投资活动必须符合国家的相关法律法规。一是在投资项目的选择上，必须做到国家明令禁止的投资项目，无论效益如何，企业都不能涉足；二是企业的投资活动过程必须遵守国家的法律法规，各种投资活动的文件、合同、程序、核算都要符合国家法律法规的规定。

2. 确保投资项目的可行性

投资决策是企业所有决策中最为关键、最为重要的决策。一个重要的投资决策失误往往会使一个企业陷入困境，甚至破产。因此，企业在进行投资决策之前，必须对拟投资项目进行可行性研究，以确保投资项目符合企业发展战略，在经济上合理、技术上先进、条件上具备、实施上可行，避免不顾投资效益的盲目投资。

3. 严格履行审批程序，有效规避投资风险

投资活动具有不确定性强、财务风险大的特点，而且投资活动一旦实施，其执行结果往往需要很长时间才能显现出来，具有很强的不可逆性。一旦投资失误，将会给企业造成较大损失。因此，企业必须重视投资风险，按照分级授权审批的原则对投资方案进行严格审批，一切投资活动都要经过适当的审批程序才能进行。

4. 确保投资项目的资金供应

在投资项目上马之前，必须科学预测投资项目所需资金的数量和时间，采用适当的方法筹措资金，保证投资活动的顺利进行，尽快产生投资收益。

5. 严格核算投资项目，保护投资资产安全

企业应以投资项目为对象设立会计核算账户，规范投资项目核算的方法、内容与程序，并按照一个项目一个账户的原则进行明细核算，定期核对有关投资账目，披露有关投资活动信息，确保企业投资活动有关信息的真实性和可靠性，保护投资资产的安全完整。

（三）资金营运活动控制制度设计的目标

1. 遵循法律法规，规范资金营运

企业的资金营运活动必须遵循国家的相关法律法规，以法律法规规范企业的资金营运活动。

2. 合理安排资金收支，实现资金收支平衡

企业应当将资金合理安排到采购、生产、销售等各环节，做到实物流和资金流的相互协调、资金收支在数量上及时间上的相互协调。

3. 加速资金周转，提高资金营运效率

资金只有在不断流动的过程中才能带来价值增值。加强资金营运的内部控制，就是要努力促使资金正常周转，为短期资金寻找适当的投资机会，避免出现资金闲置和沉淀等低效现象。

4. 建立风险防范机制，保持资金链良性循环

资金链是企业经营活动正常运转所需要的资金筹集、资金使用和资金回笼的循环增值过程。如果企业资金链断裂，就如同人的血液停止了供给，企业就会有灭顶之灾。因此，企业应当建立风险防范机制，严禁资金的体外循环，切实防范资金营运中的财务风险，保持资金链的良性循环。

5. 防止违法行为发生，保护资金安全完整

货币资金流动性强、便于携带、方便转移、安全性差，容易出现错误或舞弊行为。因此，必须通过建立并实施有效的内部控制制度，防止贪污、侵占、挪用资金等违法行为的发生，保护企业资金的安全完整。

三、资金活动控制制度设计案例

浙江新农化工股份有限公司资金管理内部控制制度

1. 目的

为规范公司资金管理，强化内部控制，防范和控制资金风险，保证资金安全，提高资金使用效益，促进企业战略发展目标的实现，根据《企业内部控制应用指引第 6 号——资金活动》，结合公司实际情况，制定本制度。

2. 适用范围

2.1　本制度涵盖公司所有资金营运活动。

2.2　本制度适用于浙江新农化工股份有限公司及各分公司、子公司。

3. 术语与定义

3.1　资金是指一个企业维持日常经营所需的货币量。

3.2　资金营运活动是企业生产经营过程中资金组织、调度、平衡、利用和管理的行为与过程。资金管理的过程是在资金的流动性与收益性之间进行权衡选择的过程。

4. 职责与权限

4.1　公司管理层负责制定公司开户的政策、程序并进行适当的授权；审批有关资金管理制度；审批现金、银行存款的支付申请。

4.2　各部门负责人负责部门用款申请，授权范围内审批部门个人用款申请。

4.3　财务总监负责审核有关资金管理制度，批准银行开户，与金融机构洽谈，权限范围内审批现金数目，审批各分子公司资金计划。

4.4　财务管理部部长负责组织制定有关资金管理制度，权限范围内审批现金数目，审核各分子公司资金计划，与金融机构洽谈，指导、协调资金管理工作，抽查现金盘点表、支票登记本、银行存款余额调节表。

4.5　资金管理主管负责拟定和修订有关资金管理制度；汇总编制月度集团滚动资金计划，审核各分子公司资金计划；办理银行开户、撤销等；监督各分子公司的银行账户管理；管理公司外汇资产；复核银行存款余额调节表；复核部门及个人用款申请；复核现金记录和支票登记本。

4.6　资金管理专员（建议设立岗位）负责盘点现金，填制现金盘点表；核对银行存款对账单，编制银行存款余额调节表；各种记账凭证、报表文件的整理、归档；办理部门及个人用款申请手续；银行预留印鉴和有关印章的保管。

4.7　各分（子）公司财务负责人负责组织编制各分（子）公司资金计划；审核日常资金业务；完善财务管理体系，监督执行情况；完成总账会计核算工作，检查总体账务情况。

4.8　出纳负责填制银行日记账、现金日记账；保管现金，控制现金数目；开出支票并进行登记；按规定办理部门及个人用款支付；定期与总账核对银行日记账、现金日记账。

4.9　会计人员（采购销售会计、往来会计、成本会计、费用会计、材料会计）负责审核业务经办人员取得的或填制的原始凭证，编制记账凭证，填制资金总账，对账。

5. **基本控制目标**

5.1 保持生产经营各环节资金供求的动态平衡。企业应当将资金合理安排到采购、生产、销售等各环节，做到实物流和资金流的相互协调、资金收支在数量上以及在时间上相互协调。

5.2 促进资金合理周转，提高资金使用效率。资金只有在不断流动的过程中才能带来价值增值。加强资金营运的内部控制，就是要努力促使资金提高周转效率，为短期资金寻找适当的投资机会，避免出现资金闲置和沉淀等低效现象。

5.3 建立风险防范机制，保持资金链良性循环。企业应当建立风险防范机制，严禁资金的体外循环，切实防范资金营运中的财务风险，保持资金链的良性循环。

5.4 确保资金安全。企业的资金营运活动大多与流动资金尤其是货币资金相关，这些资金由于流动性很强，出现错弊的可能性更大，企业必须采取有效措施，防止贪污、侵占、挪用等违法行为的发生，保护企业资金的安全完整。

5.5 加强会计系统控制，保证会计记录的真实性和准确性。严格规范资金的收支条件、程序和审批权限。企业在生产经营及其他业务活动中取得的资金收入应当及时入账。企业办理资金支付业务，应当明确支出款项的用途、金额、预算、限额、支付方式等内容，并附原始单据或相关证明，履行严格的授权审批程序后，方可安排资金支出。

6. **主要风险**

6.1 资金使用违反国家法律法规，企业可能会遭受外部处罚、经济损失和信誉损失。

6.2 资金未经适当审批或超越授权审批，可能会产生重大差错或舞弊、欺诈行为，从而使企业遭受损失。

6.3 资金记录不准确、不完整，可能会造成账实不符或导致财务报表信息失真。

6.4 有关单据遗失、变造、伪造、非法使用等，会导致资产损失、法律诉讼或信用损失。

6.5 职责分工不明确、机构设置和人员配备不合理，会导致资产损失、法律诉讼或信用损失。

6.6 不按相关规定进行银行账户的核对，会导致相关账目核对程序混乱。

6.7 银行账户的开立不符合国家有关法律法规的要求，可能会导致企业受到处罚及资金损失。

7. **关键控制点**

7.1 审批控制点。把收支审批作为关键点，是为了控制资金的流入和流出，审批权限的合理划分是资金活动顺利开展的前提条件。

7.2 复核控制点。复核是减少错误和舞弊的重要措施。根据企业内部层级的隶属关系可以划分为纵向复核和横向复核这两种类型。前者是指上级主管对下级活动的复核，后者是指平级或无上下级关系人员的相互核对。

7.3 收付控制点。资金的收付导致资金流入和流出，反映资金的来龙去脉。

7.4　记账控制点。资金的凭证和账簿是反映企业资金流入和流出的信息源，如果记账环节出现管理漏洞，很容易导致整个会计信息处理结果失真。

7.5　对账控制点。对账是账簿记录系统的最后一个环节，也是报表生成前的最后一个环节，对保证会计信息的真实性起到重要作用。

7.6　银行账户管理控制点。银行账户是企业资金结算的平台，管理不善容易出现较大的风险。

7.7　票据与印章管理控制点。印章是明确责任、表明业务执行及完成情况的标记。狭义的票据仅指以支付金钱为目的的有价证券。两者的结合形成款项支付的法定凭据。

8. 主要控制措施

8.1　在审批活动中采用的主要控制措施包括：

8.1.1　制定资金的限制接近措施，经办人员进行业务活动时应该得到授权审批，任何未经授权的人员不得办理资金收支业务。

8.1.2　使用资金的部门应提出用款申请，记载性质、用途、金额、时间等事项。

8.1.3　经办人员在原始凭证上签章；经办部门负责人、主管经理和财务部门负责人审批并签章。根据权限划分，需要上报更高级别领导审批的，上报相应领导审批。

8.1.4　资金的收取，要有相应的部门同意，并明确表示资金的性质、来源、用途等，财务人员方可办理收取手续。

8.2　在复核活动中采用的主要控制措施包括：

8.2.1　会计主管审查原始凭证反映的收支业务是否真实合法，经审核通过并签字盖章后才能填制原始凭证。

8.2.2　凭证上的主管、审核、出纳和制单等印章是否齐全。财务审核票据的真实性、合法性，是否符合公司的规章制度，同时要兼顾业务发生的真实性。出纳人员要审核审批程序的完整性、票据的合法性等方面，不符合要求的一律不予付款。

8.2.3　重要业务或金额较大的业务，应该由不同的人员进行两次复合，或者建立双签制度。

8.3　在资金收付过程中应用的控制措施包括：

8.3.1　出纳人员按照审核后的原始凭证收、付款，并对已完成收付的凭证加盖戳记，并登记日记账。

8.3.2　出纳人员要及时核对银行账户信息，特别是大额的资金收付，一定要实时核对是否到账、划出等，并和付款方、收款方及时沟通，确保第一时间掌握资金动向。

8.3.3　主管会计人员及时准确地记录在相关账簿中，定期与出纳人员的日记账核对。

8.4　记账阶段的主要控制措施包括：

8.4.1　出纳人员严格根据资金收付凭证登记日记账，会计人员根据相关凭证登记有关明细分类账；登账时要准确登记金额、时间、摘要等内容。特别是摘要，一定要简明扼要，明晰表达业务性质。

8.4.2　主管会计根据凭证汇总表登记总分类账，及时与相关明细账核对。

8.4.3　银行对账单的核对，要有出纳人员以外的人员对账。最好是会计主管人员亲自进行，对于未达账项要切实查清原因，并不断跟踪进展，避免长期未达账项的出现。

8.5　对账阶段的主要控制措施包括：

8.5.1　账证核对，将账簿同相关会计凭证进行核对，保证账簿记录是正确的且来自会计凭证。

8.5.2　账账核对，将明细账和总账相核对，保证数字一致。

8.5.3　账表核对，将总账和会计报表相核对，保证会计报表数字与总账的一致性。同时，会计报表之间也要加以核对，保证钩稽关系的正确。

8.5.4　账实核对，要定期将实物和明细账相核对，定期进行财产清查和债权债务的对账等工作。特别是对于现金、银行存款、商业票据等，要不定期进行抽查，避免出现舞弊等现象。

8.6　银行账户管理的主要控制措施包括：

8.6.1　银行账户的开立、使用和撤销必须有授权。

8.6.2　限制接近原则的使用，只能是获得授权的人员进行银行账户的操作。

8.6.3　严格按照《支付结算办法》等国家有关规定，加强银行账户的管理，办理存款、取款和结算。不得出租或出借账户。

8.6.4　所有业务必须进入公司指定账户，不得另立账户或不入账户，开设外账。

8.7　票据与印章管理的主要控制措施包括：

8.7.1　限制接近原则的使用，只能是获得授权的人员才能接触票据和印章。

8.7.2　印章的保管要贯彻不相容职务分离的原则，严禁将办理资金支付业务的相关印章和票据集中一人保管，印章要与空白票据分管，财务专用章要与企业法人章分管。

8.7.3　对于空白票据和作废票据同样要保存好，并按序号登记，保证票据的全面性。

8.7.4　不定期抽查票据与印章的管理，保证规定的执行到位。

8.7.5　要落实回避原则，财务负责人的近亲属不得掌管印章和票据等。

9. 资金收付业务活动基本业务流程

9.1　资金收付业务活动流程如图5-4所示。

9.2　资金收付活动基本业务流程的主要内容：

9.2.1　授权控制。企业通过授权控制措施明确资金收付经办人员的权利和责任，获得授权的部门或个人应当在授权范围内行使资金收付职权和承担责任，没有得到授权的部门或个人无权办理资金收付业务。

9.2.2　制作或取得原始凭证。资金收付业务都必须根据实际发生的业务来制作或取得有关原始凭证，做到“收款有凭据，付款有依据”。

9.2.3　审核批准。各项资金收付应当严格履行授权审批制度，行使审批职权的人员要在自己的授权范围内，审核有关业务及凭证的真实性、准确性和合法性，严格

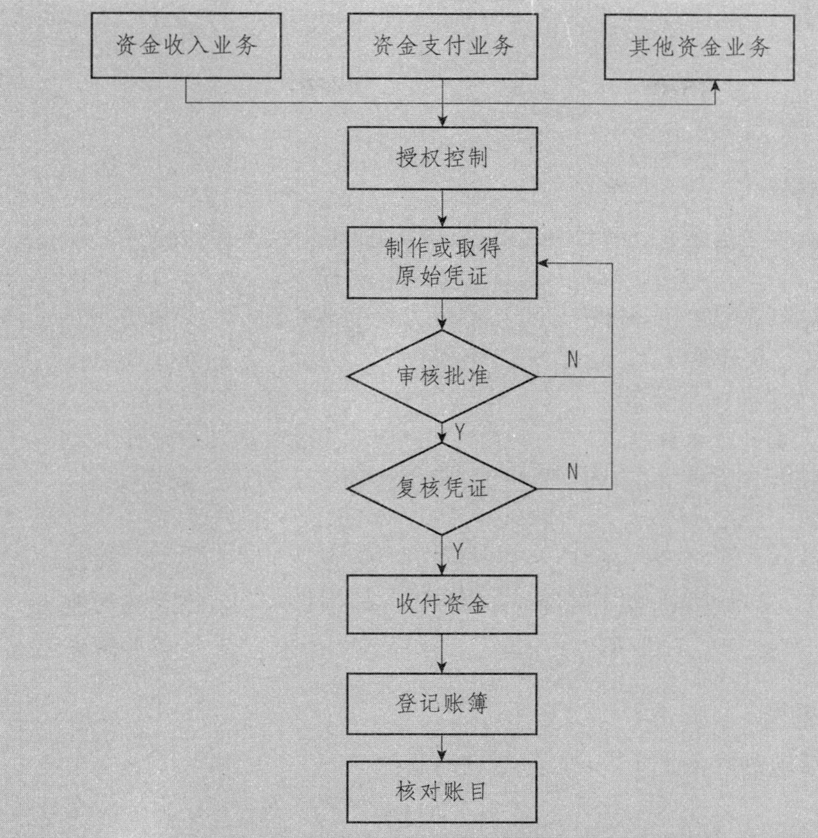

图 5-4　资金收付业务活动流程图

监督资金收付活动。

9.2.4　复核凭证。财务部门收到企业授权部门审批签字的相关凭证后，应由稽核人员复核业务的真实性、金额的准确性，以及相关票据的齐备性、相关手续的合法性和完整性，并签字认可。

9.2.5　收付资金。出纳人员接收凭证后，要再次审核收付款凭证的正确性，审核无误后按照凭证开列的金额收付资金，并加盖"收讫""付讫"戳记。

9.2.6　登记账簿。会计人员根据资金收付款原始凭证编制记账凭证，并登记有关账簿。

9.2.7　核对账目。会计人员定期与银行、往来单位核对有关账目，并进行现金盘点，做到账账相符、账实相符。

10. **附则**

10.1　本制度由董事会审议通过，由公司财务部负责解释。

10.2　本制度自董事会审议批准之日起施行。

浙江新农化工股份有限公司董事会

2016 年 5 月 31 日

【能力训练】

一、知识巩固

（一）单选题

1. 筹资活动是企业资金活动的起点，也是企业整个经营活动的（　　）。

A. 计划　　B. 基础　　C. 环节　　D. 目标

2. 企业对筹资方案的分析论证可从筹资方案的战略评估、筹资方案的经济性评估和（　　）三个方面进行。

A. 筹资方案的风险评估　　B. 筹资方案的规划评估

C. 筹资方案的成本评估　　D. 筹资方案的计划评估

3. 资金营运活动是企业对生产经营过程中各项资金利用、调度和（　　）的行为与过程。

A. 计划　　B. 使用　　C. 管理　　D. 控制

4. 货币资金流动性强、便于携带、方便转移、安全性差，出现错弊的可能性（　　）。

A. 很大　　B. 较大　　C. 很小　　D. 较小

（二）多选题

1. 资金活动是指企业（　　）等活动的总称。

A. 筹资　　B. 投资　　C. 贷款决策　　D. 资金营运

2. 下列选项中，属于企业资金活动应当关注的风险是（　　）。

A. 决策失误风险　　B. 资金缺口风险

C. 资金营运不善风险　　D. 资产处置不善风险

3. 企业筹资活动的主要业务流程包括（　　）。

A. 论证筹资方案　　B. 编制与执行筹资计划

C. 筹资活动洽谈　　D. 监督、评价筹资活动与责任追究

4. 资金营运活动控制制度设计的目标包括（　　）。

A. 遵循法律法规，规范资金营运

B. 合理安排资金收支，实现资金收支平衡

C. 加速资金周转，提高资金营运效率

D. 建立风险防范机制，保持资金链良性循环

（三）判断题

1. 资金活动是指企业筹资、投资和资金营运等活动的总称。（　　）

2. 资金调度不合理、营运不畅，可能导致资金被挪用、侵占、抽逃或企业遭受欺诈。（　　）

3. 企业资金营运过程，是企业经营活动所占用资金在各种形态下的不断转化，并且最终达到增值目的的过程。（　　）

二、案例分析

案例概述见任务四中的《浙江新农化工股份有限公司资金管理内部控制制度》。

【分析要求】根据资金活动内部控制的总体要求和资金活动控制制度设计的目标，分析、评价浙江新农化工股份有限公司资金管理内部控制制度是否符合内部控制的要求，并重点思考以下问题：

（1）该资金管理内部控制制度是否充分考虑到了企业资金活动应当关注的主要风险？

（2）该资金管理内部控制制度是否具备可行性？

（3）该资金管理内部控制制度还有哪些缺陷需要改进和完善？

三、复习思考

1. 什么是资金活动？简述资金活动内部控制的总体要求。
2. 企业筹资活动业务流程是怎样的？
3. 企业投资活动业务流程是怎样的？
4. 企业筹资活动、投资活动和资金营运活动各有哪些关键控制点？
5. 资金营运活动的会计系统控制具体措施有哪些？

项目六

销售业务控制

【教学目标】

1. 知识目标
- 了解销售业务的业务流程
- 掌握销售业务内部控制的总体要求
- 重点掌握销售业务的主要风险、关键控制点和控制措施

2. 能力目标
- 理解销售业务控制制度设计的目标
- 初步掌握销售业务控制制度设计的方法

【学习指南】

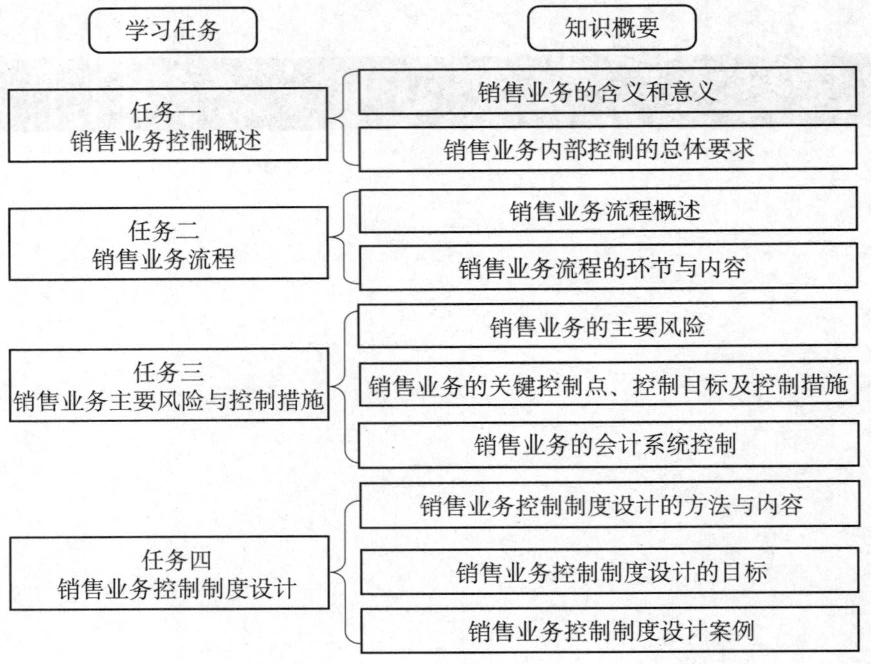

【教学引导】

如何解决零库存管理带来的烦恼？

圣源机械是一家专门生产汽车配件的企业。自 2000 年以来，国内各大汽车制造公司纷纷学习日本企业对存货实行零库存管理的经验，对汽车配件实行零库存管理。其基本做法是：第一步，配件供货商按照汽车制造公司的生产经营需要将汽车配件运往设在汽车制造公司驻地的仓库存放起来（存放的品种、数量以不能耽误汽车制造公司

的生产经营需要为标准)；第二步，汽车制造公司根据其生产经营的需要，随时领用所需配件；第三步，汽车制造公司按月向配件供货商开具和发送开票通知单，配件供货商据以开具销货发票，列明汽车配件的品名、规格型号、数量、单价、金额等；第四步，汽车制造公司收到发票后，按其付款政策一次或分期支付货款。毫无疑问，零库存管理对汽车制造公司是非常有利的，但却苦了配件供货商。这不，圣源机械就遇到了以下两个不胜烦恼的问题：

第一，涉税风险问题。税务机关认为，在零库存管理模式下，用户可以随时领取货物却不必在当时就付款，这属于供应商的一种赊销和分期收款行为。对于这种行为，《中华人民共和国增值税暂行条例实施细则》对其纳税义务发生的时间是这样规定的："采取赊销和分期收款方式销售货物，为书面合同约定的收款日期的当天，无书面合同或者书面合同没有约定收款日期的，为货物发出的当天。"而圣源机械并没有与汽车制造公司订立对这些外存汽车配件什么时候收款的书面合同，因此给圣源机械带来了较大的涉税风险。

第二，账目核对不起来的问题。圣源机械给10余家汽车制造公司供货，这些保存在汽车制造公司驻地仓库中的汽车配件，几乎都存在账目核对不起来的问题。当然，都是圣源机械会计账簿上的结存数量多，外部仓库中的实存数量少。财务部王经理也采取了派会计人员与业务人员一起到汽车制造公司驻地仓库核对账目、要求发出去的货物一定要有保管员的货物签署回执等措施，但都收效甚微。究其原因主要有三个：一是管理货物的保管员基本上都是汽车制造公司的员工，圣源机械没法控制。二是汽车配件涉及汽车制造公司的计划、采购、质检、库管、生产、财务等部门和环节，配件供应商的会计人员与其核对账目需要协调多个部门的关系，难度很大。三是配件供应商的业务人员反映："不光我们公司的账目核对不起来，其他供应商的账目也核对不起来；汽车制造公司是上帝，我们不敢得罪，只能面对现实。"最终的结果是，圣源机械每年都要因为外存汽车配件的短缺而损失一百多万元。

为了解决上述两个问题，圣源机械咨询了内部控制专家肖先生。肖先生在调研以后，提出了若干控制措施。

【问题思考】采取哪些控制措施可以解决圣源机械遇到的涉税风险问题和账目核对不起来的问题？

销售业务控制概述

一、销售业务的含义和意义

销售业务是指企业出售商品、提供劳务及收取款项等相关业务活动。其中，商品主要包括工业企业的产成品、半成品、配套件和零部件，商业企业用于出售的各种货物等。

销售业务对于企业来说具有两种基本功能：一是将企业生产的商品推向消费领域；二是从消费者那里获得货币，以便对商品生产中的劳动消耗予以补偿。销售业务是企业取得收入、获得利润的前提条件，是形成一定时期经营成果的重要基础。企业生存、发展、壮大的过程，在相当程度上就是不断加大销售力度、拓宽销售渠道、扩大市场占有率的过程。企业的销售业务如果不能实现稳定增长，销售出去的货物如果不能及时、足额收回货款，必然导致企业的经营活动难以为继，企业的生存与发展受到严重威胁。因此，加强销售业务内部控制，对于控制销售风险，保证企业销售业务科学、有序、高效地开展，实现企业目标和发展战略具有十分重要的意义。

（一）销售业务内部控制有助于企业合理控制销售风险

销售风险是指因市场环境和销售活动的不确定性而给企业销售业务带来的不确定性或损失。市场环境的变化是绝对的、客观的，并经常会发生，因而在销售过程当中既充满了销售机会，又会出现许多销售风险。企业不可能完全避免销售风险，而只能掌握战胜风险的策略和技巧，积极化险为夷，把销售风险变为销售机会，实现成功的转化。通过销售业务内部控制制度的设计和实施，有助于企业进行深入细致的市场分析，识别销售风险事件并制定相应的风险应对策略，搞好客户信用管理，提高风险防范能力，最大限度杜绝销售风险发生的隐患。

（二）销售业务内部控制可以保证企业销售业务科学、有序、高效地开展

销售业务内部控制涵盖企业销售业务的各个环节，通过销售业务内部控制制度的设计和实施，可以全面梳理和优化企业销售业务流程，发现和改进销售活动中的漏洞和薄弱环节，不仅可以提高销售业务的科学化、规范化，而且有利于提高销售工作的效率和效益。

（三）销售业务内部控制有利于实现企业目标

实现企业目标是企业销售活动的目的。不同的企业有不同的经营环境，不同的企业也会处于不同的发展时期，不同的产品所处生命周期亦不同，因此，企业的目标是多种多样的，利润、产值、产量、销售额、市场份额、生产增长率、社会责任等均可能成为企业的目标。但无论是什么样的目标，都必须通过有效的销售活动完成交换，与客户达成交易方能实现。因此，通过销售业务内部控制制度的设计和实施，有助于企业根据企业目标和实际情况制定确实可行的销售策略，确保企业目标的如期实现。

二、销售业务内部控制的总体要求

企业应当结合实际情况，全面梳理销售业务流程，完善销售业务相关管理制度，确定适当的销售政策和策略，明确销售、发货、收款等环节的职责和审批权限，按照

规定的权限和程序办理销售业务，定期检查、分析销售过程中的薄弱环节，采取有效控制措施，确保实现销售目标。

（一）保证销售业务的合规性

一是销售业务必须符合国家法律法规和国际惯例；二是销售业务必须符合企业有关销售及资金管理制度的规定；三是销售业务必须遵守销售业务流程，确保按照规定的程序和权限进行。

（二）确保销售目标的实现

销售目标是企业的龙头指标。销售目标能否实现，直接决定企业生产目标、利润目标和其他经营目标能否实现，关系企业全面预算管理活动能否顺利进行。因此，应通过实施内部控制活动，确保销售目标的实现。

（三）防止销售业务的舞弊行为

要规范销售业务流程，防止销售环节中违法乱纪、信用诈骗、中饱私囊、损害企业利益等违法舞弊行为，要避免基于个人私利的不恰当销售活动给企业造成经济损失。

（四）保证销售货物的安全性

一是保证企业售出的货物能够取得相应的货款，二是保证应收账款的真实性和货款收取的严密性，三是保证销售货物在装卸、运输、验收等环节的质量、数量安全，四是确保回收货款的安全完整。

（五）保证销售策略和政策的适当性

销售策略和政策运用得是否适当，直接关系到销售目标的实现和企业利益的保护。因此，通过实施内部控制，要合理保证销售策略和政策的适当性，实现既能达成促进销售、及时收回货款的目的，又能有效防止通过销售政策串通舞弊、损公肥私等损害企业利益行为的发生。

（六）保证货款回收的及时性和完整性

如果货款回收不及时、不完整，轻者导致企业通过增加负债的方式弥补资金缺口，影响企业经济效益；重者会使企业形成大量呆账、坏账，导致资金链断裂、效益滑坡，引发企业限产、停产，甚至倒闭。因此，内部控制应当保证销售货款的及时、足额回收。

（七）保证会计信息的真实性、及时性和完整性

销售业务中的会计信息与实际销售活动要保持一致性、真实性和完整性，实现账账相符、账实相符，会计记录和财务报告要合理揭示销售业务中所实行的销售政策，完整、准确地反映销售业务中的三包服务、货物赔偿、返利、销售折扣和销售折让等销售政策的实际情况。

销售业务流程

一、销售业务流程概述

销售一般分为现销和赊销两种基本方式。在市场经济和商业信用广泛使用的当今社会，赊销成为各企业较为普遍采用的销售方式。在赊销方式下，销售业务流程主要包括处理客户订单、批准赊销信用、发送货物、开具销售发票、记录销售与收款业务、定期对账和催收账款、审批商品退回与货款折让等。另外，企业所从事的行业不同、产品性质不同、产品消费群体不同，其销售业务流程也有所差异。

二、销售业务流程的环节与内容

就一般工业企业而言，销售活动主要包括编制销售计划、审批销售计划、客户开发与管理、销售谈判、签订销售合同、组织发货、回收货款、售后服务、会计系统控制、管理销售记录、评价销售业绩等环节。

（一）编制销售计划

销售计划是企业确定的在一定时期内的销售目标。销售计划分年度计划和月度计划，一般在每月下旬，由销售部门在销售预测的基础上，根据企业年度经营目标和实际生产经营能力，编制下月份的销售计划草案。销售计划不仅是销售部门开展销售活动的目标和依据，而且是企业制订生产计划、采购计划等经营计划的基础和依据。因此，编制销售计划是企业销售活动的首要环节。

（二）审批销售计划

审批销售计划一般需要经过三个步骤：一是企业计划管理部门综合平衡供、产、销各项计划，保证各项计划之间相互衔接和平衡；二是公司领导召开经营计划审批会议，审批包括销售计划在内的生产经营计划；三是企业将包括销售计划在内的各项经营计划纳入全面预算管理，保证预算期内资金收支的总量平衡。

（三）客户开发与管理

客户开发与管理的主要内容包括研究制定销售策略和政策，了解市场和客户情况，建立客户信息档案和信用档案，通过广告、展销、推介等活动推销产品，维护现有客户，开发潜在目标客户，对有购买意向的客户进行资信评估，根据企业自身风险接受程度确定目标客户的具体信用等级等。

（四）销售谈判

销售谈判是指销售部门就销售品种、数量、价格、销售政策、发货及收款方式等具体事项与客户进行的业务洽谈、磋商。销售谈判的目的是与客户达成共识，成功签订销售合同。

（五）签订销售合同

销售谈判成功后，企业要与客户签订销售合同。销售合同的主要条款包括合同标的、数量、质量、价款、结算方式、履行期限、履行地点、履行方式、违约责任、双方的权利和义务等内容，以此作为履行销售业务的基本依据。销售合同一般先拟订草案，经双方领导审批同意后，企业授权有关人员与客户签订正式销售合同。销售合同经双方代表签字并加盖双方公司合同专用章后生效。

（六）组织发货

首先，销售部门要根据销售合同组织货源，向公司物管部门（仓库）下达备货通知，向财务部门开具产品销售开票通知单；其次，财务部门根据产品销售开票通知单向客户开出销售发票，并加盖发票专用章或财务专用章，其中提货联是物管部门产品出库和登记产品保管明细账的依据；最后，物管部门凭销售发票的提货联办理产品出库手续，销售部门专人负责或运输部门负责按照发货品种、数量、时间、方式、接货地点等组织发货事宜。

另外，受供求关系的影响，企业的产品往往以赊销方式或分期收款方式销售，还有的客户采取零库存管理的方式让供应商先发货，待使用产品后，供应商再按客户的通知开具销售发票。在上述情况下，仓库的产品一般是凭销售部门开具、财务部门审核盖章的产品销售清单出库、发货。

（七）回收货款

回收货款是企业与客户进行销售结算的环节。按照发货时是否收到货款，可将销售方式分为预收、现销和赊销，具体收款方式包括预收货款、钱货两清、分期收款、延期收款等。对于各种赊销方式形成的应收账款，销售部门需要与财务部门密切配合，严格按照合同条款及时、足额催收。

（八）售后服务

售后服务是在企业与客户之间建立信息沟通机制，对客户提出的问题，企业要给予及时解答或者反馈处理，以提升商品质量和服务水平，从而保证客户满意度和忠诚度的稳步提升。售后服务主要包括：实施产品售后维修、销售退回、维护升级，对有质量问题的售出货物给予客户销售折让等。

（九）会计系统控制

销售业务的会计系统控制包括销售收入的确认、应收款项的管理、坏账准备的计提和冲销、销售退回、销售折让等销售业务的会计处理。要通过审核、开票、收款、记账、算账、报账、核对、清查等会计方法正确核算销售业务和货款收取情况。

（十）管理销售记录

销售记录包括销售流向记录、销售对象投诉及召回记录等内容。销售业务流程会产生大量的业务记录，如销售合同、销售计划、销售通知单、发货凭证、运货凭证、销售发票等。只有对这些销售记录进行有效管理，才能有效控制销售业务的整个流程。

（十一）评价销售业绩

良好、有效的绩效评价有助于发现并改进销售业务中存在的缺陷和遗漏，并通过对销售活动结果的评价考核，激励销售部门，促使其修订制度措施，进一步提高销售水平。

企业销售业务流程如图6－1所示。

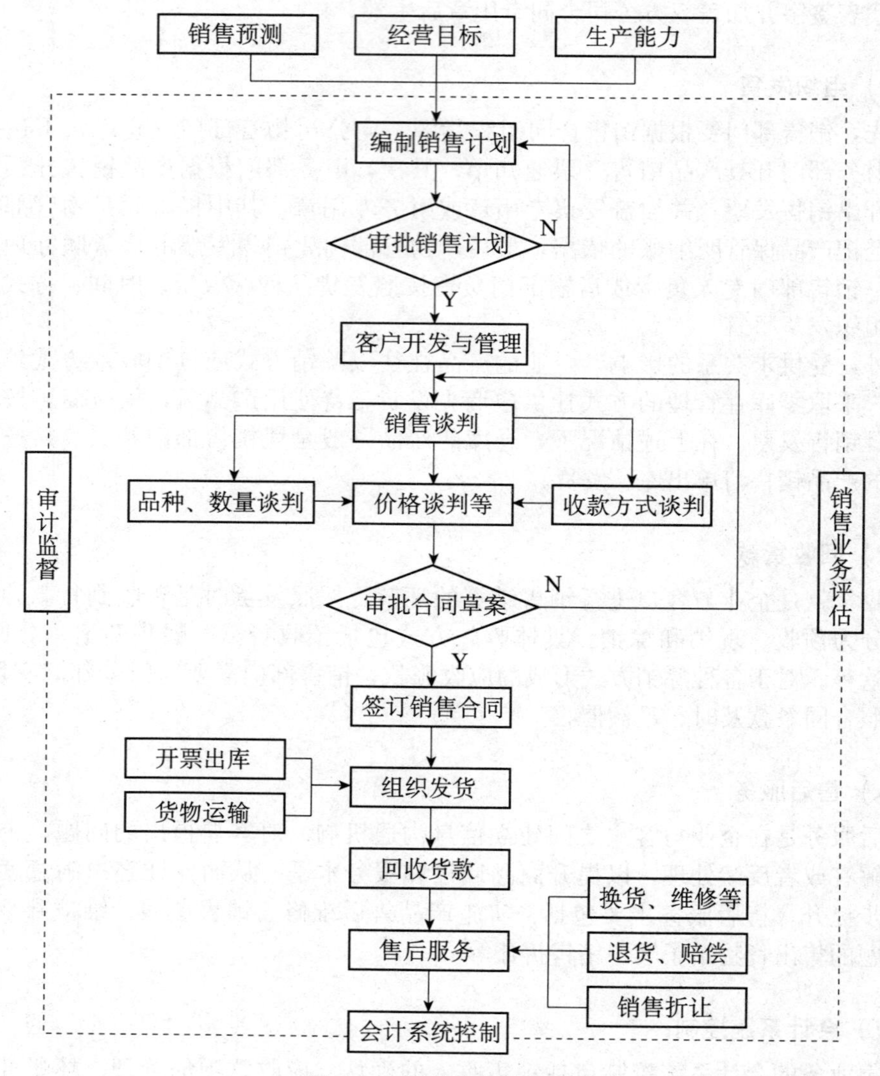

图6－1 销售业务流程图

销售业务主要风险与控制措施

一、销售业务的主要风险

企业销售业务至少应当关注下列风险：

（一）销售计划安排不合理风险

销售计划是企业组织产品生产和组织货源的依据，是销售业务的重要环节。该环节的主要风险是：销售计划缺乏或安排不合理、审核把关不严格或越权审批，可能导致产品结构和生产安排不合理，造成库存产品短缺或积压，影响生产经营活动的顺利进行，对企业经营目标的实现造成不利影响。

（二）销售政策和策略不当风险

企业制定的销售政策和策略不科学、不恰当，可能导致市场开发困难、产品销售不畅、库存积压、生产经营活动难以为继，或者导致企业资产损失或资产运营效率低下。

（三）客户开发与管理不利风险

现有客户管理不足、潜在市场需求开发不够，可能导致现有客户流失或市场拓展不力；客户档案不健全，缺乏合理的资信评估，可能导致客户选择不当，销售款项不能收回或遭受欺诈，从而影响企业的资金周转和正常运营。

（四）销售价格不当风险

企业缺乏科学合理的价格控制体系，授权审批不规范，产品定价不当，未能结合市场供需状况、盈利测算等进行适时价格调整，造成价格过高或过低，可能导致串通舞弊、商业贿赂行为，损害企业经济利益或企业形象，或者导致销售订单锐减、经济效益下滑。

（五）合同订立不当风险

销售合同订立缺乏严格的操作控制流程，或未经授权批准就越权订立销售合同，销售合同的条款、格式及内容存在重大疏漏、缺陷或欺诈行为，销售价格、收款方式、收款期限等内容违背企业销售政策，可能导致企业合法权益受到侵害，经济利益受到损害，或者可能遭受法律诉讼等风险。

（六）销售行为不当风险

企业销售行为如果违反国家法律法规，或未严格履行销售合同，侵害国家或客户利益，形成涉税风险，可能遭受法律诉讼、行政及经济处罚，导致经济利益损失和企业信誉受损，严重的甚至导致企业被查封、倒闭。

（七）产品发货不当风险

产品发货是根据销售合同的约定向客户提供商品的环节。该环节的主要风险是：未经授权发货或发货不符合合同约定，可能导致货物损失、客户与企业产生销售争议、销售货款不能收回，甚至遭受法律诉讼等。

（八）货款回收不力风险

货款回收缺乏科学、规范的管理制度，信用管理不到位，结算方式选择不当，票据管理不善，账款回收不力，可能导致销售货款不能收回；或者货款回收环节存在串通舞弊和欺诈行为，导致呆账、坏账发生，企业利益受损。

（九）售后服务不当风险

售后服务环节的主要风险是：售后服务水平低，消费者满意度不足，影响公司品牌形象，造成客户流失。

（十）销售人员舞弊风险

如果销售人员素质不高，公司管理不严，就可能发生销售人员私下兼职行为、挪用或贪污公款行为、商业间谍行为、收受回扣行为、吃里扒外行为、虚报费用行为、串通舞弊行为、内外勾结行为、传递虚假市场信息行为等，不仅严重损害企业利益，而且会给企业的生存和发展带来极大威胁。

（十一）会计系统失控风险

缺乏有效的会计系统控制，未能全面、真实地记录和反映销售各环节的资金流和实物流情况，会计记录与相关销售记录、仓储记录不一致，可能导致企业销售业务未能如实反映，造成账实不符、账证不符、账账不符，影响销售收入、成本、利润和应收账款等会计核算的真实性和可靠性。

二、销售业务的关键控制点、控制目标和控制措施

销售业务内部控制的关键控制点、控制目标和控制措施如表6-1所示。

表 6-1　　　销售业务内部控制的关键控制点、控制目标和控制措施

关键控制点	控制目标	控制措施
1. 审批销售计划	(1) 销售计划与经营目标相吻合 (2) 销售计划与其他计划相互衔接	(1) 根据销售预测、经营目标、生产能力编制销售计划 (2) 销售计划必须与生产计划、采购计划以及库存情况相互衔接、综合平衡 (3) 销售计划应纳入全面预算管理 (4) 销售计划必须经过严格的授权审批程序
2. 客户开发与管理	(1) 销售政策适当 (2) 信用管理严格 (3) 客户开发有力	(1) 研究制定适当的销售策略和政策，促进销售目标的实现 (2) 深入了解市场和客户情况，建立健全客户信息档案和信用档案 (3) 对于境外客户和新开发客户，应当建立严格的信用保证制度 (4) 采取适合本企业的营销模式和促销手段，巩固老客户、开发新客户
3. 确定销售价格	以合理的价格销售合格的产品	(1) 建立健全产品销售定价机制 (2) 根据市场竞争状况和销售目标，科学制定价格政策 (3) 销售价格的确定、调整严格履行授权审批制度
4. 签订销售合同	合法、合规，维护企业利益	(1) 销售合同要准确描述合同条款，明确双方权利义务和违约责任 (2) 建立健全销售合同订立及审批管理制度，明确审核、审批程序和所涉及的部门人员及相应权责
5. 组织发货	(1) 严格履行合同条款 (2) 保证发货过程准确、无误、安全	(1) 制定科学、规范的货物出库、发货管理制度和操作规程，并严格执行 (2) 落实出库、发货、运输等环节的岗位责任和安全保护措施 (3) 做好发货各环节的记录，填制相应的凭证，设置发货台账，实现销售业务的全过程登记制度
6. 回收货款	(1) 及时、足额收回货款 (2) 确保应收账款、资金、票据安全	(1) 完善应收款项管理制度和应收款项催收制度，落实销售及收款人员的岗位职责和责任追究制度 (2) 准确掌控客户信用状况，对逾期应收账款适时启动诉讼程序 (3) 严格按照职权范围和审批程序处理呆账、坏账 (4) 建立健全票据登记管理制度，对各种票据的取得、贴现、背书、保管等活动予以明确规定
7. 售后服务	(1) 建立良好的客户信息沟通机制 (2) 规范售出产品的维修、退回及销售折让制度	(1) 建立、完善售后服务制度，规范售后服务工作流程 (2) 安排专人或部门负责售后服务工作，及时解答、反馈和处理客户提出的产品问题，搞好客户回访工作 (3) 制定科学、规范的售出产品退回、更换、维修、赔偿和销售折让制度，严格规范操作规程和授权审批制度

三、销售业务的会计系统控制

企业应当建立健全记录销售业务的会计凭证和账簿，正确核算销售收入、应收账款、坏账准备、销售退回、销售折让、赔偿和货款回收情况，妥善保管销售合同、销售凭证、收款凭证、各种票据、出库凭证等资料，确保会计记录、销售记录与仓储记录核对一致，全面、真实地记录和反映企业销售各环节的资金流和实物流情况。销售业务的会计系统控制具体措施包括以下四个方面：

（一）准确核算销售业务

企业应按照国家统一的会计准则，对销售业务进行准确的会计核算与账务处理，要通过相应的会计账户准确核算销售收入、存货发出、应收账款增减和货款收取等业务活动，及时、准确地计提坏账准备，准确反映售出产品的退回、维修、换货、赔偿及销售折让业务。

（二）妥善保管销售合同、凭证等资料

财务部门要对销售业务的合同、出库凭证、收款凭证、对账记录、各种票据以及退货、换货、销售折让、维修、赔偿情况等文件资料登记造册，派专人负责，妥善保管，以备查用。

（三）实行销售资金预算管理制度

财务部门要实行销售资金预算管理制度，督促销售部门按预算、按合同条款及时、足额回收货款，确保企业全面预算管理活动的顺利进行。

（四）定期核对、清理应收账款和库存产品账目

财务部门的应收账款核算岗位要定期向客户寄发对账函，或面对面核对应收账款、应收票据、预收账款等往来款项，确保实现账账相符；存货核算岗位要定期与仓库保管员核对库存产品账目，确保会计记录、销售记录与仓储记录核对一致，账账相符、账实相符。

案例分析

渤海公司生产销售白炽灯，客户全部为附近城市的照明灯具批发商。其产品销售业务按如下程序和规定办理：

（1）每月25日，销售部编制下月的销售计划和货款回收计划，经计划部审核、平衡后上报公司领导，公司领导召开会议，审议批准包括销售计划和货款回收计划在内的下月生产经营计划。

（2）销售部将经公司批准的销售计划和货款回收计划分解落实到每个销售人员。

（3）进入下月，销售人员根据各自的任务，将白炽灯发往各个照明灯具批发商处，同时运输车辆返回时顺便拉回需要换货的已经损坏的白炽灯。

(4) 销售人员负责应收账款的核对与货款回收，月末，销售人员将回收的货款汇入渤海公司的银行账户。

实行上述销售业务程序和规定的后果是：每个月都有大量损坏的白炽灯被退回企业；批发商大肆拖欠企业货款，企业组织清债人员追讨货款时，根本找不到欠款客户。最终渤海公司破产，2 000 名职工失业。

分析要求：根据内部控制的有关规范和原理，对渤海公司销售业务进行评价，指出其内部控制的缺陷，并提出应该采取的内部控制措施。

分析提示：渤海公司销售业务内部控制存在两个主要缺陷：

(1) 销售政策不当。白炽灯属于价值低、数量大、易损坏且难以辨别损坏原因的产品，绝对不能采取无条件换货的销售政策，无条件换货实际上为销售人员和批发商串通舞弊提供了可乘之机。

(2) 不相容职务分离控制缺失。白炽灯的发货、对账、收款全部由各个销售人员负责，缺乏必要的相互牵制、相互监督机制，导致销售人员一手遮天，与不法灯具批发商狼狈为奸、沆瀣一气，坑害企业、中饱私囊。

企业应该采取的内部控制措施如下：

(1) 制定适当的销售政策。可按销售量的一定比例，加发 5%的白炽灯作为质量保证补偿。

(2) 实行严格的不相容职务分离。销售人员只负责送货；收款、对账由财务人员负责，销售人员协助。

(3) 加强销售业务管理。组建由销售、财务和法律人员参与的专门班子，负责销售谈判、合同订立和货款回收，对批发商进行信用评级，不与信用不达标的客户发生业务，及时实施法律诉讼。

销售业务控制制度设计

一、销售业务控制制度设计的方法与内容

销售业务控制制度设计主要包括现状调研、风险评估和制度设计三大基本环节。各环节的工作方法与内容是：

(一) 现状调研

制度设计者首先要整理描述企业销售业务方面的内部管理制度或相关文件，梳理销售业务的现状及业务流程，完成编制销售业务内部管理制度或相关文件情况表、销售业务流程目录、绘制销售业务流程图等销售业务控制制度设计的基础性工作。

1. 整理描述制度文件

制度设计者要认真梳理企业现有的控制制度或文件，重点关注有无销售业务方面的相关制度，制度设计是否完善，制度是否得到有效执行，有无具体的操作文件、表单及监控档案等。

2. 梳理描述业务流程

分析企业销售业务现行的业务流程包括哪些环节，能否有效控制销售业务风险，并将企业销售业务方面的业务流程现状用图表的形式描绘出来。

3. 确定业务流程目录

在梳理企业销售业务管理制度和业务流程现状的基础上，制度设计者根据内部控制制度设计的要求，编制销售业务流程目录，绘制销售业务流程图。

（二）风险评估

销售业务风险评估的基本程序是：识别销售业务风险，并进行具体描述；分析销售业务风险，编制销售业务风险分析表；评估销售业务风险，编制销售业务风险评估表；确定销售业务风险应对策略；编制销售业务风险数据库等。

1. 识别并描述风险

评估销售业务风险，首先要把销售业务的具体风险识别出来，然后整理出整体层面的风险。销售业务具体风险是多种多样的，又因企业的不同而不同。企业应根据《企业内部控制应用指引》中有关销售业务风险的提示，结合企业销售业务的实际情况，识别并具体描述销售业务方面存在的风险，以便完善销售业务的内部控制，有效控制销售业务风险。

2. 分析风险

销售业务风险分析的内容很多，一般应从成因和结果两个方面进行，并编制销售业务风险分析表。

3. 评估风险

评估销售业务风险应从可能性和影响程度两个维度进行，根据评估结果进行风险排序或划分等级，并编制销售业务风险评估表。

4. 选择风险应对策略

销售业务风险应对是根据风险评估的结果，针对风险的不同等级选择销售业务风险应对策略的过程。不同等级的销售业务风险采取的应对策略不一样，要针对不同等级的销售业务风险，相应采取风险规避、风险降低、风险分担和风险承受四种应对策略，并编制销售业务风险应对表。

5. 编制风险数据库

依据销售业务风险评估的结果编制销售业务层面的风险数据库。销售业务风险数据库的基本要素包括业务流程、风险描述、风险分析、风险排序、风险应对策略、剩余风险等，也可以加上内部控制制度设计完成后的控制措施、控制部门或岗位等。

（三）制度设计

销售业务控制制度设计是在评估销售业务风险的基础上，对销售业务内部控制进行设计的过程。销售业务控制制度设计的基本程序包括：确定销售业务关键控制点，明确销售业务控制目标，提出销售业务控制措施，设计销售业务控制证据，优化销售业务控制制度，绘制销售业务控制流程图，编制销售业务控制矩阵。

1. 确定关键控制点

企业在构建与实施销售业务内部控制的过程中，要针对销售业务风险评估的结果，确定销售业务的一般控制点和关键控制点，并编制销售业务控制要点表。

2. 明确控制目标

销售业务控制的基本目标是保证销售业务的合法性、安全性、有效性和可靠性，有效控制各种可能发生的风险。各关键控制点的具体控制目标，应根据识别出来的可能存在的具体风险来设计。

3. 提出控制措施

业务控制点是指业务流程中那些能够控制风险因素的操作环节、步骤或程序。构建销售业务内部控制体系，必须强化对销售业务控制点，尤其是关键控制点的风险控制，并采取相应的控制措施。销售业务控制措施要与销售业务相融合，嵌入销售业务流程当中。

4. 设计控制证据

为了销售业务控制制度能够有效实施，需要制定必要的控制凭单，为销售业务过程留下控制证据。销售业务的相关表单很多，包括客户订货单、销货单、销货合同、发运单、销货发票、销货日记账或明细账、销货退回及销售折让日记账或明细账、应收账款明细账、收款凭证、坏账审批表、客户对账单等。

5. 优化控制制度

企业要将内部控制的思想、方法和措施嵌入销售业务管理制度中去。销售业务控制制度应制定多少个、内容包括哪些，会因企业的不同而不同。企业既可以制定一个统一的销售业务控制制度，也可以制定多个单项销售业务控制制度，其内容至少应明确客户开发与信用管理、销售合同、销售发货、销售记录、客户服务、应收账款、商业票据管理和会计系统控制等环节的职责和审批权限。

6. 绘制控制流程图

企业应当根据销售业务流程、风险点、控制点及其相关的控制措施，结合具体单位的实际情况来绘制销售业务控制流程图，要将销售业务内部控制流程和销售业务流程整合在一起，并在图上标示风险点和控制点。

7. 编制控制矩阵

销售业务控制矩阵是对销售业务流程图中的风险点、控制措施和控制证据等的详细说明与描述，是销售业务内部控制制度设计结果的集中体现，也是企业内部控制管理手册的重要组成部分。

二、销售业务控制制度设计的目标

销售业务控制制度设计的目标要围绕企业内部控制的战略目标、经营目标、资产目标、报告目标和合规目标，根据销售业务内部控制的总体要求来确定。一般而言，销售业务内部控制的基本目标是保证销售业务的合法性、安全性、有效性和可靠性。为此，销售业务控制制度设计应能实现如下控制目标：

（一）促进企业发展战略和经营目标的实现

通过实施销售业务控制制度，销售计划不仅要与市场需求、生产能力相衔接，具备可行性和有效性，而且要与企业的发展战略、经营目标相衔接，从而促进企业发展战略和经营目标的实现。

（二）保证企业的销售活动合法、有序进行

严格按照分级授权审批的原则对销售业务履行审批程序，保证企业的销售活动合法、合规进行；要通过科学规划销售业务流程，提高销售活动效率，实现销售活动的程序化、规范化，有效避免混乱、无序现象的发生。

（三）建立客户信用评估机制，有效控制信用风险

通过实施销售业务控制制度，建立客户信用评估机制，与新开发客户签订销售合同之前，必须事先经过信用管理部门的调查和风险评估；销售部门提出的赊销额度，也必须事先获得信用管理部门的审核并经过主管领导的批准，从而预防销售业务中的欺诈、串通舞弊行为，有效控制信用风险。

（四）建立价格制定、调整、审批制度，确保产品定价及调整的合理性

产品销售价格的确定，关系到销售状况及最终的利润状况。如果定价或调价不符合价格政策，未能结合市场供需状况、盈利测算等对产品销售价格进行适时调整，可能造成价格过高或过低，导致销售活动受损；如果产品销售价格未经恰当审批，或存在舞弊行为，可能损害企业经济利益或者企业形象。因此，应当通过实施内部控制制度，确保产品销售定价及调整的合理性。

（五）严格履行合同，确保销售货物的安全完整

未经授权发货或发货不符合合同约定，可能导致货物损失或客户与企业的销售争议以及销售款项不能收回等问题，不仅会给企业造成损失，而且会影响企业形象。因此，要完善货物出库管理制度，确保发出货物数量、质量、规格等符合合同或订单约定，保证货物在运输途中质量和数量的安全，确保发货管理处于企业有效监控状态，

有效防止财产流失和贪污盗窃行为。

（六）保证销售折扣、销售折让和货物退回的合理性与正确性

销售折扣是企业信用政策中的重要组成部分，恰当的销售折扣政策能够达到促进销售、及时收回货款的目的。在销售活动中，也可能由于种种原因，需要给予客户一定的销售折让或发生货物退回。当这些情况发生时，企业应加强审批控制，保证销售折扣、销售折让和货物退回的手续完备，防止串通舞弊、以权谋私行为的发生。

（七）严格管理应收账款，保证货款及时回收

货款收回控制是销售业务控制中最关键的环节。如果货款无法及时收回，就会形成大批呆账、坏账，导致企业资金难以为继，经营目标难以实现。因此，企业应加强应收账款管理，防范应收账款管理过程中的各种风险，确保款项的及时收回，从而加快资金周转，提高资金使用效率。

（八）保证销售收入的真实性和合理性

通过加强对销售业务的会计系统控制，确保销售业务会计核算质量，保证企业所发生的销售收入都及时、准确地加以记录，完整地反映企业的销售全过程，为经营管理层和其他信息使用者提供有用的会计和管理信息，有效杜绝信息失真、凭证虚假现象。

三、销售业务控制制度设计案例

浙江新农化工股份有限公司销售业务控制制度

第一章　总　　则

第一条　为了加强公司销售业务的内部控制，规范销售业务行为，防范销售活动中的差错和舞弊，根据《企业内部控制基本规范》《企业内部控制应用指引第9号——销售业务》等法律法规，结合本公司销售业务特点和管理需要，制定本制度。

第二条　本制度所指销售业务，包括销售计划、收受客户订购单、销售谈判、价格核定、合同评议、发出商品、开具销货发票、登记应收账款和回收货款等业务。

第三条　本制度适用于公司的销售业务管理与控制。

第二章　岗位分工与授权

第四条　公司建立销售业务岗位责任制，明确规定相关部门和岗位的职责与权限，确保办理销售业务的不相容岗位相互分离、制约和监督。

第五条　销售业务内部控制中的不相容职务包括：

（一）销售合同的拟定、审批与评审应分离。

（二）销售货款的确认、回收与相关会计记录应分离。

（三）销售业务经办与收入发票开具、管理应分离。

（四）销售收入发票开具、管理与相关会计记录应分离。

（五）销售相关坏账的审批与处理应分离。

第六条　公司销售业务岗位的职责分工如下：

（一）销售部负责编制销售计划、执行销售政策、处理客户订单、进行价格谈判、签订合同、开具发货通知单、催收销售货款等。

（二）市场部负责制定公司信用政策和建立客户信用登记档案，监督信用政策执行情况。

（三）财务部负责核定销售价格，审核确认发货通知单、开具销售发票、结算销售款项、登记收入及应收账款、监督管理货款回收等。

（四）储运部负责根据手续齐全的发货通知单办理产品发货，登记保管账等。

（五）审计部定期审计检查销售业务的合规性与合理性以及会计记录的正确性与及时性。

第七条　公司负责计划、核价、谈判、收款、发货等销售业务的员工，必须参加人力资源部组织的岗位培训，并获得岗位合格证后方能独立上岗办理销售业务。

第八条　产品的销售价格、赊销政策、折扣政策要严格执行公司授权文件的规定，各级审批人员要在授权范围内行使职权，不得超越审批权限。

第九条　公司授权销售部、财务部、储运部分别办理销售、收款和发货业务，其他任何部门均无权经办销售、收款与发货业务。

第三章　销售与发货控制

第十条　公司对销售业务实行严格的计划管理和销售目标责任制。每年12月，公司总经理与销售总监签订下一年度的销售目标责任书，明确全年的销售目标、货款回收目标、费用指标及奖惩兑现政策。

第十一条　销售部要将年度销售目标层层分解落实到各个业务员，并将目标分解落实情况报公司备案。

第十二条　每月25日之前，销售部将下月的产品销售计划编制完毕，经公司销售总监签批后提报给生产计划部，生产计划部经过产销平衡后编制下月的产品生产计划。

第十三条　销售部必须严格执行产品销售计划，确保计划履行率不低于95%；计划履行率低于95%给公司造成经济损失的，由销售部承担损失的50%，损失金额从销售兑现奖励中扣除。

第十四条　销售部要严格执行公司的销售政策，按照公司《价格管理条例》的规定和公司领导的授权与客户谈判销售价格及结算方式。

第十五条　销售部向客户报价要严格执行如下审批权限：

（一）在核定价格范围内报价，由销售经理审查批准。

（二）在低于核定价格5%的范围内报价，报销售总监审查批准。

（三）在低于核定价格5%～10%的范围内报价，报公司总经理审查批准。

（四）低于核定价格超过10%报价时，需总经理、销售总监、财务总监研究决定。

（五）重大产品定价问题，需召开公司价格管理委员会会议研究决定。

第十六条　销售部与客户办理业务时，要充分了解和掌握客户的信誉、财务状况等有关情况，要按照市场部评定的客户信用等级执行相应的销售政策，努力规避账款回收的风险。

第十七条 产品销售与发货要严格按照下列程序办理：

（一）销售谈判。产品销售谈判的内容包括销售品种、销售数量、销售价格、发货方式和收款方式等，销售谈判的全过程应有完整的书面记录。销售谈判的责任分工如下：

1. 销售金额为50万元以下的订单，由业务人员负责谈判。

2. 销售金额为50万元～100万元的订单，由销售经理负责谈判。

3. 销售金额为100万元以上的订单，由销售总监带队与客户谈判。

4. 重大销售合同，由总经理和销售总监共同带队与客户谈判。

（二）合同订立。销售部拟定的销售合同必须经过财务部、审计部的评审、把关和总经理审批及签字授权后，销售人员才能与客户签订产品销售合同。

（三）产品生产。销售部按照销售合同及时编制产品销售计划，生产计划部根据产品销售计划向各生产部门下达产品生产指令，各车间确保按质、按量、按时完成产品生产任务。

（四）产品开票。产品入库后，销售部要按照销售合同的规定开具产品发货通知单和销售发票开具通知单；财务部审核无误后，向客户开具销售发票，并在产品发货通知单和销售发票上加盖发票专用章、“银行收讫”或“转账收讫”以及出纳人员名章。

（五）产品发货。储运部要严格审核产品发货通知单和销售发票的手续齐备性，严格按照发货通知单所列的品种、数量、发货时间和发货方式组织发货，确保货物准确、安全发运。

（六）产品发货回执的签收。产品到达客户目的地后，销售部业务员要请客户采购或收货人员在公司送货单上签字，经过客户签字的送货单的正本由销售部专人保管，副本交财务部会计作为登记与核对往来账目的依据之一。

第十八条 产品销售退货必须符合公司退货政策并执行如下程序：

（一）销售部根据客户退回的产品清单填写产品退回处理审批单。

（二）销售部业务员在产品退回处理审批单上签字，说明产品退回的理由和处理建议。

（三）销售总监在产品退回处理审批单上签字，提出处理意见。

（四）需要鉴定退回产品质量的，由质管部质检员填写鉴定意见。

（五）财务部负责人在产品退回处理审批单上签字，提出处理意见。

（六）产品核算会计根据产品退回处理审批单注明的最终处理意见填写产品退库单。

（七）保管员以产品退库单为依据予以收货，并在产品退库单上签字和登记产品保管账。

第十九条 退货的产品按四种情况分别处理：

（一）产品完好可以继续销售的，留在仓库等待销售。

（二）产品需再加工后销售的，由储运部填写产品退库加工单，将产品退到有关车间再加工，加工合格后重新办理入库。

（三）产品需降级销售的，财务部和保管员另立账户进行登记核算。

（四）产品需作报废处理的，由储运部填写产品报废审批单，办理有关报废手续，并追究有关部门及人员的产品报废责任。

第二十条　产品发生退回的情况，由销售部负责落实产品退回责任。

第二十一条　销售部应设置销售台账，正确反映各种产品的销售发货、开单及货款回收情况；销售台账应当附有客户订单、销售合同、客户签收回执等相关购货单据。

第二十二条　销售部的每名业务员都要建立销售业务备忘录，分客户逐笔登记产品的发出、开票、货款结算及未结算情况。

第四章　货款回收与账目核对

第二十三条　销售部业务员要严格按销售合同的有关条款行使催收货款的权利。

第二十四条　客户支付的货款必须直接汇缴财务部入账，不得转手汇缴，违者以违纪论处。

第二十五条　财务部往来核算会计负责应收账款的账龄分析，对已经逾期或即将逾期的货款要按月列出清单，由销售部落实业务员催收。对催收无效的逾期应收账款，应启动法律程序予以解决。

第二十六条　销售部要按客户设置应收账款台账，及时登记每一客户应收账款余额增减变动情况和信用情况。

第二十七条　财务部要按年度处理应收账款的呆账、坏账。需处理的呆账、坏账由财务部负责列出清单，销售部负责核实并逐笔说明形成坏账的原因和责任，经财务总监审核、总经理审批后，由财务部进行会计处理。

第二十八条　已经注销的呆账、坏账应当转到备查账管理，做到账销案存。已注销的呆账、坏账又收回时应当及时入账，防止形成账外款。

第二十九条　公司的销售应收账款需按如下要求进行核对：

（一）财务部往来核算会计按月与销售部业务员核对货款回收及余额情况。

（二）销售部业务员按月与客户核对产品发出及结算情况。

（三）财务部往来核算会计至少每年到客户财务部门面对面核对账目一次。

第三十条　应收账款的核对双方要将对账结果填制应收账款核对表备案。核对出的未达账项，要逐项逐笔查明原因，杜绝串户等错误现象的发生。

第五章　监督检查

第三十一条　审计部负责对公司销售业务情况进行监督检查。

第三十二条　销售业务监督检查的内容主要包括：

（一）销售业务相关岗位及人员的设置情况。

（二）销售业务授权批准制度的执行情况。

（三）销售业务的管理情况。

（四）销售业务的会计核算情况。

（五）销售退回的管理情况。

第三十三条　股东大会对监督检查的结果出具检查报告，有关部门对发现的薄弱环节和问题要采取措施，及时加以纠正和完善。

第六章　附　　则

第三十四条　本制度由公司财务部、销售部共同拟定和解释。

第三十五条　本制度的修订、废止由公司财务部、销售部共同提出，报董事会审批。

第三十六条　本制度经公司董事会审议批准后，自发布之日起施行。

浙江新农化工股份有限公司董事会

2015 年 12 月 31 日

【能力训练】

一、知识巩固

（一）单选题

1. 销售风险是指因市场环境和销售活动的不确定性而给企业销售业务带来的（　　）。

A. 风险　B. 不确定性或损失　C. 亏损　D. 坏账或呆账

2. 销售一般分为现销和（　　）两种。

A. 分期收款　B. 信用　C. 赊销　D. 预付

3. 销售业务内部控制的基本目标是保证销售业务的合法性、安全性、有效性和（　　）。

A. 可靠性　B. 可行性　C. 目的性　D. 规范性

4. 制定销售业务控制制度的目的主要是加强销售业务内部控制，规范销售业务行为，防范销售活动中的（　　）。

A. 呆账与坏账　B. 损公肥私　C. 失控　D. 差错和舞弊

（二）多选题

1. 销售业务内部控制的总体要求包括（　　）。

A. 保证销售业务的合规性　B. 确保销售目标的实现

C. 保证销售货物的安全性　D. 保证销售策略和政策的适当性

2. 下列选项中，属于企业销售业务应当关注的风险有（　　）。

A. 销售计划安排不合理风险　B. 客户开发与管理不利风险

C. 经济利益损失和信誉受损风险　D. 货款回收不力风险

3. 企业销售业务的主要流程包括（　　）。

A. 编制销售计划　B. 签订销售合同

C. 市场预测　　　　　　　　　　　　　　D. 会计系统控制

4. 销售业务控制制度设计的目标包括（　　）。

A. 促进企业发展战略和经营目标的实现

B. 保证企业的销售活动合法、有序进行

C. 建立客户信用评估机制，有效控制信用风险

D. 严格履行合同，确保销售货物的安全完整

（三）判断题

1. 开展销售业务内部控制有利于实现企业目标。（　　）
2. 按照产品发货时是否收到货款，可将销售方式分为现销和赊销。（　　）
3. 编制销售计划是企业销售活动的首要环节。（　　）

二、案例分析

案例概述见任务四中的《浙江新农化工股份有限公司销售业务控制制度》。

【分析要求】根据所学知识思考以下问题：

（1）浙江新农化工股份有限公司设计的销售业务控制制度是否具备可行性？

（2）浙江新农化工股份有限公司在销售业务控制制度中采取了哪些控制方法和措施？

三、复习思考

1. 什么是销售业务？企业销售业务至少应当关注哪些风险？
2. 简述销售业务内部控制的总体要求。
3. 企业销售业务流程有哪些？
4. 为什么说销售业务内部控制有利于实现企业目标？
5. 企业销售业务有哪些关键控制点？

采购业务控制

【教学目标】

1. 知识目标

- 了解采购业务的业务流程
- 掌握采购业务内部控制的总体要求
- 重点掌握采购业务的主要风险、关键控制点和控制措施

2. 能力目标

- 理解采购业务控制制度设计的目标
- 初步掌握采购业务控制制度设计的方法

【学习指南】

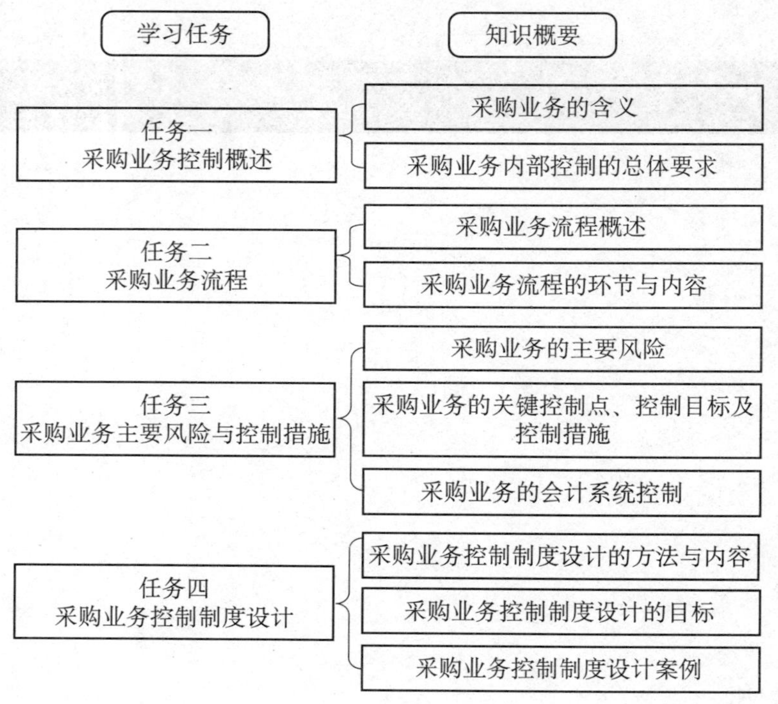

【教学引导】

国际酒店水晶灯饰采购案带给人们的思考

2007 年 10 月 1 日，国际酒店在鲜花的簇拥和鞭炮的喧嚣中正式对外营业了。这是一家集团公司投资成立的涉外星级酒店，拥有装潢豪华、设施一流的套房和标准客房，下设的老宁波餐厅更是特色经营传统宁波菜和海派家常菜肴，能为中外客人提供各式

专业和体贴的服务。由于集团公司资金雄厚、实力强大，因此在开业当天，不仅社会各界知名人士到场剪彩庆祝，而且吸引了大批新闻媒体竞相采访报道。一时之间，国际酒店门前人头攒动，星光熠熠。

最让酒店感到骄傲的是酒店大堂天花板上犹如天宇星际一般的灯光装饰，以及一个圆圆的、超级真实的月亮水晶灯，它们使得整个酒店绚丽夺目、熠熠生辉。这些天花板上装饰所用的材料及灯饰均是由水晶材料雕琢而成，是公司王副总经理亲自组织货源，最终从瑞士某珠宝公司高价购买的，货款总价高达 150 万美元。这样超级豪华的水晶灯饰不仅在全国罕见，即使在国外，也只有在少数几家五星级酒店里能见到。开业当天，往来宾客无不对这一豪华的水晶灯饰赞不绝口。尤其是经过媒体报道，更成为当天的头条新闻，国际酒店在这一天也像水晶灯饰一样，一举成名，当天客房入住率就达到了 80%以上。

王副总经理也因此受到了公司领导的高度赞扬，一连几天，王总的脸上都洋溢着快乐而满足的笑容。然而，好景不长。两个月后，这些高价值的水晶灯饰就出了状况：首先是失去了原来的光泽，变得灰蒙蒙的，即使用清洁布使劲擦拭都不复往日光彩；其次，部分连接的金属灯杆出现了锈斑，还有一些灯珠破裂甚至脱落。人们看到这破了相的水晶灯，议论纷纷——这就是破费百万美元买来的高档水晶灯吗？鉴于情况严重，公司领导责令王副总经理限期内对此事做出合理解释，并停止了他的一切职务。此时，王副总经理是再也笑不出来了。

事件真相很快就水落石出。原来这盏价值百万美元的水晶灯根本不是从瑞士某珠宝公司购得的，而是通过奥尔公司代理购入的赝品水晶灯。国际酒店在未经过公开招标的情况下，即与奥尔公司签订了价值 150 万美元的代购合同。依照合同规定，奥尔公司必须提供瑞士某著名珠宝公司出产的水晶灯，并向国际酒店出具该公司的验证证明书，其中 200 万元人民币为支付给奥尔公司的代理费。然而，交易发生后，奥尔公司并未向国际酒店出具有关水晶灯的任何品质鉴定资料，国际酒店也始终没有同奥尔公司办理必要的查验手续。

经查实，这笔交易是由王副总经理一人操纵的，从签订合同到验收入库再到支付货款都是由他一个人说了算，而他之所以会这样做，正是因为收受了奥尔公司的巨额好处费。虽然出事之后，王副总经理得到了法律的严惩，然而国际酒店不仅因此遭受了数千万元人民币的巨额损失，更为严重的是酒店名誉蒙受重创，成为同行的笑柄。这对于一个新开业的酒店而言，不啻是一个致命的打击。

采购业务，特别是金额较大的业务，通常涉及采购计划的编制、物资的请购、订货或采购、验收入库、货款结算等。因此，企业应当针对各个具体环节建立完整的采购程序、方法和规范，并严格执行。只有这样，才能防止错弊，保证企业经营活动的正常进行。

【问题思考】

(1) 国际酒店水晶灯饰采购案在哪些采购环节出现了舞弊或不规范行为？

(2) 针对各采购环节出现的舞弊或不规范行为，企业应当采取哪些控制措施？

采购业务控制概述

一、采购业务的含义

采购是指企业购买物资、接受劳务及支付款项等相关活动。其中，物资主要包括企业的原材料、商品、工程物资、固定资产等。

采购环节是企业生产经营活动的起点，它既是企业实物流的重要组成部分，又与资金流密切关联。为销售而生产、为生产而采购是企业生产经营活动一个环环相扣的物料输入输出的动态过程。采购流程是否顺畅直接影响企业整个生产经营活动能否顺利运行，而采购业务是否科学、规范、严谨、节俭，则直接影响企业经济效益的好坏和能否可持续发展。采购业务涉及采购计划、物资请购、物资质量、物资数量和价格、供应商选择、采购合同订立、物资运输、验收入库、货款支付等供应链活动，出现舞弊和差错的风险较大。

因此，加强采购业务内部控制，对于规范企业采购行为、保证采购质量、降低采购成本、规避采购风险、提高经济效益有着十分重要的意义。

（一）规范采购行为，规避采购风险

采购风险是指因采购业务构成要素存在的不确定性而给企业采购业务带来的不确定性或损失。采购业务是企业较为频繁、常见的业务，采购过程复杂，手续繁多，多元利益纠结，容易出现违法违纪现象。因此，构建完善的采购业务内部控制制度，针对采购业务内部控制各环节的控制缺失，设计有效的应对策略，使采购业务各流程形成系统化、一体化的监督体系，并通过准确的采购计划、完善的采购流程、严格的采购审批和合同审计，对采购活动进行严格规范，有利于规范企业采购行为，有效规避采购风险。

（二）保证采购质量，提高市场竞争力

企业将采购的物资（材料或半成品）投入生产过程中，经过一系列的加工，最终将形成产成品。可以说，没有高质量的材料，就难以生产出高质量的产品。采购物资的质量对企业的生产经营至关重要，它直接影响所生产产品的质量，关系着公司生产经营活动的顺利进行。因此，建立和完善采购业务内部控制制度，对采购过程中的审批、验收等环节进行严格规范，有利于保证采购物资的质量，有助于保证产品质量，提高企业的市场竞争力。

（三）降低采购成本，提高经济效益

一般而言，制造业企业的采购成本占到产品成本的50%～80%。毫无疑问，采购成本是企业产品成本的主要组成部分。随着全球性竞争的日益激烈，通过降低成本来增加收益已成为各企业保持竞争力的有效手段。构建采购业务内部控制制度，就是从设计采购流程、加强供应商管理、制定科学合理的定价策略和采购批量策略等多方面规范企业的采购业务，在采购活动中实现对企业有利的采购价格和采购批量，这将有助于降低物资采购成本，提高企业经济效益。

二、采购业务内部控制的总体要求

企业应当结合实际情况，全面梳理采购业务流程，完善采购业务相关管理制度，统筹安排采购计划，明确请购、审批、购买、验收、付款、采购后评估等环节的职责和权限，按照规定的审批权限和程序办理采购业务，建立价格监督机制，定期检查和评估采购过程中的薄弱环节，采取有效控制措施，确保物资采购满足企业生产经营需要。

（一）保证采购业务的合规性

一是采购业务必须符合国家法律法规和国际惯例；二是采购业务必须符合企业有关采购及资金管理制度的规定；三是采购业务必须遵守采购业务流程，确保按照规定的程序和权限进行。

（二）保证采购业务的计划性

企业的采购活动必须按计划进行，杜绝无计划、超计划采购，避免物资积压、浪费。

（三）保证采购业务的及时性

采购业务必须满足生产、销售和管理的需要，防止因为采购不及时或不符合要求等影响生产经营活动的正常进行。

（四）保证采购业务的效益性

在满足需要的前提下，尽量降低采购成本，减少采购资金的占用和采购环节的损失，以实现效益最大化。

（五）防止采购业务的舞弊行为

要规范采购业务流程，防止采购环节中违法乱纪、信用诈骗、中饱私囊、损害企业利益等违法舞弊行为，要避免基于个人私利的不恰当采购活动给企业造成经济损失。

（六）保证采购物资的安全性

一是保证企业支付货款后能够取得相应的货物，二是保证应付账款的真实性和货款支付的严密性，三是保证购进货物在装卸、运输、验收等环节的质量、数量安全，四是确保支付资金的安全完整。

（七）保证会计信息的真实性、及时性和完整性

采购业务中的会计信息与实际采购活动要保持一致性、真实性和完整性，实现账账相符、账实相符，会计记录和财务报告要合理揭示采购业务所享有的优惠政策，完整、准确地反映采购业务中的货物索赔、返利、销售折扣和销售折让等优惠政策的实际情况。

采购业务流程

一、采购业务流程概述

采购业务流程是指采购活动的业务流向和先后顺序，包括工作环节、步骤和程序。企业的采购业务一般包括准备、实施、考核三个基本阶段。其中，准备阶段包括分析采购需求、编制采购计划、确定采购策略和选择供应商等环节，实施阶段包括采购谈判、订立采购合同、管理供应过程、验收入库、货款结算、会计控制等环节，考核阶段主要是对采购过程及成本进行评估、评价和考核。三个阶段的内容相互衔接、相互作用，形成一个循环，实现对采购业务的科学管理和有效控制。

二、采购业务流程的环节与内容

企业的采购业务主要包括分析采购需求、编制采购计划、审批采购计划、采购准备、实施采购过程、物资验收、支付货款、会计系统控制和评估采购业务等环节。

（一）分析采购需求

需求是采购的前提，没有需求就没有采购。在需求方提出采购需求后，采购部门就要根据市场需求规律和资源市场的变化情况，结合企业产品生产物资消耗

定额、物资库存定额等因素，对申请采购的物资逐一进行审核分析，确认采购需求的合理性和可行性。明确应当采购什么、采购多少、什么时候采购以及怎样采购的问题，最终得到一份确实可靠、科学合理的采购任务清单，为后面选择采购方法、制订采购计划和分派采购任务提供决策支持。

（二）编制采购计划

采购业务是从编制需求计划和采购计划开始的，一般需要经过两个步骤：一是每月下旬，物资需求部门根据销售计划、生产计划及管理需要编制下月的物资需求计划，二是采购部门根据各部门的物资需求计划，平衡库存物资情况，考虑市场供应情况，统筹编制物资采购计划。

（三）审批采购计划

审批采购计划一般需要经过三个步骤：一是企业计划管理部门综合平衡供、产、销各项计划，保证各项计划之间相互衔接和平衡；二是公司领导召开计划审批会议，审批包括物资采购计划在内的生产经营计划；三是企业将包括物资采购计划在内的各项计划纳入全面预算管理，从资金上保证采购计划的实施。

（四）采购准备

采购准备一般包括请购、选择供应商、确定采购价格、订立采购合同或框架协议、审批采购业务等环节和内容。

1. 请购

请购是指企业采购部门根据采购计划和实际需要，填写物资采购申请单，向有关部门和领导提出物资采购申请的过程。

2. 选择供应商

供应商是指可以为企业提供原材料、设备、工具及其他资源的企业。选择供应商也就是确定物资采购渠道和采购方式。它是企业采购业务流程中非常重要的环节，在一定程度上决定着企业采购业务的成败。

3. 确定采购价格

确定采购价格是企业有关部门通过询价、报价、谈判、核价等程序确定物资采购价格的过程。如何以最优性价比采购到符合需求的物资，是采购部门的永恒主题。

4. 订立采购合同或框架协议

采购合同是企业根据采购物品、采购数量、采购方式、采购价格、结算方式等情况与供应商签订的具有法律约束力的协议，一般适用于大宗物资采购业务和标的金额较大的物资采购业务；框架协议是企业与供应商之间为建立长期物资购销关系而达成的一种约定，一般适用于供需方之间比较稳定的供需关系，以及零星物资的定点采购业务。

5. 审批采购业务

物资请购单、供应商、采购价格和采购合同等都要经过企业有关部门和领导按照授权审批的职责权限进行审批。

（五）实施采购过程

采购过程主要包括采购部门按照批准的物资请购单和采购合同，根据市场情况和企业实际需要，按时、按量将物资采购到位。在采购过程中，企业应当建立严格的采购合同跟踪制度，科学评估供应商的供货情况，合理选择运输方式，妥善办理运输保险事宜，实时掌握物资采购供应情况。

（六）物资验收

物资验收是指企业对采购物资入库前的品种、规格、数量、质量等相关内容进行质量检验、计量验收工作。其中，质量检验由质量检验部门负责，检验结果需开具质量检验单；计量验收由计量部门负责，并开具过磅单；综合验收由物资管理部门（仓库）负责，主要根据质量检验单、过磅单和采购计划等依据验收采购的物资。对验收不合格的物资要实施退货程序，办理索赔事宜。

（七）支付货款

支付货款是指企业在对采购物资、合同、预算、相关凭证、审批程序等内容审核无误后，按照采购合同的规定及时向供应商办理货款支付的过程。

（八）会计系统控制

会计系统控制是指利用会计系统和会计方法对企业所发生的采购业务进行确认、记录、归集、付款、核算、对账、报告等实施的系统控制。

（九）评估采购业务

采购业务评估是为了全面反映和检查采购部门工作实绩、工作效率和效益，运用科学、规范的绩效评估方法，对照一定的标准，按照绩效的内在原则，对企业采购行为过程及其效果进行科学、客观、公正的衡量比较和综合评价。在此基础上提出下一阶段的采购业务的目标与计划，循环往复不断改进。

企业采购业务流程如图7-1所示。

市场状况
需求计划
库存情况
编制采购计划
审批采购计划
N
Y
采购准备
请购
选择供应商
订立采购合同或框架协议
采购价格谈判
审批采购业务
N
Y
审计监督
评估采购业务
合同跟踪
预付货款
物资运输等
实施采购过程
物资验收
是否合格
N
换货
退货
Y
入库
办理索赔等
合同、发票、入库单
支付货款
会计系统控制

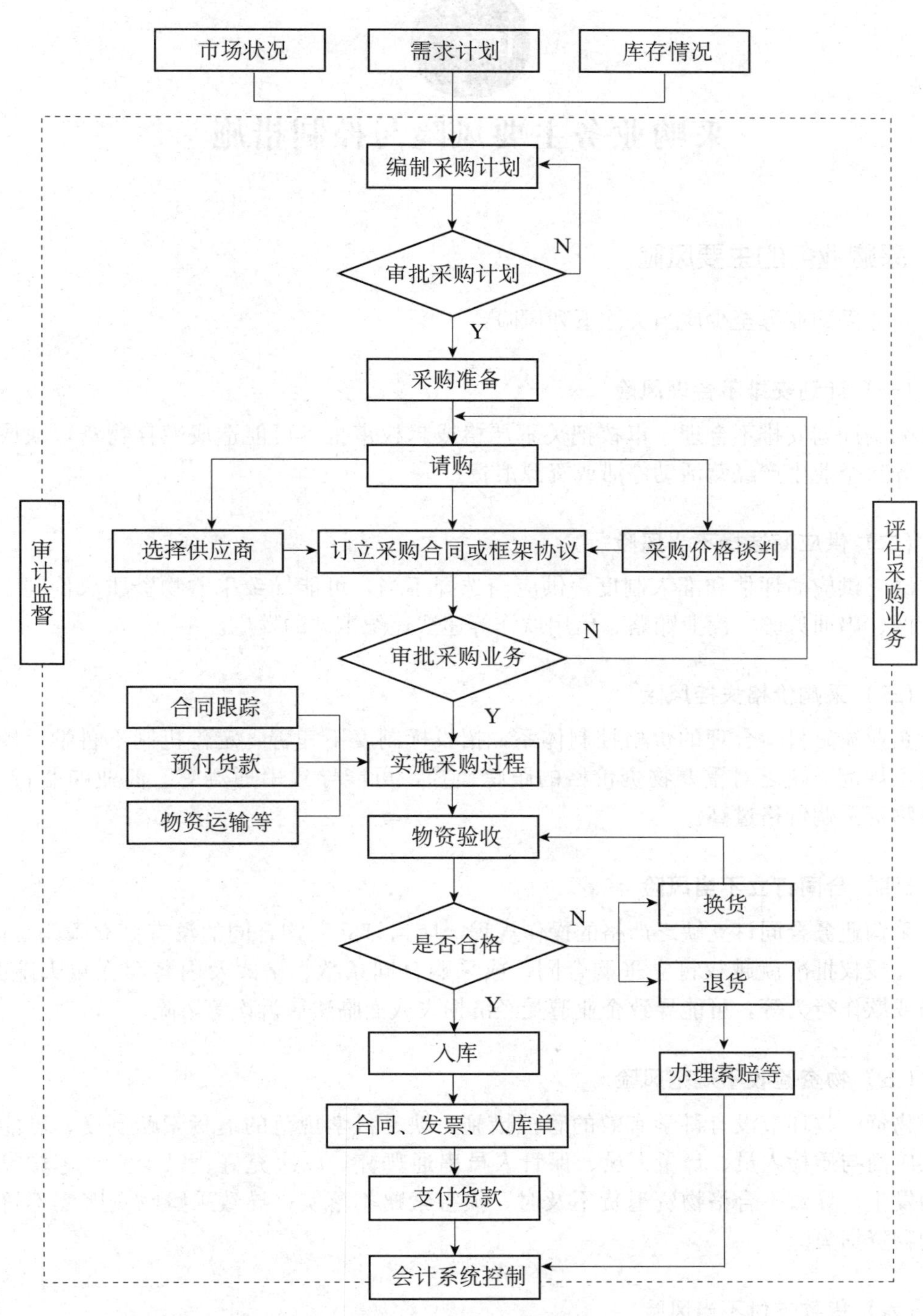

图 7-1　采购业务流程图

采购业务主要风险与控制措施

一、采购业务的主要风险

企业采购业务至少应当关注下列风险：

（一）计划安排不合理风险

采购计划安排不合理、审核把关不严格或越权审批，可能造成库存物资短缺或积压，导致企业生产经营活动停滞或资源浪费。

（二）供应商选择不当风险

缺乏供应商评估和准入制度，供应商选择不当，可能导致采购物资质次价高、缺斤少两、串通舞弊、商业贿赂、信用欺诈等违法违纪事件的发生。

（三）采购价格失控风险

企业缺乏科学合理的价格控制体系，招投标制度不完善，定价机制不科学，授权审批不规范，缺乏对重要物资价格的跟踪监控，可能导致串通舞弊、商业贿赂行为，造成物资采购价格过高。

（四）合同订立不当风险

采购业务合同订立缺乏严格的操作规程，应当订立采购合同的没有订立采购合同，或未经授权批准就越权订立采购合同，或采购合同条款、格式及内容存在重大疏漏、缺陷或欺诈行为等，可能导致企业遭受经济损失或面临法律诉讼等风险。

（五）物资验收不规范风险

物资验收环节没有科学有效的管控措施，缺乏科学规范的退货索赔制度，可能导致供应商与质检人员、计量人员、保管人员串通舞弊，以次充好、以少充多等舞弊行为的发生；导致不合格物资退货不及时，损害索赔不落实；导致采购物资账实不符及采购物资损失。

（六）货款支付不当风险

货款支付缺乏科学、规范的管理制度，或付款审核不严格、付款方式不恰当、付款金额控制不严、不按合同规定付款等，可能导致付款环节的舞弊行为，造成企业资金损失或信誉受损。

（七）会计系统失控风险

缺乏有效的会计系统控制，未能全面真实地记录和反映采购业务各环节的资金流和实物流情况，会计记录与相关采购记录、仓储记录不一致，可能导致企业采购业务未能如实反映，造成采购物资受损、短缺或资金流失。

二、采购业务的关键控制点、控制目标和控制措施

采购业务内部控制的关键控制点、控制目标和控制措施如表 7－1 所示。

表 7－1　采购业务内部控制的关键控制点、控制目标和控制措施

关键控制点	控制目标	控制措施
1. 审批采购计划	采购计划与其他计划相互衔接、综合平衡	（1）制定科学、合理的物资库存定额及消耗定额 （2）根据实际需求和定额标准，准确、及时地编制物资需求计划 （3）采购计划必须与生产计划、销售计划以及库存情况相互衔接、综合平衡 （4）物资采购计划应纳入全面预算管理 （5）采购计划必须经过严格的授权审批程序
2. 请购	采购申请规范化	（1）建立规范的采购申请制度 （2）严格按计划、按预算申请采购事项 （3）严格执行授权审批制度
3. 选择供应商	选择合适的供应商	（1）建立科学的供应商评估和准入制度 （2）按照公平、公正、公开和竞争的原则，择优确定供应商，并与供应商签订质量保证协议 （3）建立供应商管理信息系统和供应商淘汰制度
4. 确定采购价格	以合理的价格采购合格的产品	（1）建立健全采购定价机制和招投标制度 （2）建立物资采购价格数据库，定期开展重要物资的市场供求形势及价格走势商情分析，并加以合理利用 （3）采取协议采购、招标采购、比价采购、动态竞价采购等多种方式，科学合理地确定采购价格
5. 订立采购合同或框架协议	合法合规，维护企业利益	（1）引入竞争机制，确保供应商具备履约能力 （2）根据确定的供应商、采购方式、采购价格等情况，拟定采购合同或签署框架协议 （3）对重要物资验收量与合同量之间允许的差异，应当做出统一规定 （4）采购合同要准确描述合同条款，明确双方的权利义务和违约责任

续前表

关键控制点	控制目标	控制措施
6. 实施采购过程	确保采购合同的有效履行	（1）依据采购合同中确定的主要条款跟踪合同履行情况 （2）严格按合同办理预付款、运输、监督、投保等事宜 （3）落实物资供应责任制度 （4）实行全过程的采购登记制度或信息化管理，确保采购过程的可追溯性
7. 物资验收	确保入库物资的品种、数量和质量符合规定标准	（1）制定验收制度，明确验收标准 （2）落实验收人员责任制，确保验收内容齐全、过程规范、结果真实 （3）建立验收责任追究制度
8. 支付货款	付款方式恰当，资金、信誉不受损失	（1）制定规范的付款制度，落实付款审批人和付款人职责权限 （2）严格审核采购合同、发票等凭证的真实性、合法性和有效性 （3）严格按照合同条款、预算安排和审查无误的采购凭证办理付款 （4）合理选择付款方式，及时办理付款业务 （5）加强对预付账款和定金的管理，对大额或长期的预付款项应当定期进行追踪核查，确保资金安全

三、采购业务的会计系统控制

企业应当建立健全记录采购业务的会计凭证和账簿，正确核算应付账款和采购资金支付情况，妥善保管采购合同或框架协议、采购发票、付款凭证、入库凭证等资料，定期与供应商进行账务核对、与采购部门进行业务核对、与仓库保管员的保管账目及实存货物进行核对，全面真实地记录和反映企业采购业务各环节的资金流和实物流情况。采购业务的会计系统控制具体措施包括以下四个方面：

（一）准确核算采购业务

企业应按照国家统一的会计准则，对采购业务进行准确的会计核算与账务处理，要通过相应的会计账户准确进行物资采购核算和货款支付等业务活动。

（二）妥善保管采购合同、凭证等资料

财务部门要对采购业务的合同、协议、验收证明、入库凭证、退货情况、商业票据、购货发票、付款凭证等文件资料登记造册，派专人负责，妥善保管，以备查用。

（三）实行采购资金预算管理制度

财务部门要实行采购资金预算管理制度，严格按预算、按合同条款、按审核无误的付款凭证和付款审批制度办理货款支付。

（四）定期核对应付账款和库存物资账目

财务部门的采购核算岗位要定期向供应商寄发对账函，或面对面核对应付账款、应付票据、预付账款等往来款项，确保实现账账相符；存货核算岗位要定期与仓库保管员核对库存物资账目，确保会计记录、采购记录与仓储记录核对一致，账账相符、账实相符。

案例分析

白云公司的物资采购业务按如下程序和规定办理：

（1）由仓库根据库存和生产需要提出材料采购业务申请，填写一份物资需求单交采购部；采购部根据每月的采购计划，对物资需求单进行审批。如果符合采购计划，便组织采购；如果不符合采购计划，需经过公司领导批准后再组织采购。

（2）决定采购的材料，由采购部填写一式两联的物资订购单，其中一联由采购部留存，另一联交采购员，采购员凭物资订购单与供应商签订供货合同。

（3）供货合同的正本留采购部保存并与物资订购单核对一致，供货合同的副本分别转交仓库和财务部以备查。

（4）采购物资运抵仓库后，由仓库保管员验收入库。验收时，将采购的物资与采购合同副本、供应商交来的货运单相互核对无误。然后，填写一式三联的物资入库单，一联仓库留存，作为登记物资保管账的依据；一联转送采购部；一联转送财务部。

分析要求：根据内部控制的有关规范和原理，对白云公司的物资采购业务进行评审，指出其内部控制的缺陷，并提出改进建议。

分析提示：

（1）控制缺陷：

1）仓库只填一份物资需求单，无法核对采购部所采购的物资是否为本公司所需，也不易发现采购部是否存在自行订货的行为；

2）尽管采购部按照每月的采购计划采购物资，但具体采购业务的批准与执行均由一个部门来负责，因而缺乏必要的审核和制约；

3）采购部的供应商选择、采购价格确定和合同签署缺乏必要的审批、制约程序；

4）仓库保管员既负责物资验收，又负责办理物资入库手续，程序上缺乏必要的制约，况且，物资的内在质量问题仓库保管员是无法检验的。

（2）改进建议：

1）仓库填制的物资需求单应改为“一式两联”，其中一份本部门留存；

2）采购业务的组织应事先履行审批手续，由采购部填写物资订购单，经综合计划部、预算管理部审核无误后，报经公司领导批准；

3）物资订购单获批后，采购部要做好选择供应商、价格谈判、合同签订等工作，也必须履行相关审核批准手续；

4）采购物资运抵仓库后，首先由质量管理部门进行质量检验，并出具质量检验单；需要计量的，由计量部门负责计量，并出具计量单；只有质量检验合格、计量准确的采购物资，仓库保管员才能办理综合验收入库手续。

采购业务控制制度设计

一、采购业务控制制度设计的方法与内容

采购业务控制制度设计主要包括现状调研、风险评估和制度设计三大基本环节。各环节的工作方法与内容是：

（一）现状调研

制度设计者首先要整理描述采购业务方面的内部管理制度或相关文件，梳理采购业务的现状及业务流程，编制采购业务内部管理制度或相关文件情况表，完成编制采购业务流程目录、绘制采购业务流程图等采购业务控制制度设计的基础性工作。

1. 整理描述制度文件

制度设计者要认真梳理企业现有的控制制度或文件，重点关注有无采购业务方面的相关制度，制度设计是否完善，制度是否得到有效执行，有无具体的操作文件、表单及监控档案等。

2. 梳理描述业务流程

分析企业采购业务现行的流程包括哪些环节，能否有效控制采购业务风险，并将企业采购业务方面的业务流程现状以图表的形式描绘出来。

3. 确定业务流程目录

在梳理企业采购业务管理制度和业务流程现状的基础上，制度设计者应根据内部控制制度设计的要求，编制采购业务流程目录，绘制采购业务流程图。

（二）风险评估

采购业务风险评估的基本程序为：识别采购业务风险，并进行具体描述；分析采购业务风险，编制采购业务风险分析表；评估采购业务风险，编制采购业务风险评估表；确定采购业务风险应对策略；编制采购业务风险数据库等。

1. 识别并描述风险

评估采购业务风险，首先要把采购业务的具体风险识别出来，然后整理出整体层面的风险。采购业务具体风险是多种多样的，因企业的不同而有所不同。在采购业务内部控制构建与实施过程中，企业应根据《企业内部控制应用指引》中有关采购业务风险的提示，结合采购业务的实际情况，识别并具体描述采购业务方面存在的风险，以便完善采购业务的内部控制，有效控制采购业务风险。

2. 分析风险

采购业务风险分析的内容很多，一般应从成因和结果两个方面进行，并编制采购业务风险分析表。

3. 评估风险

评估采购业务风险应从可能性和影响程度两个维度进行，根据评估结果进行风险排序或划分等级，并编制采购业务风险评估表。

4. 选择风险应对策略

采购业务风险应对是根据风险评估的结果，针对风险的不同等级选择采购业务风险应对策略的过程。要针对不同等级的采购业务风险，相应采取风险规避、风险降低、风险分担和风险承受四种应对策略，并编制采购业务风险应对表。

5. 编制风险数据库

依据采购业务风险评估的结果编制采购业务层面的风险数据库。采购业务风险数据库的基本要素包括业务流程、风险描述、风险分析、风险排序、风险应对策略、剩余风险等，也可以加上内部控制制度设计完成后的控制措施、控制部门或岗位等。

（三）制度设计

采购业务控制制度设计，就是在评估采购业务风险的基础上，对采购业务内部控制进行设计的过程，是采购业务内部控制设计的关键环节。采购业务控制制度设计的基本程序包括：确定采购业务关键控制点，明确采购业务控制目标，提出采购业务控制措施，设计采购业务控制证据，优化采购业务控制制度，绘制采购业务控制流程图，编制采购业务控制矩阵。

1. 确定关键控制点

企业在构建与实施采购业务内部控制的过程中，要针对采购业务风险评估的结果，确定采购业务的一般控制点和关键控制点，并编制采购业务控制要点表。一般来说，采购业务的关键控制点至少应当包括请购、审批、购买、验收、付款等环节。

2. 明确控制目标

采购业务控制的基本目标是实现采购业务的计划性、合法性、安全性和效益性，有效控制可能发生的库存短缺或积压、采购物资质次价高，发生营私舞弊或遭受欺诈、采购物资损失、资金损失或信誉受损等方面的风险。各关键控制点的具体控制目标，应根据识别出来的可能存在的具体风险来设计。

3. 提出控制措施

构建采购业务内部控制体系，必须强化对采购业务控制点，尤其是关键控制点的风险控制，并采取相应的控制措施。采购业务内部控制措施要与采购业务相融合，并嵌入采购业务流程当中。企业应当结合实际情况，全面梳理采购业务流程，完善采购业务相关管理制度，统筹安排采购计划，明确请购、审批、购买、验收、付款、采购后评估等环节的职责和权限，按照规定的权限和程序办理采购业务，建立价格监督机制，定期检查和评估采购过程中的薄弱环节，采取有效控制措施，确保物资采购满足企业生产经营需要。

4. 设计控制证据

为了保证采购业务控制制度能够有效实施，企业需要制定必要的表单，为采购业务流程留下控制证据。采购业务的相关表单很多，包括物资采购申请单、请购单、采购计划、采购合同、价格申报单、采购发票、运费单、检验报告单、入库单、退货单、付款凭证、转账凭证、应付账款明细账、材料采购明细账、对账单等。

5. 优化控制制度

企业要将内部控制的思想、方法和措施嵌入采购业务管理制度中去。采购业务控制制度应制定多少个、内容包括哪些，会因企业的不同而不同。从务实的角度考虑，采购业务控制制度不宜过多，可制定一个统一的采购业务控制制度，内容至少应明确请购、审批、购买、验收、付款等环节的职责和权限。

6. 绘制控制流程图

企业应当根据采购业务流程、风险点、控制点及其相关的控制措施，结合具体单位的实际情况来绘制采购业务控制流程图。特别强调的是，应将采购业务内部控制流程和采购业务流程整合在一起，并在图上标示风险点和控制点。

7. 编制控制矩阵

采购业务控制矩阵是对采购业务流程图中的风险点、控制措施和控制证据等的详细说明与描述，是采购业务内部控制制度设计结果的集中体现，也是企业内部控制管理手册的重要组成部分。

二、采购业务控制制度设计的目标

采购业务控制制度设计的目标要围绕企业内部控制的战略目标、经营目标、资产目标、报告目标和合规目标，根据采购业务内部控制的总体要求来确定。一般而言，采购业务内部控制的基本目标是规范采购行为，保证企业生产经营活动顺利进行，实现企业采购业务的计划性、合法性、安全性和效益性。为此，采购业务控制制度设计应能实现如下控制目标：

（一）夯实基础管理，确保采购业务有序进行

开展采购业务需要制定各类物资储备定额，制定采购业务审批制度、采购价格管

理制度、采购合同管理制度、供应商核准制度、物资采购招标制度、物资管理制度、质量验收制度，明确采购业务职责分工与权限，编制采购业务流程和工作手册，建立采购业务绩效考核体系和采购信息数据库等基础管理工作。只有健全和加强采购基础管理工作，才能保证采购业务的有序进行。

（二）加强计划管理，保证采购业务与生产经营需要保持高度一致

在市场经济高度发达的当今社会，大部分企业的经营活动都是以市场为导向、以销售为龙头。企业供、产、销三大环节的先后顺序是：首先，根据市场预测和企业生产能力编制销售计划；其次，根据销售计划和库存情况编制生产计划；再次，根据生产计划编制物资需求计划；最后，根据物资需求计划和库存情况编制采购计划。因此，企业必须加强计划管理，确保根据生产经营活动的实际需要进行物资采购活动。

（三）严格审批采购业务，确保采购业务合法、合规进行

企业要明确采购业务审批程序，确保采购业务从形式到内容都符合国家法律法规和国际惯例，符合企业有关采购业务、价格管理、合同管理、资金管理的制度规定，遵守采购业务流程，确保采购业务按照规定的程序和权限进行，确保采购行为的合法性和合规性。

（四）选择合适的供应商，保证企业生产经营活动的正常运行

采购活动的基本任务是适价、适质、适量、适时、适地地采购物资，以保证企业生产经营活动的正常运行。要达成上述基本任务，选择供应商是关键。供应商选择不当，可能导致采购物资质次价高，甚至出现舞弊行为。因此，企业应建立科学的供应商评估和准入制度，对供应商资质、信誉情况的真实性和合法性进行审查，确定合格的供应商清单，健全企业统一的供应商网络。应当按照公开、公平、公正和竞争的原则，择优确定供应商，在切实防范舞弊风险的基础上，与供应商签订质量保证协议。要与主要供应商建立战略联盟，培育安全有效、互利共赢、长久稳定的供货渠道，确保生产经营活动的物资需求。

（五）加强风险防范，保证采购活动的安全性

采购业务的资金支付是以获得相应数量、质量和价值的物品或劳务为条件的。对那些确实需要预付款才能采购的材料、商品或劳务，应制定严格的报批、审核制度，防止和杜绝以预付款名义挪用、诈骗企业资金的行为发生。要严格遵循不相容职务分离控制和授权审批控制制度，防止串通舞弊，同时，要防止错记或人为篡改实物或劳务的金额和数量，以保证账面记录的数字与实际获得的物资或劳务的金额和数量一致。

（六）控制适当的价格，获得有利的采购成本

采购价格是影响采购成本的主要因素。采购价格过高，会加大企业的生产成本，产品将失去竞争力，供应商也将失去一个稳定的客户，这种供需关系也不能长久。采购价格过低，供应商利润空间小或无利可图，将会影响供应商供货的积极性，甚至以次充好、降低产品质量以维持供应，这样企业将是最终的受害者。因此，以适当的价格完成采购任务也是采购业务控制的重要目标之一。企业应当制定科学的采购定价机制，采取协议采购、招标采购、询比价采购、动态竞价采购等多种方式，科学合理地确定采购价格。采购价格应遵循“三同三比”的原则，即同样的物品比质量、同样的质量比价格、同样的价格比服务，分别采取询价、招标、专家会审、最高限价等形式确定合理而适当的采购价格。

（七）严格管理采购合同，维护供需双方合法权益

企业应根据采购需要、确定的供应商、采购方式、采购价格等情况与供应商签订具有法律约束力的采购合同，该合同要对双方的权利义务和违约责任等情况做出明确规定。大宗商品的采购应当采用招投标方式并签订合同协议，一般商品的采购可以采用询价或定向采购方式并签订合同协议。双方协商签订的合同条款，应符合国家和企业的相关规定。

（八）及时结算货款，维护企业良好信誉

采购货款结算不及时，不仅会损伤企业信誉，损害与供应商的合作关系，而且会影响企业生产经营的稳定性和持续性。因此，企业应当严格按合同规定的条件和时间，及时与供应商结算货款。在办理付款业务时，要严格审核约定的付款条件，以及采购发票、结算凭证、验收证明等的真实性、完整性、合法性及合规性，选择合理的付款方式。

（九）搞好会计核算，确保会计核算资料的真实性和完整性

财务部门要按照《企业会计准则》和有关采购业务核算制度处理采购业务，正确编制会计凭证，及时登记会计账簿，按时核对存货及应付账款，确保采购业务及其相关会计账目的核算真实、完整、规范，保证账账相符、账实相符。财务报告要合理揭示采购业务所享有的折扣与折让，及时、完整地向信息使用者披露采购活动信息。

三、采购业务控制制度设计案例

哈工大首创科技股份有限公司采购业务控制制度

第一章　总　　则

第一条　为了促进公司合理采购，有效规范采购行为，防范采购风险，根据有关法律法规和《企业内部控制基本规范》《内部控制应用指引第 7 号——采购业务》的要求，制定本制度。

第二条　本制度适用于公司及其下属各分公司及全资子公司、控股子公司［注：分公司及全资子公司、控股子公司，以下简称分（子）公司］。

第三条　本制度所称采购，是指购买商品（物资）或接受劳务及支付款项等相关活动。

第四条　公司采购业务至少应当关注下列风险：

（一）采购计划安排不合理，市场变化趋势预测不准确，造成库存短缺或积压，可能导致公司经营业务停滞或资金周转不灵。

（二）供应商选择不当，授权审批不规范，可能导致采购物资质次价高、发生舞弊或遭受欺诈。

（三）采购验收不规范，付款审核不严，可能导致采购物资、资金损失或信用受损。

第五条　公司在建立与实施采购内部控制过程中，至少应强化对下列关键方面或关键环节的控制：

（一）公司应当根据发展战略，结合年度实际情况，统筹安排采购计划。

（二）全面梳理采购业务流程，完善采购业务相关管理制度。

（三）购买、验收、付款、采购后评估等环节的职责权限和岗位分离要求应当明确，按照规定的审批权限和程序办理采购业务。

（四）公司应当定期检查和评价商品（物资）或劳务质量情况，采取有效控制措施，确保商品（物资）或劳务的采购满足公司经营需要。

第六条　公司及其下属各分（子）公司业务管理部门应当制定有关制度和流程，经主管经理审核后报所在公司总经理批准实施。

第二章　购　　买

第七条　公司及其下属各分（子）公司应指定专门部门或专人集中办理采购业务，同一品牌的商品不得多头采购或分散采购。

公司除小额零星商品（物资）或劳务外，不得安排同一机构办理采购业务全过程。

对重要和技术性较强的采购业务，公司应当组织相关专家进行论证，实行集体决策和审批。

第八条　公司及其下属分（子）公司应当根据预算计划安排采购。

对于预算外采购项目，有关单位或部门应当先履行预算外请购审批，经主管经理批准后，再行办理采购手续。

第九条　公司有关业务部门应当对供应商的商品（物资）或劳务的质量、价格、供货条件及其资信、经营状况等进行综合评价，根据评价结果进行合理选择和调整。业务部门选定的供应商应当经主管经理批准后建立供应商管理信息系统。

必要时，公司可委托具有相应资质的中介机构对供应商进行资信调查。

第十条　公司应当根据市场情况和采购计划合理确定采购方式。

非约定品牌代理商供应的大宗商品（物资）或劳务等的采购可采用招标方式。

一般商品（物资）或劳务等的采购可采用询价或定向采购的方式；小额零星商品（物资）或劳务等的采购可采用直接购买等方式。

第十一条　公司应当建立采购商品（物资）或劳务定价机制：大宗采购商品（物资）的价格，可以采用招投标或谈判方式确定；其他商品（物资）或劳务的采购价格，可以根据市场行情确定最高采购限价。

第十二条　公司的采购合同应当根据确定的供应商、采购方式、采购价格等情况拟定采购合同，准确描述合同条款，明确双方权利义务和违约责任，按照规定权限签订采购合同。

公司对小额零星采购可以不签订采购合同。

第十三条　公司应当建立采购验收制度，确定检验方式，由验收部门或验收人员对采购项目的品种、规格、数量、质量和其他相关内容进行验收，出具验收证明，经过专业测试的还应当递交测试报告。

验收过程中发现的异常情况，负责验收的部门或人员应立即向采购部门或请购部门和财务部门报告；有关部门应查明原因，及时处理。

与厂方联营的各类品牌商品可由厂方自行组织验收入库，公司有关部门应当进行定期抽查。公司定期抽查时，应当进行书面记录并妥善保存。发现质量不符合相关规定的，应及时采取措施；发现质量存在重大安全问题的，应及时封存，并报告质量监管机构处理。

第十四条　公司应当加强对商品（物资）或劳务采购供应过程的管理，依据采购合同中确定的主要条款跟踪合同履行情况，对有可能影响经营或工程进度的异常情况，应出具书面报告并及时提出解决方案。

公司应当做好采购业务各环节的记录，对商品采购和大宗物资采购业务的全过程进行登记或信息化管理，确保采购过程的可追溯性。

第三章　付　　款

第十五条　公司应当加强对采购付款的管理，完善付款流程，明确付款审核人的责任和权力，严格审核采购预算、合同、相关单据凭证、审批程序等相关内容，审核无误后按照合同规定及时办理付款。

公司应当重视对采购付款的过程控制和跟踪管理，发现异常情况的，应当拒绝付款，避免出现资金损失和信用受损。

公司应当合理选择付款方式，并严格遵循合同规定，防范付款方式不当带来的法律风险。

第十六条　公司应当加强对预付账款和定金的管理。对大额或长期的预付款项，应当定期进行追踪核查，综合分析预付账款的期限、占用款项的合理性、不可收回风险等情况，发现有疑问的预付款项，应当及时采取措施。

第十七条　公司应当加强对购买、验收、付款业务的会计系统控制，详细记录请购申请、采购合同、验收证明、入库凭证、款项支付等情况，确保会计记录、采购记录与仓储记录核对一致。

公司应当定期与供应商核对应付账款、应付票据（包括约定的付款日期、折扣条件）、预付账款等往来款项，重大事项应当记录存档备查。

第十八条　公司应当加强进货退出管理，及时收回退货货款。涉及符合索赔条件的退货，应在索赔期内及时办理索赔。

第四章　附　　则

第十九条　公司及其下属各分（子）公司应当按照本制度规定的要求制定相关实

施细则或具体执行办法。实施细则或执行办法经所在单位总经理室办公会议批准后执行，并报公司办公室备案。

第二十条　本制度由公司董事会负责解释和修订。

第二十一条　本制度自2014年1月1日起试行，自公司董事会审议批准之日起正式施行，修改时亦同。

哈工大首创科技股份有限公司董事会

2014年1月1日

【能力训练】

一、知识巩固

（一）单选题

1. 采购风险是指因采购业务构成要素存在的不确定性而给企业采购业务带来的（　　）。

A. 风险　　B. 采购质量低下

C. 不确定性或损失　　D. 采购价格偏高

2. 采购业务流程包括准备、实施、（　　）三个基本阶段。

A. 完成　　B. 结算　　C. 考核　　D. 核算

3. 采购准备一般包括请购、选择供应商、确定采购价格、（　　）等环节和内容。

A. 确定结算方式　　B. 确定采购渠道

C. 订立采购合同　　D. 商务谈判

4. 采购业务控制的基本目标是规范采购行为，保证企业生产经营活动顺利进行，实现企业采购业务的（　　）、合法性、安全性和效益性。

A. 计划性　　B. 可行性　　C. 可靠性　　D. 目的性

（二）多选题

1. 采购业务内部控制的总体要求包括（　　）。

A. 保证采购业务的合规性　　B. 保证采购业务的计划性

C. 保证采购业务的效益性　　D. 防止采购业务的舞弊行为

2. 下列选项中，属于企业采购业务应当关注的风险是（　　）。

A. 计划安排不合理风险　　B. 供应商选择不当风险

C. 采购价格失控风险　　D. 货款及时支付风险

3. 采购业务的会计系统控制具体措施包括（　　）。

A. 准确核算采购业务　　B. 妥善保管采购合同、凭证等资料

C. 实行供应商评估准入制度　　D. 定期核对应付账款和库存物资账目

4. 采购业务控制制度设计的目标包括（　　）。

A. 夯实基础管理，确保采购业务有序进行

B. 加强计划管理，保证采购业务与生产经营需要保持高度一致

C. 选择合适的供应商，保证企业生产经营活动的正常运行

D. 建立客户信用评估机制，有效控制信用风险

（三）判断题

1. 采购是指企业购买物资、接受劳务及支付款项等相关活动。（　　）

2. 为了提高经济效益，物资的采购价格越低越好。（　　）

3. 采购计划是依据销售计划直接编制的。（　　）

二、案例分析

1. 五彩公司为一家劳动密集型的大型服装设计、加工及销售企业，加工服装所需的原料包括布料、纽扣及装饰品等，原料主要来自国内外近百家纺织厂和其他相关厂家。该公司的材料采购程序如下：

（1）加工车间主任白杨根据加工需要填制一式三联的订购单，直接向供货方订购原料，第一联交供货方，第二联车间留存，第三联送交验收部门。

（2）材料运达后，直接由质检部点验，在确认质量合格、数量正确，并与采购发票核对无误后，由质检部经理杨柳在收货单上签字，然后将已签字的收货单连同采购发票送交财务部门。

（3）财务部指定材料会计何叶负责登记材料采购业务账簿。何叶根据质检部送交的收货单和采购发票，分别登记材料明细账和应付账款明细账，并据以填制付款凭单，交出纳人员付款。

（4）材料验收合格后，由质检部通知加工车间主任白杨，将材料转运到加工车间的材料存放点，车间材料管理员李梓清点后在库存材料账上登记所收的材料数量，并根据各加工人员的需要直接发出材料。

【分析要求】

（1）分析五彩公司材料采购制度中存在的缺陷。

（2）针对存在的缺陷，提出加强内部控制的措施。

2. 2006年5月20日，由监察部牵头，公安部、卫生部、国家食品药品监管局参加的调查工作组，会同黑龙江和江苏省政府，对齐齐哈尔第二制药有限公司（简称齐二药）制售假药案件进行了深入调查。现已查明：这是一起不法商人销售假冒药用辅料，齐二药采购和质量检验人员严重违规操作，使假冒药用辅料制成假药投放市场进而致人死亡的恶性案件。在这起案件中，有关药品监管及工商行政管理部门监管不力，工作严重失职。

经查，江苏省泰兴市不法商人王桂平以中国地质矿业总公司泰兴化工总厂的名义，伪造药品生产许可证等证件，于2005年10月将工业原料二甘醇假冒药用辅料丙二醇，出售给齐二药。齐二药采购员钮忠仁违规购入假冒丙二醇，化验室主任陈桂芬等人严

重违反操作规程，未将检测图谱与药用标准丙二醇图谱进行对比鉴别，并在发现检验样品相对密度值与标准严重不符的情况下，将其改为正常值，签发合格证，致使假冒药用辅料投入生产，制造出假药并投放市场。广州中山三院和广东龙川县中医院使用此假药后，致 11 名患者出现急性肾功能衰竭并死亡。

鉴于齐二药原总经理尹家德，法定代表人向东，副总经理郭兴平、朱传华，化验室主任陈桂芬，采购员钮忠仁，泰兴市不法商人王桂平，泰兴化工总厂法定代表人沙荣芳，南京正一联合会计师事务所副主任张忠仁，泰兴市祥瑞联合会计师事务所负责人李雪华等涉嫌犯罪，公安机关已经对上述 10 人立案侦查并采取强制措施。

【分析要求】根据所学知识思考以下问题：

（1）齐二药假药案件暴露出该企业采购业务控制制度存在哪些问题？

（2）齐二药在采购业务控制制度中应采取哪些控制措施，以避免类似案件的再次发生？

三、复习思考

1. 什么是采购业务？企业采购业务至少应当关注哪些风险？
2. 简述采购业务内部控制的总体要求。
3. 企业采购业务流程有哪些？
4. 简述审批采购计划的控制目标和主要控制措施。
5. 企业采购业务有哪些关键控制点？

成本费用控制

【教学目标】

1. 知识目标
- 了解成本费用的业务流程
- 掌握成本费用内部控制的总体要求
- 重点掌握成本费用的主要风险、关键控制点和控制措施

2. 能力目标
- 理解成本费用控制制度设计的目标
- 初步掌握成本费用控制制度设计的方法

【学习指南】

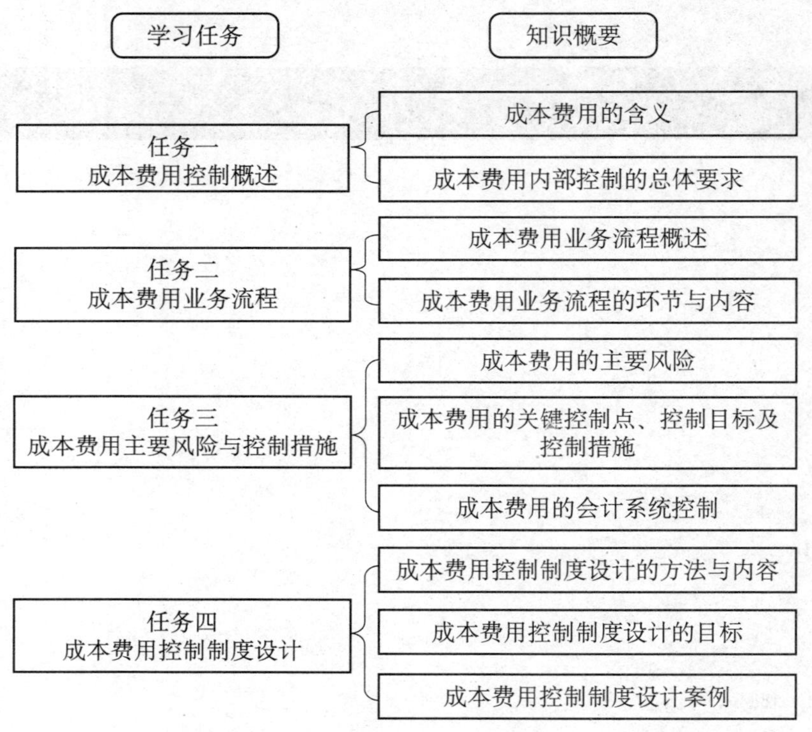

【教学引导】

成本和管理失控酿苦果

在过去几年间，青岛威奥轨道集团有限公司（简称威奥）在高铁内装市场异军突起，在铁道部（于2013年3月撤销）“点装”订单的支持下，威奥一度风光无限：地

方政府支持、银行支持……

2011 年 2 月 28 日，时任铁道部运输局局长张曙光被停职审查之后，数家与其关系密切的民营高铁供应商负责人相继被调查。威奥董事长孙汉本就是其中之一。

点装，即点名装配，是铁路行业的潜规则之一。2008 年，在铁路内装市场积累不多的孙汉本，大举拿下高铁内装件订单，一度成为中国北车集团内装配件的垄断供应商，惊煞业内同行。孙汉本有张曙光等人在背后撑腰，被铁道部“点装”的消息在业内流传开来。

然而好景不长。随着 2011 年铁道部高官刘志军、张曙光被立案调查，高铁市场超常规发展也戛然而止，铁路项目停工、拖欠供应商货款之事层出不穷。当初孤注一掷“豪赌”高铁业务的威奥也旋即损失惨重：拖欠银行贷款 6 亿元、北车租赁贷款 3 亿元，而资产总值及应收账款也仅为 9 亿元；2011 年年初以来，新订单绝迹，仅靠老订单维持，大量高成本的设备、厂房闲置……

从 2004 年起，为人豪爽、出手大方的孙汉本，在铁路系统网织了良好的人脉关系，搭上了高铁对外合作、快速发展的便车，也踏上了一条极盛而衰的不归路。威奥的几度沉浮，折射出了一个民企高铁供应商的兴衰命运。

一、白手起家

2002 年，孙汉本夫妇成立了威奥装饰，主要制造加工铁路配件及办公家具。2004 年，铁道部开始实施装备现代化项目，成立了动车组项目联合办公室，通过招标的方式，引进和消化吸收国际铁路设备制造商的技术。威奥装饰相机而动，与瑞士罗美公司成立了合资公司——青岛罗美威奥新材料制造有限公司（简称罗美威奥）。2006 年，罗美威奥以国外西门子配件公司的身份顺利拿到了唐山机车车辆厂（简称唐车）的订单，合同金额 1.47 亿元，这成为孙汉本的第一桶金。

二、“点装”而兴

在 2008 年之前，威奥的日子并不好过。拿到唐车订单后，2007 年，孙汉本大肆投资建设厂房，一时成本失控，令威奥濒临破产，当时一年营业额 3 000 多万元，但亏损却高达 2 000 多万元。其间，威奥不得已进行了两次股权质押，孙汉本连自己的房子都押给了银行。

伴随着 2008 年金融危机的到来，中国“4 万亿元”投资的出笼，给中国铁路带来了大发展时机。此时，孙汉本前期积累的铁路人脉关系派上了大用场。在高铁内装件的竞标中，孙汉本一度垄断北车内装市场。“老孙能拿到订单，我们一开始吃惊，后来也不觉得稀奇。”铁路内装市场的人士认为孙汉本的为人及社交能力，在关系至上的高铁市场，起到了重要作用。

三、无度扩张

2009 年，孙汉本又在青岛工业港兴建了 4.5 万平方米的厂房；此后又跟唐车合作，在唐山投资近 1.5 亿元建厂；在跟唐山合作之前，孙汉本还曾经和长春客车厂合作，投建内装工厂……截至 2010 年年底，孙汉本已经扩张成为拥有威奥集团、罗美威奥、IFE 威奥轨道、长春新锐等数家企业的集团公司掌门人。但是，大举扩张的效果远逊于预期。“老孙在长春成立的给长春客车公司做内装的工厂，最后赔了，设备变卖，骨干调回来。”一位内装市场人士说，“内装市场只是表面上利润高，实则有很多看不到的成本，比如运输和安装的损失责任界定，以及产品交出后的服务成本等。”上述人士评价，孙汉本并非内装市场的真正行家。

四、今非昔比

祸兮福之所倚，福兮祸之所伏。孙汉本在强大的拿单能力支撑下大举扩张，但内部成本管理失控，为后来的失败埋下了伏笔。

据其公司内部人士透露，威奥内部就像一个微缩版的铁路市场。“从资金到采购到物流，各层都吃回扣，一个两毛钱的螺丝，报价要30元。上上下下普通员工都可以吃回扣，整个成本都提高了。”一个给威奥建造厂房的项目供货商说：“从威奥赚钱太容易了，打点好一个人，产品就可高价卖出。”威奥内部人士也承认：“建造厂房都是按上面指定的价格去办，很多零配件都是从指定的供货商处购买，哪怕是那种夫妻档的小厂子。这里面牵扯的利益链条太多了。”

威奥的命运，是中国高铁市场沉浮的一个缩影；而孙汉本与外资合作的委曲求全，与官员打交道的鞍前马后，却是一个典型的民营企业主的形象素描。

资料来源：王晨．成本和管理失控酿苦果．经理日报，2012-02-08.

【问题思考】

（1）从内部控制的角度思考，青岛威奥轨道集团有限公司为什么没有逃过由盛到衰的命运？

（2）采取哪些控制措施才能有效避免企业成本费用的失控局面？

成本费用控制概述

一、成本费用的含义

成本与费用是两个既互相联系又存在区别的会计概念。理清它们的概念及其相互关系对于理解和学习成本费用内部控制是十分必要的。

（一）成本的概念

成本的定义有广义与狭义之分。广义的成本是指企业为取得资产或提供劳务而付出的各种耗费，包括产品成本、劳务成本、资金成本、固定资产成本、存货成本、投资成本等。狭义的成本仅包括产品成本和劳务成本，是指企业为生产经营产品或提供劳务而发生的各种耗费。在制造成本法下，产品成本由直接材料、直接人工和制造费用构成。成本具有以下三个方面的特征：

1. 成本是特定对象的耗费

成本没有独立的存在形式，它必须依附于特定的资产或劳务而存在，离开了特定的资产或劳务而谈成本是没有意义的。

2. 成本是企业资源等价转换的产物

只有资源的相互等价转换才能形成成本，包括企业对外交易发生的资源交换和内部不同资源之间的相互转换。

3. 成本的发生不会减少所有者权益

由于成本是企业资源等价转换的产物，因此企业发生成本，只是资源从一种形态转变成了另外一种形态，不影响所有者权益的变化。

（二）费用的概念

费用的概念也有广义与狭义之分。广义的费用是指企业在日常活动中发生的、会导致所有者权益减少的、与向所有者分配利润无关的经济利益的总流出，包括营业成本和期间费用。狭义的费用仅包括期间费用，是指与一定会计期间相联系，不计入产品成本、直接计入发生当期损益的费用，包括销售费用、管理费用和财务费用。费用具有以下三个方面的特征：

1. 费用是企业在日常活动中形成的

这些日常活动的界定与收入定义中涉及的日常活动的界定相一致。日常活动所产生的费用通常包括营业成本、职工薪酬、折旧费、无形资产摊销等。将费用界定为日常活动中形成的，是为了将其与损失相区分，企业非日常活动中形成的经济利益的流出不能确认为费用，而应当计入损失。

2. 费用是与向所有者分配利润无关的经济利益的总流出

费用的发生应当会导致经济利益的流出，从而导致资产的减少或者负债的增加，其表现形式包括现金或者现金等价物的流出，存货、固定资产和无形资产等的流出或者消耗等。企业向所有者分配利润也会导致经济利益的流出，而该经济利益的流出属于所有者权益的抵减项目，不应确认为费用。

3. 费用会导致所有者权益的减少

与费用相关的经济利益的流出应当会导致所有者权益的减少，不会导致所有者权益减少的经济利益的流出不符合费用的定义，不应确认为费用。

费用的确认除了应当符合定义外，还应符合三个条件：一是与费用相关的经济利益很可能流出企业，二是经济利益流出企业的结果会导致企业资产的减少或者负债的增加，三是经济利益的流出额能够可靠计量。

（三）成本与费用的关系

1. 两者的联系

（1）成本和费用都是企业经济资源的耗费。

（2）成本是按一定资产或劳务对象归集的费用，资产或劳务成本是针对一定的成本计算对象对当期发生的费用进行归集而形成的，期末当期已销产品或已提供劳务的成本结转计入当期的费用，按照“收入－费用＝利润”的会计等式核算企业利润。

2. 两者的区别

（1）成本有特定的对象，而费用没有特定对象。费用与一定的期间相联系，是在某个会计期间发生的全部耗费，而不论这种耗费是否用于取得资产或取得哪项资产；成本与一定种类和数量的资产相联系，是为了取得一定资产而发生的全部耗费，而不论这种耗费发生在哪一期间。

（2）狭义的费用是经济利益的流出，它的发生必然导致企业所有者权益的减少；而成本是取得资产的代价，它的发生不会导致企业所有者权益的减少。

（四）成本费用支出的内容

按构成划分，企业成本费用支出的内容主要包括物料消耗支出、职工薪酬支出、制造费用支出和期间费用支出。

1. 物料消耗支出

物料消耗支出是企业产品成本的主要构成，一般占总成本的60%以上，是成本费用控制的主要对象。影响物料消耗支出的因素主要包括采购、库存、生产消耗、回收利用等环节。因此，物料消耗的控制活动应当从采购、库存管理和生产消耗三个环节入手。

2. 职工薪酬支出

随着经济社会发展和人力资源整体素质的提高，员工工资逐年增加已经成为不可逆转的发展趋势。因此，如何实现职工薪酬与经济效益的同步增长，对于实现成本费用控制目标具有重要意义。职工薪酬控制活动的关键在于提高劳动生产率，它与劳动定额、工时消耗、工时利用率、工作效率、工人出勤率等因素密切相关。

3. 制造费用支出

制造费用包括产品成本中除直接材料和直接人工以外的一切生产成本，主要包括企业生产部门为组织和管理生产活动所发生的各项费用以及固定资产折旧费。制造费用在产品成本中所占的比重一般在10%左右，是产品制造成本的重要组成部分。

4. 期间费用支出

期间费用是指企业管理部门在一定时期内为组织和管理生产经营活动而发生的费用，包括管理费用、财务费用和销售费用。这些费用随着时间推移而发生，并与当期产品管理和产品销售直接相关联，而与产品产量、产品制造过程无直接联系。期间费用的发生直接影响着企业的经营成果、财务状况和现金流量。因此，搞好期间费用控制是成本费用控制的重要内容。

（五）加强成本费用控制的重要意义

成本费用控制是指在成本费用形成过程中，对其事前进行规划、预算和制定目标；事中进行监督、核算，将其控制在预定的目标范围之内；事后对其形成过程和结果进行分析、评价、改进提高的一系列管理活动。简而言之，成本费用控制是为实现成本管理目标而采取的行动和措施，包括成本预测、成本决策、成本计划、成本执行、成本控制、成本核算、成本分析和成本考核等环节。

随着我国社会主义市场经济的迅速发展和改革开放的不断深入，企业的竞争日趋复杂而激烈，为了保证企业持续经营，永立不败之地，必须坚持更新成本管理观念，加强成本费用管理，严格成本费用控制。这是提高企业经济效益，实现企业价值最大化的关键。

1. 加强成本费用控制是提高企业经济效益的主要途径

经济效益无论从微观上还是从宏观上都是投入与产出的比较体现。企业是以盈利为目的的经济组织，成本费用是抵减利润的主要因素。降低成本费用可以增加利润，进而可以提高企业整体的经济效益。当今市场总体供求关系已转换，简单地扩大生产规模已失去其社会意义。扩大规模与提高经济效益之间没有必然的联系，在确保产品质量的前提下降低成本费用才是提高经济效益的途径。

2. 加强成本费用控制是提高企业产品竞争力的主要手段

企业的成本费用水平对产品的价格影响重大。若企业的成本费用水平较低，产品价格就可以定得较低；若成本费用水平较高，低价格就会使企业处于不利的境地。通过有效的成本费用控制，可以降低企业的成本费用水平，提高企业在竞争激烈的市场中，尤其是在残酷的价格战中的竞争力。

3. 加强成本费用控制为经济和社会的可持续发展开辟了道路

成本费用不仅是企业为了获得利润而付出的代价，而且是对社会各种资源的综合耗费。因此，降低成本费用就是降低对社会资源的消耗，就是相对增加社会财富。从长远发展角度看，社会在满足当代人需求时都应以不影响后代人满足其需求为前提。某些物资是社会的稀有资源或不可再生资源，节约对这些物资的消耗，就是对资源的一种保护，是对社会的一种贡献。降低成本费用意味着节约社会资源消耗，对于提升社会经济效益，减少不可再生资源的消耗，确保未来社会的可持续发展具有重大意义。

二、成本费用内部控制的总体要求

企业应当根据国家有关法律法规，结合企业实际情况，全面梳理成本费用业务流程，完善成本费用相关管理制度，明确预测、决策、预算、控制、核算、分析、考核等成本费用控制环节的职责和权限，按照规定的权限和程序办理成本费用业务，定期检查和评价成本费用业务的薄弱环节，采取有效控制措施，保证各项成本费用合法、合规，核算准确、及时，成本费用报告及相关信息真实、完整，以降低成本费用，提高经济效益，促进企业实现发展战略。

（一）保证成本费用支出的合法性

企业各项成本费用支出，必须符合国家财经法规《企业会计准则》《企业产品成本核算制度（试行）》和公司相关规章制度的规定，严格遵守国家规定的成本费用支出范围和支出标准，不准随意扩大成本费用的支出范围和提高支出标准。

（二）保证成本费用支出的合理性

企业各项成本费用支出，必须符合本企业经营活动的需要，要严格遵守成本费用支出范围，保证成本费用列支正确、规范，正确划分收益性支出与资本性支出的界限、本期成本费用与下期成本费用的界限、在产品成本与产成品成本的界限，以及公司内部各部门之间成本费用的界限、各种产品的成本界限。

（三）保证成本费用支出的可控性

企业应当制订科学、合理的成本费用计划，使企业各项成本费用支出都受计划的约束和控制。同时，企业应当对成本费用业务建立严格的授权批准制度，明确审批人对成本费用业务的授权批准方式、权限、程序、责任和相关控制措施，规定经办人办理成本费用业务的职责范围和工作要求，确保各项成本费用的发生、列支都在可控范围之内。

（四）保证成本费用核算的正确性

企业应当按照国家统一的会计法规和财政部2013年8月16日颁布的《企业产品成本核算制度（试行）》，加强企业成本费用核算工作，保证成本费用信息的真实性和完整性。要建立科学、完善的成本费用核算体系，采用科学、规范的成本费用核算方法，正确核算成本费用，努力节约成本费用支出，力求减少损失和浪费，降低成本，提高经济效益，促进企业可持续发展。

（五）保证成本费用控制的全面性

成本费用在空间上渗透到了企业的方方面面，在时间上贯穿了企业生产经营活动的全过程，因此，企业应当实行全部、全员和全过程的成本费用控制，要对企业所有成本费用进行严格控制，上至董事长、总经理，下至每一名员工都要参与成本费用的控制，并将成本费用控制覆盖到成本费用形成的全过程，促进企业实现发展战略。

成本费用业务流程

一、成本费用业务流程概述

成本费用业务流程涵盖企业成本费用管理的全部内容，包括对企业生产经营活动的各个方面、各个环节及各个阶段的所有成本费用进行预测、决策、预算、控制、核算、分析和考核的一系列成本费用业务活动。成本费用预测、成本费用决策、成本费用预算、成本费用控制、成本费用核算、成本费用分析和成本费用考核共同构成了企业成本费用管理的完整系统。企业成本费用管理包括的内容如图 8－1 所示。

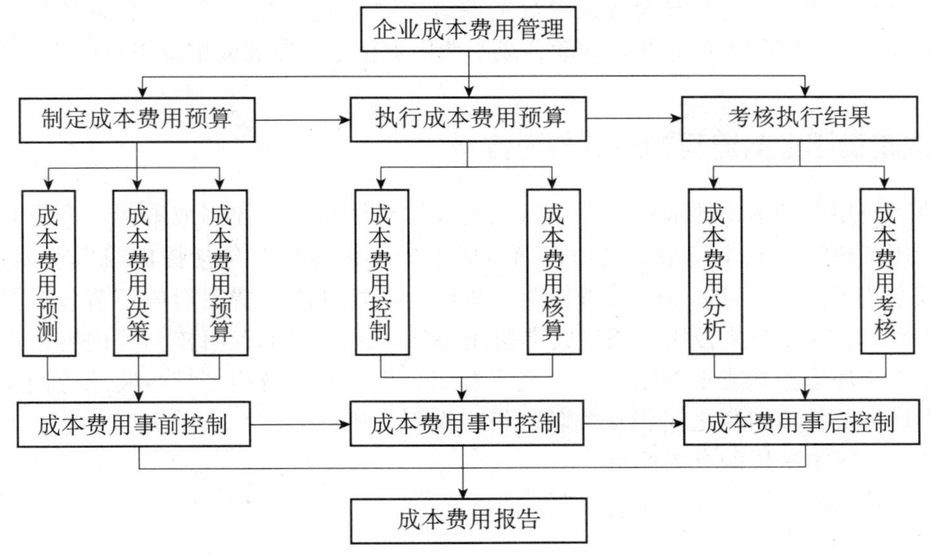

图 8－1 企业成本费用管理内容图

图 8－1 显示，企业成本费用管理包括成本费用事前控制、成本费用事中控制和成本费用事后控制三个基本环节。

(一) 成本费用事前控制

成本费用事前控制也称成本费用前馈控制，是在产品投入生产之前对影响成本费用的各项因素进行事前预测、决策和计划。这一环节的具体内容包括：进行成本费用预测，为确定成本费用目标提供依据；进行成本费用决策，确定成本费用目标；编制成本费用预算，为成本费用控制、核算、分析和考核提供依据。

(二) 成本费用事中控制

成本费用事中控制也称成本费用过程控制，是在产品成本费用形成过程中，按照预定的成本费用目标对各种成本费用支出进行审核、对比和监督，揭示实际耗费偏离成本费用目标的差异，并及时采取措施予以纠正，确保成本费用目标的实现。这一环节的具体内容包括：进行成本费用控制，使成本费用的发生按照预算水平形成；进行成本费用核算，反映成本费用预算的执行情况和成本费用控制的结果。

(三) 成本费用事后控制

成本费用事后控制也称成本费用后馈控制，是在产品成本费用形成之后，对实际发生的成本费用与成本费用目标的差异进行综合分析和研究，找出实际发生的成本费用脱离成本费用目标的主客观原因，确定其责任归属，对成本费用责任单位进行相应的考核和奖惩，为下一个成本费用循环提出积极有效的措施，以避免不合理支出和损失的再次发生。这一环节的具体内容包括：进行成本费用分析，确定实际发生的成本费用与成本费用目标的差异及形成差异的原因；进行成本费用考核，正确评价成本费用责任部门及员工的工作业绩，调动各成本费用责任单位完成成本费用目标的积极性。

二、成本费用业务流程的环节与内容

成本费用业务活动的基本程序包括确定成本费用目标、控制成本费用形成和进行成本费用考核三大基本环节。其中，确定成本费用目标环节包括提出成本费用目标、编制成本费用预算、目标分解与责任落实等内容；控制成本费用形成环节包括执行成本费用预算、实施日常控制、调整成本费用差异、进行成本费用核算等内容；进行成本费用考核环节包括成本费用报告、成本费用分析、成本费用考核与奖惩等内容。三大基本环节及各项内容之间相互关联、相互作用、相互衔接，从而实现对企业生产经营活动所有成本费用的有效控制。

成本费用业务流程各个环节的主要内容如下：

（一）确定成本费用目标

1. 提出成本费用目标

成本费用目标是企业一定时期内所要达到的某一水平的成本费用指标。它可以是定量指标，也可以是定性指标。例如，可比产品成本降低5%，管理费用率为10%，达到企业历史最低成本费用水平，等等。在编制成本费用预算之前，企业管理当局需要根据年度经营目标确定成本费用目标，将其作为编制成本费用预算的主线和方向。成本费用目标的确定应遵循先进、合理的原则，确保成本费用目标符合企业的实际情况。

2. 编制成本费用预算

成本费用预算是根据成本费用目标，综合考虑企业生产能力、成本费用定额、材料价格、员工薪酬、管理要求等多种因素后编制的企业预算期内的成本费用指标及成本费用升降率的计划安排。成本费用预算是企业进行日常成本费用控制的具体依据，也是评价、考核各部门成本费用控制业绩的标准尺度。

3. 目标分解与责任落实

成本费用目标和成本费用预算确定下达后，要经过层层分解，从横向和纵向两个方面将成本费用目标和成本费用预算细化为具体的成本费用控制标准，落实到企业内部各个成本费用责任部门，形成全方位的成本费用控制责任体系。确定成本费用控制标准的方法主要有三种：一是指标分解法，即将大指标分解为小指标；二是预算法，即采用制定预算指标的方式来制定成本费用控制标准；三是定额法，即建立和制定各项成本费用定额，作为成本费用控制标准。

（二）控制成本费用形成

1. 执行成本费用预算

在整个预算期内，企业各项生产经营活动中发生的成本费用都要以成本费用预算为基本依据，确保成本费用预算的贯彻执行。

2. 实施日常控制

成本费用日常控制是按照一定的程序和方法，确保企业及各部门落实成本费用预算、实现成本费用目标的过程。企业通过确定成本费用目标和编制成本费用预算为预算期的成本费用耗费制定了目标和依据，通过实施日常控制确保成本费用的形成不偏离成本费用目标。成本费用日常控制的主要内容包括材料费用控制、人工费用控制、制造费用控制、期间费用控制等。

3. 调整成本费用差异

在成本费用形成过程中，针对发生的实际成本费用与成本费用目标之间的差异，要及时查明原因。成本费用目标不恰当的成本费用差异，应调整成本费用标准；主观原因造成的成本费用差异，应落实责任主体，及时纠正偏差。

4. 进行成本费用核算

成本费用核算是指对生产经营过程中实际发生的成本费用按照一定的核算对象进行归集和分配，采取适当方法计算出成本计算对象的总成本和单位成本，以及各项期间费用发生额的过程。通过成本费用核算，可以反映成本费用预算的执行情况和成本费用控制的最终结果，并为成本费用的事中控制提供依据。

（三）进行成本费用考核

1. 成本费用报告

成本费用报告是指采用报表、报告、通报等书面或电子文档形式对成本费用预算执行过程和结果等信息进行的总结和反馈。它既包括日常成本费用预算执行情况的报告，又包括预算年度结束后，对全年成本费用预算执行结果进行的总结报告。

2. 成本费用分析

成本费用分析是根据成本费用核算所提供的资料及其他信息资料，与预算成本费用、目标成本费用、定额成本费用、上年实际成本费用相比较，确定差异额，分析差异产生原因的过程。通过成本费用分析，可以了解企业实际发生的成本费用与各种成本费用目标之间的差异及形成差异的原因，厘清和落实责任，为成本费用考核与奖惩提供依据。

3. 成本费用考核与奖惩

成本费用考核与奖惩是对成本费用控制实施过程和实施效果进行的考核与评价，既包括对企业成本费用控制活动实施效果的全面考评，又包括对成本费用责任部门和责任岗位的考核与业绩评价。成本费用考核与奖惩是成本费用控制必不可少的一个环节，通过成本费用考核与奖惩可以正确评价各个成本费用责任部门及员工的工作业绩，奖优罚劣，调动各责任单位完成成本费用目标的积极性。

企业成本费用业务流程如图8-2所示。

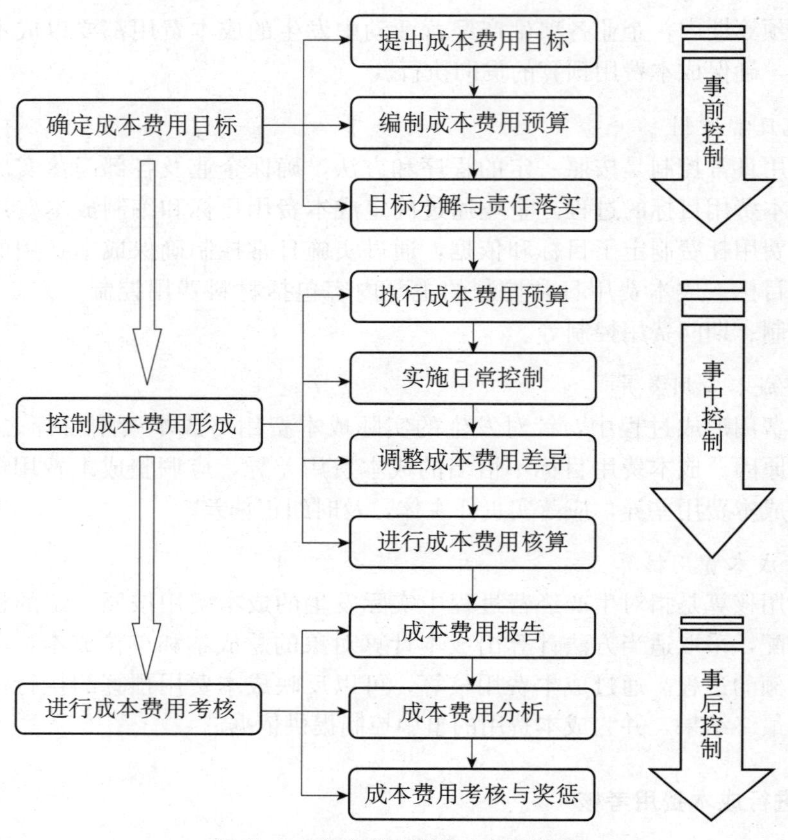

图8-2 企业成本费用业务流程图

成本费用主要风险与控制措施

一、成本费用的主要风险

企业至少应当关注涉及成本费用的下列风险：

（一）成本费用支出违规风险

企业法律意识淡薄，成本费用支出可能违反国家法律法规、违反税收政策，多列或少列成本费用，甚至可能采取虚构成本费用列支的方法，隐匿真实利润，以达到偷逃税金的目的，从而可能遭受税务部门的处罚，造成经济损失和企业信誉受损。

（二）成本费用审批不严风险

企业缺乏应有的成本费用控制措施，成本费用支出未经适当审批或超越授权审批，可能导致采购环节营私舞弊、生产环节资产流失、销售及管理环节费用浪费等混乱局面，引发企业经营风险和财务风险的发生。

（三）成本费用预算失控风险

企业成本费用预测不科学、不合理，成本费用支出没预算、预算不准确或预算起不到控制成本费用发生的作用，可能导致企业管理混乱，成本费用支出居高不下，企业权益严重受损。

（四）成本费用核算和信息失真风险

企业物化劳动和活劳动消耗的过程，也是成本费用形成的过程，这个过程需要严密的流程来制约，需要各部门、各环节的密切配合来实现，特别是需要科学、完善的成本费用管理制度来规范。如果企业成本费用管理不善，成本费用核算和相关会计信息失真，有关成本费用账目或存货类账目账账不符、账实不符，就可能导致企业资产流失、潜亏严重，甚至给企业带来破产倒闭的后果。

二、成本费用的关键控制点、控制目标和控制措施

成本费用内部控制的关键控制点、控制目标和控制措施如表 8－1 所示。

表 8－1　　成本费用内部控制的关键控制点、控制目标和控制措施

关键控制点	控制目标	控制措施
1. 提出成本费用目标	成本费用目标具备先进性、合理性和可行性	（1）运用本量利、投入产出等定量、定性分析方法，科学预测成本费用目标 （2）制定成本费用定额标准，夯实成本费用控制基础工作 （3）成本费用预测和目标的确定要服从企业整体战略目标，考虑各种成本降低方案，从中选择最优成本费用方案 （4）明确成本费用预测、目标制定和决策审批的责任部门、责任人和工作流程 （5）成本费用目标必须与企业总体经营目标相衔接

续前表

关键控制点	控制目标	控制措施
2. 编制成本费用预算	成本费用预算切实可行	(1) 建立成本费用预算制度，将企业的成本费用目标具体化 (2) 明确企业各部门的预算编制责任，使企业各项业务活动发生的成本费用全部纳入预算管理 (3) 重视和加强预算编制基础管理工作，确保预算编制以可靠、翔实、完整的基础数据为依据 (4) 选择或综合运用固定预算、弹性预算、滚动预算等方法编制预算 (5) 严格履行预算审议批准程序
3. 目标分解与责任落实	(1) 将成本费用目标和成本费用预算细化为具体的成本费用控制标准 (2) 将目标与责任落实到企业内部各责任部门	(1) 层层分解，从横向和纵向两个方面将成本费用目标和成本费用预算细化为具体的成本费用控制标准 (2) 通过决定、计划、协议等形式，将成本费用目标细化落实到企业内部各责任部门 (3) 建立企业全方位、全过程、全员成本费用控制体系 (4) 分解成本费用指标，落实成本费用责任主体，保证成本费用预算的有效实施
4. 执行成本费用预算	以成本费用预算为依据，开展经营业务活动	(1) 建立规范的成本费用支出申请制度 (2) 严格按计划、按预算标准申请成本费用事项 (3) 建立并严格执行成本费用授权审批制度 (4) 建立预算外及超预算标准成本费用审批制度 (5) 建立严格的费用支出报销结算制度
5. 实施日常控制	以成本费用预算为标准控制成本费用的发生	(1) 建立成本费用业务的岗位责任制，确保办理成本费用业务的不相容职务相互分离、制约和监督 (2) 配备合格人员办理成本费用的核算业务 (3) 审批人根据成本费用授权审批制度规定，在授权范围内进行审批，不得超越审批权限
6. 调整成本费用差异	明确形成差异的原因，落实差异调整措施	(1) 落实成本费用差异分析、调整责任制 (2) 制定成本费用差异调整预案 (3) 建立成本费用差异考核制度
7. 进行成本费用核算	实现成本费用核算的准确性和及时性	(1) 制定成本费用管理制度 (2) 加强原始记录、定额管理、计量管理、价格管理、物资管理等基础工作 (3) 制定成本核算规程和期间费用核算制度并严格执行 (4) 根据企业生产经营特点和管理要求，选择合理的成本费用核算方法
8. 成本费用报告	保证成本费用报告的准确性和及时性	(1) 建立成本费用信息报告反馈制度 (2) 落实成本费用报告责任人 (3) 建立成本费用报告质量考核制度

续前表

关键控制点	控制目标	控制措施
9. 成本费用分析	(1) 正确评价成本费用指标完成情况 (2) 及时发现成本费用管理中存在的问题	(1) 建立成本费用分析制度 (2) 建立成本费用日常监控机制，实时监控成本费用支出 (3) 灵活运用比较分析法、比率分析法、趋势分析法和因素分析法分析产品成本和各项费用，提高分析结论的准确性
10. 成本费用考核与奖惩	(1) 正确评价成本费用预算完成情况 (2) 正确评价各部门成本费用控制情况	(1) 建立成本费用考核制度 (2) 通过目标成本节约额、节约率等指标和方法，综合考核各责任部门成本费用预算或开支标准的执行情况 (3) 制定成本费用考核与奖惩制度，将成本费用考核结果与奖惩制度挂钩

三、成本费用的会计系统控制

企业应当建立健全记录成本费用业务的会计凭证和账簿，正确核算产品成本和期间费用的发生情况，妥善保管成本费用支出凭证等资料，财务部门要按月与业务部门进行成本费用业务核对、与仓库保管员的保管账目以及实存货物进行核对，全面真实地记录和反映企业成本费用业务各环节的资金流和实物流情况。成本费用的会计系统控制具体措施包括以下四个方面：

（一）准确核算成本费用

企业应按照国家统一的会计准则和《企业产品成本核算制度（试行）》的规定，结合本企业生产经营特点和管理要求，设计成本核算规程，采用品种法、分批法或分步法核算产品成本，科学归集期间费用，对成本费用进行准确的会计核算与账务处理，要通过相应的会计账户和成本计算单准确计算产品成本和期间费用，确保成本费用核算的准确性和及时性。

（二）妥善保管成本费用业务的凭证、资料

财务部门要对涉及成本费用业务的合同、协议、发票、凭证、成本核算资料等文件资料登记造册，派专人负责，妥善保管，以备查用。

（三）实行成本费用预算管理制度

财务部门要实行成本费用预算管理制度，严格按预算、按审核无误的付款凭证和付款审批制度办理成本费用业务的资金支付，控制生产领料及人工费用、制造费用和期间费用支出。

（四）定期核对成本费用支出账目

财务部门的成本费用核算岗位要定期与生产部门负责人、各业务部门及管理部门

负责人核对成本费用支出账目，确保会计记录与各业务部门、管理部门的实际支出核对一致，账账相符、账实相符。

案例分析

为确保公司倒逼成本法的成功实施，建立与倒逼成本法相配套的绩效考核体系，蓝天公司制订了以下方案。

倒逼成本考核体系的基本内容是：以销售收入为起点，以目标利润为核心，通过倒逼成本的方式，将成本、费用及价格指标分解落实到有关生产分厂和职能部门。具体操作方式和程序如下：

(1) 销售部申请生产的每一批产品，在安排生产前，首先填写产品销售收入及成本、利润预算表，表中填写产品名称、数量、售价、销售客户等内容，然后将填好的表格报财务部测算成本、费用及材料采购价格。

(2) 财务部对销售部报来的预算表进行认真分析计算，按照如下步骤分解成本、费用及价格指标：

1) 计算期间费用和销售利润。

按照公司的既定政策（针对不同性质的产品，公司制定了不同的价格水平、费用率及毛利率政策），计算目标产品应分担的期间费用（销售费用、管理费用、财务费用）和销售税费，并计算目标产品的销售利润。

2) 倒逼成本、费用及材料采购价格。

首先，依据“收入－税费－期间费用－利润＝成本”的公式，计算出目标产品的目标成本。

其次，根据成本构成将目标成本分解为直接材料成本、直接人工成本和制造费用成本。

最后，将直接材料成本分解为直接材料消耗量和采购价格。

(3) 财务部测算的成本、费用及材料采购价格经生产分厂、采购部确认后，由制造部下达生产任务指令。

1) 财务部核定的材料采购价格系考核采购部工作业绩的依据之一，采购部实际采购的材料价格低于核定的价格，公司给予一定比例的奖励；高于核定的价格采购，必须说明理由，经公司总经理批准，并给予采购部一定比例的罚款。

2) 财务部核定的目标成本作为考核生产分厂工作业绩的依据。同时，生产分厂需要将财务部核定的人工成本分解到各个生产工序。生产分厂生产产品的实际成本低于核定的目标成本，公司给予一定比例的奖励；高于核定的目标成本，给予一定比例的罚款。

(4) 财务部每月将销售费用、管理费用、财务费用指标分解落实到各个部门。上述费用的支出，严格按预算进行，月末考核，节奖超罚。

倒逼成本考核体系如图8-3所示。

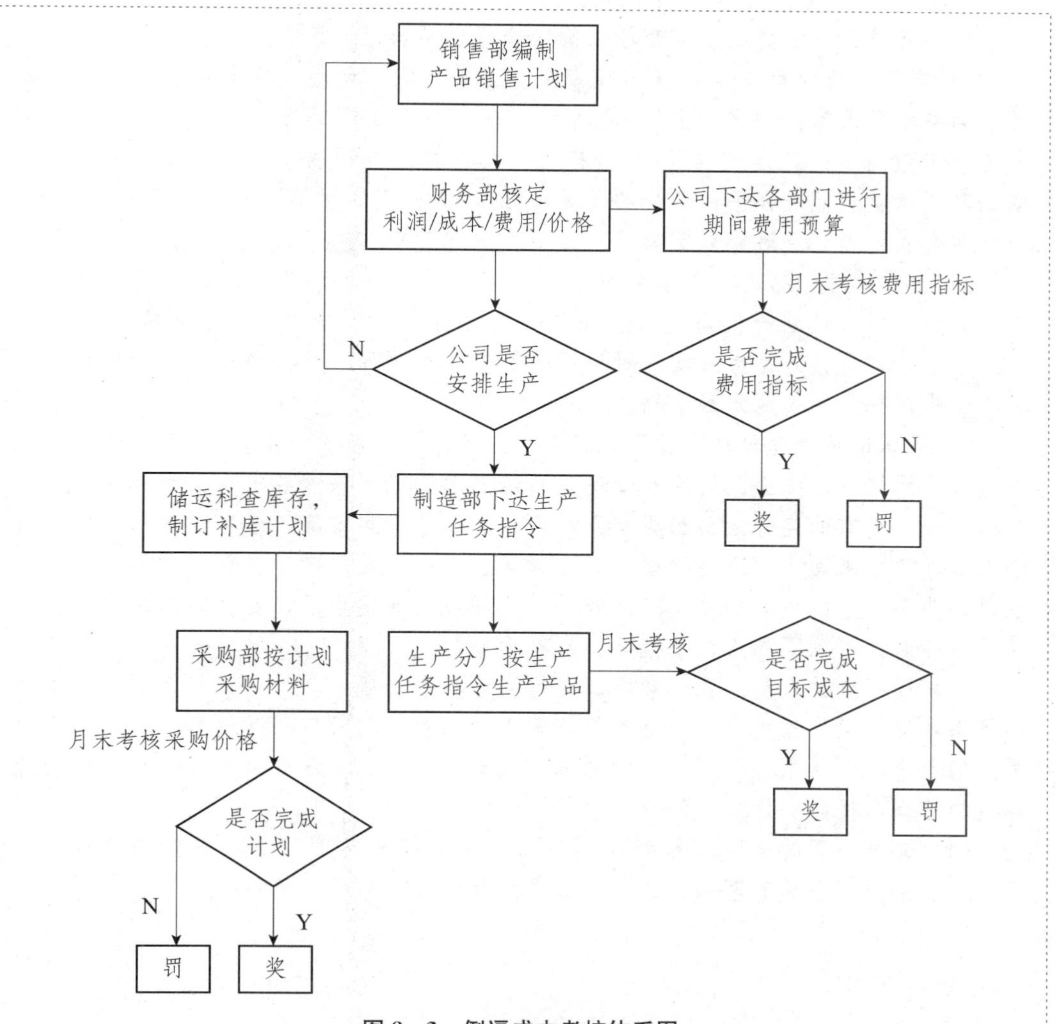

图 8－3　倒逼成本考核体系图

分析要求：蓝天公司实施倒逼成本法符合内部控制的要求吗？建立倒逼成本考核体系需要具备哪些条件？

分析提示：蓝天公司倒逼成本法实施方案实现了生产分厂的制造成本与奖惩挂钩，采购部的采购价格与奖惩挂钩，销售部的销售费用与奖惩挂钩，各管理部门的管理费用与奖惩挂钩。该措施符合内部控制“应当实行全部、全员和全过程的成本费用控制”的要求，能够调动所有员工参与成本费用控制的积极性。另外，可以将生产分厂资金占用的多少纳入考核的范围（即按月收取生产分厂占用资金的利息，将利息并入目标成本考核），以达到促使生产分厂自觉降低中转库存的目的。

企业实行倒逼成本法，建立倒逼成本考核体系需要具备以下前提条件：

（1）财务部应当拥有专门负责测算、分解产品目标成本、费用和材料采购价格的人员，负责公司的成本管理、价格管理和倒逼成本考核体系的成本费用测算与月末的考核工作。

（2）必须加强公司的定额管理、价格管理和原始记录管理。

1）定额管理的重点是物资消耗定额、工时定额、费用定额和储备定额。定额管理的基本要求为：一是“全”，特别是所有产品都要定额齐全，新产品的研制生产要与定额同步；二是“准”，只有接近实际、先进合理的定额，才能成为考核的依据，不然就会显失公平；三是“及时修订”，当发现实际情况与定额差距较大时，应立即查明原因，及时修订定额。

2）价格管理包括产品销售价格、材料采购价格、外协加工及外协件价格和计划价格。其中，计划价格是进行责任核算和建立绩效考核体系必备的前提条件之一。因为计划价格既是考核实际材料采购价格、外协加工及外协件价格的依据，又是核算生产分厂制造成本的依据。

3）原始记录管理包括各种原始记录（入库单、领料单、工时记录、质量记录、台账等）的填制、传递、使用和管理。原始记录管理的基本要求有三个：一是全面完整，企业所有的经营活动都要有原始记录；二是真实可靠，原始记录的内容反映经营活动的本来面目，不得弄虚作假、肆意杜撰；三是序时、及时，原始记录的记录要按业务发生的先后顺序及时记载，一项经济业务发生后，要立即填制原始凭证并及时传递，做到不积压、不拖延、不事后补制。

（3）提高会计人员的业务素质。实行倒逼成本法后，会计人员将在倒逼成本考核体系中发挥主导作用（因为财务部负责成本、费用、材料采购价格的测算及完成情况的考核，以及生产分厂成本的核算与管理）。因此，必须加强对会计人员的业务技能培训，提高会计人员的业务水平。

（4）完善公司的全面预算管理。公司不仅要编制年度预算，更要编制月度预算。只有将全面预算管理搞好了，倒逼成本考核体系才能落到实处。

成本费用控制制度设计

一、成本费用控制制度设计的方法与内容

成本费用控制制度设计主要包括现状调研、风险评估和制度设计三大基本环节。各环节的工作方法与内容是：

（一）现状调研

制度设计者首先要整理描述成本费用方面的内部管理制度或相关文件，梳理成本费用控制的现状及业务流程，编制成本费用内部管理制度或相关文件情况表，完成编制成本费用业务流程目录、绘制成本费用业务流程图等成本费用控制制度设计的基础性工作。

1. 整理描述制度文件

制度设计者要认真梳理企业现有的控制制度或文件，重点关注有无成本费用方面的相关制度，制度设计是否完善，制度是否得到有效执行，有无具体的操作文件、表单及监控档案等。

2. 梳理描述业务流程

分析企业成本费用现行的业务流程包括哪些环节，能否有效控制成本费用风险，并将企业成本费用控制的业务流程现状以图表的形式描绘出来。

3. 确定业务流程目录

在梳理企业成本费用管理制度和业务流程现状的基础上，制度设计者应根据内部控制制度设计的要求，编制成本费用业务流程目录，绘制成本费用业务流程图。

（二）风险评估

成本费用风险评估的基本程序为：识别成本费用风险，并进行具体描述；分析成本费用风险，编制成本费用风险分析表；评估成本费用风险，编制成本费用风险评估表；确定成本费用风险应对策略；编制成本费用风险数据库等。

1. 识别并描述风险

评估成本费用风险，首先要把成本费用的具体风险识别出来，然后整理出整体层面的风险。成本费用的具体风险是多种多样的，又因企业的不同而不同。企业应根据《企业内部控制应用指引》中有关成本费用风险的提示，结合企业成本费用支出的实际情况，识别并具体描述成本费用方面存在的风险，以便完善成本费用的内部控制，有效控制成本费用风险。

2. 分析风险

成本费用风险分析的内容很多，一般应从成因和结果两个方面进行，并编制成本费用风险分析表。

3. 评估风险

评估成本费用风险应从可能性和影响程度两个维度进行，根据评估结果进行风险排序或划分等级，并编制成本费用风险评估表。

4. 选择风险应对策略

成本费用风险应对是根据风险评估的结果，针对风险的不同等级选择成本费用风险应对策略的过程。要针对不同等级的成本费用风险，相应采取风险规避、风险降低、风险分担和风险承受四种应对策略，并编制成本费用风险应对表。

5. 编制风险数据库

依据成本费用风险评估的结果编制成本费用业务层面的风险数据库。成本费用风险数据库的基本要素包括业务流程、风险描述、风险分析、风险排序、风险应对策略、剩余风险等，也可以加上内部控制制度设计完成后的控制措施、控制部门或岗位等。

（三）制度设计

成本费用控制制度设计就是在评估成本费用风险的基础上，对成本费用内部控制进行设计的过程，是成本费用内部控制设计的关键环节。成本费用控制制度设计的基本程序包括：确定成本费用关键控制点，明确成本费用控制目标，提出成本费用控制措施，设计成本费用控制证据，优化成本费用控制制度，绘制成本费用控制流程图，编制成本费用控制矩阵等。

1. 确定关键控制点

企业在构建与实施成本费用内部控制的过程中，要针对成本费用风险评估的结果，确定成本费用的一般控制点和关键控制点，并编制成本费用控制要点表。一般来说，成本费用的关键控制点至少应当包括预算、审批、执行、控制、核算、分析、考核等环节。

2. 明确控制目标

成本费用控制的基本目标是实现成本费用的计划性、合法性、安全性和效益性，有效控制各种可能发生的风险。各关键控制点的具体控制目标，应根据识别出来的可能存在的具体风险来设计。

3. 提出控制措施

构建成本费用内部控制体系，必须强化对成本费用控制点，尤其是关键控制点的风险控制，并采取相应的控制措施。成本费用内部控制措施要与成本费用业务相融合，并嵌入成本费用业务流程当中。企业应当结合实际情况，全面梳理成本费用业务流程，完善成本费用相关管理制度，统筹安排成本费用预算，明确预算、审批、执行、控制、核算、分析、考核等环节的职责和权限，按照规定的权限和程序办理成本费用业务，建立成本费用监督机制，定期检查和评估成本费用支出过程中的薄弱环节，采取有效控制措施，确保成本费用支出的合法性、必要性和效益性。

4. 设计控制证据

为了保证成本费用控制制度能够有效实施，企业需要制定必要的表单，为成本费用业务流程留下控制证据。成本费用的相关表单很多，包括成本费用申请单、成本费用计划、成本费用发票、检验报告单、出入库单、退库单、付款凭证、转账凭证、生产成本明细账、期间费用明细账、对账单等。

5. 优化控制制度

企业要将内部控制的思想、方法和措施嵌入成本费用管理制度中去。成本费用控制制度应制定多少个、内容包括哪些，会因企业的不同而不同。从务实的角度考虑，成本费用控制制度不宜过多，可分别制定产品成本控制制度和期间费用控制制度，内容至少应明确预算、审批、执行、控制、核算、分析、考核等环节的职责和权限。

6. 绘制控制流程图

企业应根据成本费用业务流程、风险点、控制点及其相关的控制措施，结合具体单位的实际情况来绘制成本费用控制流程图。特别要强调的是，应将成本费用内部控制流程和成本费用业务流程整合在一起，并在图上标示风险点和控制点。

7. 编制控制矩阵

成本费用控制矩阵是对成本费用业务流程图中的风险点、控制措施和控制证据等的详细说明与描述，是成本费用内部控制制度设计结果的集中体现，也是企业内部控制管理手册的重要组成部分。

二、成本费用控制制度设计的目标

成本费用控制制度设计的目标要围绕企业内部控制的战略目标、经营目标、资产目标、报告目标和合规目标，根据成本费用内部控制的总体要求来确定。一般而言，成本费用内部控制的基本目标是规范成本费用行为，有效控制成本费用风险，实现成本费用的计划性、合法性、安全性和效益性。为此，成本费用控制制度设计应能实现如下控制目标：

（一）健全成本费用管理制度，保证成本费用业务的规范性

企业应当建立成本费用业务的岗位责任制，明确企业内部相关部门和岗位的职责权限，确保办理成本费用业务的不相容职务相互分离、制约和监督；要对成本费用业务建立严格的授权批准制度，明确审批人对成本费用业务的授权批准方式、权限、程序、责任和相关控制措施，规定经办人办理成本费用业务的职责范围和工作要求，从制度和流程上规避成本费用风险，有效规范企业的成本费用业务行为。

（二）科学制定成本费用预算，保证成本费用支出的计划性

企业要以经营目标和成本战略为指引，依据企业生产经营计划和市场情况制定科学、合理、可行的成本费用预算，为企业成本费用的支出项目和发生数额制定标准，从而保证成本费用支出的计划性。

（三）严格遵守法规制度，保证成本费用支出的合法性

企业各项成本费用的发生必须符合国家有关财经法规的要求，要严格遵守国家规定的成本费用支出范围和支出标准，不准随意扩大成本费用的支出范围和提高支出标准。在计算产品成本费用时严格执行《企业财务通则》和《企业产品成本核算制度（试行）》中的有关规定，严格划分成本费用的界限，保证成本费用支出的合法性。

（四）严密控制业务活动，保证成本费用支出的合理性

成本费用是业务活动的产物，因此，控制成本费用必须首先严格控制设计、采购、生产、销售、管理等业务活动，企业的各项成本费用支出必须符合企业生产经营活动

的实际需要，体现收入与费用的配比原则，保证成本费用支出的合理性。

（五）严格核算成本费用，保证成本费用信息的准确性

成本费用核算是一种数据信息处理加工的转换过程，是将日常已发生的各种资金的耗费，按照一定的方法和程序，按照已经确定的成本计算对象或收益范围进行费用汇集和分配的过程。通过控制制度设计，要科学确定成本费用核算的对象、期间以及成本计算方法和费用归集分配方法，全面而准确地核算成本费用。要按照成本费用核算的政策规定，设置专门的会计科目，科学、合理、清晰地设置明细科目和成本项目，保证成本费用核算和会计信息的准确性和及时性。

（六）加强成本费用管理，保证成本费用支出的有效性

成本费用控制关乎企业的经济效益，必须实行全面成本费用管理、全过程成本费用管理和全员成本费用管理。全过程成本费用管理要求从产品设计、工艺制定、材料供应、产品生产和销售，一直到产品售后服务等的整个过程都进行成本费用的核算和管理，要将成本费用管理同生产技术、生产经营活动结合起来，从整个生产经营过程的各个方面挖掘降低成本费用的潜力。全员成本费用管理要求企业各职能部门、生产组织都参与成本费用管理，从企业领导到管理人员，从技术人员到生产工人，人人都要参与成本费用控制，实现节约成本费用支出，减少损失和浪费，降低成本，提高经济效益。

三、成本费用控制制度设计案例

浙江新农化工股份有限公司成本管理内部控制制度

1. 目的

为加强成本管理，明确成本预算、控制、核算、分析、考核等成本控制环节的职责和权限，保证各项成本费用合法合规，成本核算准确、及时，成本报告及相关信息真实完整，控制成本费用，提高经济效益，促进企业实现预期目标和效益，根据有关法律法规、《企业内部控制基本规范》，结合公司实际情况，制定本制度。

2. 适用范围

2.1　本制度涵盖公司所有产品成本的管理及核算。

2.2　本制度适用于浙江新农化工股份有限公司及各分（子）公司。

3. 术语与定义

3.1　成本是公司为生产产品而发生的各种耗费，包括直接材料、燃料和动力、直接人工和制造费用等成本项目。

3.2　直接材料是指公司生产产品的过程中所消耗的、直接用于产品生产、构成产品实体的各种材料、半成品以及有助于产品形成的辅助材料等。

3.3　燃料和动力，是指直接用于产品生产的水、煤、电、汽、冷等燃料和动力。

3.4　直接人工是指公司在生产产品过程中，直接从事产品生产的工人的工资、津贴、补贴和福利费等。

3.5　制造费用是指公司为生产产品而发生的各项间接成本。包括企业生产部门（如生产车间）发生的水电费、固定资产折旧、无形资产摊销、管理人员的职工薪酬、劳动保护费、国家规定的有关环保费用、季节性和修理期间的停工损失等。

4. **职责与权限**

4.1　总经理负责公司产品成本的宏观管理控制，主要负责分管副总成本管理目标及成本考核报告的审批。

4.2　分管副总负责公司产品成本的全面管理控制，主要负责各分（子）公司负责人成本管理目标及成本考核报告的审批。

4.3　分（子）公司负责人负责各分（子）公司产品成本的全面管理控制，主要负责各车间成本管理目标及成本考核报告的审批。

4.4　生产管理部为生产过程成本管理控制的主管部门，主要负责各成本项目预算编制及生产过程中成本费用的日常记录、管理及控制。

4.5　财务部为成本综合管理控制部门，主要负责成本预算汇总编制、成本控制、产品成本核算与分析。

4.6　人力资源部为成本考核的主管部门，主要负责牵头制定成本管理目标及考核方案，组织成本考核。

5. **基本控制目标**

5.1　完善成本基础工作，确保成本管理有序可控。建立健全成本管理制度建设，合理制定各项成本定额，做好成本管理所需各种设施设备配备，实现成本管理控制全过程有章可循、有序可控。

5.2　健全组织体系，落实职责权限。建立健全成本管理组织体系，明确各环节职责权限、授权批准程序、责任落实机制和工作协调机制，实现各负其责、有效运行。

5.3　科学编制成本预算，确保成本管理规范合理。公司要以战略规划和年度经营目标为指引，依据公司年度销售计划和生产经营计划并综合考虑公司内外部环境和自身条件等因素合理确定成本管理目标，科学编制成本预算，为公司成本费用的开支项目和发生数额制定标准，确保成本管理规范合理。

5.4　加强成本过程控制，确保成本支出合法合规、有序可控。严格按预算控制生产过程的成本费用，各项成本费用必须符合国家及公司有关规章制度的要求，必须符合公司生产经营活动的实际需要，不得随意扩大成本的开支范围和提高开支标准，过程记录及时完备，确保成本费用合法合规、有序可控。

5.5　严格执行产品成本核算规程，确保成本核算准确及时。按照产品成本核算规程和生产工艺及管理要求科学确定成本核算的对象、期间以及成本归集分配计算方法，全面、准确、及时地核算成本，并按会计制度要求科学、合理设置会计科目，保证成本核算和会计信息的准确性和及时性。

5.6　准确进行成本分析，有效开展成本考核，加强成本控制，提高成本管理水平。

准确进行成本分析，找出成本管理过程中存在的缺陷和薄弱环节，并研究改进措施，加强成本控制，杜绝浪费和成本发生过程中的“跑冒滴漏”，提高成本管理水平。及时有效开展成本考核，兑现成本管理奖惩，提高员工参与成本控制的责任心和主动性。

6. **基本业务流程**

6.1 成本管理基本业务流程如图8-4所示：

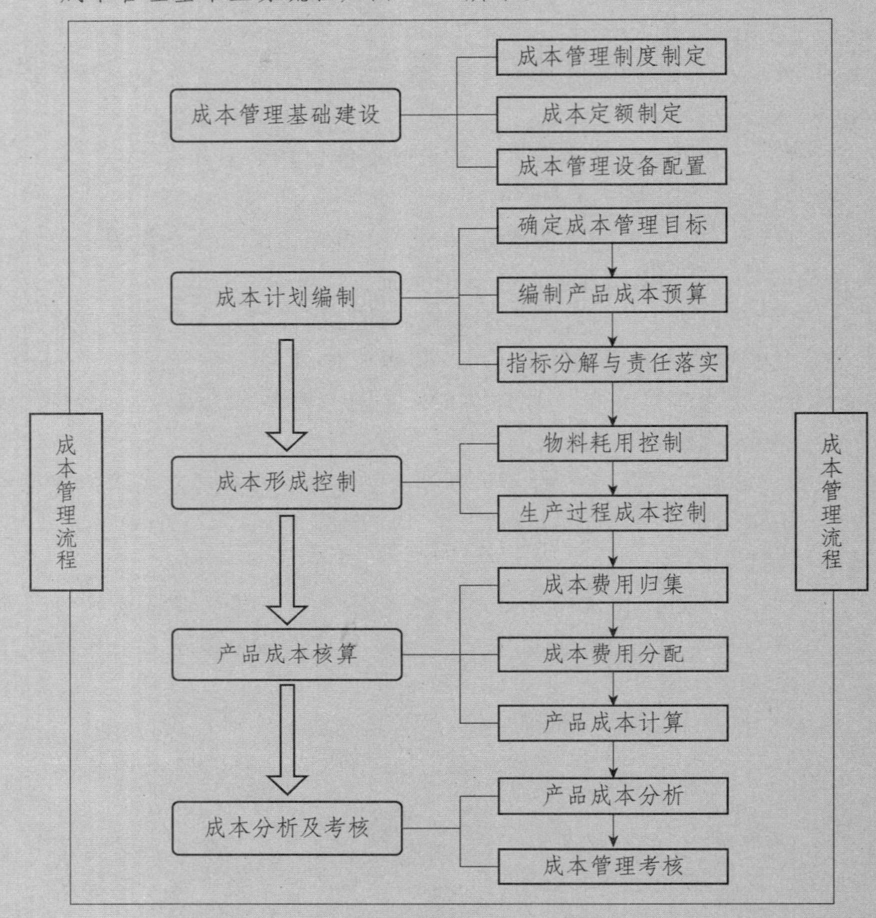

图8-4 成本管理基本业务流程图

6.2 成本管理基本业务流程的主要内容：

6.2.1 成本管理制度制定。生产管理部牵头制定并不断完善各项成本管理制度，实现成本管理控制全过程有章可循，有法可依。

6.2.2 成本定额制定。人力资源部牵头，生产管理部、财务部、技术研发部共同参与，对各车间的各种原材料、燃料和动力的消耗，以及各项制造费用制订合理的定额标准，并定期进行检查、分析、考核和修订。

6.2.3 成本管理设备配备。各车间单位根据有利于本单位制造的产品能独立核算和考核的原则，提出成本控制管理所需的计量设施的要求，生产管理部门、设备工程部门根据各单位要求，负责组织设计和完善各车间水、电、汽、冷等公用工程的计量设施及车间各岗位间的交接计量设施，使生产过程中的原辅料、半成品及产成品能准确计量。

6.2.4　确定成本管理目标。公司财务总部依据公司年度经营目标合理测算成本管理目标，经人力资源管理部门与分管副总沟通后确定，报总经理审批。分管副总与各分（子）公司负责人共同确定各分（子）公司的成本管理目标。

6.2.5　编制产品成本预算。根据成本管理目标和成本定额，生产管理部门负责编制直接材料、燃料和动力、直接人工、制造费用等成本项目的预算。财务部门负责汇总编制成本预算，报财务总部审核批准。

6.2.6　指标分解与责任落实。人力资源部牵头，生产管理部、财务部参与，将成本管理目标与成本预算进行指标分解，编制各车间成本管理考核方案，与各车间主任沟通后签订成本目标责任书，形成全方位的成本费用控制责任体系，并定期进行检查、分析、考核和修订。

6.2.7　物料耗用控制。各车间要根据成本预算、定额及生产订单进行物料耗用控制，填制物资需求单，经班组长审批后到仓库领料，杜绝超量领料。对产品完工后不需要的物料及时做退库处理，并做好领、用、存、退的原始记录，准确统计原材料的耗用和分摊。

6.2.8　生产过程成本控制。各车间部门做好生产成本形成过程的监督和控制，及时关注产品生产过程实际耗用量与成本预算指标数据的偏差，并通过相关报表做好原因分析，对于可能超出成本预算的情况，及时提出并落实相应改进和纠错的建议或措施。

6.2.9　成本费用归集。财务部根据成本核算规定审核各部门上报的成本费用数据，结合凭证账簿记录及时归集各项成本费用。

6.2.10　成本费用分配。财务部根据成本核算规定，准确区分直接成本和间接成本，对人工费用、辅助费用及制造费用等需要分配的间接成本进行科学的分配。

6.2.11　产品成本计算。财务部根据归集和分配的成本费用数据，采取适当方法计算出各种产品的总成本和单位成本。

6.2.12　产品成本分析。生产管理部和财务部按月对生产成本与经济技术指标进行定量及定性分析，形成成本分析报告，找出超出预算定额或影响成本管理目标实现的各种异常问题，及时组织召开成本分析会，就成本管理中出现的问题制定整改措施，并厘清和落实责任，加强成本管理控制，并为成本管理考核与奖惩提供依据。

6.2.13　成本管理考核。人力资源部根据财务部门提供的成本考核表结合成本目标责任书及时开展成本考核，编制成本考核报告，兑现成本管理奖惩，提高员工参与成本控制的责任心和主动性。

7. 控制流程与内容

7.1　成本管理制度制定：

7.1.1　主要控制目标：

T01. 确保成本管理制度全面完善：

制定并不断完善各项成本管理制度，实现成本管理控制全过程有章可循、有法可依。

7.1.2 主要业务风险：

R01. 成本管理制度不全面的风险：

如果制定的成本管理制度不全面，成本管理的流程、要求及权责不明确，可能会导致各部门无法执行成本管理制度或成本管理流于形式，不能对产品成本进行系统、规范、有效的管理控制。

R02. 成本管理制度执行不力的风险：

如果成本管理制度执行不到位，可能会导致成本管理失控，成本核算不准确，成本分析考核无法落实，影响公司决策制定，给公司造成损失。

7.1.3 关键控制点：

P01. 成本管理制度评审：

成本管理制度的集体评审是确保成本管理制度全面完善的关键。

7.1.4 主要控制措施：

C01. 制定并严格执行产品成本管理制度和产品成本核算规程：

根据国家和行业有关法律法规，结合公司实际情况，制定并严格执行产品成本控制管理制度和产品成本核算手册，规范成本管理的程序、标准及要求，明确成本预算、控制、核算、分析、考核等各成本管理环节的职责和权限，确保成本管理全过程有章可循、有法可依，成本管理规范、有序，实现有效控制成本费用、提高经济效益的成本管理目标。

C02. 加强监督检查，落实责任追究制度：

加强成本管理制度的监督检查，及时发现执行过程中的各种问题，不断完善成本管理制度。制定并严格执行成本管理考核制度，落实成本管理责任，并及时兑现成本考核奖惩，提高员工参与成本控制的责任心和主动性，确保成本管理制度得到有效执行，有效控制成本，提高公司效益。

7.2 成本定额制定：

7.2.1 主要控制目标：

T02. 确保成本定额科学准确：

综合考虑产品工艺和公司内外部因素制定产品成本定额，确保成本定额科学准确。

7.2.2 主要业务风险：

R03. 成本定额制定不科学、不准确的风险：

如果成本定额制定得不科学、不准确，可能会导致成本预算编制失去依据，成本预算不准确，偏离实际。

7.2.3 关键控制点：

P02. 成本定额评议：

成本定额的集体评议是确保成本定额科学准确的关键。

7.2.4 主要控制措施：

C03. 建立成本定额集体评议机制：

人力资源部牵头，组织财务部、技术研发部、生产管理部等部门进行集体评议，在综合考虑产品工艺和公司内外部因素的基础上科学测算各项成本费用数据，确保产品成本定额的科学准确。

7.3 成本管理设备准备：

7.3.1 主要控制目标：

T03. 确保成本管理设备齐备可用：

根据有利于产品成本核算和考核的原则，安装成本控制管理所需的各种计量设施，并做好管理及维护，确保成本管理设备齐备可用，能为成本核算、分析及考核提供准确的数据。

7.3.2 主要业务风险：

R04. 成本管理设备不齐备、不可用的风险：

如果成本管理设备不齐备，或已安装但不可用、不准确，可能会导致成本费用数据计量不准确，影响产品成本核算、分析及考核。

7.3.3 关键控制点：

P03. 成本管理设备安装及维护：

合理安装成本管理设备并做好日常维修与维护是确保成本管理设备齐备可用的关键。

7.3.4 主要控制措施：

C04. 做好成本管理设备设计安装及日常维护：

(1) 使用部门根据有利于本部门制造的产品能独立核算和考核的原则，提出生产成本控制管理所需的计量设施的要求，生产管理部、设备工程部根据各部门要求，负责组织设计和完善各车间水、电、汽、冷等公用工程的计量设施及车间各岗位间的交接计量设施，确保成本管理设备齐备可用，使生产过程中的原辅料、半成品及产成品能准确计量。

(2) 使用部门根据公司测量体系的管理要求，管理并维护好所配置相关计量设施（如电表、水表、磅秤、计数器等计量与测量仪器），按规定周期及时报送维修和计量检定，确保计量准确。

(3) 使用部门要按工艺规程规定的要求监督设备维修和使用情况，不符合要求的设备不能开工生产。

7.4 确定成本管理目标：

7.4.1 主要控制目标：

T04. 确保成本管理目标科学合理：

依据公司年度经营目标和实际情况确定成本管理目标，确保成本管理目标科学合理。

7.4.2 主要业务风险：

R05. 成本管理目标设定缺乏科学性、合理性的风险：

如果设定的成本管理目标与公司年度经营目标和实际情况不符合，目标设定得过高或过低，可能会出现相关责任部门无法完成目标或轻易完成目标的情况，影响相关责任部门参与成本控制的积极性，导致成本管理失控。

7.4.3 关键控制点：

P04. 成本管理目标评议反馈：

成本管理目标的评议和反馈是确保成本管理目标科学、合理、可行的关键。

7.4.4 主要控制措施：

C05. 建立成本管理目标评议反馈机制：

(1) 根据生产成本管理制度规定，规范成本管理目标制定的标准、程序及要求，明确制定、评议、反馈和审批等各环节的职责分工。对成本管理目标进行集体评议，综合分析各方面的影响因素，科学制定成本管理目标，并与责任部门进行沟通反馈，签订成本管理目标责任书，确保成本管理目标科学合理并顺利实现。

(2) 成本管理目标必须与公司总体经营目标相衔接，要服从公司整体战略目标。制定时要合理运用量本利、投入产出等定量、定性分析方法，综合考虑各种成本控制因素，科学合理地制定成本管理目标。

7.5 编制产品成本预算：

7.5.1 主要控制目标：

T05. 确保产品成本预算切实可行：

根据成本管理目标和成本定额标准，综合考虑公司内外部环境因素，科学地编制产品成本预算，确保产品成本预算切实可行，为公司进行产品成本控制和考核评价提供依据。

7.5.2 主要业务风险：

R06. 产品成本预算不切实可行的风险：

如果产品成本预算编制得不科学、偏离实际，可能会导致公司成本管理控制失去依据，管理混乱，产品成本居高不下，无法实现成本管理目标。

7.5.3 关键控制点：

P05. 产品成本预算审批：

规范进行产品成本预算审批是确保产品成本预算切实可行的关键。

7.5.4 主要控制措施：

C06. 严格执行产品成本预算编制制度：

(1) 根据全面预算管理制度和产品成本管理制度的规定，规范产品成本预算编制的流程、内容和要求，明确产品成本预算编制中各部门的预算编制责任。

(2) 做好成本预算基础测算工作，科学测算产品产量和各项成本费用定额标准，确保预算编制以可靠、翔实、完整的基础数据为依据，确保产品成本预算切实可行。

(3) 严格按照规定程序履行产品成本预算审议批准程序，确保预算的权威性。

7.6 指标分解与责任落实：

7.6.1 主要控制目标：

T06. 确保指标责任落实到位：

结合各部门实际情况，合理分解产品成本预算指标，并与各部门签订成本管理目标责任书，明确成本管理责任，形成全方位的成本费用控制责任体系，确保指标责任落实到位，产品成本预算有效执行。

7.6.2 主要业务风险：

R07. 指标分解不合理、责任不落实的风险：

如果成本预算指标分解不合理、成本管理责任不明确，可能会导致在执行过程中部分责任部门无法完成分配的成本管理目标，或出现问题后无法明确追究责任，影响员工参与成本控制的积极性，使成本预算无法有效执行。

7.6.3　关键控制点：

P06. 成本管理目标责任书签订：

签订成本管理目标责任书是确保指标责任落实到位的关键。

7.6.4　主要控制措施：

C07. 合理分解预算指标，落实成本管理目标责任制：

(1) 成本管理目标和产品成本预算下达后，人力资源部牵头，财务、生产管理等部门参与，从横向和纵向将预算层层分解，并综合考虑各部门的实际情况，将产品成本预算指标分解到各责任部门。

(2) 通过制定成本管理考核办法、签订成本管理目标责任书等形式，将产品成本预算指标细化落实到公司内部各个责任部门，明确成本管理责任，建立全方位、全过程、全员成本费用控制体系，保证产品成本预算得到有效实施。

7.7　物料耗用控制：

7.7.1　主要控制目标：

T07. 确保物料耗用符合预算标准：

严格按规定程序领备料，按成本预算定额控制物料耗用，确保物料耗用符合预算标准。

7.7.2　主要业务风险：

R08. 物料耗用超出预算标准的风险：

如果生产过程中，各部门物料领用不规范、管理不严、耗用超出预算标准，可能会导致产品成本失控，产品成本居高不下，无法完成成本管理目标，甚至会导致公司经营目标和战略无法实现。

7.7.3　关键控制点：

P07. 物料领用审批：

严格按规定程序执行物料领用审批是确保物料耗用符合预算标准的关键。

7.7.4　主要控制措施：

C08. 严格按照预算定额领备料，控制物料耗用：

(1) 各车间要根据生产计划任务、工艺配比和产品成本预算定额合理领备料。车间领料员要严格按照生产订单填制物资需求单，经班组长审批后到仓库领料，杜绝超量领料。对完工后余存的物料应及时做退库处理。

(2) 严格按规定程序执行物料领用的审核审批，做好书面记录，确保物料领用规范准确并明确责任。

(3) 各岗位要做好本岗位主要原材料领、耗、存周转记录，在每个批次投料前后和交接班时对原材料及半成品进行核对盘点和交接。

7.8　生产过程成本控制：

7.8.1　主要控制目标：

T08. 确保成本费用符合预算标准：

严格按照成本费用预算控制生产过程中各项人工、燃料和动力、制造费用等成本费用耗用，确保成本费用符合预算定额要求。

7.8.2　主要业务风险：

R09. 不按预算标准执行的风险：

如果生产过程中，各成本责任部门管理不规范、不严格，不按预算标准执行，可能会导致人工、燃料和动力、制造费用等成本费用超出预算定额，产品成本失控，产品成本居高不下，无法完成成本管理目标。

7.8.3　关键控制点：

P08. 成本费用审批：

严格按规定的程序和权限审批成本费用，是强化成本管理控制、达到成本管理目标的关键。

7.8.4　主要控制措施：

C09. 严格执行成本费用预算：

(1) 严格执行制定的成本费用预算，按预算定额标准申请审批各项成本费用事项。财务部门要做好成本费用报销结算审核，确保成本费用支出符合规定要求。

(2) 建立严格的预算外及超预算标准成本费用审批制度，尽量减少成本费用超预算的情况。

C10. 做好生产过程成本监控，严格控制成本费用：

(1) 各车间要根据生产和管理的实际情况，建立健全各项原始记录，所有记录要做到凭证完整、数据准确、记录及时。

(2) 车间统计核算员每天对本车间的投入与产出情况按批次进行统计、盘点和分析，并与成本预算及定额进行比对，发现成本异常及时报告车间主任和生产管理部。

(3) 各车间要做好生产成本的形成过程监督，根据天、周成本统计与核算情况，及时关注产品生产过程实际耗用量与成本指标数据的偏差，出现异常问题时，要对相关报表做好原因分析并及时组织召开成本分析会。对于可能拖累成本的现象（如设备、工艺、工具、工人技术水平和工作环境等），提出相应的改进和纠错建议或措施。

(4) 在车间原始记录汇总过程中，发现产品当天收率低于考核目标值2%或周平均收率低于考核目标值1%的，车间应在2个工作日内组织班组长及骨干人员分析会，并及时落实纠正预防措施。各车间应组织对影响车间成本目标达成的前三个原辅材料进行专题分析并形成纠正预防措施，厘清和落实责任，为成本管理考核与奖惩提供依据。

(5) 各车间岗位应根据岗位实际情况，采取各种措施（如避峰就谷等）降低和节约生产过程的能源消耗费用。

(6) 各车间要做好生产过程中的构成制造费用的材料领用控制，领用前须由车间主任审批并做好使用登记，对生产过程中发生的修理更换材料应做好维护保养，能重新回用的应做好利旧回用工作。

(7) 各车间要严格区分技改费与修理费，对大件设备维修、大修次数和费用增加的现象及时组织分析，明确是人为使用还是物品质量方面的原因，并及时加以防范和纠正。

（8）各车间要做好生产过程中产生的原辅包材及边角料的分类收集，有回收外卖价值的应交由采购部外卖。

7.9　成本费用归集：

7.9.1　主要控制目标：

T09. 确保成本费用归集全面准确：

根据产品成本核算规程的规定，定期组织盘点清查，并结合出库单等各种原始记录和各车间上报的成本费用数据及时归集成本费用，确保成本费用归集全面准确。

7.9.2　主要业务风险：

R10. 成本费用归集不准确的风险：

如果成本费用归集不全面、不准确，可能会导致产品成本项目数据缺失或不准确，从而导致产品成本核算不准确。

7.9.3　关键控制点：

P09. 成本费用归集：

准确归集各项成本费用是准确核算产品成本的前提。

7.9.4　主要控制措施：

C11. 严格按产品成本核算规程的规定归集成本费用：

严格执行产品成本核算规程，根据规定的成本费用归集范围、程序、方法及要求，及时归集成本费用，确保成本费用归集全面准确。

C12. 健全各项成本管理原始记录，确保数据来源全面准确：

（1）各车间要根据生产和管理的实际情况，建立健全各项原始记录，所有记录要做到凭证完整、数据准确、记录及时。

（2）各车间应根据各类原始记录编制原始记录报表，报表数据必须以审核过的真实的原始记录为基础，必须经过复核程序，编制时不得对原始记录进行篡改和错误引用。

（3）生产车间要健全水、电、汽、冷等动力消耗方面的原始记录，每月统计一次，如一月中存在主产品切换，应在切换前增加一次统计，确保如实反映各主产品的实际耗用量。

（4）修理费、劳保费、机物消耗等制造费用由财务部根据实际领用情况按车间按月汇总统计输出。

7.10　成本费用分配：

7.10.1　主要控制目标：

T10. 确保成本费用分配合理准确：

科学区分直接成本和间接成本，严格按照产品成本核算规程规定的分配方法对人工费用、燃料和动力、辅助成本以及制造费用等间接成本进行分配，确保成本费用分配合理准确。

7.10.2　主要业务风险：

R11. 成本费用分配不合理、不准确的风险：

如果成本费用分配不合理、不准确，可能会导致产品成本中间接成本数据不正确，造成产品成本核算不准确。

7.10.3　关键控制点：

P10. 编制成本费用分配表：

合理准确地分配各成本费用项目，正确编制成本费用分配表是准确核算产品成本的关键。

7.10.4　主要控制措施：

C13. 严格按产品成本核算规程的规定进行成本费用分配：

严格执行产品成本核算规程，根据规定的分配范围、标准、程序、方法及要求进行成本费用分配计算，严禁随意进行人为调整，确保成本费用分配合理准确。

7.11　产品成本计算：

7.11.1　主要控制目标：

T11. 确保产品成本计算准确及时：

严格按照产品成本核算规程规定的成本核算方法，及时准确地计算产品成本，编制成本报表。

7.11.2　主要业务风险：

R12. 产品成本计算不及时、不准确的风险：

如果成本费用计算不及时、不准确，可能会导致成本分析不正确，无法为公司经营决策提供依据，甚至会误导经营决策，导致决策失误。

7.11.3　关键控制点：

P11. 产品成本报表复核：

严格执行产品成本报表复核是确保产品成本计算准确及时的关键。

7.11.4　主要控制措施：

C14. 严格按产品成本核算规程的规定计算产品成本：

严格执行产品成本核算规程，根据规定的计算程序、方法及要求进行产品成本计算，并严格进行产品成本报表复核，确保产品成本计算及时准确。

7.12　产品成本分析：

7.12.1　主要控制目标：

T12. 及时发现成本管理中存在的问题并加以纠正和改进：

按月对产品成本与经济技术指标进行定量及定性分析，形成成本分析报告，正确开展成本分析，及时发现成本费用管理中存在的问题，制定整改措施加以纠正和改进，并厘清和落实责任，不断提高成本管理水平。

7.12.2　主要业务风险：

R13. 产品成本分析不准确的风险：

如果不能准确分析产品成本各项目，可能会无法及时发现成本费用管理中存在的问题，或发现问题但不能厘清和落实责任，乃至分析出问题原因，导致不能有针对性地制定整改措施或误导经营决策，使公司利益受损。

7.12.3　关键控制点：

P12. 产品成本分析报告审批：

严格按规定程序进行产品成本分析报告审批是确保产品成本分析准确，及时发现成本管理中存在的问题并加以纠正和改进的关键。

7.12.4　主要控制措施：

C15. 严格按财务分析制度的规定开展产品成本分析：

(1) 严格执行财务分析制度，按制度规定的程序、方法及要求，及时正确地进行产品成本分析。

(2) 财务部要按月对生产成本与经济技术指标进行定量及定性分析，灵活运用比较分析法、比率分析法、趋势分析法及因素分析法等方法分析产品成本各项目，提高分析结论的准确性并编制产品成本分析报告，找出超出预算定额或影响成本管理目标实现的各种异常问题。生产管理部要及时组织召开成本分析会，就成本管理中出现的问题制定整改措施加以纠正和改进，并厘清和落实责任，为成本管理考核与奖惩提供依据。

(3) 财务部在对月、季、年成本数据核算统计的基础上，必须对生产成本与经济技术指标的偏差、定额偏差、同期偏差、与年度目标成本的偏差进行对比分析，形成（月、季、年）成本分析报告，并按规定程序进行报送审批。

7.13　成本管理考核：

7.13.1　主要控制目标：

T13. 准确开展成本管理考核，提高员工参与成本控制的责任心和主动性：

及时准确地开展成本考核，落实成本管理责任，并兑现成本管理奖惩，提高员工参与成本控制的责任心和主动性。

7.13.2　主要业务风险：

R14. 成本管理考核不准确的风险：

如果成本管理考核不合理、不准确，可能会导致成本管理考核流于形式，无法兑现成本管理奖惩，无法追究相关责任，甚至错误地进行奖惩，严重挫伤员工参与成本控制的责任心和主动性。

7.13.3　关键控制点：

P13. 成本管理考核报告审批：

严格按规定程序和权限进行成本管理考核报告审批是成本管理考核准确及时的关键。

7.13.4　主要控制措施：

C16. 严格按成本管理考核办法及时准确地进行成本管理考核：

(1) 严格执行成本管理考核办法，根据规定的程序、方法及要求，规范、准确、及时地开展成本管理考核，落实成本管理责任，兑现成本管理奖惩。

(2) 财务部门要通过目标成本节约额、节约率等指标和方法，综合考核各责任部门成本费用预算标准的执行情况，正确编制成本管理考核表并及时提交给人力资源部，确保考核结果准确。

(3) 人力资源部根据成本管理考核表结合产品成本分析报告，按照成本管理考核办法和成本管理目标责任书对各责任部门进行考核并编制成本考核报告。

(4) 严格按规定程序和权限进行成本管理考核报告审批，确保考核结果的权威性。

（5）及时兑现成本考核奖惩，提高员工参与成本控制的责任心和主动性。

8. 附则

8.1 本制度由董事会审议通过，由财务部负责解释。

8.2 本制度自董事会审议批准之日起施行。

浙江新农化工股份有限公司董事会

2018年1月1日

【能力训练】

一、知识巩固

（一）单选题

1. 广义的成本是指企业为取得资产或提供劳务而付出的（　　）。

A. 各种资金　　B. 各种费用　　C. 各种耗费　　D. 各种投入

2. 成本费用业务活动的基本程序包括确定成本费用目标、控制成本费用形成和（　　）三大基本环节。

A. 进行成本费用分析　　B. 进行成本费用核算

C. 进行成本费用考核　　D. 编制成本费用报告

3. 成本费用目标是企业一定时期内所要达到的某一水平的（　　），它可以是定量指标，也可以是定性指标。

A. 成本费用指标　　B. 成本费用定额

C. 成本费用标准　　D. 成本费用预算

4. 一般来说，成本费用的关键控制点至少应当包括预算、审批、执行、（　　）、核算、分析、考核等环节。

A. 落实　　B. 反馈　　C. 控制　　D. 流程

（二）多选题

1. 在制造成本法下，产品成本由（　　）构成。

A. 直接材料　　B. 管理费用　　C. 制造费用　　D. 直接人工

2. 从构成角度划分，成本费用支出的内容主要包括（　　）。

A. 物料消耗支出　　B. 职工薪酬支出　　C. 制造费用支出　　D. 期间费用支出

3. 成本费用内部控制的总体要求包括（　　）。

A. 保证成本费用支出的合法性　　B. 保证成本费用支出的合理性

C. 保证成本费用控制的全面性　　D. 保证成本费用核算的正确性

4. 成本费用控制制度设计的目标包括（　　）。

A. 科学制定成本费用预算，保证成本费用支出的计划性

B. 严格遵守法规制度，保证成本费用支出的合法性

C. 严密控制业务活动，保证成本费用支出的合理性

D. 严格核算成本费用，保证成本费用信息的准确性

（三）判断题

1. 狭义的成本是指企业为生产经营产品或提供劳务而发生的各种耗费。（　　）

2. 成本费用目标是企业在一定时期内所要达到的某一水平的成本费用指标，由一个或多个定量指标构成。（　　）

3. 成本费用业务流程中，各关键控制点的具体控制目标应根据经营目标来设计。（　　）

二、案例分析

案例概述见任务四中的《浙江新农化工股份有限公司成本管理内部控制制度》。

【分析要求】 根据成本费用内部控制的总体要求和成本费用控制制度设计的目标，分析、评价该制度是否符合成本费用内部控制的要求，并重点思考以下问题：

（1）浙江新农化工股份有限公司成本管理内部控制制度是否规范和完善？为什么？

（2）你认为该制度还存在哪些缺陷需要改进和完善？

三、复习思考

1. 什么是成本费用？企业成本费用至少应当关注哪些风险？

2. 简述成本费用内部控制的总体要求。

3. 企业成本费用业务流程是怎样的？

4. 简述成本费用核算环节的控制目标和主要控制措施。

5. 成本费用业务有哪些关键控制点？

项目九

资产管理控制

【教学目标】

1. 知识目标

■ 了解资产管理的业务流程

■ 掌握资产管理内部控制的总体要求

■ 重点掌握资产管理的主要风险、关键控制点和控制措施

2. 能力目标

■ 理解资产管理控制制度设计的目标

■ 初步掌握资产管理控制制度设计的方法

【学习指南】

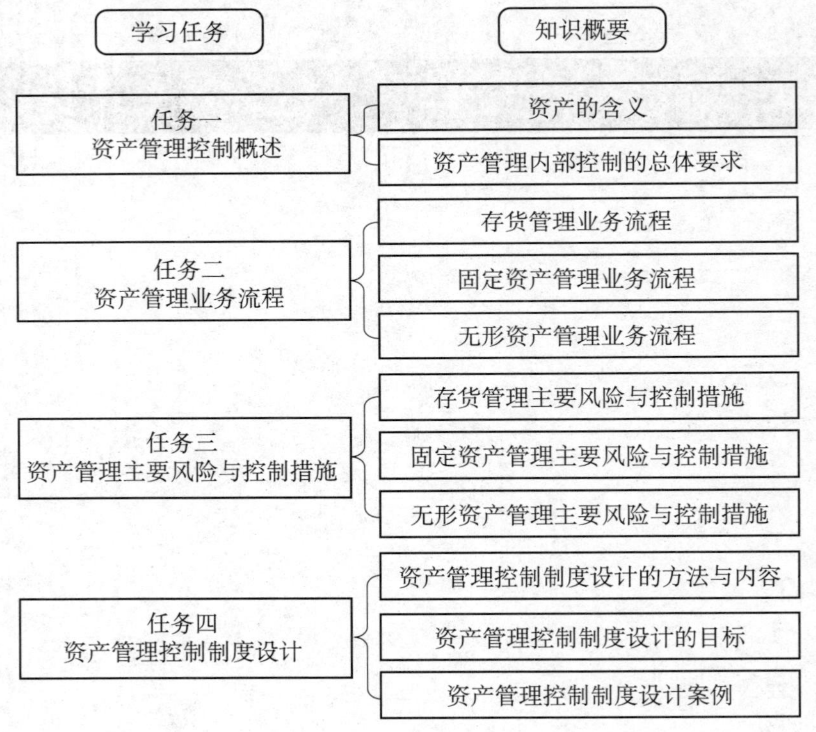

【教学引导】

存货管理失控，合信公司破产

资产是企业从事生产经营活动并实现发展战略的物质基础，它本身具有价值，而且能给企业、个人带来经济利益。因此，企业资产具有被偷盗、被侵占、被浪费、被减值、被毁损等风险。这些风险一旦发生，轻者给企业造成经济损失，重者危害企业

生产经营活动、造成人身伤亡和重大财产损失，甚至导致企业破产倒闭。鉴于资产的重要性，《企业内部控制基本规范》将合理保证资产安全作为内部控制目标之一，本案例就充分说明了这一点。

合信木制品公司是一家外资企业。从1999年到2004年，每年的出口创汇位居全市第三，年销售额达4 300万元；2005年以后，该企业的业绩逐渐下滑，亏损严重；2007年破产。这样一家中型企业，从鼎盛到衰败，原因很多，但最根本的原因就是内部管理混乱、经营管理失控。税务部门检查发现：该企业的产品成本、费用核算很不准确，浪费现象严重，存货的采购、验收入库、领用、保管不规范，归根结底是缺乏良好的内部控制制度。其存货管理上存在的问题如下：

(1) 存货采购、验收、核算严重脱节。该公司董事长常年在国外，但材料采购由董事长个人负责。采购的物资到达、入库后，因为保管员见不到采购计划和采购合同，所以无法对物资进行核对验收，只能见货入库，有多少算多少。而物资采购发票往往需要几个月甚至一年以后才能到达财务部门，会计人员只好采取每月估价入账的办法核算材料数量和成本，因而造成材料成本忽高忽低、严重失真。

(2) 期末盘点由保管员自己点数，没人监盘。盘点结果与会计账簿核对不一致的，既不查找原因，也不进行处理，使存货盘点流于形式。

(3) 材料领用没有建立规范的领用制度。车间在生产中对材料随用随领，没有计划，多领不办理退库手续；生产过程中的残次料随处可见，随用随拿，浪费现象十分严重。

很显然，内部管理失控是合信公司倒闭的主要原因：

第一，企业内部控制环境极差，董事长不懂内部控制或者故意为之。按照公司治理规定，董事长作为最高决策层，绝对不能负责具体的采购业务，更不能由一个人随心所欲地从事采购活动。董事长的所作所为，已经为企业的倒闭埋下了伏笔。

第二，企业没有规范的内控制度，更谈不上规范的控制流程。无论是生产企业还是流通企业，存货取得、验收入库、仓储保管、领用发出、盘点清查、销售处置是存货业务流程的共有环节，而且每个环节都有严格的控制目标和控制措施，以确保各环节之间既相互衔接配合，又相互牵制制约。然而，这一切放到本案例中却都显得风马牛不相及。

第三，企业财务负责人的管理素质较弱。在企业内部控制体系建设中，财务负责人的作用是不可忽视的。在本案例中，存货采购、入库、入账、领用、盘点、核对等环节的内部控制严重缺失，足以说明该公司财务负责人的管理素质和掌控能力。

【问题思考】

(1) 合信公司的存货管理在哪些环节出现了舞弊或不规范行为？

(2) 企业应采取哪些控制措施来有效规避存货管理失控风险？

资产管理控制概述

一、资产的含义

资产是指企业过去的交易或事项形成的、由企业拥有或者控制的、预期会给企业带来经济利益的资源。[①]《企业内部控制应用指引第8号——资产管理》所定义的资产是指企业拥有或控制的存货、固定资产和无形资产。资产管理是企业通过一系列方法措施，对资产的物质运动和价值运动实施全过程的管理控制活动。所谓全过程，是指从资产进入企业到资产退出企业的整个过程。

（一）存货

存货是指企业在日常活动中持有以备出售的产成品或商品、处在生产过程中的在产品、在生产过程或提供劳务过程中耗用的材料和物料等，主要包括原材料、在产品、产成品、半成品、商品及周转材料等。企业代销、代管、代修、受托加工的存货，虽然所有权不归企业，也应纳入企业存货管理的范畴。

为了保证生产经营活动持续不断地正常进行，企业必须不断地购置、耗用、销售存货。因此，存货总是处于不断流转过程之中，具有较强的流动性，是企业流动资产的重要组成部分，也是企业生产循环中最重要的环节。与其他资产相比，存货具有以下四个特点：

1. 较强的流动性

存货处于不断购置、耗用和销售之中，一般在一个经营周期内被耗用或被销售而转换为新的资产。各种存货的形态在不断地转换，从而保持生产经营活动持续不断地进行。

2. 种类、数量繁多

从大类上划分，存货可以划分为原材料、在产品、半成品、产成品、商品、周转材料，原材料则又可以划分为原料及主要材料、辅助材料、外购件、备品备件、包装材料、燃料、低值易耗品、委托加工物资；同时，每类材料又可以划分为不同的种类、品名和规格型号。由于存货属于企业的劳动对象或劳动成果，因此，一般情况下，企业规模越大，存货的数量越多。

---

① 财政部：《企业会计准则——基本准则》（2006年）。

3. 计价方法较多

由于存货的种类、数量繁多，性质用途各不相同，为使存货成本能够恰当反映存货的实际价值，满足成本核算和经营管理需要，《企业会计准则》对存货计价规定了实际成本法、计划成本法、成本与市价孰低法等多种计价方法。企业需要根据《企业会计准则》，结合存货性质和管理需要进行合理选择，并保持会计政策的连续性，保证会计信息的真实性和可靠性。

4. 潜在风险较大

存货分散在企业生产经营活动的各个环节，它不仅可以用于生产经营过程，而且可以用于投资或者直接转换为现金及其他资产。如果管理不善，存货很容易发生损坏、变质、短缺、被盗等事故；存货长期存放，还可能变成积压物资或报废、减值，给企业造成经济损失。因此，存货管理的潜在风险较大。

（二）固定资产

固定资产是指为生产商品、提供劳务、出租或经营管理而持有的，使用寿命超过一个会计年度的有形资产。主要包括房屋、建筑物、机器、机械、运输工具以及其他与生产经营活动有关的设备、器具、工具等。

固定资产是企业进行生产经营活动的必要物质条件，是用来改变或者影响劳动对象的劳动资料。它可以在生产经营过程中长期发挥作用，长期保持原有的实物形态，其价值则随着企业生产经营活动而逐渐转移到产品成本中去，并构成产品价值的一个组成部分。固定资产与其他资产相比，具有以下五个特点：

1. 固定资产属于劳动资料

固定资产是企业从事生产经营活动的劳动资料，是用来影响和改变劳动对象的劳动手段。企业持有固定资产的目的是生产商品、提供劳务、出租或经营管理，而不是改变固定资产自身或将其销售出去。这是固定资产与各类存货的本质区别。

2. 固定资产使用周期长

固定资产的使用寿命超过一个生产经营周期（一年或一年以上），能够在一年以上的时间里为企业创造经济利益，而且最终要被废弃或重置。这一特征说明，企业为了获得固定资产并把它投入生产经营活动所发生的支出，属于资本性支出而非收益性支出。这是固定资产支出与流动资产支出的重要区别。

3. 固定资产单位价值高

从性质上讲，属于劳动资料的物品有很多，如计算器、电话机、订书机等，但是，如果将其作为固定资产来管理，则会大大增加固定资产的管理难度。因此，根据企业经营规模、固定资产性质和管理要求，企业一般都要给各类固定资产制定一个单位价值标准，只有达到这个价值标准的才能作为固定资产管理。这是固定资产与低值易耗品的重要区别。

4. 固定资产属于有形资产

固定资产一般表现为房屋、建筑物、机器、机械、运输工具以及其他与生产经营活动有关的设备、器具、工具等。也就是说，固定资产具有实物形态，可以看得见、摸得着。这是固定资产与无形资产、有关债权的本质区别。

5. 固定资产资金占用大

现代企业需要现代化的劳动资料。随着生产技术和科技水平的快速发展，越来越多的传统手工业、半手工业被机械业取代，而且传统机械业也越来越多地向设备自动化、智能化发展。因此，固定资产占企业资产总额的比重越来越大。固定资产的这一特征表明，固定资产控制是企业内部控制的重要内容。

（三）无形资产

无形资产是指企业拥有或控制的没有实物形态的可辨认的非货币资产，即能够从企业中分离或划分出来，并能够单独或者与相关合同协议、资产、负债一起用于出售、转移、授权许可、租赁或交换的，以及源自合同协议性权利或其他法律权利的非货币性资产。无形资产通常包括专利权、非专利技术、商标权、著作权、特许权、土地使用权等。

专利权是指国家专利主管机关依法授予发明创造专利申请人对其发明创造在法定期限内所享有的专有权利，包括发明专利权、实用新型专利权和外观设计专利权；非专利技术又称专有技术，是指不为外界所知，在生产经营活动中应用了的，不享有法律保护的，可以为企业带来经济效益的各种技术和诀窍；商标权是指专门在某类指定的商品或产品上使用特定的名称或图案的权利；著作权是指作者对其创作的文学、科学和艺术作品依法享有的某些特殊权利；特许权又称经营特许权、专营权，是指企业在某一地区经营或销售某种特定商品的权利或是一家企业接受另一家企业使用其商标、商号、技术秘密等的权利；土地使用权是指国家准许某企业在一定期间内对国有土地享有开发、利用、经营的权利。

无形资产与有形资产相比，具有三个基本特征：一是不具有实物形态，二是能够在多个会计期间为企业带来经济利益，三是能够提供的未来经济效益具有高度的不确定性。

随着科学技术的不断发展，无形资产已经成为企业以知识形态存在的重要经济资源，在企业发展壮大中发挥着越来越大的作用。加强无形资产的内部控制，对于有效开发、利用和保护无形资产，促进企业发展战略和经营目标的实现具有十分重要的意义。

二、资产管理内部控制的总体要求

为促进实现资产管理目标，企业应当加强各项资产管理，全面梳理资产管理流程，及时发现资产管理中的薄弱环节，切实采取有效措施加以改进，并关注资产减值迹象，合理确认资产减值损失，不断提高企业资产管理水平。

（一）全面梳理资产管理流程

企业梳理资产管理流程，应当贯穿于各类存货、固定资产和无形资产从进入到退出的各个环节。例如，对存货可以从验收入库、仓储保管、出库、盘点和处置等环节进行梳理，对固定资产可以从购建、验收、使用、维护、改造、盘点和处置等环节进行梳理，对无形资产可以从投资、开发引进、申请、维护、应用和处置等环节进行梳理。同时，在梳理过程中，既要从大类上区分存货、固定资产和无形资产，又要分别对存货、固定资产和无形资产等进行细化和梳理，努力实现资产管理流程的科学合理、有效运行。

（二）查找资产管理薄弱环节

企业在全面梳理资产管理流程的过程中，要着力关注各项资产的下列主要风险：一是存货积压或短缺，可能导致流动资金占用过量、存货价值贬损或生产中断；二是固定资产更新改造不够、使用效能低下、维护不当、产能过剩，可能导致企业缺乏竞争力、资产价值贬损、安全事故频发或资源浪费；三是无形资产缺乏核心技术、权属不清、技术落后、存在重大技术安全隐患，可能导致企业法律纠纷、缺乏可持续发展能力。企业应当在全面梳理资产管理流程的基础上，着重围绕上述三个方面的主要风险，细化、查找资产管理中的薄弱环节和主要问题，确保资产管理处于优化状态。

（三）健全和落实资产管理措施

企业应当对发现的薄弱环节和主要问题进行归类整理，深入分析，查找原因，建立健全各项资产管理措施。属于缺乏相关资产管理制度的，应当建立健全相关制度；属于制度执行不到位的，应当加大制度执行力；属于设施落后、老化的，应当及时更新、改造资产管理设施；属于人员素质低下的，应加强员工培训，实行持证上岗；等等。同时，企业应当重视和加强各项资产的投保工作，采用招标等方式确定保险人，降低资产损失风险，防范各种资产舞弊行为的发生。

资产管理业务流程

一、存货管理业务流程

无论是生产企业还是商品流通企业，存货管理的业务流程都可以分为存货取得、验收入库、仓储保管、领用发出、销售处置、盘点清查等主要环节。

（一）存货取得

企业一般通过外购、自行生产或委托加工等多种方式取得存货。企业应当根据行业特点、生产经营计划、预算安排和市场因素等综合考虑，按照成本效益原则，确定不同类型存货的最佳取得方式，并严格按照库存定额、采购计划、生产计划和销售计划储存、采购、生产各种存货。

（二）验收入库

无论是外购原材料或商品，还是本企业生产的产品，都必须经过验收环节。它既包括计量验收，又包括质量、数量验收，还包括价格、成本的审核，以保证存货在数量、质量、价格和成本等方面符合采购计划、采购合同、质量标准等规定的要求。

（三）仓储保管

一般而言，生产企业为保证生产过程的连续性，需要对存货进行仓储保管；商品流通企业的存货从购入到销往客户之间也需要仓储保管环节。存货仓储保管的基本要求是按定额储存、按计划储存，要根据存货的不同性质和特点分门别类地进行妥善保管，采取各项措施，确保存货的仓储安全。

（四）领用发出

各类存货进行仓储保管的目的是领用发出。存货的用途不同，有的用于生产制造，有的用于设备维修，有的用于产品销售。不管存货用在什么地方，其基本原则是亘古不变的，即必须严格履行存货出库手续。由于存货的性质、价值、用途、用量不同，因此企业在存货领用发出的规定上会有所不同，领用人员和保管员都必须严格遵守相关规定，确保存货领用发出的准确无误。

（五）销售处置

销售处置是指存货退出企业生产经营活动的环节，包括商品和产成品的正常对外销售以及存货因变质、毁损等原因进行的变价处理。仓储管理人员要与销售人员、采购人员、审计人员密切配合，准确掌握各种存货的储存状况，及时处置积压、变质和毁损存货，按照销售计划组织产品或商品的出库业务。

企业存货管理业务流程如图9-1所示。

（六）盘点清查

存货盘点清查是存货管理的重要内容。通过盘点清查，一要核对存货的实物数量，核实账账相符、账实相符情况；二要关注存货的保存质量，看其是否有减值、损坏、过期变质情况；三要摸清存货有无超储、积压和报废情况。盘点清查一般采取定期与不定期相结合的方式，年度终了必须开展全面的存货盘点清查，并将盘点清查结果形成书面报告。

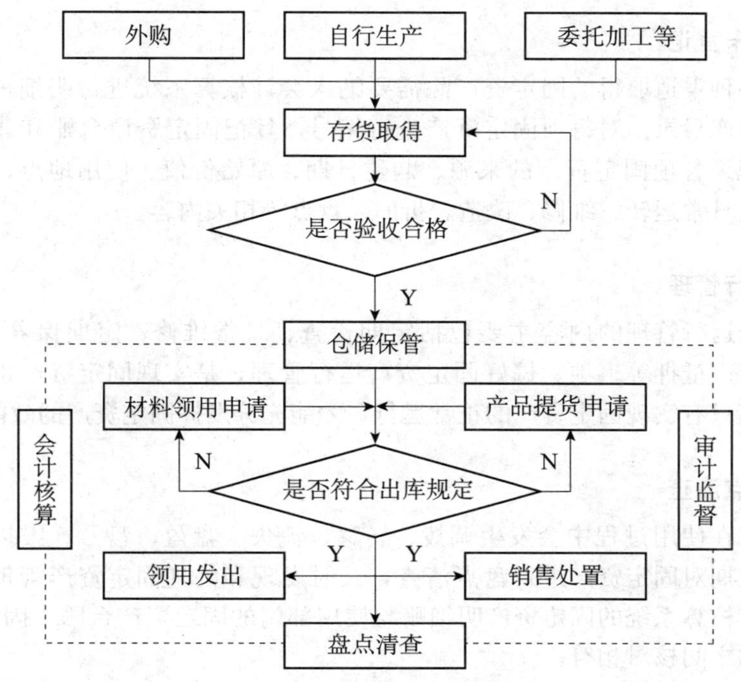

图 9-1　存货管理业务流程图

二、固定资产管理业务流程

固定资产管理的业务流程，一般包括固定资产取得、验收、账卡登记、运行管理、盘点清查、更新改造、资产处置和会计系统控制等环节。

（一）固定资产取得

企业一般通过外购、自行建造、非货币性资产交换等方式取得固定资产。企业应当根据行业特点、发展规划、投资计划、预算安排和市场因素等综合考虑，认真进行固定资产项目的可行性研究，做好固定资产投资决策，确定不同类型固定资产取得的最佳方式。

（二）验收

通过各种渠道取得的固定资产在交付使用前都要进行严格的检查验收，确保固定资产的种类、数量、质量、性能符合使用要求。外购固定资产应当根据合同协议、供应商发货单等对所购固定资产的品种、规格、数量、质量、技术要求及其他内容进行验收；自行建造的固定资产应由制造部门、固定资产管理部门、使用部门共同填制固定资产移交使用验收单，验收合格后移交使用部门投入使用；对投资者投入、接受捐赠、债务重组、企业合并、非货币性资产交换、外企业无偿划拨转入以及其他方式取得的固定资产均应办理相应的验收手续。

（三）账卡登记

企业从各种渠道取得的固定资产除需要纳入会计核算系统进行明细核算外，还需要编制固定资产目录，对每项固定资产进行编号，登记固定资产台账和建立固定资产卡片，详细记录各项固定资产的来源、购建日期、原始价值、使用地点、责任单位和责任人，以及日常运转、维修、改造、折旧、盘点等相关内容。

（四）运行管理

固定资产运行管理的内容主要包括定期检查、日常维修、定期保养、资产保险、运行记录、资产抵押等事项。搞好固定资产运行管理，是实现固定资产正常运行的基础和条件，而只有实现固定资产的正常运行，才能充分发挥固定资产的效能。

（五）盘点清查

固定资产在使用过程中会发生调拨、转移、流失、盘盈、盘亏、毁损等情况，因此企业需要定期对固定资产进行盘点清查，及时发现和处理固定资产管理中存在的问题，确保会计核算系统的固定资产明细账与使用部门的固定资产台账、固定资产卡片、固定资产实物之间核对相符。

（六）更新改造

更新改造是指以新的固定资产替换旧的固定资产，或以新的技术装备对原有的技术装备进行升级改造。企业只有适时进行固定资产更新改造，不断提高企业的技术装备水平，才能有效提升企业的市场竞争力，满足产品质量、产品性能、产品生产对技术装备的匹配要求。因此，企业应当组成专门班子定期或不定期地对固定资产的性能、状态和运行情况进行评估，及时进行固定资产的更新换代或技术改造。

（七）资产处置

当固定资产因为报废、毁损、淘汰、闲置、转让、投资、置换等原因需要退出企业时，企业固定资产管理部门要认真履行固定资产处置审批程序。重大固定资产处置需要经过公司董事会的审查批准。

（八）会计系统控制

固定资产的取得、验收、运行管理、更新改造、清查盘点和处置各个环节都离不开会计系统的控制。会计核算系统要确保固定资产增加、减少和结存记录与实际情况的一致性；要依据《企业会计准则》和固定资产核算制度的规定，合理确定折旧方法、折旧年限、净残值率和固定资产减值准备；保护固定资产的安全与完整。

企业固定资产管理业务流程如图9-2所示。

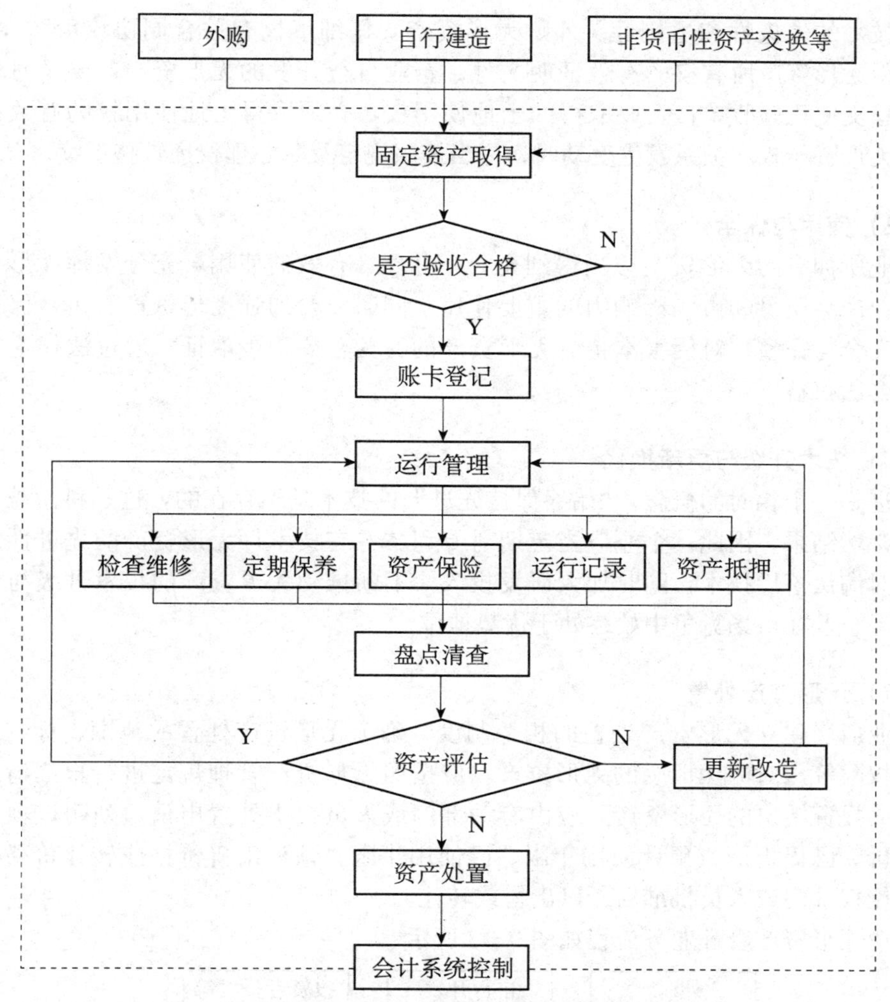

图 9-2　固定资产管理业务流程图

三、无形资产管理业务流程

无形资产管理的业务流程主要包括无形资产取得、验收与落实权属、使用与保全、技术升级与更新换代、无形资产处置等环节。

(一) 无形资产取得

企业无形资产主要通过外部取得和内部自创取得。外部取得方式包括外购无形资产、通过非货币性交易换入无形资产、投资者投入无形资产、债务重组取得无形资产、接受捐赠取得无形资产；内部自创取得是指企业自行研究、开发取得无形资产。

(二) 验收与落实权属

企业无论通过哪种方式取得的无形资产，都要经过专门机构和人员的鉴定验收，确认其技术的先进性和适用性。外购无形资产要仔细审核有关合同协议等法律文件，及时取得无形资产所有权的有效证明文件；企业自行开发的无形资产，要及时填制无形资产移交使用验收单；企业取得的土地使用权，必须取得土地使用权的有效证明文件；当无形资产权属关系发生变动时，应当按照规定及时办理权证转移手续。

（三）使用与保全

企业所拥有的无形资产应当得到充分、合理、有效的使用，充分发挥无形资产对提升企业产品质量和市场影响力的重要作用。同时，要加强无形资产管理，保证无形资产的安全与完整；对侵害本企业无形资产的行为，要积极取证，通过法律途径维护企业的合法权益。

（四）技术升级与更新换代

先进是一个相对的概念，“始终保持先进”的技术是不存在的，这是科学技术不断发展的必然结果。因此，企业应当定期对专利、专有技术等无形资产的先进性进行评估，及时淘汰落后技术，同时加大研发投入，不断推动无形资产的技术升级与更新换代，确保企业在市场竞争中始终处于优势地位。

（五）无形资产处置

企业应当建立无形资产处置的相关制度，确定无形资产处置的范围、标准、程序和审批权限等。对淘汰报废的无形资产，应按照无形资产管理规定进行报废清理；对拟出售或投资转出的无形资产，应由有关部门或人员提出处置申请，列明该项无形资产的原价、已提折旧、预计使用年限、已使用年限、预计出售价格或转让价格等，报经企业授权部门或人员批准后予以出售或转让。

企业无形资产管理业务流程如图9-3所示。

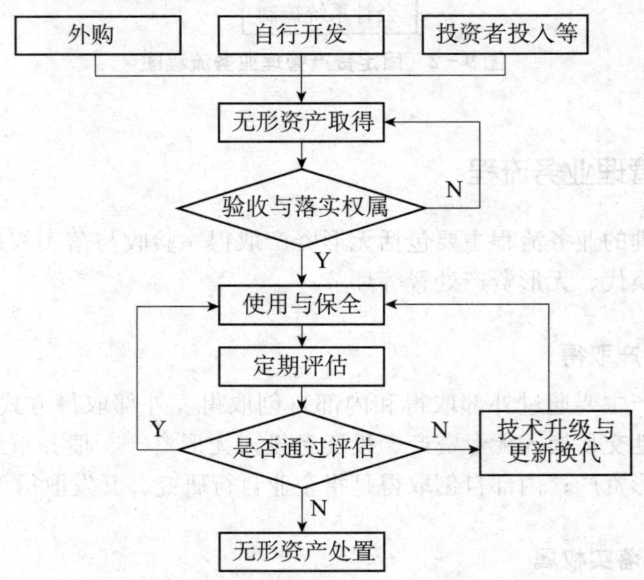

图9-3 无形资产管理业务流程图

任务三

资产管理主要风险与控制措施

一、存货管理主要风险与控制措施

（一）存货管理的主要风险

企业存货管理至少应当关注下列风险：

1. 盲目采购风险

预算编制不科学、采购计划不合理，可能导致存货积压或短缺，甚至导致生产经营中断。

2. 验收不严风险

存货验收程序不规范、标准不明确，可能导致存货数量短缺、以次充好、账实不符。

3. 保管不当风险

仓储保管方法不适当、监管不严格，可能导致存货损坏变质、价值贬损、资源浪费。

4. 领用随意风险

领用发出手续不完备、审核把关不严格，可能导致存货浪费或流失。

5. 盘点不严风险

盘点清查制度不完善、清查计划不可行，可能导致盘点流于形式、无法查清存货的真实状况。

6. 处置失控风险

存货处置责任不明确、审批不到位、存在商业贿赂等舞弊行为，可能导致企业利益受损。

（二）存货管理的关键控制点、控制目标和控制措施

不同类型的企业有着不同的存货管理特征和管理模式，企业应当结合本企业的生产经营特点和管理要求，针对业务流程中的主要风险点和关键环节，制定有效的控制措施，确保存货管理全过程的风险得到有效控制。存货管理内部控制的关键控制点、控制目标和控制措施如表 9－1 所示。

表9-1 存货管理内部控制的关键控制点、控制目标和控制措施

关键控制点	控制目标	控制措施
1. 存货取得	（1）存货取得合法合规 （2）满足生产经营活动需要 （3）保证存货处于最佳状态	（1）实施存货预算管理，制订科学严密的采购计划、生产计划和销售计划 （2）严格按照存货预算和各项计划采购、生产各类存货 （3）建立健全存货管理制度，并确保贯彻执行
2. 验收入库	严格按规定程序和验收标准办理存货入库	（1）建立健全存货验收入库制度，规范存货入库流程 （2）存货入库必须附有质量检验单、过磅单等凭证 （3）落实保管责任，杜绝不符合计划、合同、质量、数量要求的存货违规入库
3. 仓储保管	（1）加快存货周转，提高存货运营效率 （2）严加防范，保护库存物资安全完整	（1）建立存货管理岗位责任制，切实做到不相容岗位相互分离、制约和监督 （2）非库管人员未经授权不得接触库存物资 （3）严格执行存货库存定额，及时处理超储物资 （4）加强存货保险管理，合理降低存货意外损失风险 （5）落实安全责任，严肃处理安全责任事故
4. 领用发出	（1）严格履行存货出库手续 （2）确保存货出库合法合规	（1）建立健全存货出库制度，规范存货出库流程 （2）建立定额领料、限额领料、以旧换新等存货领用制度 （3）实行存货领用人员、发货人员定职定责管理 （4）严格出库凭证审核，序时登记存货出库记录 （5）保管人员要与有关部门定期核对有关凭证和账目 （6）实行发出存货跟踪反馈制度
5. 销售处置	（1）存货销售合法合规 （2）存货处置及时合理	（1）建立并严格执行销售业务控制制度，落实各项销售业务控制措施 （2）制定并落实存货处置责任制度，明确存货处置审批权限，堵塞存货处置环节中的漏洞
6. 盘点清查	（1）严格执行存货盘点制度 （2）准确掌握存货种类、数量和质量 （3）实现存货账账相符、账实相符	（1）建立健全存货盘点清查制度 （2）存货定期盘点与不定期抽查相结合 （3）落实盘点清查工作责任制，防止盘点清查走过场 （4）及时编制盘点报告明细表，保管人员及盘点人员签字认可 （5）年度终了开展存货全面盘点清查，确保存货账账相符、账实相符 （6）分清、落实存货事故责任，分析原因，及时处理 （7）盘点清查中发现盘盈、盘亏、毁损、闲置以及需要报废的存货，应当查明原因，落实并追究责任，按照规定权限批准后处置

（三）存货管理的会计系统控制

企业应当按照《企业会计准则》的规定，准确进行存货业务的会计处理。要根据存货的特点及企业内部存货流转的管理方式，确定存货计价方法，防止通过人为调节存货计价方法操纵当期损益。计价方法一经确定，未经批准，不得随意变更。在资产负债表

日，存货应当按照成本与可变现净值孰低计量。存货成本高于其可变现净值的，应当计提存货跌价准备，计入当期损益。存货管理的会计系统控制具体措施包括以下四个方面：

1. 制定存货核算制度

财务部门要根据《企业会计准则》的规定，结合本企业的实际情况和管理要求，制定本企业的存货核算制度，明确存货计价方法，实现存货核算有章可循、有法可依。

2. 严格审查、妥善保管存货凭证

财务部门应当安排专人负责存货核算工作，对存货业务的合同、协议、发票、出入库凭证等凭证资料登记严格审核、妥善保管，以备查用。

3. 准确核算存货业务

财务部门要按照《企业会计准则》和相关会计制度的要求，对存货的取得、保管、领用、销售等环节进行准确的会计核算，正确核算各类存货采购成本、生产成本和销售成本。

4. 及时核对存货账目

财务部门应当建立健全存货账目核对和财产盘点清查制度，会计人员每月和保管人员核对一次存货账目，年度终了对存货进行一次全面盘点，按照《企业会计准则》的要求合理计提存货跌价准备；同时，对盘点清查中发现盘盈、盘亏、毁损、闲置以及需要报废的存货，应当查明原因，及时、准确地进行会计账目处理。

二、固定资产管理主要风险与控制措施

（一）固定资产管理的主要风险

企业固定资产管理至少应当关注下列风险：

1. 固定资产取得、验收不当风险

新增固定资产计划不周、取得方式不当、验收程序不规范，可能导致新增固定资产质量、性能不符合企业生产经营活动要求，固定资产重复购置、产能过剩，影响固定资产的正常运行和效能发挥。

2. 固定资产使用维修不当风险

固定资产使用操作不当、设备失修或维护过剩，可能导致固定资产使用效率低下、产品生产合格率低下，甚至发生设备安全事故或资源浪费。

3. 固定资产更新改造不够风险

缺乏固定资产评估机制，固定资产更新改造不够，可能导致企业设备老化、资产价值贬损、使用效能低下、市场竞争力丧失。

4. 固定资产日常管理不善风险

固定资产账卡登记不及时、不完整，投保制度不健全，资产抵押不规范，账目核对、资产盘点清查流于形式，可能导致固定资产流失、信息失真、账实不符、索赔不力及资产被查封等风险，影响企业生产经营活动的正常进行，造成资产损失。

5. 固定资产处置不当风险

固定资产退出机制不完善，缺乏规范的固定资产淘汰处置评审决策制度，资产处

置方式不科学、不公开、不合理，可能导致固定资产处置中的串通舞弊和商业贿赂行为，造成企业经济损失和有关人员经济犯罪。

（二）固定资产管理的关键控制点、控制目标和控制措施

固定资产管理内部控制的关键控制点、控制目标和控制措施如表9-2所示。

表9-2　固定资产管理内部控制的关键控制点、控制目标和控制措施

关键控制点	控制目标	控制措施
1. 固定资产取得	(1) 符合生产经营需要 (2) 固定资产取得真实合法	(1) 严格按照投资决策和预算安排购置、增加固定资产 (2) 通过正规渠道、采取合法方式取得固定资产
2. 固定资产验收	保证固定资产质量和完整	(1) 建立严格的固定资产交付使用验收制度 (2) 根据合同、发货单等内容进行验收，出具验收单 (3) 未通过验收的固定资产，一律不得接收
3. 固定资产账卡登记	实现账、卡、物三相符	(1) 建立健全固定资产账卡登记制度，落实固定资产岗位责任制 (2) 编制固定资产目录，科学制定固定资产编码，建立固定资产卡片 (3) 定期核对固定资产账、卡、物，确保账、卡、物三相符
4. 固定资产使用	(1) 固定资产运转正常 (2) 提高固定资产使用效率	(1) 制定固定资产使用规范和操作手册 (2) 对关键设备的操作人员进行岗前培训，要求其持资格证上岗 (3) 加强设备的保养维护，杜绝设备带病运转 (4) 建立健全固定资产运行管理档案
5. 固定资产维护	(1) 保持固定资产性能 (2) 提高设备完好率	(1) 建立健全固定资产维修、保养制度，落实设备维护人员责任制 (2) 定期检查维护，及时消除事故风险 (3) 按年制订设备大修理计划，及时进行设备大修理
6. 固定资产更新改造	提升固定资产性能	(1) 建立固定资产定期评估制度，正确做出固定资产更新改造决策 (2) 及时实施固定资产更新改造方案，不断提升企业装备水平
7. 固定资产报废处置	(1) 规范固定资产退出机制 (2) 确保固定资产处置审批恰当	(1) 建立固定资产报废处置管理制度，并严格执行 (2) 及时处置多余、无用、报废的固定资产，盘活无效资金占用 (3) 确保固定资产处置过程的公开、公平和公正，防止串通舞弊、商业贿赂行为的发生
8. 会计核算与管理	(1) 规范固定资产核算 (2) 加强固定资产管理	(1) 严格执行固定资产投保政策，及时办理投保手续 (2) 规范固定资产抵押管理，确定固定资产抵押程序和审批权限 (3) 准确进行固定资产增减、折旧、减值核算 (4) 定期进行固定资产盘点清查，及时、准确地处理固定资产盘盈、盘亏、毁损事项

（三）固定资产管理的会计系统控制

企业应当按照《企业会计准则》的规定，准确进行固定资产业务的会计处理。要根据固定资产的特点、企业性质、发展战略和管理需要，合理确定固定资产折旧方法，防止通过人为调整折旧方法操纵当期损益；要采取切实措施，准确、及时、完整地建立和登记固定资产明细账和管理卡片，定期清理核对固定资产账务，确保固定资产安全完整。固定资产管理的会计系统控制具体措施包括以下四个方面：

1. 制定固定资产核算制度

财务部门要根据《企业会计准则》的规定，结合本企业实际情况和管理要求，制定本企业的固定资产核算制度，确定计提折旧的固定资产范围、折旧方法、折旧年限、净残值率等折旧政策，明确固定资产减值准备核算方法，实现固定资产核算有章可循、有法可依。

2. 严格审查、妥善保管固定资产凭证

财务部门应当安排专人负责固定资产核算工作，对固定资产业务的合同、协议、发票、调拨单、盘点表、报废单等凭证资料登记严格审核、妥善保管，以备查用。

3. 准确核算固定资产业务

财务部门要按照《企业会计准则》和相关会计制度的要求，对固定资产的取得、保管、使用、维修保养、更新改造、报废处置等环节进行准确的会计核算，正确核算各类固定资产的原始价值、折旧、净值、减值准备和使用年限。

4. 及时核对固定资产账目

财务部门应当建立健全固定资产账目核对和盘点清查制度，每年至少进行一次固定资产盘点清查，按照《企业会计准则》的要求合理计提减值准备；对盘点清查中发现盘盈、盘亏、毁损、闲置以及需要报废的固定资产，应当查明原因，及时、准确地进行会计账目处理。

案例分析

鑫源公司是一个从家庭作坊发展起来的大型民营企业，主要生产机械铸造产品。董事长擅长经营，管理也不含糊，为了防范资产流失，制定了严格的物资出入厂制度，员工如有偷窃行为，一经发现，立即送交公安机关处置。然而，令董事长百思不得其解的是：公司的固定资产总是账实不符，每到年底盘点清查时，盘盈、盘亏、毁损比比皆是，换了几任财务总监也无济于事。无奈之下，董事长聘请了一位管理专家帮助会诊。管理专家经过调研发现，鑫源公司的固定资产管理存在以下问题：

(1) 固定资产重购置、轻管理。公司的固定资产购置都是由董事长亲自决策，并安排专门部门进行采购或建造。但是，固定资产投入使用后就放松了监督管理，只是在大门口严加盘查，平常的使用、转移、调拨则无人管理。

（2）固定资产的会计核算与实物管理严重脱节。财务部门设有一个固定资产核算岗位，但只是按照凭证记账、按月计提折旧，年末根据盘点清查结果处理盘盈、盘亏。至于日常的固定资产则无人管理，公司下设的五个分厂也没有建立固定资产台账和卡片。

（3）造成固定资产盘盈、盘亏的主要原因有两个：一是各分厂之间的设备经常调来调去，只要董事长或总经理一句话，设备就可以大搬家，因此造成有的分厂固定资产盘盈，有的盘亏；二是分厂的固定资产有很多是模具和周转箱，不仅流动性大，而且经常需要更新，分厂操作工人为了降低原料消耗、提高出铁率，就将这些报废的模具和周转箱直接化成铁水，变成了一个个铸件产品。

分析要求：根据内部控制的有关规范和原理，结合管理专家调研发现的问题，制定鑫源公司改进固定资产管理的方法和措施。

分析提示：鑫源公司固定资产管理出现的混乱状况，主要是缺乏内部控制制度和管理不善造成的。因此，应重点采取以下方法和措施：

第一，建立健全固定资产内部控制制度。固定资产的购置、建造、验收、登记、使用、保养、维修、更新改造、调拨、报废处置等环节都要纳入内部控制管理范围，实现固定资产从决策、使用到报废处置全过程都有严格的控制制度。

第二，加强固定资产日常核算与管理。一是建立固定资产目录，将公司所有固定资产全部登记入账，并实行固定资产一物一卡和一物一编号制度，使每一件固定资产都有一个唯一的号码和管理卡片；二是在各分厂设置固定资产专职或兼职管理岗位，负责本部门固定资产的增加、转移、报废处置、盘点、核对等管理工作；三是建立严格的固定资产内部转移和报废处置管理制度，固定资产在各分厂之间的调拨、转移以及报废处置，一律填写固定资产调出、调入审批单和固定资产报废处置审批单，不仅公司领导要签字，使用部门，调出、调入部门负责人要签字，而且财务部门固定资产核算会计和分厂固定资产管理人员也要签字，并且要做好固定资产明细账、台账、卡片的登记处理，确保账、卡、物三相符。

第三，建立固定资产管理经济责任制。固定资产管理控制的重点是使用部门，因此，公司董事长或总经理要与各分厂厂长签订《固定资产安全责任书》，明确分厂厂长在固定资产管理中的经济责任。对于固定资产出现的盘盈、盘亏和非正常报废事件，一律追究分厂厂长的经济责任。同时，财务部门要担负起固定资产的综合管理责任，搞好日常核算与管理，实行每个季度核对一次固定资产账、卡、物的办法，及时发现固定资产在日常管理中存在的问题并及时处理。

三、无形资产管理主要风险与控制措施

（一）无形资产管理的主要风险

企业无形资产管理至少应当关注下列风险：

1. 无形资产取得不当风险

无形资产取得方式不当、违反国家法律法规，无形资产业务未经适当审批或超越授权审批，可能导致企业遭受法律与经济处罚、信誉受损、经济利益遭受损害。

2. 无形资产验收不严风险

无形资产验收程序不规范、权属不清，可能导致无形资产不符合企业需求、企业资源浪费或引发法律诉讼。

3. 无形资产使用管理不善风险

无形资产长期闲置或使用效率低下、效能发挥不到位、缺乏严格的保密制度、日常管理松懈，可能导致商业机密泄露、无形资产被侵权以及内外勾结、串通舞弊等行为，严重损害企业利益。

4. 无形资产升级换代不力风险

企业缺乏无形资产评估机制，无形资产内含的技术未能得到及时升级和更新换代，可能导致企业技术落后或存在重大技术安全隐患，使企业丧失市场竞争优势。

5. 无形资产处置不当风险

长期闲置或已经失去使用价值的无形资产，如果处置不及时或者处理方式不当，可能导致串通舞弊行为，造成企业资产流失和浪费。

6. 会计核算不当风险

对无形资产业务相关信息的会计核算不规范、不严密、不合法、不真实、不完整，可能导致企业无形资产账实不符或资产损失。

（二）无形资产管理的关键控制点、控制目标和控制措施

无形资产管理内部控制的关键控制点、控制目标和控制措施如表 9－3 所示。

表 9－3　　无形资产管理内部控制的关键控制点、控制目标和控制措施

关键控制点	控制目标	控制措施
1. 无形资产取得	（1）取得方式合法有效 （2）符合公司要求	（1）严格按照发展战略和预算安排购买、研发无形资产 （2）通过正规渠道、采取合法方式取得无形资产
2. 验收与落实权属	（1）保证具有先进性 （2）权属明确	（1）建立严格的无形资产交付使用验收制度 （2）明确无形资产的权属关系，及时办理产权登记手续 （3）对无形资产技术的先进性进行鉴定、评审 （4）无形资产权属关系发生变动时，应当及时办理权证转移手续
3. 使用与保全	（1）发挥无形资产效能 （2）保证无形资产安全	（1）充分发挥无形资产效能，提高无形资产使用效率 （2）建立健全无形资产核心技术保密制度 （3）对无形资产的保管及接触应有记录，实行责任追究 （4）严厉打击无形资产侵权、泄密、串通舞弊行为

续前表

关键控制点	控制目标	控制措施
4. 技术升级与更新换代	保持无形资产的先进性	(1) 定期对专利、专有技术等无形资产的先进性进行评估 (2) 加大研发投入，不断推动企业自主创新与技术升级
5. 无形资产处置	保证授权审批	(1) 建立无形资产处置管理制度，明确无形资产处置的范围、标准、程序和审批权限等要求 (2) 按照不相容职务分离控制原则办理无形资产处置事宜 (3) 合理确定无形资产处置价格，并实行授权审批控制 (4) 重大无形资产处置，应当委托专业中介机构进行资产评估

（三）无形资产管理的会计系统控制

企业应当按照《企业会计准则》的规定，准确进行无形资产业务的会计处理。要根据无形资产的特点和管理需要，合理确定无形资产的使用寿命，正确选择无形资产摊销方法，并做好无形资产的减值处理，防止通过变更无形资产摊销操纵当期损益；要采取切实措施，准确、及时、完整地建立和登记无形资产明细账，定期清理核对无形资产账务，确保无形资产安全完整。无形资产管理的会计系统控制具体措施包括以下四个方面：

1. 制定无形资产核算制度

财务部门要根据《企业会计准则》的规定，结合本企业的实际情况和管理要求，制定本企业的无形资产核算制度，确定无形资产的摊销范围、摊销年限和摊销方法，明确无形资产减值准备核算方法，实现无形资产核算有章可循、有法可依。

2. 严格审查、妥善保管无形资产凭证

财务部门应当安排专人负责无形资产核算工作，对无形资产业务的合同、协议、权证、发票等凭证资料登记严格审核、妥善保管，以备查用。

3. 准确核算无形资产业务

财务部门要按照《企业会计准则》和相关会计制度的要求，对无形资产的取得、使用、保全、技术升级与更新换代、报废处置等环节进行准确的会计核算。

4. 及时核对无形资产账目

财务部门应当建立健全无形资产账目核对清查制度，每年至少进行一次无形资产核对清查，按照《企业会计准则》的要求合理计提减值准备；对核对清查中发现侵占、闲置以及需要报废的无形资产，应当查明原因，及时、准确地进行会计账目处理。

资产管理控制制度设计

一、资产管理控制制度设计的方法与内容

资产管理控制制度设计主要包括现状调研、风险评估和制度设计三大基本环节。各环节的工作方法与内容是：

（一）现状调研

制度设计者首先要整理描述资产管理方面的内部管理制度或相关文件，梳理资产管理业务流程现状，编制资产管理内部管理制度或相关文件情况表，完成编制资产管理业务流程目录、绘制资产管理业务流程图等资产管理控制制度设计的基础性工作。

1. 整理描述制度文件

制度设计者要认真梳理企业现有的控制制度或文件，重点关注企业有无资产管理方面的相关制度，制度设计是否完善，制度是否得到有效执行，有无具体可控的操作文件或表单等。

2. 梳理描述业务流程

制度设计者要了解企业现行的资产管理业务流程包括哪些环节，能否有效控制资产管理风险，并将企业资产管理方面的业务流程现状以图表的形式描绘出来。

3. 确定业务流程目录

在梳理企业资产管理制度和业务流程现状的基础上，制度设计者应根据控制制度设计的要求，编制资产管理业务流程目录，绘制资产管理业务流程图。

（二）风险评估

资产管理风险评估的基本程序为：识别资产管理风险，并进行具体描述；分析资产管理风险，编制资产管理风险分析表；评估资产管理风险，编制资产管理风险评估表；确定资产管理风险应对策略；编制资产管理风险数据库等。

1. 识别并描述风险

评估资产管理风险，首先要把资产管理的具体风险识别出来，然后整理出整体层面的风险。企业应根据《企业内部控制应用指引第 8 号——资产管理》中有关资产管理风险的提示，结合企业资产管理的实际情况，识别并具体描述资产管理方面存在的风险。

2. 分析风险

资产管理风险分析的内容很多，一般应从成因和结果两个方面进行，并编制资产管理风险分析表。

3. 评估风险

评估资产管理风险应从可能性和影响程度两个维度进行，根据评估结果进行风险排序或划分等级，并编制资产管理风险评估表。

4. 选择风险应对策略

资产管理风险应对是根据风险评估的结果，针对风险的不同等级选择资产管理风险应对策略的过程。不同等级的资产管理风险采取的应对策略不一样，要针对不同等级的资产管理风险，相应采取风险规避、风险降低、风险分担和风险承受四种应对策略，并编制资产管理风险应对表。

5. 编制风险数据库

依据资产管理风险评估的结果编制资产管理层面的风险数据库。资产管理风险数据库的基本要素包括业务流程、风险描述、风险分析、风险排序、风险应对策略、剩余风险等，也可以加上内部控制制度设计完成后的控制措施、控制部门或岗位等。

（三）制度设计

资产管理控制制度设计的基本程序包括：确定资产管理关键控制点，明确资产管理控制目标，提出资产管理控制措施，设计资产管理控制证据，优化资产管理控制制度，绘制资产管理控制流程图，编制资产管理控制矩阵。

1. 确定关键控制点

企业在构建与实施资产管理内部控制的过程中，要针对资产管理风险评估的结果，确定资产管理的一般控制点和关键控制点，并编制资产管理控制要点表。一般来说，资产管理的关键控制点至少应当包括资产取得、验收、领用、清查、处置等环节。

2. 明确控制目标

资产管理控制的基本目标是保证资产管理的合法性、安全性、有效性和可靠性，从而有效控制各种可能发生的风险。各关键控制点的具体控制目标，应根据识别出来的可能存在的具体风险来设计。

3. 提出控制措施

构建资产管理内部控制体系，必须强化对资产管理控制点，尤其是关键控制点的风险控制，并采取相应的控制措施。资产管理控制措施要与资产管理业务相融合，并嵌入资产管理业务流程当中。

4. 设计控制证据

为了保证资产管理控制制度能够有效实施，企业需要设计必要的表单，为资产管理过程留下控制证据。资产管理的相关表单很多，包括资产购置申请书、资产采购计划、采购通知单、资产采购合同、资产验收单、转置凭证、资产退出申请书、资产退出呈批单、资产调拨单或报废单、资产明细账和总账等。

5. 优化控制制度

企业要将内部控制的思想、方法和措施嵌入资产管理制度中去。资产管理控制制度应制定多少个、内容包括哪些，会因企业的不同而不同。从务实的角度来看，既可以制定一个统一的资产管理控制制度，也可以分别制定存货、固定资产、无形资产管理控制制度，内容至少应明确请购、审批、购买、验收、付款等环节的职责和权限。

6. 绘制控制流程图

企业应根据资产管理业务流程、风险点、控制点及其相关的控制措施，结合具体单位的实际情况来绘制资产管理控制流程图。要将资产管理内部控制流程和资产管理业务流程整合在一起，并在图上标示风险点和控制点。

7. 编制控制矩阵

资产管理控制矩阵是对资产管理业务流程图中的风险点、控制措施和控制证据等的详细说明与描述，是资产管理内部控制制度设计结果的集中体现，也是企业内部控制管理手册的重要组成部分。

二、资产管理控制制度设计的目标

（一）存货管理控制制度设计的目标

1. 科学供应，满足生产经营活动需要

无论是生产活动还是销售活动，都需要大量的存货供应。如果存货供应在时间、品种、质量、数量上出现问题，轻者会给企业带来经济损失，严重的会造成企业停产事故、安全事故，甚至威胁企业的持续经营和长久发展。因此，从时间、品种、质量、数量等方面保证生产经营活动的存货供应是存货内部控制的首要目标。

2. 加快周转，提高存货运营效率

如果存货储存不足，会影响生产和销售活动的正常进行；如果存货储备过多，会加大资金占用、降低存货运营效率，导致资金周转困难，最终影响企业的经济效益。因此，加快存货周转、提高存货运营效率是存货内部控制的重要目标。

3. 控制成本，提高经营效率和效果

存货成本不仅影响产品成本而且影响产品的市场竞争力，并直接影响企业的经营效率和效果。因此，企业应当在存货采购、保管、使用、销售、运输各环节控制存货的订购成本、采购成本、储存成本、使用成本、运输成本和销售成本，以实现提高经营效率和效果的目标。

4. 严格核算，合理确认存货价值

企业要按照《企业会计准则》和相关会计制度的规定进行存货的会计核算，要根据存货的特点及管理需要，在《企业会计准则》允许的范围内确定存货计价方法，合理确认存货价值，防止通过人为调节存货计价方法操纵当期损益。存货计价方法一经确定，未经批准，不得随意变更。

5. 严加防范，保护存货安全完整

存货具有流动性大、分布面广、形态不断转换的特性，防止存货短缺、浪费、侵占、损毁、失窃，保护存货安全完整是存货管理中的重要内容。因此，企业应当加强存货制度建设，完善存货采购、验收、保管、领用、入库、出库、盘点和核算等方面的管理制度和业务流程，防止并及时发现和纠正存货业务中的各种差错和舞弊，确保存货的安全完整。

（二）固定资产管理控制制度设计的目标

1. 保证固定资产业务的合规性

固定资产内部控制的首要目标是保证各个环节的固定资产业务活动都符合国家的法律法规，符合企业制定的固定资产管理制度和业务流程。

2. 保护固定资产的安全完整

固定资产以实物资产形态存在，易受到侵占、盗窃、破坏、流失、使用不当、保护不良等损害。固定资产一旦遭受损害，就会影响某个环节或者整个企业的生产经营活动，给企业造成的经济损失将远远超过一般的流动资产所带来的损失。因此，企业应当采取有效措施保护固定资产的安全完整。

3. 提高固定资产的利用率

固定资产利用率是指固定资产利用的有效性和充分性。固定资产利用率的高低、效果的好坏与企业经济效益的好坏息息相关。因此，企业应当合理配置固定资产的种类与数量，及时处置闲置固定资产，加强固定资产的日常维修与保养，保证固定资产的完好状态，努力提高固定资产利用率。

4. 确保固定资产核算的真实性和完整性

固定资产核算涉及固定资产的增加、减少、盘点清查、盘盈盘亏、计提折旧和资产减值等会计业务，企业应当制定科学规范的固定资产核算制度，必须严格划分资本性支出与收益性支出，正确提取折旧，定期进行固定资产的减值测试，对固定资产进行定期盘点，切实做到账账相符、账实相符，以保证会计信息的真实性和完整性。

（三）无形资产管理控制制度设计的目标

1. 保证无形资产业务的合规性

一是无形资产的取得、使用、保护和处置必须符合国家法律法规和国际惯例，二是无形资产的取得、使用、保护和处置必须符合企业有关无形资产管理制度的规定，三是防止无形资产业务中的串通舞弊、损公肥私等违法乱纪行为。

2. 保证无形资产的先进性

无论是购买的无形资产，还是自行开发的无形资产，或者通过其他途径取得的无形资产，都必须进行鉴定验收，以保证其先进性。

3. 发挥无形资产的最大效能

资产是预期会给企业带来经济利益的资源，无形资产也不例外。企业通过使用无形资产，可以有效提升核心竞争力，给企业带来巨大的经济效益。但是，如果无形资产使用不当或长期闲置不用，不仅不能发挥无形资产的效能，而且自身价值也会丧失殆尽。因此，提高无形资产的使用效率，发挥无形资产的最大效能，是无形资产内部控制的重要目标。

4. 保护无形资产的安全完整

由于无形资产能够给企业带来经济效益，它也和其他资产一样时刻面临着泄密、侵权、侵占、毁损、诉讼等安全隐患，因此，企业需要采取恰当的应对策略，有效规避各种风险的发生，保护无形资产的安全完整。

三、资产管理控制制度设计案例

哈工大首创科技股份有限公司资产管理控制制度

第一章 总 则

第一条 为了提高公司资产使用效能，保证资产安全，根据有关法律法规和《企业内部控制基本规范》《企业内部控制应用指引第8号——资产管理》的要求，制定本制度。

第二条 本制度适用于公司及其下属分公司及全资子公司、控股子公司[注：分公司及全资子公司、控股子公司，以下简称分（子）公司]。

第三条 本制度所称资产，是指企业拥有或控制的存货、固定资产和无形资产。

第四条 公司资产管理至少应当关注下列风险：

（一）存货积压或短缺，可能导致流动资金占用过量、存货价值贬损或生产经营能力减弱。

（二）固定资产购买、建造决策失误，可能造成公司资产损失或资源浪费。

（三）固定资产更新改造不够、使用效能低下、维护不当、产能过剩，可能导致企业缺乏竞争力、资产价值贬损、安全事故频发或资源浪费。

（四）无形资产缺乏核心技术、权属不清、技术落后、存在重大技术安全隐患，可能导致企业法律纠纷、缺乏可持续发展能力。

第五条 公司在建立与实施资产管理的内部控制过程中，应加强对下列关键方面或关键环节的控制：

（一）公司应当根据战略发展和资产安全目标，加强各项资产管理，提高公司资产管理水平。

（二）全面梳理资产管理流程，发现资产管理中的薄弱环节，应当及时采取有效措施加以改进，发挥资产效率。资产出现减值迹象，应当合理确认资产减值损失。合理配置资产，提高资产利用率。

（三）资产请购、审批、采购、验收、付款、保管（储存）、维护、处置等环节的职责权限和岗位分离要求应当明确，按照规定的审批权限和程序办理有关业务。

（四）应当重视和加强各项资产的投保工作，采用保价优惠与理赔质量比较方式确定保险人，降低资产损失风险，防范资产投保舞弊。

第六条　公司财务部负责制定有关制度和流程，经公司财务总监审核后报公司总经理室批准实施。

第二章　存　　货

第七条　公司存货通常包括各类商品、周转材料、低值易耗品等。

客户委托公司送往生产工厂的加工、定制、代修的商品也可参照实施。

第八条　公司应当建立存货业务的岗位责任制，明确存货管理部门和岗位的职责、权限，确保办理存货业务的不相容岗位相互分离、制约和监督。

第九条　公司内部除存货管理部门及人员外，其他部门和人员接触存货时，应当经过主管部门特别授权。公司对贵重物品应当规定更严格的接触限制条件，必要时，存货管理部门内部也应执行授权接触。

第十条　公司可以根据业务特点及成本效益原则选用信息系统技术对存货业务进行管理和控制，但应注意信息系统的有效性、可靠性和安全性，并制定防范意外事项的有效措施。

第十一条　公司应当重视存货验收工作，规范存货验收程序和方法，对入库存货的数量、质量、技术规格等方面进行查验，验收无误方可入库。

外购存货的验收，应当重点关注合同、发票等原始单据与存货的数量、质量、规格等核对一致。涉及技术含量较高的存货，必要时可委托具有检验资质的机构或聘请外部专家协助验收。

自制存货的验收，应当重点关注产品质量，经检验合格的才能办理入库手续，不合格的应及时查明原因、落实责任、报告处理。

其他方式取得存货的验收，应当重点关注存货来源、质量状况、实际价值是否符合有关合同协议的约定。

与厂方联营或受托代销商品的验收与保管，有协议的按协议办理。

第十二条　对于已售商品退货的入库，应当根据经批准后的退货凭证办理入库验收。因商品质量问题发生的退货，应当确定责任，妥善处理。

第十三条　公司应当建立存货保管制度，定期对存货进行检查，重点关注下列事项：

（一）存货在不同仓库之间的流动时应当办理出入库记录。

（二）应当按仓储货物所要求的储存条件贮存，并健全防火、防潮、防鼠、防盗和防变质等措施。

（三）加强贵重商品、关键备件、检测仪器的管理，防止损坏、被盗。

（四）对代管、代销、暂存、受托加工的存货，应单独存放和记录，避免与本公司存货混淆。

（五）公司应当加强存货的保险投保，合理降低存货意外损失风险。

第十四条　公司对由独立设置的仓储部门直接向客户发货的，应当根据经审批的销售（出库）通知单发出货物，并详细记录存货出入库及库存情况，定期检查核对。

独立设置的仓储部门应当与采购部门沟通库存情况，保证最佳库存状态。

第十五条　公司应当建立存货盘点清查制度，确定盘点周期、盘点流程等相关内容，核查存货数量，及时发现存货减值迹象并提出处置意见。

公司至少应当在每年年终前开展全面盘点清查，盘点清查结果应当形成书面报告。

盘点清查中发现的存货盘盈、盘亏、毁损、闲置以及需要报废的存货，应当查明原因、落实并追究责任，按照规定权限批准后处置。

第三章　固定资产

第十六条　固定资产通常包括房屋建筑物（含投资性房地产）、机器设备、运输设备等满足以下两个条件的各类有形资产：一般单位价值在 3 000 元以上，且使用寿命超过一个会计年度。

第十七条　公司应当对固定资产业务建立严格的授权批准制度，严禁未经授权的机构或人员办理固定资产业务。

经办人在职责范围内，按照审批人的批准意见办理固定资产业务。对于审批人超越授权范围审批的固定资产业务，经办人员有权拒绝办理，并及时向上级部门报告。

第十八条　公司应当制定固定资产业务流程，明确固定资产预算编制、取得与验收、使用与维护、处置等环节的控制要求，并如实记载各环节业务开展情况，及时传递相关信息，确保固定资产业务全过程得到有效控制。

第十九条　公司应当严格执行固定资产投资预算，超预算或预算外固定资产投资项目，应当由固定资产相关责任部门提出申请，经审批后再办理相关手续。

第二十条　公司应当建立固定资产请购与审批制度。

日常一般固定资产采购，由采购部门（如办公室）通过了解和掌握供应商情况，采取比质比价的办法确定供应商，由采购部门提出采购申请，经审批后执行。

公司的固定资产采购应当纳入年度预算管理，按规定权限审批；重大（一般为 500 万元以上）的固定资产采购，应当由董事会集体决策审批，并采取招标或竞争性谈判方式进行。

第二十一条　公司应建立固定资产交付使用验收制度，验收合格后方可投入使用。固定资产交付使用的验收工作由固定资产管理部门、使用部门及相关部门共同实施。

第二十二条　公司应当制定固定资产目录，建立固定资产卡片，详细记录各项固定资产的来源、验收、使用地点、责任单位和责任人、运转、维修、改造、折旧、盘点等相关内容。

第二十三条　公司应当建立固定资产的维修、保养制度，规范审批流程，经规定权限批准后实施。

公司应当强化对生产经营设备运转的监控，严格操作流程，实行岗前培训和岗位许可制度，确保设备安全运转。

第二十四条　公司应当根据发展战略，充分利用国家有关自主创新政策，加大技改投入，不断促进固定资产技术升级，淘汰落后设备，切实做到保持固定资产技术的先进性和公司发展的可持续性。

第二十五条　公司应根据固定资产的性质和特点，明确固定资产投保范围、政策和审批流程。投保范围和政策应足以应对固定资产因各种原因发生损失的风险。

第二十六条　公司将固定资产用作抵押的，应当由相关部门提出申请，经公司授权部门或人员批准后，由资产管理部门办理抵押手续。

公司应当加强对接收的抵押资产的管理，编制专门的资产目录，合理评估抵押资产的价值。

第二十七条　公司应当建立固定资产清查制度，至少每年进行全面清查。对固定资产清查中发现的问题，应当查明原因，追究责任，妥善处理。

第二十八条　公司应当加强对固定资产处置的控制，关注固定资产处置中的关联交易、处置定价和审批流程，防范资产流失。

第二十九条　公司出租、出借固定资产，应当由固定资产管理部门会同财务部门按规定报经批准后予以办理，并签订合同或协议，对固定资产出租、出借期间所发生的维护保养、税负责任、租金、归还期限等相关事项予以约定。

第三十条　公司对于固定资产的内部调拨，应填制固定资产内部调拨单，明确固定资产调拨时间、调拨地点、编号、名称、规格、型号等，经有关负责人审批通过后，及时办理调拨手续。

第三十一条　公司及其下属分（子）公司的负责资产管理的部门应当制定固定资产请购与采购、交付与验收、维修与保养、清查与评估、出租与出借，以及投保、处置等事项的具体管理规定和流程，经规定权限批准后实施。

第四章　无形资产

第三十二条　无形资产通常包括专利权、非专利技术、商标权、著作权、特许权、土地使用权等。

第三十三条　公司应当加强对品牌、商标、专利、专有技术、土地使用权等无形资产的管理，制定无形资产管理办法，落实无形资产管理责任，促进无形资产有效利用，充分发挥无形资产对提升公司核心竞争力的作用。

第三十四条　公司应当全面梳理外购、自行开发以及其他方式取得的各类无形资产的权属关系，加强无形资产权益保护，防范侵权行为和法律风险。无形资产具有保密性质的，应当采取严格保密措施，严防泄露商业秘密。对技术资料等无形资产的保管及接触应保留记录，对重要的无形资产应及时申请法律保护。

公司购入或者以支付土地出让金等方式取得的土地使用权，应当取得土地使用权有效证明文件。

第三十五条　公司应当定期对专利、专有技术等无形资产的先进性进行评估，淘汰落后技术，加大研发投入，促进技术更新换代，不断提升自主创新能力，努力做到核心技术处于同行业领先水平。

第三十六条　公司应当重视品牌建设，加强商誉管理，通过提供高质量商品和优质服务等多种方式，不断打造和培育主业品牌，切实维护和提升公司品牌的社会认可度。

第三十七条　公司应当根据无形资产的性质确定无形资产的保全范围和政策。保全范围和政策应足以应对无形资产因各种原因发生损失的风险。

第三十八条　公司应当建立无形资产处置的相关制度，确定无形资产处置的范围、标准、程序和审批权限等。

对于重大无形资产的处置，可以委托具有资质的中介机构进行资产评估，并由公司总经理室或公司董事会集体决策审批，并建立集体审批记录机制。

第五章　资产减值准备控制

第三十九条　公司各项资产未来可收回金额或期末市价低于账面价值的，应当计提资产减值准备。公司应当明确计提资产减值准备的标准和审批权限及流程。

第四十条　公司期末资产可收回金额按《企业会计准则》及其《应用指南》规定的原则确定。预计的资产减值损失计入当期损益。

第四十一条　公司期末应当对存货进行检查，按存货可收回金额低于账面价值的差额计提存货跌价准备，已计提跌价准备的存货价值以后又得以恢复，应在原已确认的存货跌价准备的金额内转回。

领用、出售已计提跌价准备的存货，应当相应调整已计提的跌价准备。

第四十二条　公司期末应当对固定资产逐项进行检查，按单项固定资产或某项资产组可收回金额低于账面价值的差额计提减值准备，减值准备一经计提，不予转回。

第四十三条　公司期末的无形资产应当逐项进行检查，按单项无形资产可收回金额低于账面价值的差额计提减值准备，减值准备一经计提，不予转回。

第四十四条　公司应当在年度财务报告中根据信息披露的要求披露资产减值准备。必要时由总经理室向董事会提交计提资产减值准备的专题书面报告，详细说明计提减值准备的依据、方法、比例和数额，以及对公司财务状况和经营成果的影响等。涉及重大资产减值准备专题报告经董事会审议通过后，还应上报股东大会审批。

第六章　资产损失处理控制

第四十五条　公司应当明确资产损失的审批与核销程序，合理确认各项资产损失。

资产损失金额重大（一般为 50 万元以上）或性质严重的，公司总经理应以书面报告方式提交董事会审批，经董事会审议批准后核销。

资产损失金额或计提金额在 1 000 万元以上，公司董事会应向股东大会书面报告，经批准后实施。

董事会提交的书面报告应当明确反映独立董事发表的独立意见。

第七章　附　　则

第四十六条　公司及其下属各分（子）公司应当按照本制度所规定的要求制定相关实施细则或具体执行办法。实施细则或执行办法经所在单位总经理室办公会议批准后执行，并报公司办公室备案。

第四十七条　本制度由公司董事会负责解释和修订。

第四十八条　本制度自2014年1月1日起试行，自公司董事会审议批准之日起正式施行，修改时亦同。

哈工大首创科技股份有限公司董事会

2014年1月1日

【能力训练】

一、知识巩固

（一）单选题

1.《企业内部控制应用指引第8号——资产管理》所定义的资产是指企业（　　）的存货、固定资产和无形资产。

A. 拥有　　B. 拥有或控制　　C. 控制　　D. 管理或使用

2. 无形资产管理的业务流程主要包括无形资产取得、验收与落实权属、（　　）、技术升级与更新换代、无形资产处置等环节。

A. 明确责任　　B. 使用与保全　　C. 登记造册　　D. 妥善保存

3. 存货管理的关键控制点包括存货取得、验收入库、仓储保管、领用发出、（　　）、销售处置等。

A. 核对账目　　B. 配料送货　　C. 定额管理　　D. 盘点清查

4. 固定资产管理的业务流程一般包括固定资产取得、验收、账卡登记、运行管理、盘点清查、（　　）、资产处置和会计系统控制等环节。

A. 更新改造　　B. 维修保养　　C. 大修小修　　D. 设备升级

（二）多选题

1. 资产管理内部控制的总体要求包括（　　）。

A. 全面梳理资产管理流程　　B. 查找资产管理薄弱环节

C. 健全和落实资产管理措施　　D. 实行资产集中管理

2. 企业存货管理的业务流程可分为存货取得、（　　）、盘点清查、销售处置等主要环节。

A. 验收入库　　B. 仓储保管　　C. 记账算账　　D. 领用发出

3. 企业固定资产管理应当关注的风险包括（　　）。

A. 固定资产取得、验收不当风险　　B. 固定资产使用维修不当风险

C. 固定资产日常管理不善风险　　D. 固定资产处置不当风险

4. 无形资产管理控制制度设计的目标为（　　）。

A. 保证无形资产业务的合规性　　B. 保证无形资产的先进性

C. 发挥无形资产的最大效能　　D. 保护无形资产的价值

（三）判断题

1. 无论是生产企业还是商品流通企业，其存货管理业务流程的主要环节是一致的。（　　）

2. 存货取得环节的控制目标有三个：一是存货取得合法合规，二是满足生产经营活动需要，三是保证存货处于最高储备状态。（　　）

3. 企业对无形资产进行技术升级与更新换代的目的是保持无形资产的先进性。（　　）

二、案例分析

案例概述见任务四中的《哈工大首创科技股份有限公司资产管理控制制度》。

【分析要求】根据资产管理控制的总体要求和各类资产控制制度设计的目标，分析、评价上述资产管理制度是否符合资产管理内部控制的要求，并重点思考以下问题：

（1）该资产管理控制制度是否充分考虑到了企业资产管理应当关注的主要风险？

（2）该资产管理控制制度是否具备可行性？

（3）该资产管理控制制度还存在哪些缺陷需要改进和完善？

三、复习思考

1. 资产管理内部控制的总体要求是什么？

2. 存货管理的主要风险和关键控制点有哪些？

3. 固定资产管理的主要风险和关键控制点有哪些？

4. 无形资产管理的主要风险和关键控制点有哪些？

5. 固定资产使用的控制目标和控制措施有哪些？

工程项目控制

【教学目标】

1. 知识目标

■ 了解工程项目的业务流程

■ 掌握工程项目内部控制的总体要求

■ 重点掌握工程项目的主要风险、关键控制点和控制措施

2. 能力目标

■ 理解工程项目控制制度设计的目标

■ 初步掌握工程项目控制制度设计的方法

【学习指南】

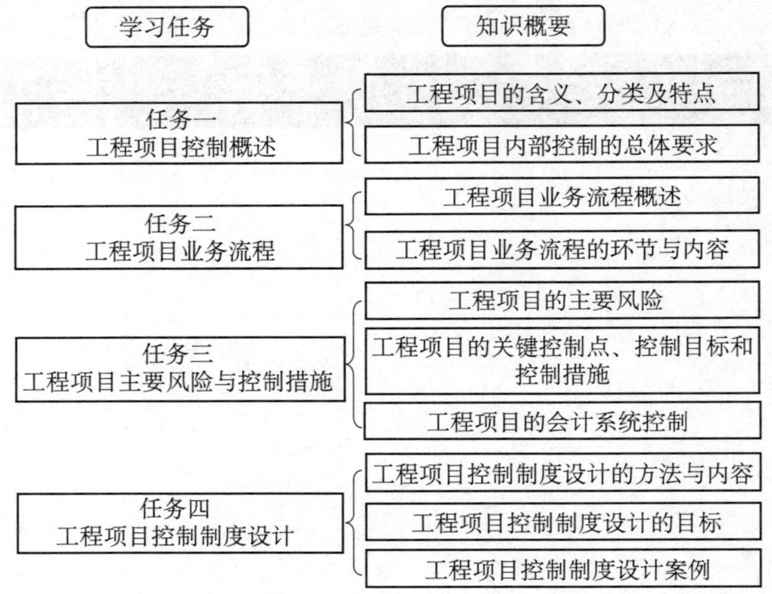

【教学引导】

如何堵塞长江河道工程项目的黑洞？

“万里长江，险在荆江，荆江之险，又在洪湖。”新中国成立以来，中央和地方对长江干堤的建设投入了大量的资金。其中，从1997年到2000年，国家通过长江水利委员会界牌河段综合治理护岸工程代表处（简称长委代表处），共安排了3 680万元的国债资金给洪湖。而办理河工这件大事，却被某些人视为“吃石头”的肥差。

1999年12月26日，洪湖分局副局长杨某与洪湖分局所属单位洪湖市长江河道工程有限公司签订了洪湖市界牌河段整治水下抛石施工合同，由工程公司负责抛石施工，工程造价269.99万元，其中购买石料206.4万元。但实际上，审计人员后来发现："工程公司未参加该工程的施工与管理，此工程纯属虚假工程，签订施工合同纯粹是掩人耳目。"之后，杨某又与湖北省水利水电工程咨询中心洪湖长江干堤加固工程监理处（简称监理处）总监魏某签订了监理合同。魏某指示该监理处监理工程师许某负责此项监理工作，但监理处对此未做任何监理记录。2000年3月，许某不仅不勘测核查，而且直接在洪湖分局工程技术科科长王某提供的工程量清单和水下抛石单元工程质量评定表上签字盖章，并由监理处出具了虚假的监理报告。事后，魏某接受工程公司监理费2万元，存入个人账户。在出具监理报告5个月后，杨某才想到要准备施工图。2002年8月，杨某等人要求湖北省水利水电勘测设计院的华某等人按照他们提供的数据绘制图纸，将该图纸设计阶段标注为技术施工阶段，出图日期标为1999年12月。2002年9月，工程公司支付该设计院职工技术协会设计费4万元，华某等人当即提走劳务费及奖金2万元。而这份图纸一直被杨某等人充当工程施工图来应对审计组的检查。2001年12月，洪湖分局工程技术科科长王某又指示他人凭空编写了建设、监理、设计、施工四家的工程管理工作报告。2002年1月27日，杨某以洪湖分局的名义邀请了长江水利委员会、湖北省水利水电勘测设计院等有关设计、监理部门的领导、专家，会同其他相关人员组成了一个11人的工程验收小组对该工程进行了"验收"，结果是该工程被评为优良工程，而该验收小组成员每人领取了600元的验收评审费。

本案例涉及合同签订、施工监理、工程验收等方面的内部控制问题。本案例首先从签订合同环节就出问题了，纯粹是用来掩人耳目，让那些不法行为变得合法化，光明正大地套取国家的钱财。长江干堤这样重要的工程，直接关系到千百万人的生命财产安全，工程公司居然没有进行任何施工。工程施工必须有专业的监理对工程完工进度和质量进行监督与管理，这是工程施工中非常重要的一个环节，因为工程施工中涉及很多专业技术，所以一般要聘请职业监理师。本案例中的许某未做任何监理记录就直接在工程质量评定表上签字盖章，导致之前虚假的合同自然没有被发现。最后在工程完工付款时，还应该有专家对工程进行验收，验收合格后才可以付款。本案例中的专家居然将一个没有进行任何施工的工程评为优良工程，说明整个验收过程完全没有相应的控制。

资料来源：http://finance.sina.com.cn/g/20030802/1104391387.shtml.

【问题思考】

（1）长江河道工程项目在哪些环节出现了舞弊或不规范行为？

（2）采取哪些控制措施才能有效堵塞长江河道工程项目的黑洞？

工程项目控制概述

一、工程项目的含义、分类及特点

工程项目是指企业自行或者委托其他单位所进行的建造、安装工程。工程项目可以分为基本建设项目和技术改造项目两大类。

基本建设项目是形成新的固定资产，或者说，是以扩大生产能力或新增工程效益为主要目的，以建设或购置固定资产为主要内容的经济活动。基本建设项目的形式包括新建、改建、扩建、恢复工程及与之相联系的其他经济活动，它不是零星的、少量的固定资产建设，而是具有整体性、需要一定量投资额以上的固定资产建设。技术改造项目是对企业现有生产线的工艺、设备、工程设施的改造，为改进交通运输设施和运输条件而进行的更新改造工程，为节约能源和原材料、治理“三废”污染而对现有企业进行的技术改造工程，对现有供热、供气、供排水和道路、桥梁等市政设施进行改造等。

工程项目具有以下五个特点：

（一）工程项目具有很大的风险性

与其他业务活动相比，工程项目的根本特征是投资大，建设周期长，各种风险高。毋庸置疑，筹集巨额资金具有财务风险；由于建设周期长，很多因素都可能发生变化，会给工程项目带来经营风险；工程项目投入资源多、涉及环节多、多种利益关系错综复杂，是构成经济犯罪和腐败问题的“高危区”，引发经济犯罪和腐败案的风险大；工程项目一旦建成，在短时间内几乎没有重新建造的可能性，如果工程项目建设失败会给企业带来巨大甚至毁灭性的损失。因此，工程项目投资是一项高风险的投资行为。

（二）工程项目具有较高的综合性

工程项目的综合性是工程项目的内在要求，综合性表现为工程项目建设过程中工作关系的广泛性及项目操作的复杂性。工程项目建设经历的环节多，涉及的关系复杂，涉及规划、设计、施工、供电、供水、电信、交通、教育、卫生、消防、环境和园林等部门。工程项目的综合性还体现在企业的工程项目建设必须与本国、本地区各产业部门的发展相协调，脱离了国情、区情，发展速度过快或过缓，规模过大或过小都会给企业及社会发展带来不良影响。

（三）工程项目具有较强的地域性

工程项目建成后位置是固定的，一般是不可移动的。因此，工程项目的投资建设和效益发挥具有强烈的地域性。在工程项目投资决策、勘探设计和可行性研究的过程中，必须充分考虑工程项目所在地区和区域的各项影响因素。从微观来看，这些因素牵涉诸如交通运输、地形地质、升值潜力等很多与工程有关的因素，对工程项目的选址影响极大；从宏观来看，工程项目的地域性因素主要表现在投资地区的社会经济特征对项目的影响。每一个地区的投资开发政策、市场需求状况、消费者的支付能力等都不一样，这就需要工程项目投资决策者认真研究当地市场，制订相应的工程项目建设方案。

（四）工程项目具有明显的特定性

不论是生产性建设还是非生产性建设，也不论其规模大小，工程项目都是根据特定的用途进行的，每一项工程都是为发挥其特定的用途而设计的。因此，对每项拟建工程都要在事先有明确的概念，即产品或建设的规模多大，选用什么设备、生产流程或标准，建造什么样的建筑物和构筑物等，都要预先设计，才能进行施工和购置。

（五）工程项目控制具有阶段性

工程项目控制是全过程的综合控制。依据工程项目的活动规律和控制管理要求，工程项目周期可分为施工准备阶段、施工阶段和竣工后阶段。施工准备阶段包括工程决策、工程招投标、合同签订管理，施工阶段包括施工进度、施工质量、施工成本及风险管理，竣工后阶段包括工程竣工验收、竣工结算、竣工决算和项目后评价。各阶段之间既有界限又有联系，而且各阶段的业务特点不同，内部控制重点也有所不同。因此，工程项目内部控制是分阶段进行控制的。

工程项目往往体现着企业的发展战略和中长期发展规划，对于提高企业生产能力、促进产业升级和技术进步、促进企业可持续发展具有关键作用。国有及国有控股大型企业的重大工程项目，在调整经济结构、转变经济发展方式、促进产业升级和技术进步中更是举足轻重。工程项目具有投入资源多、占用资金大、建设工期长、涉及环节多、多种利益关系错综复杂和建成后一般无法改变的特点，决定了其具有较大的风险性，也是构成经济犯罪和腐败问题的“高危区”。因此，加强工程项目内部控制，对于提高工程质量、保证工程进度、控制工程成本、防范商业贿赂等违法乱纪和舞弊行为，促进企业实现发展战略具有十分重要的意义。

二、工程项目内部控制的总体要求

企业应当建立和完善工程项目各项管理制度，全面梳理各个环节可能存在的风险，规范工程立项、招标、造价、建设、验收等环节的工作流程，明确相关部门和岗位的职责权限，做到可行性研究与决策、概预算编制与审核、项目实施与价款支付、竣工决算与审计等不相容职务相分离，强化对工程项目建设的全过程监控，确保工程项目的质量、进度和资金安全。

（一）搞好项目决策

工程项目决策正确与否，直接关系到工程项目的成败，关系到企业可持续发展能力的强弱。因此，企业在进行工程项目决策之前，必须对拟投资的工程项目进行可行性研究，以确保工程项目在经济上合理、技术上先进、条件上具备、实施上可行；要严格按照分级授权审批原则对工程项目进行决策审批，重大工程项目要经过董事会或股东大会的审议批准。

（二）确保工程质量

百年大计，质量第一。质量是工程项目的生命，工程项目质量不仅直接关系到项目本身的运行寿命和运行安全，而且关系到工程项目交付使用后的正常运行和效能发挥。因此，要采取一切必要措施，确保工程项目的建设质量。

（三）保证工程进度

工程项目建设周期长、流程环节多、协调任务重，一旦一个环节出现工作、进度延误，就会引发连锁反应，影响整个工程项目的建设工期。因此，必须搞好工程项目的组织管理，协调好人力、物力、财力的投入、数量，搞好各因素之间的相互衔接和配合，确保工程项目如期竣工。

（四）控制工程成本

控制工程成本要从工程项目的源头，即项目决策和设计阶段做起；在工程施工阶段要实行严格的预算管理和投资控制，确保工程投资不突破工程预算。

（五）防范舞弊行为

工程项目投资大、环节多，是职务犯罪、商业贿赂、串通舞弊的高发、多发领域，特别是工程项目的招投标、工程项目的发包分包、施工图纸设计、土建施工、装潢及安装工程、建筑材料及设备采购、建筑项目预算和决算、工程建设项目验收、追加投资等环节过程中，商业贿赂无孔不入，串通舞弊屡见不鲜，必须采取有效措施严加防范。

（六）保护资产安全

工程项目投入资金多、设备物资多、参与人员多，管理难度较大，必须采取有效措施保护资金、物资、设备的安全，同时要确保施工人员的人身安全，杜绝重大人身伤亡事故的发生。

工程项目业务流程

一、工程项目业务流程概述

工程项目业务流程是指工程项目从策划、评估、决策、设计、施工到竣工验收、投入生产或交付使用的整个建设过程中，各项工作必须遵循的先后工作次序。工程项目业务流程是工程建设过程客观规律的反映，是工程项目建设科学决策和顺利进行的重要保证。

工程项目涵盖的内容较多，不同的工程项目可以划分为内容和个数不同的若干阶段。从总体上来说，工程项目按其实施过程一般可以分为决策阶段、设计阶段、实施阶段、竣工阶段和项目后评价阶段。《企业内部控制应用指引第 11 号——工程项目》将工程项目业务流程界定为工程立项、工程招标、工程造价、工程建设、工程验收等环节。企业在进行工程项目内部控制设计时，应将工程项目业务范围统一到《企业内部控制应用指引第 11 号——工程项目》的要求上来。当然，企业工程项目复杂多样，工程项目内部管理制度、业务流程千差万别，在具体业务流程的设计上一定要体现不同企业工程项目的自身特点，不能简单照抄照搬。

二、工程项目业务流程的环节与内容

一般来说，工程项目的业务流程主要包括工程立项、工程设计、工程招标、工程建设、工程验收和项目后评估六大环节。

（一）工程立项

工程立项是对拟建项目的必要性和可行性进行技术经济论证，对不同建设方案进行技术经济比较并做出判断和决定的过程。工程立项阶段主要包括编制项目建议书、可行性研究、项目评审和立项决策四项工作。

1. 编制项目建议书

项目建议书是对拟建项目提出的框架性总体设想。项目建议书的主要内容包括：项目的必要性和依据，产品方案、拟建规模和建设地点的初步设想，投资估算、资金筹措方案设想，项目的进度安排，经济效益和社会效益的初步估计，环境影响的初步评价等。

项目建议书编制完成后，应报企业决策机构审议批准，并视法规要求和具体情况报有关政府部门审批或备案。

2. 可行性研究

可行性研究是以提升投资效果为目的，从技术上、经济上、管理上对建设项目进行全面综合分析。可行性研究的基本任务是对拟建项目从技术经济角度进行全面的分析研究，并对其投产后的经济效益进行预测，为立项决策提供依据。可行性研究要围绕项目建议书展开，并编制可行性研究报告。

3. 项目评审

可行性研究报告形成后，企业应当组织规划、工程、技术、财务、法律等有关部门或委托具有相应资质的专业机构，对可行性研究报告进行全面审核和评价，提出评审意见，以作为项目决策的重要依据。

4. 立项决策

企业应当按照规定的权限和程序对工程项目进行决策，决策过程应有完整的书面记录。重大工程项目的立项应当报经董事会或类似权力机构集体审议批准。总会计师或分管会计工作的负责人应当参与项目决策。

（二）工程设计

工程设计是指对工程项目的建设提供有技术依据的设计文件和图纸的整个活动过程，是对拟建项目进行整体规划、体现具体实施意图的重要过程。工程设计是否经济合理，对于保证工程质量、加快工程建设进度、节省工程投资具有十分重要的意义。

一般工程项目设计可按初步设计和施工图设计两个阶段进行。对于技术较复杂、在设计时有一定难度的工程，可以按初步设计、技术设计和施工图设计三个阶段进行；对于小型工程项目，也可以简化为施工图设计一个阶段。

1. 初步设计

初步设计是整个设计构思基本形成的阶段。初步设计可以明确拟建工程在指定地点和规定期限内建设的技术可行性和经济合理性，同时确定主要技术方案、工程总造价和主要技术经济指标。建设单位可以自行完成初步设计或委托其他单位进行初步设计。

初步设计阶段的一项重要工作是编制设计概算。设计概算是计算和确定工程项目全部建设费用的经济文件，是编制项目投资预算、确定和控制项目投资的依据，也是签订施工合同的基础依据。

2. 施工图设计

施工图设计主要是通过图纸把设计者的意图和全部设计结果表达出来，作为施工建造的依据。与施工图设计直接关联的是施工图预算。施工图预算是在施工图设计完成后、工程开工前，根据已批准的施工图纸、现行的预算定额、费用定额和所在地区人工、材料、设备与机械台班等资源价格，按照规定的计算程序确定工程造价的技术经济文件。对建设单位而言，施工图预算是确定工程招标控制价的依据，也是拨付工程款及办理工程结算的依据；对施工单位而言，施工图预算是施工单位投标报价的参考依据，也是安排调配施工力量、组织材料供应的依据。

（三）工程招标

工程招标是指建设单位在立项之后，依照法定程序，以公开招标或邀请招标等方式，鼓励潜在的投标人依据招标文件参与竞争，通过评标择优选定中标人的一种经济活动。实行招投标是提高工程项目建设相关工作公开性、公平性、公正性和透明度的重要制度安排，是防范和遏制工程领域商业贿赂的有效举措。工程招标一般包括以下四项工作：招标，投标，开标、评标和定标，签订合同。

1. 招标

招标是指招标人发出招标通知，说明工程项目或采购物资的名称、规格、数量及其他条件，邀请投标人在规定的时间、地点按照一定的程序进行投标的行为。招标的主要工作包括招标组织方式（自行招标、委托招标）和招标方式（公开招标、邀请招标）等招标前期准备和招标公告、资格预审公告的编制与发布。

2. 投标

投标是指投标人应招标人的邀请或投标人满足招标人最低资质要求而主动申请，按照招标的要求和条件，在规定的时间内向招标人递交投标文件，争取中标的行为。投标的主要工作包括项目现场考察、投标预备会、投标文件的编制和递交。

3. 开标、评标和定标

投标工作结束后，建设单位应当组织开标、评标和定标。开标时间和地点应当在招标文件中预先确定；评标由招标人依法组建的评标委员会负责，应当按照招标文件确定的评标标准和方法，对投标文件进行评审和比较，推荐合格的中标候选人；建设单位应当按照规定的权限和程序从中标候选人中确定中标人，向中标人发出中标通知书。

4. 签订合同

确定中标人后，建设单位应当在规定期限内同中标人订立书面合同，双方不得另行订立背离招标文件实质性内容的其他协议。

（四）工程建设

工程建设是工程项目的施工阶段。此阶段的主要任务是将“蓝图”变成工程项目实体，实现投资决策意图。工程项目的质量、成本和进度控制主要在这一阶段。工程建设的主要工作包括工程监理、工程物资采购、工程价款结算和工程变更。

1. 工程监理

工程监理是指具有相关资质的监理单位受建设单位的委托，代替建设单位对承建单位的工程建设实施监控的一种专业化服务活动。

工程监理依据国家批准的工程项目建设文件、有关工程建设的法律法规和工程建设监理合同及其他工程建设合同，对承建单位在工程质量、工期、进度、安全和资金使用方面实施监督。建设单位和承建单位应按设计和开工前签订的合同所确定的工期、进度计划等相关要求进行施工建设，并采用科学、规范的管理方式保证施工质量、进度和安全。

2. 工程物资采购

工程物资采购主要分为建设单位自行采购和承建单位采购两种方式，采购的工程物资包括材料和设备。工程物资成本一般占到工程项目总造价的60%以上，对工程的成本、进度、质量具有重大影响。为了保证工程项目的顺利进行，采购单位需要按照施工进度需要，及时购置工程物资。

3. 工程价款结算

工程价款结算是指对建设工程的承包合同价款进行约定和依据合同约定进行工程预付款、工程进度款、工程竣工价款结算的活动。签订施工合同后，建设单位一般先向承包单位支付一笔预付款，之后按合同约定或项目目标拨付工程进度款。

4. 工程变更

工程建设周期一般较长，在建设过程中由于某些情况发生变化，如建设单位对工程提出新要求、出现设计错误、外部环境条件发生变化等，有时需要对工程进行必要变更。工程变更包括工程量变更、项目内容变更、进度计划变更、施工条件变更等。

（五）工程验收

工程验收也称竣工验收，是指工程项目竣工后由建设单位会同设计、施工、监理单位以及工程质量监督部门等，对该项目是否符合规划设计要求以及建筑施工和设备安装质量进行全面检验的过程。

在竣工验收环节，除了全面检验建设项目质量和投资使用情况外，还要做好竣工结算和竣工决算两项重要工作。竣工结算是指承建单位按照合同规定的内容全部完成所承建的工程，经验收质量合格并符合合同要求之后，与建设单位进行的最终工程价款结算；竣工决算是以实物数量和货币指标为计量单位，综合反映竣工项目从筹建开始到项目竣工交付使用为止的全部建设费用、财务情况和投资效果的总结性文件。

（六）项目后评估

项目后评估也称项目后评价，是指在项目已经完成并运行一段时间后，对项目的目的、执行过程、效益、作用和影响进行系统的、客观的分析和总结的一种技术经济活动。

企业应当建立完工项目后评估制度，重点评价工程项目预期目标的实现情况和项目投资效益等，并以此作为绩效考核和责任追究的依据。

企业工程项目业务流程如图10-1所示。

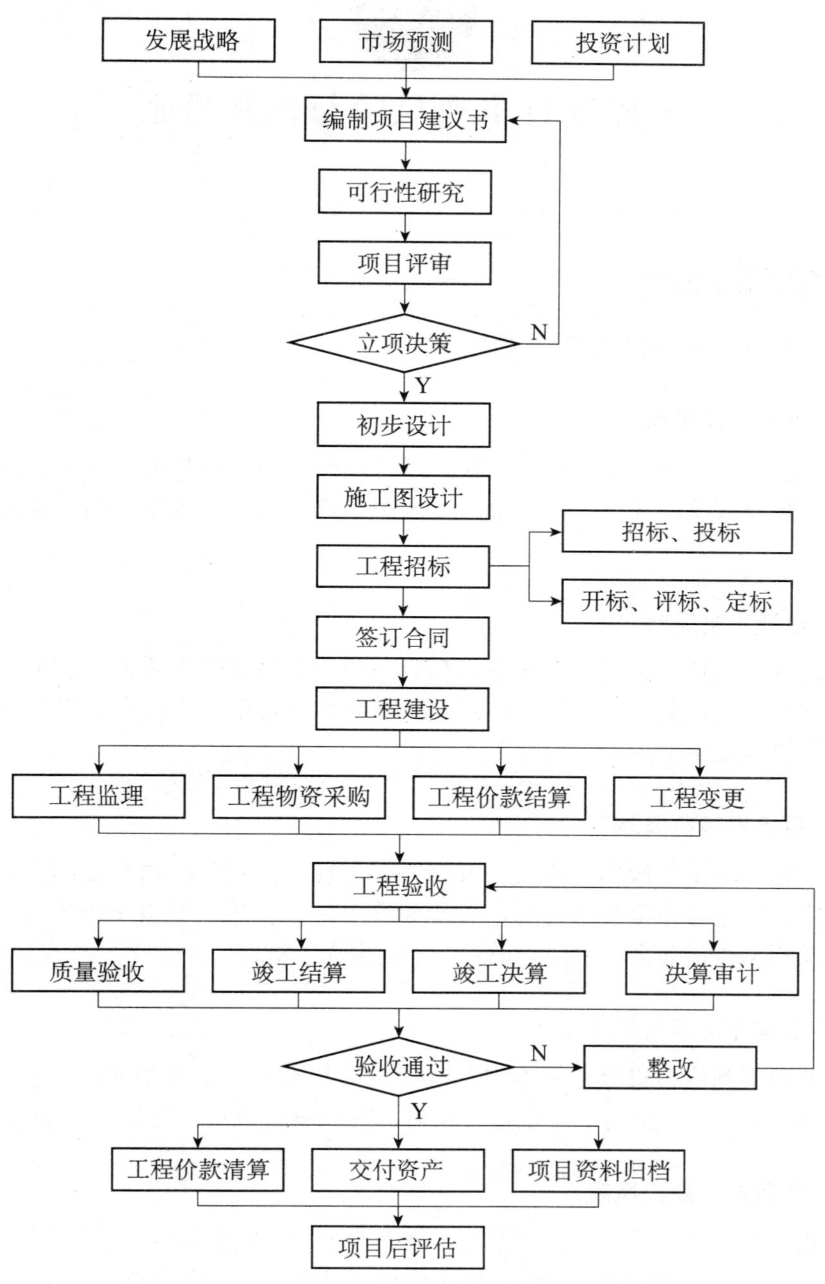

图 10－1　工程项目业务流程图

工程项目主要风险与控制措施

一、工程项目的主要风险

企业工程项目至少应当关注下列风险：

（一）决策失误风险

投资意向与企业发展战略脱节，缺乏可行性研究或可行性研究流于形式，评审决策不当，可能导致项目盲目上马，难以实现预期效益或项目失败，给企业带来巨大经济损失。

（二）设计失当风险

初步设计出现较大疏漏，工程造价信息不对称，概预算严重脱离实际，可能导致施工组织混乱、工程变更、工期拖延、工程质量存在隐患、投资失控以及投产后运行成本过高等风险发生。

（三）招标不规范风险

项目招标“暗箱”操作，违反公开性、公平性、公正性和透明度的制度安排，存在商业贿赂、串通舞弊等违法行为，可能导致中标人实质上难以承担工程项目、中标价格失实及相关人员涉案，致使建设单位遭受重大经济损失。

（四）工程监理不力风险

工程监理不到位、安全监管不力，监理人员与施工方串通舞弊，可能导致工程物资质次价高、工程质量低劣、工期进度延迟、安全事故频发、投资失控等问题发生。

（五）项目资金缺口风险

项目资金不落实，项目资金被挪用，未能按施工合同条款或工程进度拨付工程款，可能导致工程进度延迟或施工中断，甚至形成进度缓慢、一拖再拖的“胡子工程”。

（六）竣工验收不规范风险

竣工验收不规范，或验收人员、审计人员收受施工方贿赂，质量检验不把关、决算审计走过场，可能导致工程存在重大质量隐患，竣工决算失真，工程交付使用后难以正常运行，导致企业遭受重大经济损失。

二、工程项目的关键控制点、控制目标和控制措施

工程项目内部控制的关键控制点、控制目标和控制措施如表10-1所示。

表10-1　　工程项目内部控制的关键控制点、控制目标和控制措施

关键控制点	控制目标	控制措施
1. 可行性研究	可行性研究有效化	(1) 确定可行性研究报告的内容和格式，明确编制要求 (2) 重大工程项目要委托专业机构进行可行性研究
2. 项目评审	评审严格，决策规范	(1) 组建项目评审组或委托具有资质的专业机构进行项目评审 (2) 按照规定的权限和程序对工程项目进行决策，并实行决策责任追究制度 (3) 重大工程项目应当报经董事会审议批准
3. 初步设计	初步设计科学、合理	(1) 根据项目特点选择具有相应资质和经验的设计单位 (2) 签订设计合同，细化设计单位的权利和义务 (3) 与设计单位充分交流信息资料，以使设计方案科学、合理 (4) 建立严格的初步设计审查和批准制度，层层把关，确保设计质量
4. 施工图设计	施工图设计科学、合理	(1) 建立严格的概预算编制与审核制度，并严格执行 (2) 建立严格的施工图设计管理与交底制度，并严格执行 (3) 建立严格的设计变更管理制度，并严格执行 (4) 严格按照法律法规和管理要求执行各项设计报批规定，上一环节尚未批准的，不得进入下一环节
5. 招标	招标活动合法、规范	(1) 建立健全招投标管理制度，并严格执行 (2) 招标公告要公开、透明，杜绝各种舞弊行为
6. 投标	公平投标	(1) 对投标人的信息采取保密措施，防止投标人之间串通舞弊 (2) 严格按照招标公告确定的资格条件对投标人进行实质审查 (3) 履行完备的标书签收、登记和保管手续，对投标书实施保密措施
7. 开标、评标和定标	公开、透明，保护招标人和投标人的合法利益	(1) 应邀请所有投标人或其代表出席有关活动 (2) 委托公证机构进行检查和公证 (3) 依法组建评标委员会，确保其成员具有较高的职业道德水平
8. 签订合同	合法、合规，维护企业利益	(1) 工程合同要准确描述合同条款，明确双方权利义务和违约责任 (2) 建立健全工程合同订立及审批管理制度，明确审核、审批程序和所涉及的部门人员及相应权责

续前表

关键控制点	控制目标	控制措施
9. 工程监理	确保工程质量	(1) 建立监理进度控制体系，明确相关程序、要求和责任 (2) 建立全面质量控制制度，落实质量控制责任 (3) 建立项目成本控制制度，健全成本控制体系 (4) 建立安全生产、文明施工管理制度，细化各项安全防范措施 (5) 严肃处理各种违法违纪人员，切实净化施工监理环境
10. 工程价款结算	规范、及时、足额	(1) 严格按施工合同、工程进度拨付工程款 (2) 严格执行价款结算授权审批制度
11. 工程变更	规范工程变更程序	(1) 建立严格的工程变更审批制度，严格控制工程变更 (2) 按照规定程序办理工程变更手续，减少经济损失 (3) 对于重大的工程变更事项，必须经建设单位、监理机构和承包单位集体商议
12. 工程验收	确保工程验收质量	(1) 健全竣工验收各项管理制度，未实施竣工决算审计的工程项目，不得办理竣工验收手续 (2) 明确竣工验收的条件、标准、程序、组织管理和责任追究等 (3) 严格履行工程验收程序，至少应经过承包单位初检、监理机构审核、正式竣工验收三道程序 (4) 重大项目的验收，应吸收相关方面专家进行评审

三、工程项目的会计系统控制

企业应当建立健全记录工程项目业务的会计凭证和账簿，正确核算工程项目业务活动情况，妥善保管有关工程项目合同、批文、原始会计凭证、发票、收据、付款凭证、工程物资采购等资料，确保会计记录与实际工程项目活动的一致性。工程项目的会计系统控制具体措施包括以下四个方面：

（一）准确核算工程项目业务

企业应按照国家统一的会计准则，建立在建工程、工程物资和预付工程款账户，通过相应的会计账户准确核算有关工程项目的资金投入、工程物资采购和工程价款支付情况；要完善工程项目支出入账管理程序，准确核算有关工程项目支出。

（二）妥善保管工程项目业务的凭证、资料

财务部门要对工程项目的合同、协议、批文、发票、收据、凭证、账表等文件资料登记造册，派专人负责，妥善保管，以备查用。

（三）实行工程项目资金预算管理制度

财务部门要实行工程项目资金预算管理制度，严格按预算、按合同、按工程进度、

按审核无误的付款凭证和付款审批制度办理工程项目业务的资金支付，不得无故多付、早付，或少付、拖延支付工程价款。

（四）定期核对工程项目账目

财务部门的工程项目核算岗位人员要定期与工程项目负责人核对工程项目的资金、工程物资、预付工程款等账目，确保会计记录与工程项目的实际业务发生情况核对一致，账账相符、账实相符。

案例分析

案例 1：2011 年 10 月 20 日有媒体报道：吉林省靖宇县和抚松县境内一段总投资 23 亿元的铁路工程，被指违规分包给一家冒牌公司和做过厨师、“完全不懂建桥”的包工头，本应浇筑混凝土的桥墩，竟被偷工减料投入大量石块，造成巨大的安全隐患。

铁道部（2013 年时已撤销）高度重视，当日组成联合调查组进行调查，于 11 月 13 日对媒体反映的宇松铁路严重质量问题公布了查处结果，对涉及单位和人员进行了相应处罚，不合格工程全部返工处理。

经查，媒体反映的合同诈骗、工程违法分包与转包、工程质量问题等属实，是一起典型的工程质量重大责任事故。中铁九局作为宇松铁路项目的施工总承包单位、沈阳铁路建设监理有限公司作为宇松铁路的监理单位、沈阳铁路局宇松铁路建设指挥部作为宇松铁路建设项目的建设管理机构，都对这起质量事故和严重的违法分包与转包问题负有责任。

分析要求：根据内部控制的有关规范和原理，分析“骗子包工程，厨子建铁路”为什么能得逞。

分析提示：“骗子包工程，厨子建铁路”是一起典型的建设单位、总承包单位、监理单位串通舞弊案件。沈阳铁路局宇松铁路建设指挥部作为建设单位涉嫌重大舞弊行为，应对质量事故和违法分包与转包问题负主要责任；中铁九局作为总承包单位，罔顾国家法律法规，将工程分包给冒牌公司，冒牌公司又将工程转包给“厨子”，应对质量事故和违法分包与转包问题负直接责任；沈阳铁路建设监理有限公司作为监理单位，对“厨子”不具备施工资质的事实视而不见，对偷工减料、胡作非为的施工行为置若罔闻、听之任之，应对质量事故和违法分包与转包问题负重要责任。

第一，建设单位在招标过程中如果能够严格执行招投标管理制度，并在与承包单位签订的施工合同中明确规定承包单位如果对工程进行分包与转包，则接受分包与转包的单位必须拥有相应的资质，就会大大降低“骗子包工程，厨子建铁路”的可能性。

第二，总承包单位如果真正能够秉承自己“勇于跨越，追求卓越”的企业精神，兑现“建造精品，创造价值”的企业宗旨，践行“真诚对待每个人，用心做好每件事”的核心价值观，就绝对不会使“骗子包工程，厨子建铁路”的奇闻成为现实。

第三，监理单位如果能够严格审查“厨子”的施工资质，并按照标准严格监督施工过程和质量，也会大大降低“骗子包工程，厨子建铁路”的可能性。

案例2：2010年5月，亚辰公司开工建设职工活动中心，计划2011年6月完工，原定总投资3 500万元，决算金额3 950万元。据查，该工程由公司工会提出申请，由工会有关人员进行可行性研究，经公司董事会审批同意并授权工会主席章华具体负责项目的实施和工程款的支付审批。之后，章华私自决定将工程交由某个体施工队承建。在工程即将完工时，施工队负责人向章华提出职工活动中心应有配套建设设施，建议增建保龄球馆，章华认为这一建议可取，指示工会人员提出项目变更申请，经其签字批准后实施。工程完工后，工会有关人员办理了竣工验收手续，由财务部门将交付使用资产登记入账。职工活动中心交付使用后，发现包括保龄球道在内的许多工程设施存在严重的质量问题。

分析要求：亚辰公司在建设职工活动中心时，内部控制存在哪些薄弱环节？

分析提示：亚辰公司内部控制存在以下薄弱环节：

（1）工程项目的可行性研究存在不足，不应仅由工会相关人员进行可行性研究。在进行可行性研究过程中，公司应当组织规划、工程、技术、财务、法律等部门的专家对项目可行性研究报告进行充分论证和评审，出具评审意见，以作为项目决策的重要依据。

（2）董事会授权工会主席全权负责工程实施和工程款支付的审批，但亚辰公司工会主席私自决定了施工单位，表明该公司授权批准程序存在缺陷。亚辰公司应当建立在建工程项目的授权批准制度并实行集体决策，不得由同一部门或个人办理在建工程的全过程业务，任何个人不得超越审批权限、不得单独决策或擅自更改集体决策意见，重要环节应有完整的书面记录，并严格实行责任追究制度，明确相关部门及人员的责任。

（3）企业的工程项目一般应当采取招标的方式，择优选择具有相应资质的承包单位。

（4）亚辰公司应当严格控制工程变更，确需变更的，应当按照规定的权限和程序进行审批，而不能仅由工会主席一人签字批准。重大项目的变更应当比照项目决策和概预算控制的有关程序，加以严格控制，因变更等原因造成的价款支付方式及金额发生变动的，应提供完整的书面文件和其他相关资料。

（5）企业应当实行严格的在建工程监理制度。在建工程监理人员应当具备相应的资质和良好的职业操守，深入施工现场，做好在建工程进度和质量监控，及时发现和纠正工程建设中的问题，客观公正地执行各项监理任务。未经工程监理人员签字，工程物资不得在工程上使用或安装，不得进行下一道工序施工，不得拨付工程价款，不得进行竣工验收。竣工验收时，不应当仅由工会人员进行竣工验收，而应会同建设单位、设计单位对施工单位报送的竣工资料的真实性、完整性进行审查，并依据设计与合同的要求组织竣工验收。

工程项目控制制度设计

一、工程项目控制制度设计的方法与内容

工程项目控制制度设计是在遵循国家和企业工程项目相关法规制度的基础上，以国家监管部门制定的内部控制规范及其应用指引为依据，结合企业工程项目的实际情况，用系统控制的技术和方法，构建企业自身工程项目内部控制体系的动态过程。

工程项目控制制度设计主要包括现状调研、风险评估和制度设计三大基本环节。根据工程项目控制制度设计操作需要，在基本流程的基础上，还要设计多层次的具体流程，每个具体流程中需明确工作内容、方法、步骤及相应的表单等，要突出工程项目控制制度设计的特色。各环节的工作方法与内容是：

（一）现状调研

制度设计者首先要整理描述工程项目方面的内部管理制度或相关文件，梳理工程项目业务流程现状，编制工程项目内部管理制度或相关文件情况表，完成编制工程项目业务流程目录、绘制工程项目业务流程图等工程项目控制制度设计的基础性工作。

1. 整理描述制度文件

制度设计者要认真梳理企业现有的控制制度或文件，重点关注企业有无工程项目方面的相关制度，制度设计是否完善，制度是否得到有效执行，有无具体可控的操作文件或表单等。

2. 梳理描述业务流程

制度设计者必须梳理清楚企业工程项目业务流程的现状，即工程项目现行的业务流程包括哪些环节，能否有效控制工程项目风险，并将企业工程项目方面的业务流程现状以图表的形式描绘出来。

3. 确定业务流程目录

在梳理企业工程项目管理制度和业务流程现状的基础上，制度设计者应根据控制制度设计的要求，编制工程项目业务流程目录，绘制工程项目业务流程图。

（二）风险评估

工程项目风险是指在工程项目决策和实施过程中，造成实际结果与预期目标的差异性及其发生的概率。工程项目风险的差异性包括损失的不确定性和收益的不确定性。工程项目面临的风险主要有合同风险、税务风险、资金风险、成本风险、质量风险、工期风险、政治风险等。工程项目具有建设周期长、一次性和不可逆性等特点，受资源环境、施工环境、技术环境等方面影响大，导致工程项目风险无时无处不在，在整个工程项目实施过程中易受到各种风险的影响。

工程项目风险评估的基本程序为：识别工程项目风险，并进行具体描述；分析工程项目风险，编制工程项目风险分析表；评估工程项目风险，编制工程项目风险评估表；确定工程项目风险应对策略；编制工程项目风险数据库等。

1. 识别并描述风险

评估工程项目风险，首先要把工程项目业务的具体风险识别出来，然后整理出整体层面的风险。

2. 分析风险

工程项目风险分析的内容很多，一般应从成因和结果两个方面进行，并编制工程项目风险分析表。

3. 评估风险

评估工程项目风险应从可能性和影响程度两个维度进行，根据评估结果进行风险排序或划分等级，并编制工程项目风险评估表。识别出工程项目风险以后，就需要对工程项目风险进行评估，考查风险发生的频率，衡量风险可能造成损失的程度，明确企业准备承受的最大损失，即承受能力。具体应把握以下几点：

一是风险事件发生的概率。风险事件发生的概率和概率分布是风险估计的基础。因此，风险估计的首要工作是确定风险事件的概率分布。一般而言，风险事件的概率分布应由历史资料确定，这样得到的即为客观概率。当项目管理人员没有足够的历史资料确定风险事件的概率分布时，可以利用理论概率分布进行风险估计。

二是风险事件后果的估计。风险事故造成的损失要从三个方面来衡量：损失性质、损失范围和损失的时间分布。损失性质是指产生损失的原因是属于政治性的、经济性的还是技术性的；损失范围包括损失的严重程度、变化幅度和分布情况；损失的时间分布是指风险事件是突发的，还是随着时间推移逐渐显现的，以及这些损失可能发生的时间。这三个方面的不同组合使得损失情况千差万别。因此，任何单一的尺度都无法准确地对风险进行估计。在估计风险事故造成的损失时，描述性尺度最容易把握，定性尺度次之，定量尺度最难把握。

三是等风险量图（曲线）。风险的大小不仅和风险事件发生的概率有关，而且与风险造成损失的多少有关。评估风险的大小，常用等风险量图（曲线）。所谓等风险量曲线，是指由风险量相同的风险事件所形成的曲线。在该曲线上，所有风险事件的风险量都是相等的。不同等风险量曲线所表示的风险量大小与其和风险坐标原点的距离成正比，即距原点越近，风险量越小；反之，则风险量越大。

四是风险估计的不确定性。风险估计本质上是在信息不完全情况下的一种主观评价。进行风险估计时需要注意两个问题：第一，不管使用哪种尺度，都需要有某种形式的主观判断，因而风险估计的结果必然带有一定程度的不确定性；第二，计量本身也会产生一定程度的不确定性。项目变数（如成本、进度、质量、规模、产量、贷款利率、通货膨胀率）的不确定性程度取决于计量系统精确性和准确性的程度。

4. 选择风险应对策略

工程项目风险应对是根据风险评估的结果，针对风险的不同等级选择工程项目风险应对策略的过程。要针对不同等级的工程项目风险，相应采取风险规避、风险降低、风险分担和风险承受四种应对策略，并编制工程项目风险应对表。

5. 编制风险数据库

依据工程项目风险评估的结果编制工程项目层面的风险数据或绘制风险图谱。工程项目风险数据库的基本要素包括业务流程、风险描述、风险分析、风险排序、风险应对策略、剩余风险等，也可以加上内部控制制度设计完成后的控制措施、控制部门或岗位等。

（三）制度设计

工程项目控制制度设计是在评估工程项目风险的基础上，对工程项目控制制度进行设计的过程，这也是工程项目内部控制设计的关键环节。工程项目控制制度设计的基本程序包括：确定工程项目关键控制点，明确工程项目控制目标，提出工程项目控制措施，设计工程项目控制证据，优化工程项目控制制度，绘制工程项目控制流程图，编制工程项目控制矩阵。

1. 确定关键控制点

企业在构建与实施工程项目内部控制的过程中，要针对工程项目风险评估的结果，确定工程项目的一般控制点和关键控制点，并编制工程项目控制要点表。一般而言，工程项目的关键控制点至少应当包括工程立项、工程招标、工程造价、工程建设、工程价款结算、工程验收等环节。

2. 明确控制目标

工程项目控制的基本目标是保证工程项目的合法性、安全性、有效性和可靠性，有效控制各种可能发生的风险。各关键控制点的具体控制目标，应根据识别出来的可能存在的具体风险来设计。

3. 提出控制措施

构建工程项目内部控制体系，必须强化对工程项目控制点，尤其是关键控制点的风险控制，采取相应的决策控制、成本控制、进度控制、质量控制和信息控制等控制措施。工程项目控制措施要与工程项目实施的全过程相融合，并嵌入工程项目业务流程之中。

4. 设计控制证据

为了保证工程项目控制制度能够有效实施，制度设计者需要制定必要的表单，为工程项目过程留下控制证据。工程项目的相关表单很多，包括项目可行性研究报告，初步设计，概算及其调整批复的文件，招投标文件，历年投资计划，工程项目预算，承包合同，工程竣工决算，有关的财务核算制度、办法等。

5. 优化控制制度

实际上，构建工程项目控制制度并不要求企业重新建立一套制度，而是将内部控制的思想、方法和措施嵌入工程项目管理制度中去。工程项目控制制度到底制定多少个，内容包括哪些，会因企业的不同而不同。企业既可以制定一个统一的工程项目管理制度，也可以制定多个分项管理制度，内容至少应明确工程立项、招标、造价、建设、验收等环节的职责和审批权限。

不论工程项目控制制度采取什么样的形式制定，企业都应认真学习和领会《企业内部控制基本规范》《企业内部控制应用指引第11号——工程项目》等法律法规的精神实质和原则要求，并以此为起点构建和实施工程项目内部控制。

6. 绘制控制流程图

企业应当根据工程项目业务流程、风险点、控制点及其相关的控制措施，结合具体单位的实际情况来绘制工程项目控制流程图。需要特别强调的是，企业应把工程项目内部控制流程和工程项目业务流程整合在一起，并在图上标示风险点和控制点。

7. 编制控制矩阵

工程项目控制矩阵是对工程项目业务流程图中的风险点、控制措施和控制证据等的详细说明和描述，是工程项目内部控制制度设计结果的集中体现，也是企业内部控制管理手册的重要组成部分。

二、工程项目控制制度设计的目标

工程项目控制制度设计的目标要围绕企业内部控制的战略目标、经营目标、资产目标、报告目标和合规目标，根据工程项目内部控制的总体要求来确定。一般而言，工程项目内部控制的基本目标是规范工程项目行为，保证工程项目进度和质量，有效控制工程项目风险，实现工程项目的计划性、合法性、安全性和效益性。为此，工程项目控制制度设计应能实现以下控制目标：

（一）严格履行审批手续，保证工程项目的合法性

企业实施工程项目必须经过立项批准，在批准前要对工程项目进行可行性研究，具备完备、合法的审批手续。工程项目的实施过程必须符合国家的各项规范政策，符合工程项目建设的有关法律法规的具体规定。工程项目实施过程的咨询、评估、招标、评标、定标、签订合同、工程施工、工程监理等，都必须符合国家有关工程项目的规范性要求。

（二）搞好质量监督，保证工程项目建设质量的可控性

没有质量保证的“豆腐渣”工程不但没有经济价值，而且会带来许多后患。尤其

是重点工程项目，更需要按照“质量第一”的要求进行控制。同时，要加强工程项目安全管理，避免发生人身伤害及机械设备损害的安全风险。

（三）加强成本管理，保证工程项目建设成本的合理性

要按照预算严格控制各项费用支出，准确、及时地进行工程项目成本核算。同时，要做好工程竣工验收、决算报告及总结评价工作，保证工程项目成本的合理性。

（四）加强进度管理，保证工程项目建设工期的可控性

工程项目从项目建议书批准之日起就应抓进度管理，确定各项活动的完成时间，分析各活动之间的依赖关系，制订进度计划，调整和控制进度的变化，控制项目进度计划。特别是复杂的大型建设项目，绝不能仅仅控制承包商的施工进度，还应控制影响项目的全部条件的进度，如设计，对外谈判签约，设备、材料采购等。必须强化对工程建设全过程的监控，明确相关机构和岗位的职责权限，规范工程立项、招标、造价、建设、验收等环节的工作流程及控制措施，避免发生工程项目进度风险，确保工程项目按时竣工、验收，并发挥效益。

（五）严格工程项目核算，保证会计核算资料的准确性

会计部门要按照工程项目有关管理规定组织核算，正确编制会计凭证，及时登记、核对工程项目会计账簿，全面、完整地反映工程项目建设成本及费用的形成过程，使会计资料能够真实、全面、准确地反映工程项目建设情况。

（六）防范舞弊行为，保护工程项目资产的安全性

由于工程项目工期长、投资数额大，有些项目还需要采取分包等方式施工建造，往往容易发生舞弊行为，因此必须加强工程项目管理，堵塞漏洞、消除隐患，防止并及时发现、纠正错误及舞弊行为，防范与治理内部勾结、内外勾结、损公肥私、商业贿赂等犯罪行为，保护工程项目资产的安全完整。

三、工程项目控制制度设计案例

浙江新农化工股份有限公司工程项目内部控制制度

1. 目的

为加强工程项目管理，提高工程质量，保证工程进度，控制工程成本，防范商业贿赂等舞弊行为，实现预期效益和目标，根据有关法律法规以及《企业内部控制基本规范》《企业内部控制应用指引第 11 号——工程项目》，结合公司实际情况，制定本制度。

2. 适用范围

2.1　本制度涵盖公司所有工程项目，不包括资产的日常维修、维护。

2.2 本制度适用于浙江新农化工股份有限公司及各分（子）公司。

3. 术语与定义

3.1 工程项目是指公司自行或者委托其他单位所进行的建造、安装工程。工程项目可以分为基本建设项目和技术改造项目两大类。

3.2 基本建设项目是指以扩大生产能力或新增效益为主要目的，以建设或购置固定资产为主要内容的经济活动。基本建设项目的形式包括新建、改建、扩建、恢复工程及与之相联系的其他经济活动，它不是零星的、少量的固定资产建设，而是具有整体性的、需要一定投资额以上的固定资产建设。

3.3 技术改造项目是指采用先进的、适用的新技术、新设备、新工艺、新材料等，对现有设施、生产工艺条件及辅助设施进行的改造项目，以达到增加品种、提高质量、节约能源、降低原材料消耗、提高劳动生产率、提高经济效益的目的。

3.4 工程立项是对拟建项目的必要性和可行性进行技术经济论证，对不同建设方案进行技术经济比较并做出判断和决定的过程。

3.5 工程设计是指对工程项目的建设提供有技术依据的设计文件和图纸的整个活动过程，是建设项目进行整体规划、体现具体实施意图的重要过程。

3.6 工程招标是指公司在立项之后、项目发包之前，依照法定程序，以公开招标或邀请招标等方式，鼓励潜在的投标人依据招标文件参与竞争，通过评标择优选定中标人的一种经济活动。

3.7 工程建设是指工程项目的施工阶段。此阶段的主要任务是将“蓝图”变成工程项目实体，实现投资决策意图。工程项目的质量、成本和进度控制主要在这一阶段。工程建设的主要工作包括工程监理、工程物资采购、工程价款结算和工程变更。

3.8 工程验收也称竣工验收，是指工程项目竣工后由公司会同设计、施工、监理单位以及工程质量监督部门等，对该项目是否符合规划设计要求以及建筑施工和设备安装质量进行全面检验的过程。

3.9 工程项目后评估是指在建设项目已经完成并运行一段时间后，对项目的目的、执行过程、效益、作用和影响进行系统的、客观的分析和总结的一种技术经济活动。

3.10 工程项目组是由工程项目长在总经理授权和职能部门的支持下组建的，负责工程项目具体管理实施的一次性的现场组织机构。工程项目组至少要包含技术、工程、财务、安全环保等方面的专业人员，人员一般为5～10人。工程项目组在项目启动前建立，并在项目竣工验收、审计完成后解体。

3.11 项目建议书是公司根据工程投资意向、产业政策、公司发展战略、经营计划等提出的建设某一工程项目的建议文件，是对拟建项目提出的框架性总体设想。

3.12 可行性研究是指在调查的基础上，通过市场分析、技术分析、财务分析和国民经济分析等方法，对投资项目的技术可行性与经济合理性进行的综合评价。

3.13 工程投资估算是指在整个工程项目立项决策过程中，依据现有的资料和一定的方法，对建设项目的投资额（包括工程造价和流动资金）进行的估计。投资估算总额是指从筹建、施工直至建成投产的全部建设费用，其包括的内容应视项目的性质和范围而定。投资估算是研究、分析、计算项目投资经济效益的重要条件，是项目经济评价的基础。

3.14　立项更改是指工程立项审批以后正式实施之前，因特殊原因导致工程项目内外部环境出现变化，必须对工程项目原立项审批内容进行的调整和变动。

3.15　工程概预算是指在工程设计过程中，根据设计文件的具体内容和有关定额、指标及取费标准，预先计算和确定工程项目的全部工程费用的技术经济文件。工程概预算是确定工程招标控制价、加强施工计划管理、控制成本、拨付工程款及办理工程结算的依据。

3.16　工程变更是指在工程项目实施过程中，按照合同约定的程序，对工程项目原设计或原施工方案进行的在材料、工艺、功能、功效、尺寸、技术指标、工程数量及施工方法等任何一方面的改变。

3.17　竣工结算是指承包单位按照合同规定的内容全部完成所承包的工程，经验收质量合格并符合合同要求之后，与公司进行的最终工程价款结算。竣工结算由承包单位编制，公司可直接进行审查，也可以委托具有相应资质的工程造价咨询机构进行审查。

3.18　竣工决算是以实物数量和货币指标为计量单位，综合反映竣工项目从筹建开始到项目竣工交付使用为止的全部建设费用、财务情况和投资效果的总结性文件。竣工决算是整个工程项目的最终价格，是作为公司财务部确定固定资产入账成本的主要依据。

4. **职责与权限**

4.1　股东大会决定公司投资计划，审批公司重大工程项目建设立项。

4.2　董事会决定公司投资方案，根据授权负责审批公司重要工程项目建设立项。

4.3　公司经理层根据授权负责审批公司一般及以下工程项目建设立项，并负责工程项目的组织、审核与实施。

4.4　工程项目部门为工程项目主管部门，负责公司所有工程项目的统筹管理和实施。

4.5　工程项目组为工程项目具体管理实施机构，负责项目的具体实施与管理。

4.6　财务部门从财务管理角度参与工程项目建设，重点负责工程概预算审核，工程项目款项结算及会计核算等工作。

4.7　技术研发部门从技术与工艺角度参与工程项目建设。

4.8　安全环保部门从安全、环保角度参与工程项目建设。

4.9　项目使用部门从生产使用角度参与工程项目建设。

4.10　采购部负责工程物资的采购工作。

4.11　储运部门负责工程物资的储存及出入库管理工作。

4.12　行政人事部门负责工程项目所需的人员安排和后勤工作。

4.13　审计部负责工程项目审计工作。

5. **基本控制目标**

5.1 健全规章制度，实现工程项目建设有章可循。建立健全工程项目管理制度建设，实现工程项目建设全过程有章可循、有法可依。

5.2 健全组织体系，落实职责权限。建立健全工程项目管理组织体系，明确职责权限、授权批准程序、责任落实机制和工作协调机制，实现各负其责、有效运行。

5.3 规范决策管理，确保工程项目决策的科学性。规范工程项目立项审批程序，科学评估工程项目投资的必要性、可行性及投资效益，严格按照分级授权审批原则对工程项目进行决策审批，有效控制工程项目投资风险。

5.4 科学进行工程设计，保障工程设计质量。规范工程设计流程，合理制定工程概预算，严格评审工程设计方案，保障工程设计质量，加快建设进度，节省工程投资。

5.5 规范招标程序，确保承包方选择合理。完善招标制度，规范招标程序，保证工程项目招标工作公开透明、公平公正，确保选择合适的工程承包方，防范和遏制工程领域商业贿赂，并提高工作效率。

5.6 强化过程管理，保障项目建设。加强工程项目建设过程监控，严格实施概预算管理，采取有效措施保障资金、物资、设备、人员安全，及时备料、科学施工，有效管控项目进度、质量和成本，确保工程项目达到预定要求和目标。

5.7 健全验收制度，确保验收质量。健全验收管理制度和流程，做好竣工结算、决算审核和审计，明确验收标准，确保验收质量。验收合格后及时办理交付使用手续，按时收集、整理工程建设各环节的文件资料，建立完整的工程项目档案，并按期开展工程项目后评估，总结经验教训，进行绩效考核。

6. **基本业务流程**

6.1 工程项目管理基本业务流程如图10-2所示。

6.2 工程项目管理基本业务流程的主要内容：

6.2.1 编制项目建议书。公司各部门根据需要提出项目建议，编制建设工程项目建议书，报工程项目部门评审。公司工程项目部组织专业人员综合考虑产业政策、发展战略、经营计划等因素，对提报的工程项目建议书进行评审，出具评审意见报总经理审批。项目建议书是对拟建项目提出的框架性总体设想。

6.2.2 可行性研究。项目建议书通过后，工程项目部组织工程、技术、市场、销售、财务、采购、安全环保等部门进行深入的市场调研和可行性研究，撰写可行性研究报告，必要时可委托专业机构进行可行性研究。在调查的基础上，通过市场分析、技术分析、财务分析等方法，对投资项目的技术可行性与经济合理性进行的综合分析评价。

6.2.3 项目评审和决策。可行性研究报告形成后，工程项目部组织有关部门或委托具有相应资质的专业机构，对可行性研究报告进行全面审核和评价，提出评审意见，作为项目决策的重要依据，然后按照规定的权限和程序对工程项目进行决策。

6.2.4 组建工程项目组。工程项目立项后，工程项目部根据项目的规模、结构、复杂程度、专业特点、人员素质和地域范围等情况提报工程项目组组长，报相关

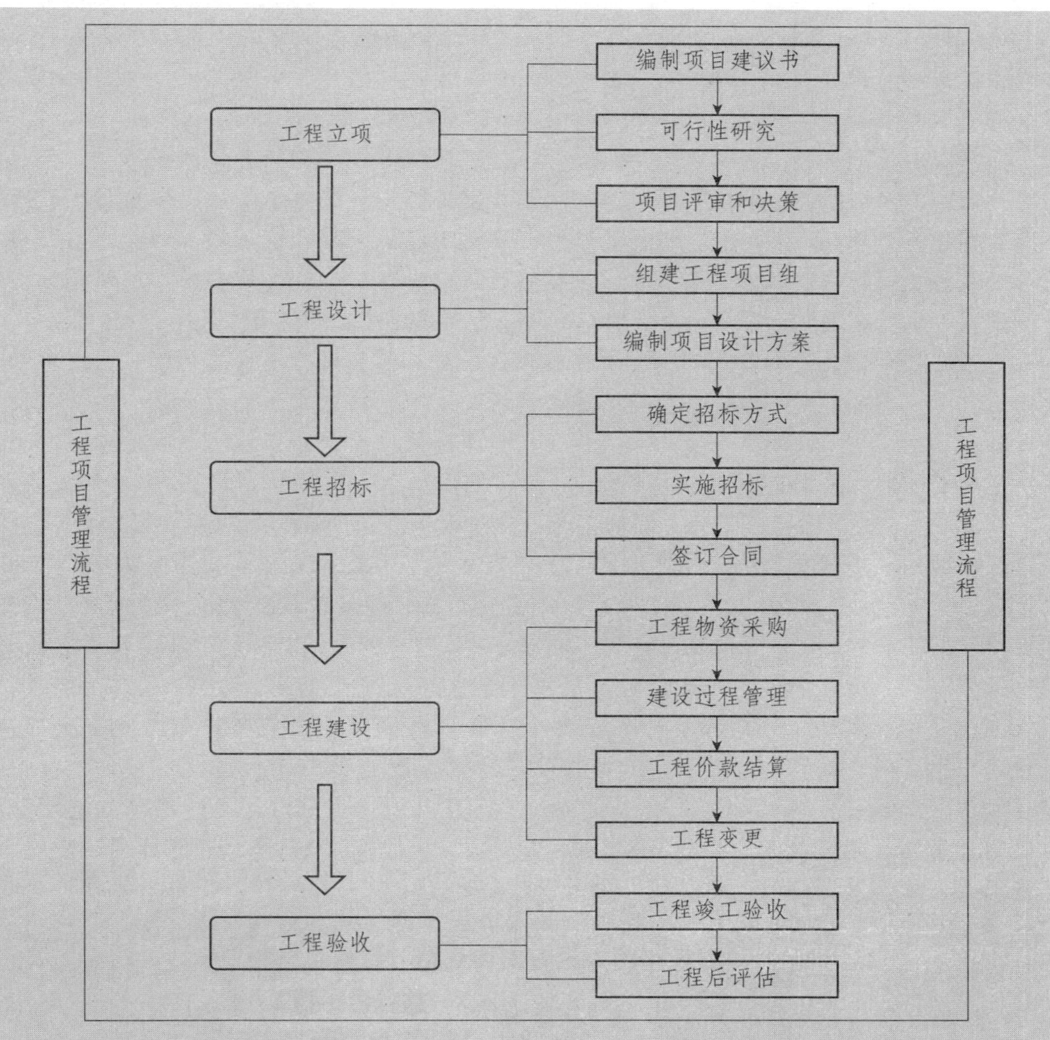

图 10-2　工程项目管理基本业务流程图

授权人审批。工程项目组组长牵头组建工程项目组并上报审批。工程项目组至少要包含技术、工程、财务、安全环保等方面的专业人员，人员一般为5～10人。

6.2.5　编制项目设计方案。工程项目组成立后，负责组织人员或聘请具有资质的专业设计单位对该工程项目进行详细的方案设计。通过设计项目方案可以明确拟建工程在指定地点和规定期限内建设的技术可行性和经济合理性，同时确定主要技术方案、工程总造价和主要技术经济指标，作为工程项目建设的依据。

6.2.6　确定招标方式。工程项目组根据工程项目重要程度和实际情况以及可行性研究报告的建议等择优选择招标方式，并报授权人审批。

6.2.7　实施招标。工程项目组按照国家法律法规和公司招标管理制度，遵循公开、公正、公平原则，依照确定的招标方式，鼓励潜在的投标人依据招标文件参与竞争，通过评标择优选定中标人。

6.2.8 签订合同。中标人确定后，按照公司合同管理制度的规定，在规定期限内由工程项目组拟定工程项目承包合同，并组织合同评审后，同中标人签订合同。合同中应列明质量、进度、资金、安全等各项具体标准并严格执行。

6.2.9 工程物资采购。形式主要分为公司自行采购和承包方采购两种方式。公司自行采购的，根据公司采购管理制度的规定，由工程项目组申请采购工程项目建设所需的各种物资材料，报相关授权人审批后由采购部组织采购。承包方采购的，由工程项目组负责做好监督审核工作，确保工程物资符合设计标准和合同要求，严禁不合格物资投入工程建设。为了保证项目顺利进行，需要按照施工进度需要及时购置。

6.2.10 建设过程管理。工程项目组负责对施工过程进行全面监控管理，安排专门人员定期或不定期巡查施工现场的施工情况，实行严格的概预算管理，切实做到及时备料，科学施工，保障资金，落实责任，确保按照设计和开工前签订的承包合同中所规定的工期、进度计划等相关要求进行施工建设，保证工程的质量、进度和安全，并做好过程管理、用工用料等方面的记录，确保达到预定的工程项目设计要求和目标。

6.2.11 工程价款结算。按照公司资金管理制度的规定和工程项目承包合同中约定的工程价款计算方法及方式，对工程预付款、工程进度款、工程竣工价款等款项，由承包方提出申请，工程项目组审核，报相关授权人审批后，交由财务部门审核支付。

6.2.12 工程变更。在建设过程中由于某些情况发生变化，如对工程提出新要求、出现设计错误、外部环境条件产生变化等，需要对工程项目进行必要变更时，由工程项目组与设计、监理、施工等相关方会商工程变更方案并进行论证。论证通过后，由工程项目组填写变更申请表报相关授权人进行审批后，通知承包方按调整后的方案进行施工。工程变更包括工程量变更、项目内容的变更、进度计划的变更、施工条件的变更等，但最终往往表现为设计变更。

6.2.13 工程竣工验收。工程项目全部竣工后，先由承包单位进行初检，然后报监理机构或工程项目组审核，确定符合工程竣工验收条件后，由工程项目部组织公司验收小组人员会同设计、施工、监理单位以及相关政府部门等，对该项目是否符合规划设计要求以及建筑施工和设备安装质量等各方面进行全面检查和检验。

6.2.14 工程后评估。在工程项目已经完成并运行一段时间后，由工程项目部组织使用部门、工程、技术、财务、安全环保等相关部门人员成立项目后评估小组。对项目的目的、执行过程、效益、作用和影响等进行系统的、客观的分析和总结。评价工程项目预期目标的实现情况和项目投资效益等情况，以此作为经验总结、绩效考核和责任追究的基本依据，并报相关授权人进行审批。项目后评估通常安排在工程项目竣工验收后6个月或1年内，多为效益后评价和过程后评价。

7. 控制流程与内容

7.1 编制项目建议书环节：

7.1.1 主要控制目标：

T01. 确保选择的工程项目必要合理：

综合考虑公司内外环境后选择必要的工程项目，规范工程项目建议书编制流程、内容和要求，编制工程项目建议书并进行评审，确保选择的工程项目必要且合理，供决策层参考决策。

7.1.2　主要业务风险：

R01. 项目建议书不规范风险：

如果选择的工程项目与国家产业政策和企业发展战略脱节，项目建议书内容不合规、不完整、不准确，工程项目建议书出现项目性质、用途模糊，拟建规模、标准不明确，项目投资估算和进度安排不协调等情况，可能会误导项目建议书评审和审批人员，导致选择的工程项目不必要、不合理，给公司带来经济损失。

R02. 项目建议书评审和审批人员不作为风险：

如果工程项目建议书评审人员不具备评审能力或责任心不强，评审过程不尽责，审批人员未尽到最终把关责任或把关不严，可能会导致选择的工程项目不必要、不合理，给公司带来经济损失。

7.1.3　关键控制点：

P01. 项目建议书评审：

严格进行项目建议书集体评审是确保正确选择合理且必要的工程项目的关键。

7.1.4　主要控制措施：

C01. 建立工程项目立项管理制度和工程项目管理手册：

(1) 根据国家和行业有关法律法规，结合公司实际情况，建立工程项目立项管理制度和工程项目管理手册（以下简称手册），规范工程项目建议选择标准，规定项目建议书的编制流程、内容和要求，明确工程项目建议书分析、编制、评审和审批的职责分工，制定项目建议书模版，确保选择的工程项目合理且必要，编制的项目建议书内容规范、完整、准确，为工程项目建议书评审和审批提供可靠的依据。

(2) 要在全面了解所处行业和地区的相关政策规定的基础上，结合公司发展战略、实际需要和建设条件，客观分析投资机会，选择合理、必要、可行的工程项目。

(3) 在编制项目建议书的过程中，要重点对工程质量标准、投资规模和进度计划等进行分析论证，做到协调平衡。

(4) 对于专业性较强和较为复杂的工程项目，可以委托专业机构进行工程投资分析，编制项目建议书。

(5) 根据国家规定应当报批的项目建议书必须及时报批并取得有效批文。

C02. 落实工程项目建议书集体评审制度：

(1) 根据工程项目立项管理制度和手册规定，对项目建议书实行集体评审。必要时，可以成立专家组或委托有资质的专业机构进行评审，参与编制项目建议书的人员不得参与评审。

(2) 在评审、审批过程中要做好书面记录，明确责任，确保评审、审批人员尽心尽责，把好评审关。

7.2　可行性研究环节：

7.2.1　主要控制目标：

T02. 确保为项目决策提供充分且可靠的依据：

规范工程项目可行性研究的流程和内容，科学进行可行性研究，为项目决策提供充分且可靠的依据，避免误导项目决策。

7.2.2　主要业务风险：

R03. 缺乏可行性研究风险：

如果缺乏可行性研究，可能会导致项目决策依据不充分、项目决策不当，难以实现预期效益，甚至可能导致项目失败。

R04. 可行性研究不科学，误导项目决策风险：

如果调查研究不够深入，内外因素考虑不全面，可行性分析的深度达不到质量标准和实际要求，可能无法为项目决策提供充分、可靠的依据，从而误导项目决策，给公司带来巨大的经济损失。

7.2.3　关键控制点：

P02. 可行性研究报告撰写：

科学开展可行性研究，规范撰写可行性研究报告，是提高可行性研究质量、规避工程项目投资风险、项目决策提供充分且可靠依据的关键。

7.2.4　主要控制措施：

C03. 落实可行性研究相关制度：

（1）根据工程项目立项管理制度和手册规定，制定可行性研究报告模版，规范可行性研究的流程、内容和要求，明确可行性研究组织、调查、分析以及撰写的职责分工，确保可行性研究科学、规范、全面、准确，为项目决策提供充分且可靠的依据。

（2）进行可行性研究时，要对工程项目进行深入全面的分析，切实做到投资、质量和进度控制的有机统一。即技术先进性和经济可行性要有机结合，建设标准既要符合公司实际情况和财力、物力的承受能力，又要技术先进适用。对于拟采用的工艺，既要考虑其对产品质量的提升作用，又要考虑公司营销状况和走势及成本效益，避免因盲目追求技术先进而造成投资损失浪费。

C04. 制定专业机构的选择标准：

为保证可行性研究质量，必要时可委托具有资质的专业机构进行可行性研究。选择专业机构时要制定专业机构的选择标准，重点关注其专业资质、业绩和声誉、专业人员素质、相关业务经验等，确保可行性研究科学、准确、公正，防止流于形式，误导项目决策。

7.3　项目评审和决策环节：

7.3.1　主要控制目标：

T03. 确保立项的工程项目必要可行：

项目评审严谨规范，项目决策权限设置合理，决策程序规范，确保项目决策正确，立项的工程项目必要且可行。

7.3.2　主要业务风险：

R05. 项目评审不当风险：

如果项目评审程序不规范，参与人员专业能力不足、不尽责，评审流于形式，可能会导致无法提供准确的评审意见，误导项目决策。

R06. 项目决策不规范风险：

如果项目决策决策程序不规范，授权审批配置不合理，可能会导致项目决策失误，给公司带来巨大的经济损失。

7.3.3　关键控制点：

P03. 项目决策：

规范项目评审和决策流程，合理配置项目决策授权，正确进行项目决策是工程项目必要且可行的保障。

7.3.4　主要控制措施：

C05. 落实工程项目集体评审制度：

(1) 根据工程项目立项管理制度和手册规定，实行工程项目集体评审，规范工程项目评审的程序、要求和标准，明确工程项目立项评审组织、评审的职责权限分工，确保工程项目评审严谨、规范，为项目决策提供充分且可靠的依据。

(2) 工程项目部负责组织工程、技术、财务、安全环保等相关部门的专业人员组建项目评审组，必要时可聘请相关专家顾问参加评审或委托具有资质的专业机构对可行性研究报告进行评审。项目评审组成员不得参与可行性研究，委托专业机构进行评审的，该专业机构不得参与项目可行性研究。评审组成员应当熟悉工程业务，并具有较广泛的代表性。

(3) 评审组的评审机制不能简单采用“少数服从多数”原则，要充分兼顾项目投资、质量、进度各方面的不同意见，并做好书面记录，项目评审要实行问责制。

(4) 在项目评审中，要重点关注项目投资方案、投资规模、资金筹措、生产规模、布局选址、技术、安全环保等方面的情况，核实相关资料的来源和取得途径是否真实、可靠，特别要对经济技术可行性进行深入分析和全面论证。

C06. 落实工程项目决策授权审批职责：

(1) 根据工程项目立项管理制度和手册规定，明确工程项目决策程序和授权级别，并实行决策审批责任追究制度，确保决策审批人员尽心尽责，批准的工程项目必要且可行。

(2) 相关授权人必须按照规定的权限和程序对工程项目进行审批决策，不得越权审批。审批过程必须有完整的书面记录，并实行审批责任追究制度。财务总监要参与项目决策，重点提供工程项目资金预算、资金保障、财务风险等方面的意见。重大工程项目，应当报经股东大会或董事会集体审议批准，任何个人不得单独决策或者擅自改变集体决策意见。因有特殊情况必须更改的，必须按照规定程序重新审批。

7.4　组建工程项目组环节：

7.4.1　主要控制目标：

T04. 工程项目组职责明确，确保工程项目管理有序高效：

选取符合项目要求、认真负责的项目组长，组建职责明确、团结高效的工程项目组，全面负责工程项目的实施和管理，确保工程项目管理有序高效，工程项目建设顺利实施。

7.4.2　主要业务风险：

R07. 工程项目组不尽责风险：

如果工程项目组长不符合项目要求、能力不够、责任心不强，项目组成员职责不明确、协调沟通能力不强、遇事推诿扯皮，可能会导致项目管理效率低下，整体执行力差，无法胜任工程项目管理需要。

7.4.3　关键控制点：

P04. 工程项目组组建：

组建符合项目要求、职责明确、团结高效的工程项目团队，是保障工程项目顺利实施的重要基础。

7.4.4　主要控制措施：

C07. 建立工程项目组管理制度：

(1) 根据公司实际情况和工程项目特点，建立工程项目组管理制度，结合手册规定，规范工程项目组组建的程序、要求和标准，明确工程项目组的职责分工，确保工程项目职责明确、团结高效，工程项目管理有序高效，工程项目建设顺利实施。

(2) 工程项目部要根据项目的规模、结构、复杂程度、专业特点、人员素质和地域范围等情况选拔能力强、经验丰富、责任心强的工程项目组组长。并选取专业知识丰富、沟通协调能力强、有责任心的专业人员组建工程项目组，至少要包含技术、工程、财务、安全环保等方面的专业人员。要明确各组员的职务和职责，避免出现执行、审核、监督有所重合的情形，提高工程项目组管理效率和水平。

7.5　编制项目设计方案环节：

7.5.1　主要控制目标：

T05. 项目设计方案完善可行：

规范项目设计程序、内容和要求，并对项目设计进行严格的评审和审批，确保制定的工程项目设计方案和概预算完善可行，避免设计不合理或出现较大疏漏，导致技术方案不能有效落实，影响工程项目质量。

7.5.2　主要业务风险：

R08. 项目设计方案不可行风险：

如果设计单位不符合项目资质要求，设计人员对相关资料研究不透彻，项目设计出现较大疏漏、设计深度不足，可能会造成施工组织不周密、工程质量存在隐患、技术方案未得到有效落实、工程变更频繁，甚至会导致投资失控，发生重大经济损失或投产后运行成本过高等。

R09. 工程概预算不准确风险：

如果工程概预算不准确，甚至严重脱离实际，可能会导致工程项目投资失控，影响后续招投标及工程价款结算支付。

7.5.3　关键控制点：

P05. 工程设计方案评审：

规范工程设计方案评审程序及职责权限，确保工程设计方案完善可行、概预算编制准确，是保证工程设计质量、加快建设进度、节省工程投资的重要措施。

7.5.4　主要控制措施：

C08. 建立工程设计管理制度：

(1) 根据公司实际情况和工程项目特点，建立工程设计管理制度，结合手册规定，明确工程设计的程序、内容和要求，明确工程设计组织、设计、评审及审批各环节的职责和权限，确保制定的工程项目设计方案和概预算完善可行。

(2) 严格执行工程设计管理制度中评审和审批的程序和要求，评审和审批环节要有完整的书面记录，明确责任。通过严格的复核、专家评议等环节，层层把关，确保评审工作质量，必要时进行多方案比选。在评审中要重点审核技术方案，工程项目设计方案要力求专业、准确、详细，可操作性强。要综合权衡，从生产实用性、工程质量、使用寿命、制造成本、长期效益等多方面进行考虑，寻求效益最大化。此外，还应关注设计规模是否与项目建议书、可行性研究报告一致，有无夹带项目、超规模、超面积和超标准等问题。

(3) 公司要严格按照国家法律法规和工程设计管理制度要求执行各项设计报批要求，上一环节尚未批准的，不得进入下一环节，杜绝出现边勘察、边设计、边施工的"三边"现象。必要时可引入设计监理，提高设计质量。

C09. 重大工程项目采用招标方式确定设计单位：

(1) 对于重大工程项目，公司要引入竞争机制，采用招标方式确定设计单位，根据项目特点选择具有相应资质和经验的设计单位。

(2) 公司要向设计单位提供开展设计所需的详细的基础资料，并进行有效的技术经济交流，避免因资料不完整而造成设计保守、投资失控等问题。必要时进行多方案比选，提高设计质量。

(3) 设计单位应当提供全面、及时的现场服务，避免设计与施工相脱节的现象发生，减少设计变更的发生。对确需进行的变更，应尽量控制在设计阶段，采用层层审批等方法，以使工程投资得到有效控制。因设计单位的过失而造成设计变更的，应由设计单位承担相应责任。

C10. 落实概预算编制与审核相关制度：

(1) 严格执行工程项目设计管理制度和手册规定，落实概预算编制与审核规定。概预算的编制要严格执行国家、行业和地方政府有关建设和造价管理的各项规定和标准，完整、准确地反映设计内容和当时当地的价格水平。

(2) 组织工程、技术、财务等部门的相关专业人员或委托具有相应资质的中介机构对编制的概预算进行审核。重点审查编制依据、项目内容、工程量的计算、定额套用等是否真实、完整和准确。如发现概预算超过工程立项审批的投资估算规模，应对项目投资估算进行修正，并报相关授权人审批。

7.6　确定招标方式环节：

7.6.1　主要控制目标：

T06. 合理确定招标方式，提高招标效率和效果：

根据工程项目重要程度和实际情况择优选择招标方式，规范审批程序，提高招标效率和效果。

7.6.2　主要业务风险：

R10. 工程招标方式选择不适用风险：

如果工程招标方式的选择标准不合理，审批不严，选择的招标方式不适用，可能会导致招标流于形式或无人竞标，不仅费时费力，还无法选取合适的承包方，影响工程质量和进度。

7.6.3　关键控制点：

P06. 招标方式审批：

规范招标方式选择标准和审批程序及权限，选择适用的工程招标方式是工程招标顺利开展的前提。

7.6.4　主要控制措施：

C11. 制定工程招标管理制度：

根据公司实际情况和工程项目特点，制定工程招标管理制度，结合手册规定，明确工程招标方式选择标准并严格执行，按规定程序和权限进行审批，确保选择适用的招标方式，防止肢解工程项目，逃避招标。

7.7　实施招标环节：

7.7.1　主要控制目标：

T07. 工程招标合规高效，确保选择合适的承包方：

依照《中华人民共和国招投标法》的规定，遵循公开、公正、公平原则，规范进行招投标，防范和遏制工程领域的商业贿赂，确保选择合适的承包方，保质保量地完成工程项目建设。

7.7.2　主要业务风险：

R11. 投标人资质审核不严风险：

如果对投标人的资质审核不严，对方资质条件不符合要求或挂靠、冒用他人名义投标，可能会出现假资质中标，导致工程质量难以达到规定标准，影响工程项目效果。

R12. 招投标过程不合规风险：

如果招投标过程不合规、不公开、不透明，投标资格条件因人而设，或进行暗箱操作，明招暗定，可能会导致招投标流于形式，无法选择最优中标人，损害公司利益。

R13. 招标工作人员违纪舞弊风险：

如果工程招标工作人员违规违纪泄露标底，或与投标人串通投标，存在舞弊行为，可能会导致中标价格虚高，损害公司利益。

R14. 评标过程不客观独立风险：

如果公司向评标委员会施加影响，或者评标委员会成员缺乏专业水平，或与投标人串通作弊，可能会导致评标委员会无法独立而客观地评标，评标流于形式，无法选择最优中标人，损害公司利益。

7.7.3　关键控制点：

P07. 投标单位资质审查：

严格进行投标单位资质审查，确保投标单位符合招标要求是招投标工作顺利开展的重要前提。

P08. 出具评标报告：

评标委员会独立而客观地评标，出具正确的评标报告，是提高工程项目招标工作公开性、公平性、公正性和透明度，防范和遏制工程领域商业贿赂的有效举措。

7.7.4　主要控制措施：

C12. 落实投标单位资质审查标准：

(1) 根据工程项目招标管理制度和手册规定，明确投标单位资质审查标准，并严格按照标准和要求对投标人进行资质审查。通过查验资质原件、实地考察，或到工商和税务机关调查核实等方式，确定投标人的实际资质，预防假资质中标。

(2) 建立承包方数据库并及时审核更新，确保充足、优质的承包方资源。

C13. 严格执行工程项目招标管理制度规范招标：

(1) 根据工程项目招标管理制度和手册规定，本着公开、公正、平等竞争的原则，明确应当进行招标的工程项目范围、招标方式、招标程序，以及投标、开标、评标、定标等各环节的管理要求，合理而规范地进行招投标工作，选取合适的承包方。

(2) 招标公告的编制要公开、透明，严格根据项目特点确定投标人的资格要求，尽量扩大潜在投标人的范围，增强市场竞争性。不得根据"意向中标人"的实际情况确定投标人资格要求。

(3) 要根据项目特点决定是否编制标底，需要编制标底的，标底编制过程和标底应当严格保密。

(4) 对投标人的信息采取严格的保密措施，防止投标人之间串通舞弊。

(5) 要履行完备的标书签收、登记和保管手续。签收人要记录投标文件签收日期、地点和密封状况，签收标书后应将投标文件存放在安全保密的地方，任何人不得在开标前开启投标文件。

(6) 开标过程应邀请所有投标人或其代表出席，必要时可委托公证机构进行检查和公证，确保招标过程公开、公正、透明。

C14. 落实评标规范：

(1) 根据工程项目招标管理制度和手册规定，落实评标规范，明确评标委员会的组建程序、选拔标准和工作内容，以及评标委员会的职责分工和权限，并做好评标过程的书面记录，每位成员应对其出具的评审意见承担个人责任。

(2) 在评标前要依据标准组建评标委员会，确保其成员具有较高的职业道德水平，并具备招标项目专业知识和丰富经验，评标委员会成员名单在中标结果确定前应当严格保密。

(3) 公司要为评标委员会独立而客观地进行评标工作创造良好条件，不得向评标委员会成员施加影响，干扰其客观评判。评标委员会应当在评标报告中详细说明每位成员的评价意见以及集体评审结果，对于中标候选人和落标人要分别陈述具体理由，报相关授权人审批。

7.8　签订合同环节：

7.8.1　主要控制目标：

T08. 合同签订规范严谨：

规范合同拟定、评审及签订流程，明确合同签订要求，确保合同签订规范严谨，避免出现合同纠纷，维护公司利益。

7.8.2　主要业务风险：

R15. 合同内容不严谨风险：

如果合同内容不符合国家法律法规、不规范、不严谨，未能明确双方权利义务和违约责任，未能清楚列明质量、进度、付款总额及支付方式、安全环保等各项具体标准，可能会导致后续出现合同纠纷，损害公司利益。

R16. 合同审核不严风险：

如果合同审核人员因专业素质或工作态度等原因，未能发现合同文本中的不当内容和条款，可能会导致合同内容不严密，影响合同的后续履行，甚至会导致合同纠纷，损害公司利益。

7.8.3　关键控制点：

P09. 合同会审：

建立合同会审制度，严格评审合同，是确保合同签订规范严谨，避免出现合同纠纷的重要保障。

7.8.4　主要控制措施：

C15. 建立工程合同管理制度：

(1) 建立工程合同管理制度，规范工程合同签订的程序和要求，明确各部门在工程合同管理和履行中的职责，严格按照合同行使权利和履行义务。

(2) 工程承包合同条款必须符合国家法律法规的规定，按照国家或本公司制定的标准文本的内容填写，内容要严谨、全面，明确双方权利义务和违约责任，清楚列明质量、进度、付款总额及支付方式、安全环保等各项具体标准。

C16. 落实合同会审制度：

(1) 根据工程项目招标管理制度和手册规定，落实合同会审制度，明确合同评审要求和职责权限，并做好合同评审的书面记录，明确责任。

(2) 对影响重大或法律关系复杂的合同文本，组织财会部门、审计部、法律部、业务关联的相关部门进行会审，必要时咨询法律顾问，评审无误后，报相关授权人审批。

C17. 建立工程合同台账：

建立工程合同台账，记录工程合同的实际履约情况，并随时督促对方当事人及时履行其义务，公司的履约情况也应及时做好记录并经对方确认，避免合同纠纷，维护公司利益。

7.9　工程物资采购环节：

7.9.1　主要控制目标：

T09. 工程物资采购及时无误，确保施工进度需要：

规范工程物资采购管理，确保按照施工进度需要，及时购置材料和设备，保证工程项目顺利实施。

7.9.2　主要业务风险：

R17. 工程物资采购不规范风险：

如果工程物资采购过程不规范、控制不力、验收不严，可能会导致采购的工程物资质次价高，不符合设计标准和合同要求，影响工程质量和进度。

7.9.3　关键控制点：

P10. 工程物资验收：

规范工程物资验收流程和要求，明确各部门职责和权限，是保障工程物资采购及时无误的关键。

7.9.4　主要控制措施：

C18. 落实采购管理制度：

(1) 根据公司采购管理制度和手册规定，规范工程物资采购的流程、方式和要求，明确工程物资采购各相关部门的职责和权限，确保工程物资采购及时无误，保障工程进度和质量。

(2) 自行采购工程物资的，应当按照公司工程物资采购管理制度的规定，组织工程物资采购、验收和付款，并建立工程物资台账，加强管理。重大设备和大宗材料的采购要采用招标方式。

(3) 对于由承包单位购买的工程物资，公司应当采取必要措施，确保工程物资符合设计标准和合同要求。首先，在施工合同中，应具体说明建筑材料和设备应达到的质量标准，明确责任追究方式。其次，对于承包单位提供的重要材料和工程设备，应由工程项目组或监理机构进行检验，查验材料合格证明和产品合格证书，并进行抽检。未经签字审核，工程物资不得在工程上使用或安装，不得进行下一道工序施工。最后，运入施工场地的材料、工程设备，包括备品、备件、安装专用工器具等，必须专用于合同工程，未经同意，承包单位不得运出施工场地或挪作他用。

7.10　建设过程管理环节：

7.10.1　主要控制目标：

T10. 强化工程项目过程管理，确保项目保质保量完成：

加强工程建设过程管理和监督，保证工程的质量、进度和安全，并做好过程管理、用工用料等方面的记录，便于进行竣工结算和决算。

7.10.2　主要业务风险：

R18. 工程进度不达标风险：

如果工程建设过程监管不到位，工程进度不达标，不能按期完工或盲目赶进度，牺牲质量、费用目标，导致质量低劣、费用超支。

R19. 工程建设质量管理、安全监管不到位风险：

如果工程项目质量管理、安全监管不到位，过程管理记录不完备，可能会导致工程项目存在质量隐患，无法追究责任，无法准确进行竣工结算和决算。

7.10.3　关键控制点：

P11. 工程建设过程监督检查：

科学规范地做好工程建设过程管理和监督，并做好管理检查记录，是控制建设成本、进度、安全和质量，达成工程项目建设目标的核心。

7.10.4　主要控制措施：

C19. 建立工程建设管理制度：

(1) 建立工程建设管理制度，制定并严格执行工程监理机构聘请标准，明确需要聘请监理机构的工程项目的形式和金额，以及工程监理机构的要求和职责权限。无须聘请监理机构的，由工程项目组进行过程管理监督。确需聘请监理机构的，应通过招投标确定监理单位。

（2）工程监理单位应当依照国家法律法规及相关技术标准、设计文件和工程承包合同等，对承包单位在施工质量、工期、进度、安全和资金使用等方面实施监督并做好监督记录。

C20. 落实工程进度定期检查制度：

（1）根据工程建设管理制度和手册规定，落实工程进度定期检查制度。公司与承包单位要按合同规定的工程进度编制详细的分阶段或分项进度计划，建立工程建设进度控制体系，明确相关程序、要求和责任，报送工程项目组或监理机构审核后，严格按照进度计划开展工作。制订的进度计划应当适合建设工程的实际条件和施工现场的实际情况，并与承包单位劳动力、材料、机械设备的供应计划协调一致。确需调整进度的，必须优先保证质量，并同公司、监理机构达成一致意见。

（2）工程项目组与承包单位至少应按月对工程建设进度情况进行统计、分析和对比，工程的实际进度与批准的合同进度计划不符时，承包单位应提交修订合同进度计划的申请报告，并附原因分析和相关措施，报工程项目组或监理机构审批。

C21. 落实全面质量、安全控制制度：

（1）根据工程建设管理制度和手册规定，落实全面质量、安全控制制度。在工程质量管控方面：一是承包单位应当建立全面的质量控制制度，按照国家相关法律法规和公司质量控制体系进行建设，并在施工前列出重要的质量控制点，报经工程项目组或监理机构同意后，在此基础上实施质量预控。二是承包单位应按合同约定对材料、工程设备以及工程的所有部位及其施工工艺进行全过程的质量检查和检验，定期编制工程质量报表，报送工程项目组或监理机构审查。三是关键工序作业人员必须持证上岗。工程项目组或监理机构要对工程的所有部位及其施工工艺进行检查验收，发现工程质量不符合要求的，要求承包单位立即返工修改，直至符合验收标准为止。对于主要工序作业，只有工程项目组或监理机构审验后，才能进行下道工序。

（2）在安全建设管控方面：一是公司应当加强对承包单位的安全检查，工程项目组或监理机构应按合同约定的安全工作内容监督、检查承包单位安全工作的实施。此外，公司不得对承包单位、监理机构等提出不符合建设工程安全生产法律法规和强制性标准规定的要求，不得强行压缩合同约定的工期。二是公司在编制工程概预算时，应当确定建设工程安全作业环境及安全施工措施所需费用。三是工程项目组或工程监理单位应当按照法律法规和工程建设强制性标准实施监理，并对建设工程安全生产承担监理责任。在实施监理过程中，发现存在安全事故隐患的，应当要求承包单位整改；情况严重的，应当要求承包单位暂时停止施工，并及时上报工程项目部。四是承包单位应当设立安全生产管理机构，配备专职安全生产管理人员，依法建立安全生产、文明施工管理制度，细化各项安全防范措施。承包单位应当对所承担的建设工程进行定期和专项安全检查，并做好安全检查记录备查。

7.11 工程价款结算环节：

7.11.1 主要控制目标：

T11. 严格按制度进行工程价款结算，保障公司资金安全：

按照资金管理制度要求的标准和程序进行工程价款结算，降低公司资金风险，确保工程进度。

7.11.2 主要业务风险：

R20. 工程价款结算不合规风险：

如果工程价款结算不按制度执行，可能会导致公司工程资金使用管理混乱，造成资金损失，工程进度延迟或中断。

7.11.3 关键控制点：

P12. 工程价款结算审批：

规范工程价款结算流程和要求，严格工程价款结算审批，是保障公司资金安全和工程进度的关键。

7.11.4 主要控制措施：

C22. 严格执行资金管理制度，规范支付工程价款：

(1) 工程价款结算相关人员必须熟悉公司资金管理制度的规定，明确工程价款结算的流程、要求和职责权限划分，并切实遵照执行。

(2) 工程项目组要根据项目组成（分部、分项工程）按照时间进度编制资金使用计划，作为资产管控和工程价款结算的重要依据，确保工程项目资金筹集和使用与工程进度协调一致，避免工期延误。

(3) 公司财务部门应当加强与工程项目组的沟通，准确掌握工程进度，确保财务报表能够准确、全面地反映资产价值，并根据施工合同约定，按照规定的审批权限和程序办理工程价款结算。公司财务部门应认真审核相关凭证，严格按合同规定的付款方式付款，既不违规预支，也不得无故拖欠。

(4) 施工过程中，如果工程的实际成本突破了工程项目预算，公司应当及时分析原因，按照规定的程序予以处理，严禁未审批先支付。

7.12 工程变更环节：

7.12.1 主要控制目标：

T12. 严格控制工程变更，确保工程成本、质量和进度：

明确工程变更程序和要求，控制工程成本，保证工程质量和进度。

7.12.2 主要业务风险：

R21. 工程变更控制不力风险：

如果二程变更控制不力，可能会导致工程变更频繁随意，工程费用超支、工期延误，不能达到项目预期建设目标。

7.12.3 关键控制点：

P13. 工程变更审批：

明确变更原则和标准，按规定进行变更审批，是减少工程变更影响、保证工程进度和质量的关键。

7.12.4 主要控制措施：

C23. 严格执行工程变更审批制度：

(1) 根据工程建设管理制度和手册规定，严格执行工程变更审批制度，明确工程变更的原则、标准、审批程序、要求以及职责权限分工，严格控制工程变更。确需变更的，要按照规定程序尽快办理变更手续，减少经济损失。对于重大的变更事项，必须经公司、监理机构和承包单位集体商议，同时严加审核变更论证文件，提高审批层级。依法需报有关政府部门审批的，必须取得同意变更的批复文件。

(2) 工程变更获得批准后，要尽快落实变更设计和施工，承包单位应在规定期限内全面落实变更指令。

(3) 如因人为原因引发工程变更，如设计失误、施工缺陷等，要做好变更书面记录，追究当事单位和人员的责任。

(4) 对工程变更价款的支付实施更为严格的审批制度，变更文件必须齐备，变更工程量的计算必须经过工程项目组或监理机构复核并签字确认，防止承包单位虚列工程费用。

7.13 工程竣工验收环节：

7.13.1 主要控制目标：

T13. 工程竣工验收规范有序，确保验收质量：

规范工程验收流程、标准和要求，明确验收责任，准确进行竣工结算、决算，确保验收质量。

7.13.2 主要业务风险：

R22. 竣工验收不规范风险：

如果工程项目竣工验收不规范，质量检验把关不严，可能会导致工程存在重大质量隐患，无法达到工程项目预期目标，甚至会危及公司资产安全。

R23. 竣工结算、决算失真风险：

如果工程项目过程资料不准确、不真实、不完整，虚报项目投资完成额、虚列建设成本、隐匿结余资金，审计把关不严，竣工结算、决算失真，无法准确核算工程项目的真实价值，可能会导致工程项目成本失控，危及公司资金安全。

R24. 会计核算不及时风险：

如果固定资产达到预定可使用状态后，未及时进行估价、结转，会计核算不及时，可能会导致公司资产账实不符，公司财务信息不准确。

7.13.3 关键控制点：

P14. 出具工程竣工验收报告：

规范竣工验收流程、标准和要求，严格开展验收工作，出具工程竣工验收报告，及时办理资产移交是提高验收质量以及全面检验建设项目质量和投资使用情况的重要环节。

P15. 竣工结算审计：

规范组织竣工结算审核和严格审计竣工结算是准确核算工程价款、维护公司利益的重要措施。

7.13.4　主要控制措施：

C24. 建立健全工程竣工验收管理制度：

（1）建立健全工程竣工验收管理制度，明确竣工验收的条件、标准、程序、要求以及各部门的职责权限分工，并做好验收过程的书面记录，明确责任。

（2）竣工验收必须履行规定的程序，至少应经过承包单位初检、工程项目组或监理机构审核、正式竣工验收三个程序。正式竣工验收前，根据合同规定应当进行试运行的，应当由公司、监理单位和承包单位共同参与试运行。试运行符合要求的，才能进行正式验收。正式验收时，应当组成由公司、设计单位、承包单位、监理单位等组成的验收组，共同审验。必要时可吸收相关方面专家组参与验收。

（3）公司要加强对完工后剩余物资的管理。工程竣工后，公司对各种节约的材料、设备、施工机械工具等，要清理核实，妥善处理。

（4）公司要按照国家有关档案管理的规定，及时收集、整理工程建设各环节的文件资料，建立工程项目档案。需报政府有关部门备案的，要安排专人及时备案。

C25. 落实竣工结算、决算审核、审计制度：

（1）根据工程验收管理制度和手册规定，落实竣工结算、决算审核、审计制度，明确竣工结算、决算程序、要求和职责分工，加强对工程竣工结算、决算的审核和审计。

（2）收到承包方编制的工程竣工结算书后，工程项目组组织人员进行审核，审计部门进行审计，必要时可委托有资质的专业机构进行审计，未经审计的，不得办理竣工验收手续。确保结算金额准确，维护公司利益，保障公司资金安全。

（3）工程验收后，财务部及时组织竣工决算，审计部门进行审计，必要时可委托有资质的专业机构进行审计，确保决算数据准确、固定资产入账价值正确、会计核算无误。

C26. 落实工程项目会计核算职责：

在确定固定资产达到预定可使用状态后，财务部及时对项目价值进行暂估，转入固定资产核算，并定期根据所掌握的工程项目进度核对项目固定资产暂估记录。在工程竣工决算审核无误后，及时调整原暂估价值，并相应增加固定资产卡片，按公司固定资产管理制度进行管理和监控。

7.14　工程后评估环节：

7.14.1　主要控制目标：

T14. 提高工程项目管理水平：

规范工程后评估的程序、时间和参与人员，科学地进行评估，明确责任，据以进行绩效考核，总结经验教训，不断提高工程项目管理水平。

7.14.2　主要业务风险：

R25. 工程后评估未有效开展风险：

如果未及时进行工程后评估或评估流于形式，可能会导致不能及时总结经验教训，一些问题重复出现，相关责任无法追究。

7.14.3 关键控制点：

P16. 出具工程后评估报告：

规范、及时、有效地开展工程后评估，出具科学的工程后评估报告，是明确责任，进行绩效考核，总结经验教训，进而不断提高工程项目管理水平的重要措施。

7.14.4 主要控制措施：

C27. 建立健全工程项目的后评估制度：

(1) 公司应当建立健全工程项目的后评估制度，规范后评估的程序、内容、标准和要求，明确后评估的职责权限分工，及时对完工工程项目预期目标的实现情况和项目投资效益等进行综合分析与评价，总结经验教训，为未来提高投资决策管理水平提出建议。

(2) 公司要保证工程项目后评估小组的客观独立性，确保项目后评估的公开、客观和公正。原则上，凡是承担项目可行性研究报告编制、立项决策、设计、监理、施工等业务的机构不得从事该项目的后评估工作。

(3) 要严格落实工程项目决策及执行等相关环节的责任追究制度，项目后评估结果要作为绩效考核和责任追究的依据。

8. 附则

8.1 本制度由董事会审议通过，由工程项目部负责解释。

8.2 本制度自董事会审议批准之日起施行。

浙江新农化工股份有限公司董事会

2018年2月1日

【能力训练】

一、知识巩固

（一）单选题

1. 工程项目是指企业自行或委托其他单位所进行的（　　）。

A. 基本建设项目　　B. 建造、安装工程

C. 技术改造项目　　D. 大修理工程

2. 工程立项阶段主要包括编制项目建议书、（　　）、项目评审和立项决策四个环节。

A. 可行性研究　　B. 项目预算　　C. 项目申请　　D. 调查研究

3.《企业内部控制应用指引第11号——工程项目》将工程项目业务流程界定为工程立项、工程招标、（　　）、工程建设、工程验收等环节。

A. 工程决策　　B. 工程造价　　C. 工程监理　　D. 工程审批

4. 在竣工验收环节，除了全面检验建设项目质量和投资使用情况外，还要做好（　　）和竣工决算两项重要工作。

A. 项目报告　　B. 财务报表　　C. 会计报表　　D. 竣工结算

（二）多选题

1. 工程项目内部控制的总体要求包括（　　）。

A. 搞好项目决策　B. 确保工程质量　C. 保证工程进度　D. 防范舞弊行为

2. 工程建设的主要工作包括（　　）和工程变更。

A. 工程监理　B. 工程评审　C. 工程物资采购　D. 工程价款结算

3. 工程项目的业务流程主要包括工程立项、（　　）、工程验收和项目后评估等环节。

A. 工程监理　B. 工程招标　C. 工程设计　D. 工程建设

4. 工程招标一般包括（　　）、评标和定标等主要环节。

A. 招标　B. 投标　C. 验标　D. 开标

（三）判断题

1. 工程项目可以分为基本建设项目和技术改造项目两大类。（　　）

2. 工程项目的评估必须在可行性研究前进行。（　　）

3. 工程项目按其实施过程一般可以分为决策阶段、设计阶段、实施阶段、竣工阶段和项目后评估阶段。（　　）

二、案例分析

经了解，A公司的工程项目内部控制存在以下情况：

（1）A公司为加强在建工程的管理，要求审批人根据工程项目相关业务授权批准制度的规定，在授权范围内进行审批，不得超越审批权限。经办人在职责范围内，按照审批人的批准意见办理业务。对于审批人超越授权范围审批的工程项目业务，经办人虽无权拒绝办理，但在办理后，应及时向审批人的上级授权部门报告。

（2）A公司为确保工程项目效益，对工程项目专门组织人员进行可行性研究，并出具项目评估报告，公司在对工程项目决策时，一般按照可行性研究报告意见进行审批。

（3）A公司为使工程尽快竣工形成生产能力，同时考虑到公司资金比较充足，与施工单位约定，在工程开工时就支付工程总价款的80%。

【分析要求】

（1）分析A公司的工程项目内部控制存在哪些问题。

（2）针对存在的问题，提出加强内部控制的措施。

三、复习思考

1. 什么是工程项目？工程项目至少应当关注哪些风险？

2. 简述工程项目内部控制的总体要求。

3. 工程项目的业务流程是怎样的？

4. 简述招标环节的控制目标和主要控制措施。

5. 简述工程项目控制制度设计的目标。

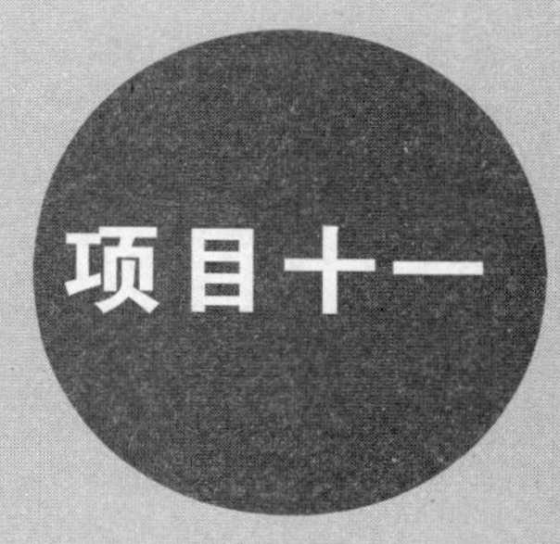

研究与开发控制

【教学目标】

1. 知识目标

- 了解研究与开发的业务流程
- 掌握研究与开发内部控制的总体要求
- 重点掌握研究与开发的主要风险、关键控制点和控制措施

2. 能力目标

- 理解研究与开发控制制度设计的目标
- 初步掌握研究与开发控制制度设计的方法

【学习指南】

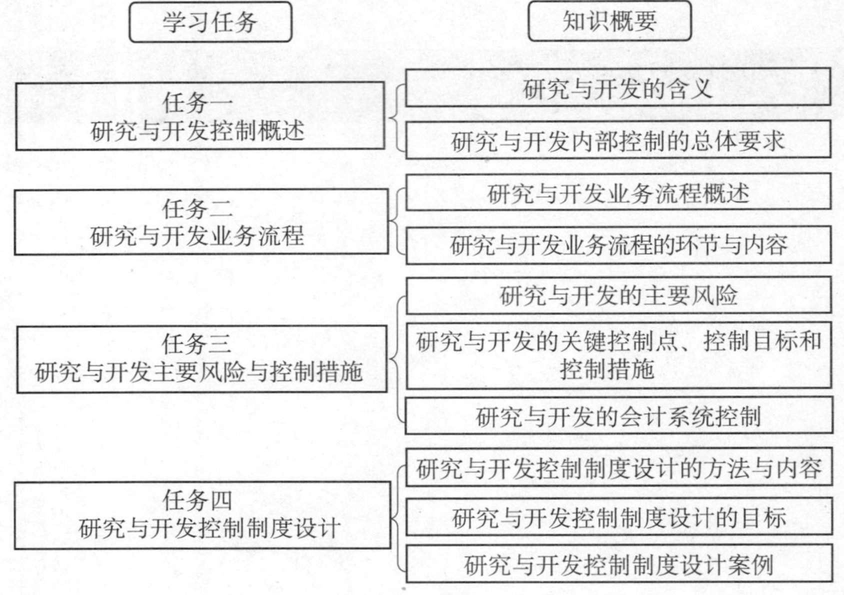

【教学引导】

“铱星上天，公司破产”的启示

铱星公司曾认为，只要技术先进，价格不会成为障碍，人们愿意为“一个号码通全球而付出一点高价”。事实证明，光有先进的技术是不够的，光考虑少数人的特殊需要也是不够的，科技应当解决大多数人关心的问题。要想计划能够赶得上变化，高科技在走向市场时还有许多因素需要考虑。

1991年，摩托罗拉公司正式决定建立由77颗低轨道卫星组成的移动通信网络，并以在元素周期表上排第77位的金属“铱”命名。1998年11月20日，铱星系统投入商

业运营，铱星移动电话成为第一个真正能覆盖全球每个角落的通信网络系统，耗资1亿美元的广告宣传将铱星推向登峰造极的地位。1998年，其被美国《大众科学》杂志评为年度百项最佳科技成果之一；同年年底，在由我国两院院士评选的年度十大科技成就中名列第二位。

然而，如此高的科技含量却好景不长，价格不菲的铱星通信在市场上遭受了冷遇，用户最多时才5.5万户，而据估算它必须发展到50万用户才能盈利。由于巨大的研发费用和系统建设费用，铱星背上了沉重的债务负担，整个铱星系统耗资达50多亿美元，每年光系统的维护费就要几亿美元。除了摩托罗拉等公司提供的投资和发行股票筹集的资金外，铱星公司还举借了约30亿美元的债务，每月的债务利息就达4 000多万美元。从一开始，铱星公司就没有喘过气来，一直在与银行和债券持有人等组成的债权方集团进行债务重组的谈判，但双方最终未能达成一致。债权方集团于1999年8月13日向纽约联邦法院提出了迫使铱星公司破产改组的申请，加上无力支付两天后到期的9 000万美元的债券利息，铱星公司被迫于同一天申请破产保护。2000年3月18日，铱星公司背负40多亿美元债务正式破产。昨夜星光灿烂，而今化作一颗美丽的流星。

铱星项目失败的主要原因有两个：

一是市场定位错误，导致决策失误。铱星项目市场定位错误源于对移动电话市场发展前景的判断失误。1991年铱星公司成立时，“大哥大”还是一种稀罕的贵重商品，但等到铱星网络于1998年投入运营时，“大哥大”已成为廉价实用的大众化商品。因此，此时的铱星公司对市场充满幻想，将用户定位为“高层次的国际商务旅行者”。但是，铱星手机令人咋舌的购机费和通话费也足以让高层次群体望而却步、敬而远之。

二是铱星项目研发周期过长。铱星项目从正式决策到投入运营共用了8年时光，待到系统运营时，一切已经时过境迁，经济适用的地面移动通信技术已经能够满足从高端客户到普通大众的消费需求。尽管铱星系统能让使用者在珠峰上通过手机把自己的声音传遍全世界，在南极也能进行全球通话，但这只是极少数人的需求。铱星手机对99.99%的大众而言，只是一个华而不实的花瓶。

因此，企业进行研究与开发要做好市场预测和风险评估，必须在对目标市场进行细分的基础上做好可行性研究。特别是重大投资项目必须谨慎决策，要充分考虑竞争对手的替代性产品对目标市场产生的影响，并做好最坏的打算。对于大多数企业而言，只有研究与开发贴近市场、贴近大众的产品和技术，才能有效规避市场风险。

资料来源：改编自平树，俞盈帆．铱星公司停业的启示．光明日报，2000-03-27.

【问题思考】

（1）从内部控制的角度来看，铱星项目在哪些关键控制点上出了问题？

（2）采取哪些控制措施可以避免“铱星上天，公司破产”悲剧的发生？

任务一

研究与开发控制概述

一、研究与开发的含义

研究与开发是指企业为获取新产品、新技术、新工艺等所开展的各种活动。研究与开发是企业进行自主创新的重要手段，通过研发新产品、新技术、新工艺（“三新”），能够增强企业的核心竞争力，促进企业实现发展战略。

（一）“三新”的定义

新产品是指在结构、材质、工艺等方面比老产品有明显改进，显著提高了产品的性能或扩大了产品的使用功能以及采用新技术原理设计构思的产品。但根据用户要求生产的单台非标准设备，用进口元器件、零部件组装的国内尚未生产的产品以及单独改变花色、外观、包装的产品除外。

新技术是指在一定地域、时域和行业内有所创新并具有竞争力的技术，包括首次发明创造的开拓性技术；在原有技术基础上发展的，性能有重大突破和显著进步的技术；以及对原有技术进行一定程度改革，使之有所进步的技术。

新工艺是指在工艺要求、加工方法等流程路线某一方面或几个方面与老工艺相比有明显改进，具有独创性、先进性、实用性，并在一定范围内首次应用的工艺。

（二）研究与开发的阶段

研究与开发分为研究阶段和开发阶段。

研究阶段是指为获取并理解新的科学或技术知识而进行的独创性的有计划调查的阶段。研究阶段是探索性的，可以理解为是基础研究，是对新知识、新理论、新原理的探索，是为进一步的开发活动进行资料及相关方面的准备。

开发阶段是指在进行商业性生产或使用前，将研究成果或其他知识应用于某项计划或设计，以生产出新的或具有实质性改进的材料、装置、产品等的阶段。开发阶段包括试生产研究和推广应用研究。试生产研究是指实验室条件的扩大和中间试验，或小批量生产；推广应用研究是指为了推广应用新材料、新产品，要研究解决推广应用中的科学技术问题。

（三）研究与开发的方式

研究与开发一般分为自主研究开发、委托研究开发和合作研究开发三种方式。

1. 自主研究开发

自主研究开发是指企业主要依靠自己的资源、技术、人力，依据自己的意志，独立研究开发，并在研究开发项目的主要方面拥有完全独立的知识产权。自主研究开发包括原始创新、集成创新和在引进消化基础上的再创新三种类型。

2. 委托研究开发

委托研究开发是指委托具有研发能力的企业、科研单位或机构开展的研究开发，研发所需经费由委托人全额承担，受托人交付研究开发成果。企业受研发技术人员、资金、时间、信息等因素的约束，将自身的研发任务通过契约的形式整体委托给外部其他单位或机构完成，或者通过购买将研发技术整体从外部企业购得，这样企业就可以集中精力去完成以企业自身实力可以完成的研发任务，从而不仅避免了重复研发，而且有精力去增强自身的核心竞争力。

3. 合作研究开发

合作研究开发是指企业与其他企业、科研机构、高等院校之间的联合研发行为，合作各方共同参与、共同出资、共享效益、共担风险，共同研发完成同一研究开发项目。合作研究开发是以合作创新为目的，以优势互补为前提，由多个组织共同参与的研发模式。通过合作研究开发，可以有效利用组织外部资源，降低研发成本，分摊研发投入，共担研发风险，分享研发成果。

（四）研究与开发控制的重要意义

研究与开发是企业核心竞争力的源泉，是促进企业自主创新的重要体现，是企业加快转变经济发展方式的强大推动力，企业通过研发新产品和新技术、创造新工艺，能够增强核心竞争力，促进实现发展战略。在经济全球化背景下，是否具备创新能力已经日益成为企业成败的关键。

企业的研究与开发活动是以开发新产品、新技术、新工艺为目的的业务活动，与传统产品开发相比具有更大的技术风险、财务风险和市场风险等诸多方面的不可测、不可控因素。研发项目具有投入大、专业性强、周期长、风险高的特点，其成败会对企业的生产经营活动及未来发展产生巨大影响。因此，提升企业自主创新能力，加强创新成果的开发、实施、管理与保护，有效控制研发风险，对于增强企业核心竞争力、促进实现发展战略具有十分重要的意义。

二、研究与开发内部控制的总体要求

企业应当重视研发工作，根据发展战略，结合市场开拓和技术进步要求，科学制订研发计划，强化研究与开发活动全过程管理，规范研发行为，促进研发成果的转化和有效利用，不断提升企业自主创新能力，充分发挥科技的支撑引领作用，促进企业实现发展战略。

（一）以发展战略为导向，科学制订研发计划

企业的研究与开发活动应当以企业发展战略为导向，坚持重点业务重点研发的工作思路，围绕提升企业核心竞争力开展研发活动。研发计划的制订要科学、合理，瞄准前沿、着眼实际，贴近市场、贴近企业。

（二）强化研发活动全过程管理，规范企业研发行为

企业要科学规划、周密部署、从严从细强化研发过程管理，规范研究与开发行为。要建立研发项目管理制度和技术标准，建立信息反馈制度和研发项目重大事项报告制度；严格落实岗位责任制，合理设计研发项目实施进度计划和组织结构，跟踪研发项目进展，建立良好的工作机制，保证研发项目顺利实施。

（三）加强研究成果开发，促进研究成果的转化和有效利用

企业研发活动的最终目的是将潜在的生产力转化为实实在在的经济效益。因此，企业应在科研、生产与市场之间建立有机联系，促进研究成果的转化。企业应当加强研究成果的开发，形成科研、生产、市场一体化的自主创新机制，促进研究成果向生产力的转移和转化，采取有效措施调动科研人员将创新成果转化为生产力的积极性，不断提升企业自主创新能力，不断改进和提升研发活动的管理水平。

研究与开发业务流程

一、研究与开发业务流程概述

企业通过研究与开发活动，能够有效提升自主创新能力，增强核心竞争力，促进发展战略的实现。但是，研究与开发是一项创造性的活动，具有探索性和不确定性，具有很大的技术风险、财务风险和市场风险。因此，企业的研究与开发活动必须制定一整套科学、严谨的业务流程，以有效控制风险的发生。《企业内部控制应用指引第10号——研究与开发》将研究与开发的业务流程界定为立项与研究、开发与保护等环节。企业在设计研究与开发业务流程时，应根据法规要求、研发项目、研发内容与企业实际情况，制定适合本企业特点的研究与开发业务流程。

二、研究与开发业务流程的环节与内容

研究与开发的业务流程主要包括立项、研发过程管理、结题验收、研究成果开发、研究成果保护、研发活动评估等环节。

（一）立项

立项是企业在调查研究的基础上，对研发项目的目标、规模、投资、技术、基本方案和预期效益等方面进行的可行性研究和评审决策过程。立项主要包括立项申请、评审和审批三个步骤。

1. 立项申请

企业应当根据实际需要，结合研发计划，提出研发项目立项申请，开展可行性研究，编制可行性研究报告。立项申请时，项目的可行性研究报告应该明确研发项目立项的理由，开发内容与方式，开发项目的技术路线、工艺流程、技术和经济目标，开发进度与完成期限，项目的预算，研发人员（或合作方）的基本条件与概况等。

2. 评审

立项项目的可行性论证，应该组织专家组进行。专家组成员的构成必须遵循规避原则。一般而言，专家组成员都是独立于立项申请及审批之外的专业机构和人员，包括行业技术专家、管理专家和财务专家，其中以技术专家为主。此外，企业还可以借助中介机构的服务。

3. 审批

研发项目应当按照规定的权限和程序进行审批，重大研发项目应当报经董事会或类似权力机构集体审议决策。审批过程中，应当重点关注研发项目促进企业发展的必要性、技术的先进性以及成果转化的可行性，企业应该对研发项目的立项过程进行跟踪与管理。

（二）研发过程管理

研发过程是研发活动的核心环节。企业应当跟踪检查研发项目进展情况，评估各阶段研究成果，提供足够的经费支持，确保项目按期、保质完成，有效规避研发失败风险。研发项目立项后，企业要严格研发过程管理，降低研发费用，缩短研发时间，提高项目提交成果的质量和绩效，并优化决策过程。

（三）结题验收

结题验收是对研究过程形成的交付物进行质量验收。对于按照政策法规需要由政府科技管理部门或其他相关部门验收的研发项目，应按相关法规办理验收；对于不需要由政府主管部门验收的项目，企业应当组织相关专家自行验收。结题

验收分为检测鉴定、专家评审、专题会议三种方式。结题验收的内容一般包括：项目产品开发进度与取得成果情况，项目资金落实与支出情况，项目产品市场开拓与销售情况，合同技术、经济、质量、资产指标完成情况，项目验收时与立项时企业资产、销售、利税情况，项目执行过程中存在的问题，及其他相关的说明等。

（四）研究成果开发

研究成果开发是指企业将研究成果经过开发过程转换为企业的生产技术或产品。开发研究成果是企业开展技术研究的目的，研究成果经过开发，转化为企业的生产技术或产品，成为企业研发活动接受市场检验的直接对象。研究成果的开发应当分步推进，通过试生产充分验证产品性能，在得到市场认可的基础上再进行大规模的批量化生产。否则，一开始就将研发的新产品进行大规模投产，很可能会给企业带来经济损失。

（五）研究成果保护

研究成果保护是企业研发活动的有机组成部分。有效保护研究成果，既是保护研发企业合法权益的需要，也是尊重知识、尊重人才、保护知识产权的需要。企业应当建立研究成果保护制度，加强对专利权、非专利技术、商业秘密及研发过程中形成的各类涉密图纸、程序、资料的管理，严格按照制度规定借阅和使用，禁止无关人员接触研究成果。企业研究成果的保护制度中，科研资料和文献管理是其中的重要环节。企业研发项目在结题、鉴定、验收或获奖后一定时间内，项目负责人应该将结题涉及的文本资料（任务书、合同书、实验、测试、图纸、调研、考察等原始材料、论文、专著、结题报告），结题鉴定、验收、报奖及获奖证书等材料收集完整，按形成日期整理并归藏专门机构档案室审查，并进行装订。除非发生特殊情况，与研发活动无关的人员应该遵循禁止原则，不得接触研究成果。在法律保护上，企业可以采取申请专利的方式加以保护；对于作为非专利技术、商业秘密等形式存在的无形资产，则更应该严加管理，避免泄密和流失。

（六）研发活动评估

研发活动评估是对研发项目的立项、研究、开发、保护等过程进行的全面评估，旨在总结研发管理经验，分析存在的薄弱环节，完善相关制度和办法，不断改进和提升研发活动的管理水平。研发活动评估制度主要包括三个阶段：立项阶段的评估、研究开发过程的跟踪评估与信息反馈、研发结果的评估与保护。这三个阶段环环相扣，相互衔接，缺一不可。企业应严格执行研发活动评估制度，不断改进和提升研发活动的管理水平。

企业研究与开发业务流程如图11-1所示。

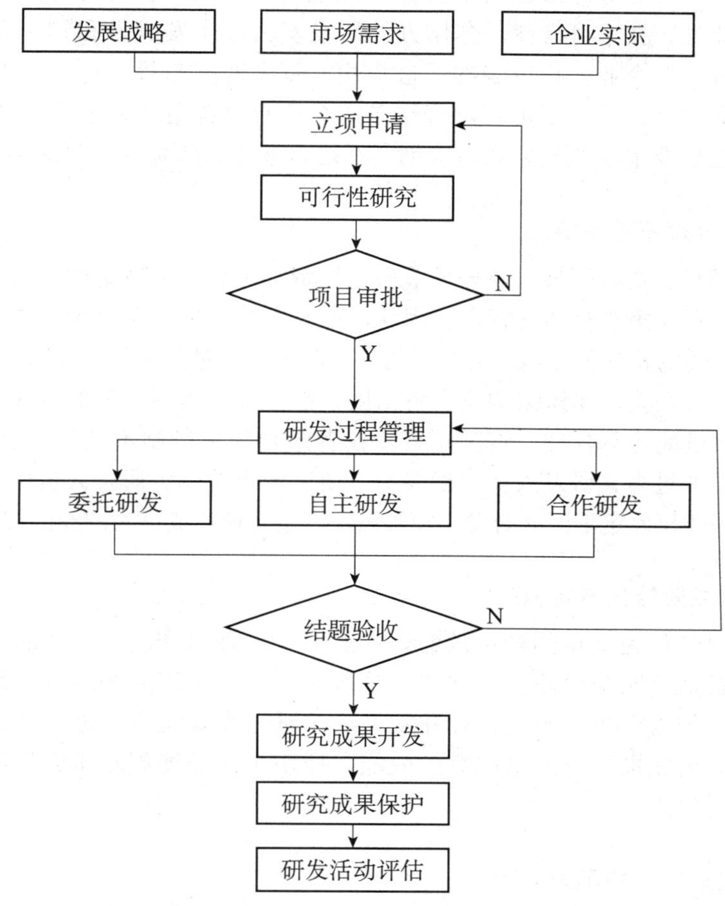

图 11－1　研究与开发业务流程图

研究与开发主要风险与控制措施

一、研究与开发的主要风险

企业开展研发活动至少应当关注下列风险：

（一）研发项目论证失误风险

研发项目与企业发展战略不匹配，研发项目未经科学论证或论证不充分，评审和审批环节把关不严，可能导致创新不足或资源浪费。研发项目的可行性论证一般会涉及项目立项必要性、技术可行性、合作方的研发实力、研发成果和知识产权分配、合作方的考核指标、对企业科技进步的促进作用、资金匹配与投入能力以及研发项目的管理等问题。研发项目技术不可行，合作方或企业自己配置的研发小组成员研发实力与研发项目的创新要求不匹配，会造成创新不足，继而导致企业资源的不良配置。

（二）研发管理不善风险

研发项目具有研发时间长、业务环节多、耗费资金大、不确定性因素多、经济风险和技术风险大、系统操作复杂的特点。因此，在研发过程中，企业所面临的风险种类繁多、各种风险之间的相互关系错综复杂。此外，由于研发过程主要是依靠研发人员进行，因此，研发人员的经验、知识结构及其自信度，都会造成不同程度的风险。如果研发方式不当，研发人员配备不合理、管理不善，或者激励约束机制不到位，研发过程失控，可能面临研发成本过高、研发人员串通舞弊、研究成果泄露、研发人员中途离任、研发效率降低、知识产权界定不清或研发失败等风险，给企业造成巨大的经济损失。

（三）研究成果转化不足风险

将研究成果转化为真正的经济效益，一般要经过技术产品化、产品商品化、商品社会化和技术扩散化四个阶段。在这四个阶段中，缺少任何一个环节，都有可能导致企业利益受损。如果企业重研究、轻开发，缺乏研究成果向生产过程转化的能力和措施，可能导致研究成果发挥不出应有的效能，挫伤企业开展创新研究的积极性，导致企业丧失核心竞争力。

（四）研究成果保护不力风险

研究结果一旦成型，其产品则应成为受保护的对象。公司应及时制定研究成果的产权保护措施，确定权益和责任，申请专利保护。如果企业缺乏保护研究成果的有效措施，可能导致研究成果流失、泄密或内外勾结、串通舞弊或研究成果被竞争对手窃取，导致企业利益遭受严重损失。

二、研究与开发的关键控制点、控制目标和控制措施

研究与开发内部控制的关键控制点、控制目标和控制措施如表11-1所示。

表11-1　　研究与开发内部控制的关键控制点、控制目标和控制措施

关键控制点	控制目标	控制措施
1. 立项	（1）立项论证充分 （2）审批严格规范	（1）建立科学规范的立项审批制度 （2）项目审批前必须经过可行性研究，编制可行性研究报告 （3）研发项目按照规定的权限和程序进行审批 （4）重大研发项目应当报经董事会或类似权力机构集体审议决策

续前表

关键控制点	控制目标	控制措施
2. 研发方式选择	选择最佳研发方式	(1) 根据研发项目特点和企业自身的掌控能力选择研发方式 (2) 企业与研发人员、研发机构或合作单位签订规范的研发合同，明确各方的投资、分工、权利与义务、研究成果产权归属等
3. 研发过程管理	有效掌控研发过程	(1) 建立研发项目管理制度和技术标准，建立信息反馈制度和研发项目重大事项报告制度，严格落实研发岗位责任制 (2) 合理设计研发项目实施进度计划和组织结构，建立良好的工作机制 (3) 搞好研发研究经费预算管理，保证研发资金及时、足额投入，严格进行研发会计核算 (4) 开展研发项目中期评审，适时进行研发调整 (5) 加强委托研发单位资信、专业能力等方面的管理
4. 结题验收	科学、严谨，不走过场	(1) 建立健全技术验收制度 (2) 对异常情况应重新进行验收 (3) 对重要的研发项目可以组织外部专家参加鉴定
5. 研究成果开发	保证研究成果的转化和应用	(1) 建立健全研究成果开发制度，促进研究成果及时有效转化 (2) 科学鉴定大批量生产的技术成熟度，力求降低产品成本 (3) 开展以市场为导向的新产品开发与消费者测试 (4) 建立研发项目档案，推进有关信息资源的共享和应用
6. 研究成果保护	保护研发企业的合法权益	(1) 建立研究成果保护制度 (2) 进行知识产权评审，及时取得权属 (3) 建立严格的核心研究人员管理制度 (4) 建立实施研发长效激励机制
7. 研发活动评估	改进和提升研发活动的管理水平	(1) 企业应当建立研发活动评估制度，完善相关制度和办法 (2) 加强对立项与研究、开发与保护等过程的全面评估

三、研究与开发的会计系统控制

企业应当建立健全记录研究与开发业务的会计凭证和账簿，正确核算研究与开发业务活动情况，妥善保管有关研究与开发业务的原始会计凭证、发票、物资采购、费用报销等资料，确保会计记录和实际研究与开发活动的一致性。研究与开发的会计系统控制具体措施包括以下四个方面：

（一）准确核算研究与开发业务

企业应按照国家统一的《企业会计准则》，建立科研经费专用账户，通过相应的会计账户准确核算有关研究与开发的资金投入、物资采购和经费支出情况；要根据《财政部关于企业加强研发费用财务管理的若干意见》（财企〔2007〕194号）和《企业会计准则》的规定，对研究阶段和开发阶段两个部分的研发费用支出分别进行核算。其中，研究阶段的支出要全部费用化，计入当期损益；开发阶段的支出，符合资本化条件的，确认为无形资产，不符合资本化条件的，计入当期损益。若确实无法区分研究阶段的支出和开发阶段的支出，将其全部费用化，计入当期损益。

（二）妥善保管研究与开发业务的凭证、资料

财务部门要对研究与开发业务的合同、协议、发票、凭证等文件资料登记造册，派专人负责，妥善保管，以备查用。

（三）实行研究与开发业务资金预算管理制度

财务部门要实行研究与开发业务资金预算管理制度，严格按预算、审核无误的付款凭证和付款审批制度办理研究与开发业务的资金支付。

（四）定期核对研发项目账目

财务部门的研发项目核算岗位要定期与研发部门负责人核对研发项目的资金支出账目，确保会计记录与研发部门的实际支出核对一致，账账相符、账实相符。

案例分析

兴华软件公司的主要业务是为银行系统进行大型操作软件开发、调试与后期维护业务。对于银行而言，由软件引起的业务中断和系统失败是操作风险的内容之一。因此，兴华软件公司认为，由软件项目研发中程序的错误和缺陷等引起的业务中断、交易错误、外部欺诈造成的客户资金损失等都应该属于公司操作风险的重要防范内容。

软件项目研发操作风险存在于软件项目研发的需求、设计、测试、投产运行的每一个环节中，兴华软件公司对其在软件研发项目中可能存在的各类风险进行了全面风险管理，其对风险类型的描述和应对措施如表11-2所示。

表11-2　兴华软件公司研发项目的主要风险与应对措施

研发环节	风险类型	风险描述	控制措施
项目研发的需求	描述不清	需求内容描述不清或者不完整，对如何实现需求没有详细的描述	加强业务人员与技术人员交流，建立业务人员与技术人员之间良好的交流沟通机制，业务人员要讲解需求的含义，让技术人员了解整个需求内容和要达到的结果，技术人员要帮助业务人员完善需求内容
	需求变化	由于业务发展或外部市场、政策变化等引起的需求变更	建立良好的需求变更管理制度和需求工作处理流程

续前表

研发环节	风险类型	风险描述	控制措施
项目研发的需求	理解错误	与客户沟通少，对业务了解不够，技术人员对业务需求的理解出现偏差，与实际需求的描述不一样	做好需求的可行性分析，把分析结果发给业务部门进行确认，并就业务部门的反馈结果做进一步分析，然后与业务部门交流、确认
	分析错误	对业务部门提交的需求进行可行性分析不够深入，导致出现偏差	编写业务需求说明书撰写规范，引导和帮助业务部门按照规范撰写业务需求说明书
项目研发的设计	设计方案错误	在设计方案中，使用的实现方法不当或者遗漏关联内容，造成系统处理出现错误或中断	成立评审委员会，做好对每一个设计方案的评审工作，找出方案设计、详细设计等方面存在的问题
	详细设计错误	具体设计某个功能时，实现方法有误	对于设计好的功能说明书，由提出需求的业务部门进行审定，审定完毕让业务需求部门撰写需求确认书，确认实现的功能
	设计不周全	功能设计时，只考虑了自身模块设计，遗漏了系统中与之相关联的其他部分	规划和设计好不同应用系统之间的接口规范
	变更计划不周全	对于设计过程中出现的变化因素考虑不周，没有及时更改	建立变更管理机制，及时处理软件项目研发过程中出现的变更问题：(1) 在应用软件系统设计上，尽量对一些公共、可变的需求进行参数化设计，减少程序修改频率。(2) 对新技术应用前要进行测试，熟练掌握后再应用；新技术应用中出现问题，要成立攻关小组，攻克技术难题
	使用新技术风险	因使用新技术导致方案设计出现问题；选择错误技术实现路线；对新技术掌握不充分，技术应用遇到难题	加强培训学习，让设计人员全面掌握系统架构和业务处理流程
研发项目的测试	测试组织未成立	在软件公司内部没有设立专门的测试管理组织和专人管理测试	重视软件测试工作，在公司内部建立专门的软件测试队伍
	软件测试不充分	测试案例编写步骤不周全、不细致，测试人员、测试时间不足	提前准备好测试环境，包括准备好与生产环境一样的验证测试环境

续前表

研发环节	风险类型	风险描述	控制措施
研发项目的测试	测试问题没有统一管理	没有建立专用的软件测试管理库，没有专人管理测试问题	(1) 仔细设计测试案例，建立案例审核机制；(2) 编制适合自身的软件测试工具；(3) 做好软件研发项目的功能测试和压力测试
	测试环境未准备好或不稳定	没有建立一个完善的不同软件研发项目使用的测试环境	建立软件测试问题管理库，管理日常软件不同阶段测试过程中出现的测试问题
研发项目投产运行	投产组织不严密	软件研发项目在投产过程中组织不严密、人员不到位、职责不清等	设立软件研发项目投产牵头部门及负责人，建立软件研发项目投产工作流程
	投产方案存在问题	编写的投产方案存在问题，投产后造成系统运行错误	做好软件研发项目投产前版本的验证测试工作
	技术支持不及时	技术支持人员不到位，分析问题、解决问题不及时	制定投产过程中的应急处理预案
	投产项目版本错误	投产使用的软件版本存在问题	做好版本控制，避免投产版本出现错误
	系统运行错误	新软件版本投产后，存在功能或影响安全运行的错误	使用项目管理工具，跟踪管理项目投产的生产问题；加强培训学习，提高技术支持人员解决问题的能力
	客户不满意	软件研发项目投产后功能不能满足客户的需要	树立正确的客户服务思想，掌握与客户沟通的技巧，及时解决客户的问题，满足客户的需要
其他	文档资料风险	文档内容撰写不符合规定，撰写不清楚；文档内容存在错误和遗漏	制定软件研发项目生命周期中所有文档的撰写模板；加强培训，让技术人员按照规范要求编写各类项目文档；做好文档审核；对一些重要的技术内容，可以让测试人员进行测试验证
	人员风险	人员流动特别是技术骨干力量流失	公司内部建立良好的企业文化和绩效考核体系；项目团队内部要做好交流沟通工作，建立和谐的工作环境
	时间风险	不能到期完成任务	制订完善的进度计划和变更控制计划，时刻监控项目进展情况
	费用风险	超过预期费用	制订财务分配计划，财务人员要跟踪分析项目阶段的费用使用情况
	质量风险	软件研发项目投产后质量出现问题，造成不良影响	加强软件研发项目管理和软件测试，实现全面质量管理；做好生产问题特别是重大生产问题应急处理预案
	外包风险	项目开发过程中，外包商出现问题，造成项目中断	建立外包商备份策略，选择业界信誉较好和规模大的软件开发公司

续前表

研发环节	风险类型	风险描述	控制措施
其他	软件研发项目管理风险	制度建设、流程建设、协调控制、应急管理等方面不完善	设专人负责组织管理，由专人进行技术协调和沟通，做好核心技术及产权保护措施，建立和完善合同及采购控制制度和流程，做好应急事件的管理
	培训风险	各种技术培训、业务培训时间不足，授课效果不佳，造成相关人员对软件研发项目不能熟练掌握	重视技术和业务培训，针对不同的软件研发项目实施的不同阶段和不同的授课对象，编写不同的授课教材
	法律风险	与合作公司产生法律纠纷	聘请律师咨询、解决

分析要求：根据内部控制的有关规范和原理，分析兴华软件公司针对各类风险所制定的控制措施是否具备可操作性，应从哪些方面做进一步完善。

分析提示：

（1）兴华软件公司针对软件研发项目实施过程中可能发生的各类风险，制定了较为完善的控制措施，具备一定的可操作性。

（2）建议从以下两个方面对控制措施做进一步完善：

第一，应明确各项控制措施的实施责任部门或责任人；

第二，进一步细化、具体化控制措施，使其更加具备可操作性。

研究与开发控制制度设计

一、研究与开发控制制度设计的方法与内容

研究与开发控制制度设计是在遵循国家和企业研究与开发相关法规制度的基础上，以国家监管部门制定的内部控制规范及其应用指引为依据，结合企业的研究与开发实际情况，用系统控制的技术和方法，构建企业自身研究与开发内部控制体系的动态过程。

研究与开发控制制度设计主要包括现状调研、风险评估和制度设计三大基本环节。根据研究与开发控制制度设计操作需要，在基本流程的基础上，还要设计多层次具体流程，每个具体流程中需明确工作内容、方法、步骤及相应的表单等，要突出研究与开发控制制度设计的特色。各环节的工作方法与内容是：

（一）现状调研

制度设计者首先要整理描述企业研究与开发方面的内部管理制度或相关文件，以及业务流程，编制研究与开发内部管理制度或相关文件情况表，完成编制研究与开发业务流程目录、绘制研究与开发业务流程图等研究与开发控制制度设计的基础性工作。

1. 梳理描述制度文件

制度设计者要认真梳理企业现有的控制制度或文件，重点关注有无研究与开发方面的相关制度，制度设计是否完善，制度是否得到有效执行，有无具体可控的操作文件或表单等。

2. 梳理描述业务流程

制度设计者必须梳理企业研究与开发现行的业务流程包括哪些环节，能否有效控制研究与开发风险，并将企业研究与开发方面的现行业务流程以图表的形式描绘出来。

3. 确定业务流程目录

在梳理研究与开发管理制度和业务流程现状的基础上，制度设计者应根据《企业内部控制应用指引第10号——研究与开发》的要求，编制研究与开发业务流程目录，绘制研究与开发业务流程图。需要指出的是，研究与开发复杂多样，研究与开发的内部管理制度、业务流程也千差万别。因此，研究与开发控制制度设计既要体现应用指引的宏观要求，又要在具体业务流程的设计上体现不同企业研究与开发的自身特点，不能简单地照搬照抄。

（二）风险评估

研究与开发风险是指在研究与开发项目决策和实施过程中，由于外部环境的不确定性、研发项目本身的难度与复杂性、研发者自身能力与实力的有限性，而导致研发活动中止、撤销、失败或达不到预期经济技术目标的可能性及后果。在研发过程中，企业所面临的风险种类繁多、各种风险之间的相互关系错综复杂，如决策风险、税务风险、资金风险、成本风险、人才风险、泄密风险等。

研究与开发风险评估的基本程序为：识别研究与开发风险，并进行具体描述；分析研究与开发风险，编制研究与开发风险分析表；评估研究与开发风险，编制研究与开发风险评估表；确定研究与开发风险应对策略；编制研究与开发风险数据库。

1. 识别并描述风险

评估研究与开发风险，首先要把研究与开发的具体风险识别出来，然后整理出整体层面的风险。研究与开发的具体风险是多种多样的，又会因企业的不同而不同。企业应根据《企业内部控制应用指引第10号——研究与开发》中有关研究与开发风险的提示，结合企业研究与开发的实际情况，识别并具体描述研究与开发方面存在的风险，以便完善研究与开发的内部控制，有效控制研究与开发风险。

2. 分析风险

研究与开发风险分析的内容很多，一般应从成因和结果两个方面进行，并编制研究与开发风险分析表。

3. 评估风险

评估研究与开发风险应从可能性和影响程度两个维度进行，根据评估结果进行风险排序或划分等级，并编制研究与开发风险评估表。

4. 选择风险应对策略

研究与开发风险应对是根据风险评估的结果，针对风险的不同等级选择研究与开发风险应对策略的过程。不同等级的研究与开发风险采取的应对策略不一样，要针对不同等级的风险，相应采取风险规避、风险降低、风险分担和风险承受四种应对策略。不论选择哪种策略应对研究与开发风险，都需要编制研究与开发风险应对表。

5. 编制风险数据库

依据研究与开发风险评估的结果编制研究与开发业务层面的风险数据库或绘制风险图谱。研究与开发风险数据库的基本要素包括业务流程、风险描述、风险分析、风险排序、风险应对策略、剩余风险等，也可以加上内部控制制度设计完成后的控制措施、控制部门或岗位等。

（三）制度设计

研究与开发控制制度设计就是在评估研究与开发风险的基础上，对研究与开发内部控制进行设计的过程，是研究与开发内部控制设计的关键环节。研究与开发控制制度设计的基本程序包括：确定研究与开发关键控制点，明确研究与开发控制目标，提出研究与开发控制措施，设计研究与开发控制证据，优化研究与开发控制制度，绘制研究与开发控制流程图，编制研究与开发控制矩阵等。

1. 确定关键控制点

企业在构建与实施研究与开发内部控制的过程中，要针对研究与开发风险评估的结果，确定研究与开发的一般控制点和关键控制点，并编制研究与开发控制要点表。确定研究与开发的一般控制点和关键控制点是件很困难的事，要根据企业的实际情况确定，又因人们的专业判断不同而不同。企业应根据《企业内部控制应用指引第10号——研究与开发》的要求，重点对立项与研究、开发与保护等环节进行关注。

2. 明确控制目标

研究与开发控制的基本目标是保证研究与开发的合法性、安全性、有效性和可靠性，有效控制各种可能发生的风险。各关键控制点的具体控制目标，应根据识别出来的可能存在的具体风险来设计。

3. 提出控制措施

构建研究与开发内部控制体系，必须强化对研究与开发控制点，尤其是关键控制点的风险控制，并采取相应的控制措施。研究与开发控制措施要与研究与开发业务相融合，并嵌入研究与开发业务流程当中。

4. 设计控制证据

为了保证研究与开发控制制度能够有效实施，制度设计者需要制定必要的表单，为研究与开发业务过程留下控制证据。研究与开发的相关表单很多，包括研发计划、研发项目立项申请、可行性研究报告、风险评估意见、跟踪检查研发项目进展情况报告、研究成果验收报告、研究成果开发资料等。

5. 优化控制制度

企业要将内部控制的思想、方法和措施嵌入研究与开发管理制度中去。制定多少个研究与开发管理制度，包括哪些内容，会因企业的不同而不同。从适用性上考虑，企业的研究与开发管理制度不宜多，通常企业可以制定一个统一的研究与开发管理制度，内容至少应明确立项与研究、开发与保护等环节的职责和审批权限。

6. 绘制控制流程图

企业应根据研究与开发业务流程、风险点、控制点及其相关的控制措施，结合具体单位的实际情况来绘制研究与开发控制流程图。需要特别强调的是，企业应将研究与开发内部控制流程和研究与开发业务流程整合在一起，并在图上标示风险点和控制点。

7. 编制控制矩阵

研究与开发控制矩阵是对研究与开发业务流程图中的风险点、控制措施和控制证据等的详细说明与描述，是研究与开发内部控制制度设计结果的集中体现，也是企业内部控制管理手册的重要组成部分，同时是上述工作的综合汇总。

二、研究与开发控制制度设计的目标

研究与开发控制制度设计的目标要围绕企业内部控制的战略目标、经营目标、资产目标、报告目标和合规目标，根据研究与开发内部控制的总体要求来确定。一般而言，研究与开发内部控制的基本目标是规范研究与开发行为，有效控制研发项目风险，实现研究与开发活动的合法性、可行性、安全性和效益性。为此，研究与开发控制制度设计应能实现以下控制目标：

（一）科学制订研发计划，保证研发活动与发展战略的符合性

企业应当以发展战略为指引，以市场需求为导向制订研发计划，围绕提升企业核心竞争力开展研发活动。研发的方向必须有利于企业产品结构调整和市场布局谋划，符合国家法律法规、产业政策，有利于拓展和巩固市场，有利于企业发展战略的实现。

（二）严格立项审批程序，保证研发项目决策的科学性

企业应当建立科学、规范的立项、审批制度，根据实际需要，结合研发计划，提

出研发项目立项申请，开展可行性研究，编制可行性研究报告。研发项目的立项应该在充分市场调研的基础上进行，明确国外有关技术发展的概况、国内有关产品与技术的现状、国内已取得的最新阶段成果，并对经研发后可以达到的技术水平等情况进行说明，对研究成果推广应用和市场前景进行预测。项目审批要严格按照规定的权限和程序进行，重大研发项目应当报经董事会或类似权力机构集体审议决策，保证研发项目决策的科学性和正确性。

（三）强化研发活动过程管理，保证研发活动的有效性

企业应当建立健全研发项目管理制度、技术标准、信息反馈制度和研发项目重大事项报告制度，合理设计项目实施进度计划和组织结构，建立良好的工作机制，规范研究与开发行为，保证研发项目的顺利实施。研发项目立项后，企业应当跟踪检查研发项目进展情况，评估各阶段研究成果，要合理制定研发项目费用规划、费用结构、费用估算、费用预算和费用控制的标准，严格执行费用管理规定，努力降低研发费用，缩短研发时间，保证研发活动的有效性，确保研发项目按期、保质完成，有效规避研发项目失败风险。

（四）健全研究成果验收制度，确保研究成果评审、验收的严谨性

企业应当建立健全技术验收制度，严格执行测试程序。对验收过程中发现的异常情况应重新进行验收申请或补充进行研发，直至研发项目达到研发标准为止。要落实技术主管部门验收责任，由独立的、具备专业胜任能力的测试人员进行鉴定试验，并按计划进行正式的、系统的、严格的评审。要加大企业在测试和鉴定阶段的投入，对重要的研发项目可以组织外部专家参加鉴定，以确保研究成果评审、验收科学、严谨，不走过场。

（五）建立自主创新机制，促进研究成果转换的有效性

企业应当加强研究成果的开发，形成“科研、生产、市场”一体化的自主创新机制，促进研究成果及时、有效转化。企业应当建立健全研究成果开发制度，科学鉴定新产品大批量生产的技术成熟度，力求降低产品成本，要坚持开展以市场为导向的新产品开发测试，积极培育产品市场，将企业潜在的生产力转化为实实在在的经济效益。

（六）建立研究成果保护制度，确保研究成果的安全性

企业应当建立研究成果保护制度，加强对专利权、非专利技术、商业秘密及研发过程中形成的各类涉密图纸、程序、资料的管理，严格按照制度规定借阅和使用，禁止无关人员接触研究成果。企业对于通过验收的研究成果，可以委托相关机构进行审查，确认是否申请专利或作为非专利技术、商业秘密等进行管理。对于需要申请专利的研究成果，应当及时办理有关专利申请手续。对于作为非专利技术、商业秘密等形式存在的无形资产，应该建立无形资产管理制度并建立有效监督机制。企业应当建立

严格的核心研发人员管理制度，明确界定核心研发人员范围和名册清单，签署符合国家有关法律法规要求的保密协议，确保企业研究成果和核心技术的安全完整、万无一失。

（七）严格研发费用核算，保证会计核算资料的准确性

企业要按照《企业会计准则》和国家研发费用方面的政策、法规，健全研发费用会计核算制度，全面、准确地核算企业研发费用。要按照会计核算政策的规定，设置专门的会计科目，科学、合理、清晰地设置具体明细科目，准确核算每一个研发项目研发费用发生额。计入研发费用的实际发生额必须有根有据。企业在一个纳税年度有多个研发项目的，研发费用应按不同研发项目归集，发生的公共费用应当进行合理分摊。

要根据《中华人民共和国企业所得税法》及其实施条例等文件的规定计算应纳税所得额，准确计算、缴纳企业所得税，有效规避涉税风险的发生。

三、研究与开发控制制度设计案例

黑龙江北大荒农业股份有限公司研究与开发管理制度

第一章　总　　则

第一条　为了促进黑龙江北大荒农业股份有限公司（以下简称公司）自主创新，增强核心竞争力，推动公司研发工作的开展，有效控制研发风险，实现发展战略，根据《企业内部控制基本规范》和《企业内部控制应用指引第10号——研究与开发》，制定本制度。

第二条　本制度所称研究与开发，是指公司为获取新产品、新技术、新工艺等所开展的各种研发活动。

第三条　公司开展研发活动至少应当关注下列风险：

（一）研究项目未经科学论证或论证不充分，可能导致创新不足或资源浪费。

（二）研发人员配备不合理或研发过程管理不善，可能导致研发成本过高、舞弊或研发失败。

（三）研究成果转化应用不足、保护措施不力，可能导致公司利益受损。

第四条　公司应当重视研发工作，根据发展战略，结合市场开拓和技术进步要求，科学制订研发计划，强化研发全过程管理，规范研发行为，促进研发成果的转化和有效利用，不断提升公司的自主创新能力。

第五条　职责：

（一）总经理负责审批项目建议书，下达研发计划书、任务书，研发验证报告和试产报告。

（二）分管副总经理负责筛选确定研发项目，审核项目建议书。

（三）发展计划部负责根据市场调研或分析，提供市场信息及新产品动向；负责组织由行业管理部门、财务部、审计部参加的项目成果验收。

（四）农业生产部、工业经济部分别负责农业项目和工业项目研发全过程的组织、协调、验证工作。

1. 负责组织研发项目的申报/备案、项目实施的监督并参加成果验收。

2. 负责组织研发项目初步筛选、项目实施过程监督、生产鉴定备案以及跟踪生产鉴定的改进。

3. 负责产品型号、标准的管理。

4. 负责研发成果的备案。

5. 负责知识产权的计划、监督、备案，参与专利争议的解决。

6. 负责对公司新产品开发设计过程控制的监督抽查。

第六条　本制度适用于公司及其所属企业（以下简称企业），企业是指公司下设的分公司和全资或控股子公司。

第二章　立项与研究

第七条　研发立项的原则：

（一）以市场为导向、以经济效益为中心，以增强公司技术创新能力和市场竞争力为目标。

（二）以产品为龙头，产品开发与工艺技术、工程技术相结合。

（三）与技术改造、技术引进等计划紧密衔接，发挥整体优势，全面有效地促进公司技术进步。

第八条　根据信息来源不同，研发项目通过以下三种方式获得并进行相应的审批：

（一）发展计划部与客户签订的新产品合同或技术协议，为履行合同或协议而产生的研发项目报分管副总经理审核、总经理批准并向农业生产部或工业经济部下达研发任务书。

（二）发展计划部根据市场调研或分析提出项目建议书，报分管副总经理审核、总经理批准并向农业生产部或工业经济部下达研发任务书，发展计划部将相关背景资料转交农业生产部或工业经济部。

（三）农业生产部或工业经济部根据技术改进和综合各方面的信息，提交项目建议书报分管副总经理审核、总经理批准后实施。

重大的研究开发项目，需要报公司董事会审议通过后方可实施。

第九条　研发项目的筹备：

（一）项目确定后，由农业生产部或工业经济部依据项目特点和要求确定项目负责人，报总经理审批。项目负责人根据项目建议书，制定研发计划书，计划书内容包括：

1. 研发的输入、输出、评审、验证、确认等各阶段的划分和主要工作内容。

2. 各阶段人员职责和权限、进度要求和配合单位。

3. 资源配置需求，如人员、信息、设备、资金保证等相关内容。

（二）研发策划的输出文件将随着研发的进展，在适当时予以修改。

（三）对于研发过程中的信息沟通，由农业生产部或工业经济部负责公司内部可能涉及的各部门之间的联系及信息传递，并填写研发信息联络表；发展计划部负责与外部机构（如客户、合作伙伴等）的联系及信息传递。

第十条　研发计划的变更：

（一）变更原因：

1. 在实施研发计划过程中，发现因项目设计错误或于评审、验证、确认后要求的更改，以及因投产生产中有困难而需要改进产品的功能和性能及客户与供方要求的更改时，可申请调整或取消计划内容。

2. 年中由于市场需求或国家有关政策，需要开发新的项目时，可申请新增计划内容。

（二）变更程序：

1. 设计人员应正确识别和评估设计更改对原材料使用、生产过程、使用性能、安全性、环保性、可靠性等方面带来的影响。

2. 研发的更改提出部门应提交更改申请，并附上相关资料，报分管副总经理、发展计划部负责人批准后方可进行更改。

3. 在研发过程中，设计人员可在研发初稿上直接修改或重新编制相应的初稿；产品定型后如需要更改设计和建议人，可将更改的建议填写在信息联络表中提交农业生产部或工业经济部负责人，由相关设计人根据可行性和必要性填写更改申请并附上相关资料，报分管副总经理、发展计划部负责人批准后方可进行更改。

4. 当变更涉及主要参数和功能、性能指标的改变，或人身安全及相关法律法规的要求时，应对变更进行适当的验证和确认，经总经理批准后才能实施。

第三章　开发与保护

第十一条　设计和开发过程的实施。设计和开发过程由公司农业生产部或工业经济部组织实施，设计和开发程序应明确对设计和开发的策划、输入、设计、输出、评审、验证、确认、更改等过程的控制要求，并应满足其引用的行业标准要求。

第十二条　研发过程的管控：

（一）研发的输入：

1. 研发输入包括以下内容：

（1）主要功能、性能要求、技术指标。这些要求主要来自客户或者市场的需求与期望，一般应包含在合同、订单或项目建议书中。

（2）适用的法律法规的要求，对国家强制性标准一定要满足。

（3）以前类似的研发提供的适用信息。

（4）对确定产品的安全性和适用性至关重要的特性要求，包括安全、使用、运输、加工、维护及环境等。

2. 研发的输入应形成文件，并填写研发输入清单，附有各类相关的资料。

3. 由农业生产部或工业经济部组织有关设计人员和发展计划部、财务部、审计部等相关部门对研发输入进行评审，保证其充分性和适宜性，对其中不完善、含糊或矛盾的要求进行澄清和解决，确保研发的输入满足任务书的要求。

（二）研发的输出：

1. 研发人员根据研发任务书、方案及计划等开展设计工作，并编制相应的研发输出文件，纳入研发输出清单。

2. 研发输出文件包括：指导生产活动的图样和文件，如图样、生产工艺等；包含或引用的验收准则；标准件，外协、外购件清单，采购物资分类明细等；产品技术规范或企业标准；产品防护的细节。

3. 根据公司产品特点，规定对安全和正常使用至关重要的产品特性，包括生产、使用、搬运、维护及处理的要求。

第十三条　研发的验证：

（一）根据评审通过的研发初稿制作样品。农业生产部或工业经济部负责对样品进行型式试验或送权威检测机构检测，并出具检测报告。对产品的部分设计或功能、性能，可引用已证实的类似设计的有关证据，作为本次设计的验证依据。

（二）在研发的适当阶段也可以进行验证，可采用与已证实的类似设计进行比较、计算验证、模拟测试等。

（三）农业生产部或工业经济部综合所有验证结果，编制研发验证报告，记录验证的结果及跟踪的措施，报主管副总批准，确保研发输入中每一项性能、功能指标都有相应的验证记录。

（四）样品验证通过后，总经理组织各相关部门对生产、加工的可行性进行评审，并以书面形式报总经理批准后由农业生产部或工业经济部指导生产。

（五）公司检验人员对产品进行检验试验，出具相应的检测报告。

第十四条　知识产权管理：

（一）知识产权制度是保护科学技术成果的重要法律制度。公司在进行新产品开发时要遵守国家有关知识产权的法律规定，并注意利用知识产权法律来保护公司的合法利益不受侵犯。

（二）知识产权的管理，具体包括取得、日常管理、清查及盘点等规定，参见资产管理制度。

（三）为避免和应对同行有可能发生仿制嫌疑的诉讼，所有项目设计资料（产品研发设计过程及试制与鉴定过程中的所有资料）必须存档保存（文本、光盘等）。此项工作由公司产品部门负责人负责。

第十五条　研究人员的管理：

（一）公司农业生产部或工业经济部对项目的研究人员需要进行特别的管理，当项目组中的人员确定后，项目经理或项目负责人需要编制该项目的名册清单。

（二）公司与新产品研发人员签订劳动合同时，需要在劳动合同中特别约定研发成果的归属、离职条件、离职移交程序、离职竞业限制年限及其他违约责任等，同时为保证公司利益不受损失，需要与其签订保密协议。

（三）项目经理或项目负责人需要随时与重要项目的研发人员随时沟通，了解项目执行的情况，随时掌握项目研究人员的情绪变化，并积极主动地与其沟通。

第十六条　研究成果的开发：

（一）产品试制：产品试制的目的是确认研发的新产品是否能够满足预期的使用

要求。通常应在产品交付之前或产品实施之前完成。需用户使用一段时间才能完成确认工作的，应在可能的适用范围内实现局部确认。根据公司产品的特点，可以选择下述几种确认方式之一：

1. 总经理组织召开产品鉴定会，邀请有关专家、用户参加，提交新产品鉴定报告，即对研发予以确认。

2. 试产合格的产品，由农业生产部或工业经济部联系投入市场一段时间，并提供客户对样品符合标准或合同要求的满意程度及对适用性的评价，客户满意即为对研发予以确认。

3. 新产品可送往国家授权的单位进行试验并出具合格报告，并提供客户使用满意的报告，即为对研发予以确认。

（二）上述报告及相关资料未确认的结果，农业生产部或工业经济部据此结果进行分析，根据需要采取相应纠正和改进措施，以确保研发的产品满足客户预期的使用要求。

（三）试制程序完成后，需要按照要求对试制品进行鉴定。农业生产部或工业经济部根据鉴定报告提交上级领导以及相关政府机构，经批准后由生产部门开始批量生产准备。

第十七条　技术资料验收及存档管理：

（一）图纸幅面和制图要符合有关国家标准和公司标准要求。

（二）成套图册编号要有序，蓝图（底图）应与实物相符，工装图、产品图等编号应与已有的编号有连贯性。

（三）产品图、总装图、工艺文件和工装图纸等技术资料必须按技术资料上签字档中规定的人员签字，全部底图要移交办公室存档。

（四）技术资料的验收汇总存档管理由公司研发中心负责。在研发过程中形成的资料等，必须按照严格的借阅和使用程序进行，禁止无关人员接触。

（五）资料管理人员存档时必须验证，如不齐全可拒绝存档，并上报农业生产部或工业经济部负责人进行批示。

第十八条　研究开发经费管理：

（一）公司的研发费用分为研究费用和开发费用两部分，费用主要包括研究费用、试制费、技术咨询费、材料费、研究设备折旧费、技术人员工资等。

（二）公司研发费用的核算遵循单独立项、统一管理的原则。针对各个项目发生的研究费用在账本中单设账页反映，发生的研发费用在管理费用下的研发费用明细科目中核算，并且设置科技人员的工资、差旅费、专利申请费、试验费、检测费、技术咨询费、试验设备租赁费等明细科目。

（三）研发费用由产品部提出申请，并编制可行性分析报告，经农业生产部或工业经济部、发展计划部、财务部、审计部、分管副总经理、总经理审批通过后，财务部根据产品部编制的研发费用明细表拨付资金。

（四）研发费用的使用、报销、结算由财务部部长亲自负责，严格控制研发费用使用的合理性、合法性。

（五）项目完成后，财务部编制项目预算、决算分析表，找出问题并做重点分析。

（六）财务部对科技成果的转换要加强核算管理，认真计算新产品的收入、成本、税金、费用、分析投入与产出比。

第十九条　评估与改进：

（一）公司或企业应当建立对研发活动的评估制度，加强对立项与研究、开发与保护等过程的全面评估，总结优点、发现问题，为今后产品研发项目提供借鉴。

（二）研发项目结束后，公司或企业的发展计划部负责会同农业生产部或工业经济部、财务部、审计部等相关部门认真总结研发管理中发现的问题，分析产品研发过程中存在的薄弱环节，完善相关制度与管理办法，改进与提升研发活动的管理水平。

第二十条 产品标准的备案：公司生产的产品必须有产品标准，产品标准应到各地方的技术监督局进行备案。经备案后的产品标准的副本应提交产品部一份留存。

第四章　附　　则

第二十一条　本制度由公司发展计划部负责草拟、解释和督办，由公司董事会负责审议和修订。

第二十二条　本制度自发布之日起执行。

黑龙江北大荒农业股份有限公司董事会

2014 年 10 月 11 日

【能力训练】

一、知识巩固

（一）单选题

1. 新技术是指在一定地域、时域和行业内有所创新并具有（　　）的技术。

A. 战略性　　B. 市场潜力　　C. 经济效益　　D. 竞争力

2. 研究阶段是指为获取并理解新的科学或技术知识而进行的（　　）、有计划调查的阶段。

A. 有组织　　B. 独创性的　　C. 有预算　　D. 开拓性的

3. 立项主要包括立项申请、（　　）和审批三个步骤。

A. 计划　　B. 可行性研究　　C. 评审　　D. 预算

4. 结题验收是对研究过程形成的交付物进行（　　）验收。

A. 评审　　B. 质量　　C. 检查　　D. 总结

（二）多选题

1. 研究与开发是指企业为获取（　　）等所开展的各种活动。

A. 新产品　　B. 新方法　　C. 新技术　　D. 新工艺

2. 开发阶段是指在进行商业性生产或使用前，将研究成果或其他知识应用于某项计划或设计，以生产出新的或具有实质性改进的（　　）等的阶段。

A. 材料　　B. 装置　　C. 技术　　D. 产品

3. 开展研发活动至少应当关注的风险包括（　　）。

A. 研发项目论证失误风险　　B. 研发管理不善风险

C. 研究成果转化不足风险　　D. 研究成果保护不力风险

4. 研究成果保护的主要控制措施包括（　　）。

A. 建立研究成果保护制度　　B. 进行知识产权评审，及时取得权属

C. 建立严格的核心研发人员管理制度　　D. 建立实施研发长效激励机制

（三）判断题

1. 研究与开发一般分为自主研究开发、委托研究开发和合作研究开发三种方式。（　　）

2. 企业研发活动的最终目的是将潜在的生产力转化为实实在在的生产技术或产品。（　　）

3. 如果企业重研究、轻开发，缺乏研究成果向生产过程转化的能力和措施，可能导致研究成果发挥不出应有的效能，挫伤企业开展创新研究的积极性，导致企业丧失核心竞争力。（　　）

二、案例分析

案例概述见任务四中的《黑龙江北大荒农业股份有限公司研究与开发管理制度》。

【分析要求】根据研究与开发内部控制的总体要求和研究与开发控制制度设计的目标，分析和评价黑龙江北大荒农业股份有限公司研究与开发管理制度是否符合内部控制的要求，并重点思考以下问题：

（1）该管理制度是否充分考虑了企业研究与开发活动应当关注的主要风险？

（2）该管理制度是否具备可行性？

（3）该管理制度还存在哪些缺陷需要改进和完善？

三、复习思考

1. 什么是研究与开发？企业研究与开发至少应当关注哪些风险？
2. 简述研究与开发内部控制的总体要求。
3. 企业研究与开发的业务流程是怎样的？
4. 简述立项环节的控制目标和主要控制措施。
5. 企业研究与开发有哪些关键控制点？

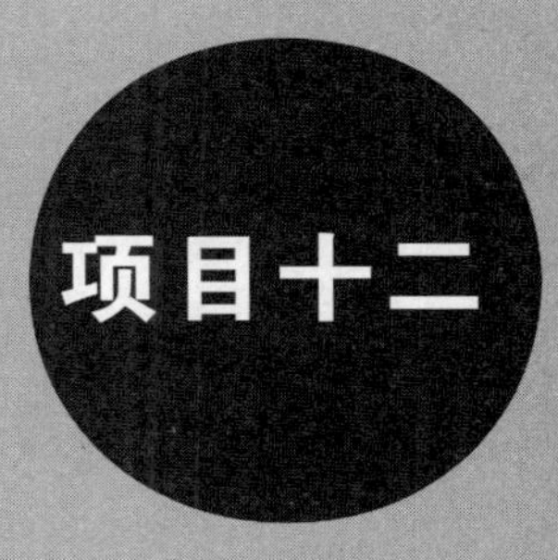

担保业务控制

【教学目标】

1. 知识目标
- 了解担保业务的业务流程
- 掌握担保业务内部控制的总体要求
- 重点掌握担保业务的主要风险、关键控制点和控制措施

2. 能力目标
- 理解担保业务控制制度设计的目标
- 初步掌握担保业务控制制度设计的方法

【学习指南】

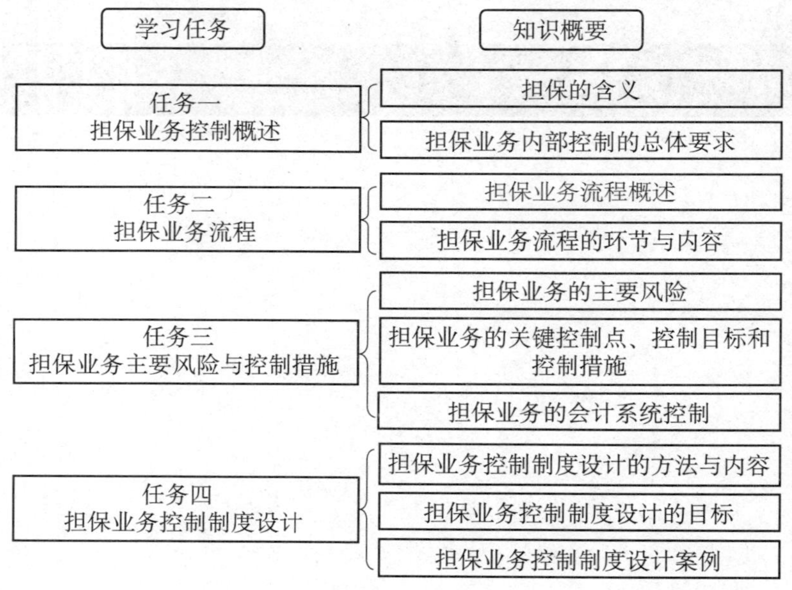

【教学引导】

替人担保拖垮"明星企业"

因替人家担保1 000万元贷款，曾享有"中国不锈钢餐具中心"美誉的厦门清宏实业有限公司（简称清宏实业）被拖入泥潭，最终不得不登台被拍卖，以还清债务。

据知情人士说，2008年，全球经济危机发生时，厦门清宏实业有限公司替人家担保1 000万元贷款，因受被担保人财务恶化连累，清宏实业只得借高利贷来替之还贷，由此陷入困境而难以自拔。它的倒下令众多业内人士惋惜不已。

创立于1995年的厦门清宏实业有限公司，注册资金人民币2 200万元，是一家制造与销售不锈钢刀具、餐具、厨具的专业厂家。2004年产量突破1.3亿套（支），在全国市场中占有18%的份额。2003年5月，全国唯一的“中国不锈钢餐具中心”正式落户该公司，这个称号是由科技部下属的中国日用五金技术开发中心授予的。2004年7月，受国家日用五金标准化中心的委托，清宏实业还负责中国不锈钢厨具国家标准的修订工作。

曾是生产不锈钢餐具的明星企业，如今落到这个境地，厦门清宏实业有限公司老板面对记者的采访时不愿多说，一直叹气。

福建省鹏翰拍卖有限公司、福建省顶信拍卖有限公司联合刊登的拍卖公告称，受厦门市中级人民法院委托，厦门清宏实业有限公司所有的海沧新阳工业区厂房、食堂、宿舍楼等房地产，总占地面积3万多平方米，整体拍卖起拍价4 029万元，定于7月24日下午3:30在中国拍卖行业协会网络拍卖平台进行公开拍卖。

据福建省鹏翰拍卖有限公司负责人透露，第一次拍卖流拍之后，整体拍卖起拍价由5 036.53万元下调为4 029.22万元，下调了1 000多万元，吸引了不少买家，已有数家企业表示愿意交保证金，参与竞拍。

资料来源：杨清白．替人担保拖垮“明星企业”．海西晨报，2013-07-19.

【问题思考】替人担保拖垮“明星企业”这一案例，给我们带来哪些启示？

任务一　担保业务控制概述

一、担保的含义

担保是指企业作为担保人按照公平、自愿、互利的原则与债权人约定，当债务人不履行债务时，依照法律规定和合同协议承担相应法律责任的行为。担保具有以下三个法律特征：

一是从属性。担保合同是从属于主合同的从合同，除担保合同另有规定外，主合同无效，担保合同无效。

二是补充性。担保对债权人权利的实现仅具有补充作用，在主债关系得到正常履行时，担保人并不实际履行担保义务。只有在所担保的债务得不到正常履行时，担保人才需要履行担保义务。

三是相对独立性。担保可相对独立于所担保的债权而发生或存在。如担保的成立须当事人另行约定；主合同无效，担保合同另有约定的，可继续有效。

根据《中华人民共和国担保法》，债的担保是指以当事人的一定财产为基础，能够用以督促债务人履行债务，保障债权实现的方法。

《中华人民共和国担保法》中的担保，又称债权担保、债的担保、债务担保，是一个总括的概念，内涵丰富，外延极广。它是一种承诺，是对担保人和被担保人行为的一种约束。担保一般发生在经济行为中，如被担保人到时不履行承诺，一般由担保人代被担保人先行履行承诺。担保一般有口头担保和书面担保，但只有书面担保才具有真正的法律效力。

根据法律规定，担保有五种方式，即保证、抵押、质押、留置、定金。当事人在为合法的债权提供担保时，只能提供以上五种担保方式，而不能创设新的担保方式。

（一）保证

保证是指债务人以外的第三人为债务人履行债务而向债权人所做的一种担保，是保证人和债权人约定，当债务人不履行债务时，保证人按照约定履行债务或者承担责任的行为。

（二）抵押

抵押是指债务人或第三人对债权人以一定财产作为清偿债务担保的法律行为。抵押的目的主要是保障债权人在债务人不履行债务时有优先受偿的权利，而这一优先受偿权是以设置抵押的实物形态变现值来实现的，所以抵押是以抵押人所有的实物形态为抵押主体，以不转移所有权和使用权为方式作为债务担保的一种法律保障行为。

（三）质押

质押也称质权，是指债务人或第三人将其动产移交债权人占有，将该动产作为债权的担保，当债务人不履行债务时，债权人有权依法就该动产卖得价金优先受偿。质权分为动产质权和权利质权两种。动产质权是指可移动并因此不损害其效用的物的质权，权利质权是指以可转让的权利为标的物的质权。

（四）留置

留置是指债权人按照合同约定占有债务人的动产，债务人不按照合同约定的期限履行债务的，债权人有权依照法律规定留置该财产，以留置财产折价或者以拍卖、变卖该财产的价款优先受偿的权利。留置权具有担保物权的共有属性，同时有一些独特属性。如留置财产只能是动产，留置权具有留置和担保双重效力，以及留置权人事先占有留置物等。

（五）定金

定金是在合同订立或合同履行之前支付的一定数额的金钱作为担保的担保方式。给付定金的一方称为定金给付方，接受定金的一方称为定金接受方。

在上述五种担保方式中，保证担保方式也就是通常所说的企业信用担保方式。它与其他四种担保方式最大的区别在于保证人是合同交易双方之外的第三方，而抵押、质押、留置和定金这四种担保方式都是在合同当事人之间进行的。

担保制度作为担保债权实现的重要制度，一开始就与金钱借贷关系息息相关。在现代市场经济中，担保的意义已不仅是单纯的担保问题，而且可以通过担保推动借贷关系的蓬勃开展，对促进资金融通起到了不容忽视的积极作用。担保业务一方面有利于银行等债权人降低贷款风险，另一方面使债权人与债务人形成了稳定可靠的资金供需关系，有利于现代市场经济的建设和发展。但是，担保业务具有“双刃剑”特征，企业在向其他单位或个人提供担保业务时，可能对自身发展产生不利影响。一旦被担保人不能偿还到期债务，担保人就会因代为承担偿还责任而使自身企业陷入担保怪圈和旷日持久的诉讼拉锯战中。因此，对于担保业务，企业必须慎之又慎，一定要实施严格的内部控制，防范担保业务风险，这对于维护企业权益、促进经营活动顺利进行具有十分重要的意义。

二、担保业务内部控制的总体要求

企业应当依法制定和完善担保业务政策及相关管理制度，明确担保的对象、范围、方式、条件、程序、担保限额和禁止担保等事项，规范调查评估、审核批准、担保执行等环节的工作流程，按照政策、制度、流程办理担保业务，定期检查担保政策的执行情况及效果，切实防范担保业务风险。

（一）健全规章制度，规范担保行为

担保是企业的一项重要法律行为，受《中华人民共和国公司法》《中华人民共和国合同法》《中华人民共和国担保法》等诸多法律法规的约束和规范。因此，企业应当依法制定和完善担保业务政策、业务流程及相关管理制度，严格按照政策、制度、流程办理担保业务。

（二）加强监督管理，防范担保风险

企业应将日常的监督管理作为风险控制的重要手段，对被担保单位实施全面、动态监督。要跟踪监控借款资金的使用情况和资金状况，督促被担保单位按规定用途使用借款资金，按合同约定履行还款义务；在其借款合同履行完毕后，要及时解除担保责任、消除或有负债，从源头和制度上防范担保风险，维护企业利益。

（三）准确核算担保业务，及时披露担保信息

担保业务是企业的或有负债，一旦被担保方无力偿还到期债务，担保方就不得不承担连带责任而负责清偿债务。因此，企业应按照国家统一的会计准则进行担保会计处理，确保所有担保业务记录均能如实反映实际情况，保证账面担保责任与实际担保责任相一致。要将企业的对外担保业务分不同情况在会计报表及其附注中及时、正确、恰当地加以反映，以客观地反映财务状况和经营成果。

任务二 担保业务流程

一、担保业务流程概述

企业办理担保业务，一般包括受理担保申请、调查评估、审批、签订担保合同、担保执行与监督、担保合同终止等流程。具体而言，一是担保申请人提出担保申请；二是担保人对担保项目和被担保人资信状况进行调查，对担保业务进行风险评估；三是担保人根据调查评估结果，结合本企业担保政策和授权审批制度，对担保业务进行审批，重大担保业务应提交董事会或类似权力机构批准；四是担保人依据既定权限和程序，与被担保人签订担保合同；五是担保人切实加强对担保合同的日常管理，对被担保人经营情况、财务状况和担保项目执行情况等进行跟踪监控；六是如果被担保人不能如期偿债，担保人应履行代为清偿义务并向被担保人追偿债务，同时应当按照本企业担保业务责任追究制度，严格追究有关人员的责任。

二、担保业务流程的环节与内容

（一）受理担保申请

受理担保申请是企业办理担保业务的第一道关口。企业收到担保申请人的担保申请后，要由企业财务部门严格按照担保政策和相关管理制度对担保申请人提出的担保申请进行审核。一般而言，对于与本企业存在密切业务关系而需要互保的企业、与本企业有潜在重要业务关系的企业、本企业的子公司及具有控制关系的其他企业等，可以考虑提供担保；反之，则必须十分慎重。如果担保申请人实力较强、经营情况良好、恪守信用，可以考虑接受申请，反之则不应受理；如果担保申请人申请资料完备、情况翔实，可以考虑接受申请，反之不予受理。

（二）调查评估

企业在受理担保申请后，要对担保申请人进行资信调查和风险评估。担保申请人的资信状况主要包括基本情况、资产质量、财务状况、经营情况、信用程度、行业前景等。评估结果应形成书面评估报告，全面反映调查评估情况，为担保决策提供第一手资料。企业对担保申请人出现以下情形之一的，不得提供担保：

（1）担保项目不符合国家法律法规和本企业担保政策的；

（2）已进入重组、托管、兼并或破产清算程序的；

（3）财务状况恶化、资不抵债、管理混乱、经营风险较大的；

（4）与其他企业存在较大经济纠纷，面临法律诉讼且可能承担较大赔偿责任的；

（5）与本企业已经发生过担保纠纷且仍未妥善解决，或不能及时足额交纳担保费用的。

（三）审批

财务部门完成对担保申请人的资信调查和风险评估后，将初步认定符合担保条件的担保申请和评估报告上报有关部门、机构审批。担保审批要严格遵守本企业担保管理制度中规定的审批程序和审批权限，执行担保授权和审批制度；审批机构和审批人要在授权范围内进行审批，不得超越权限审批；企业要建立和完善重大担保业务的集体决策审批制度，明确重大担保业务的判断标准、审批权限和程序。重大担保业务应当报经董事会或类似权力机构批准。

上市公司的重大对外担保，应取得董事会全体成员 2/3 以上签署同意或者经股东大会批准，未经董事会或类似权力机构批准，不得对外提供重大担保。上市公司须经股东大会审核批准的对外担保，包括但不限于下列情形：

（1）上市公司及其控股子公司的对外担保总额，超过最近一期经审计净资产 50％以后提供的任何担保；

（2）为资产负债率超过 70％的担保对象提供的担保；

（3）单笔担保额超过最近一期经审计净资产 10％的担保；

（4）对股东、实际控制人及其关联方提供的担保。

（四）签订担保合同

企业要依据既定权限和程序，与被担保人签订担保合同。担保合同应明确约定担保双方的权利、义务，以及被担保人的违约责任等相关内容，并要求被担保人定期提供财务报告与有关资料，及时通报担保事项的实施情况。

（五）担保执行与监督

在担保有效期内，企业担保经办部门应当加强担保合同的日常管理，定期监测被担保人的经营情况和财务状况，对被担保人进行跟踪和监督，了解担保项目的执行、资金的使用、贷款的归还、财务运行及风险等情况，确保担保合同有效履行。如果被担保人不能如期偿债，企业应履行代为清偿义务并向被担保人追偿债务，同时应当按照本企业担保业务责任追究制度，严格追究有关人员的责任。

（六）担保合同终止

当担保合同到期时，企业要全面清查用于担保的财产、权利凭证，按照合同约定及时终止担保关系。企业应当妥善保管担保合同、与担保合同相关的主合同、反担保函或反担保合同，以及抵押、质押的权利凭证和有关原始资料，切实做到担保业务档案完整无缺。

企业担保业务流程如图 12－1 所示。

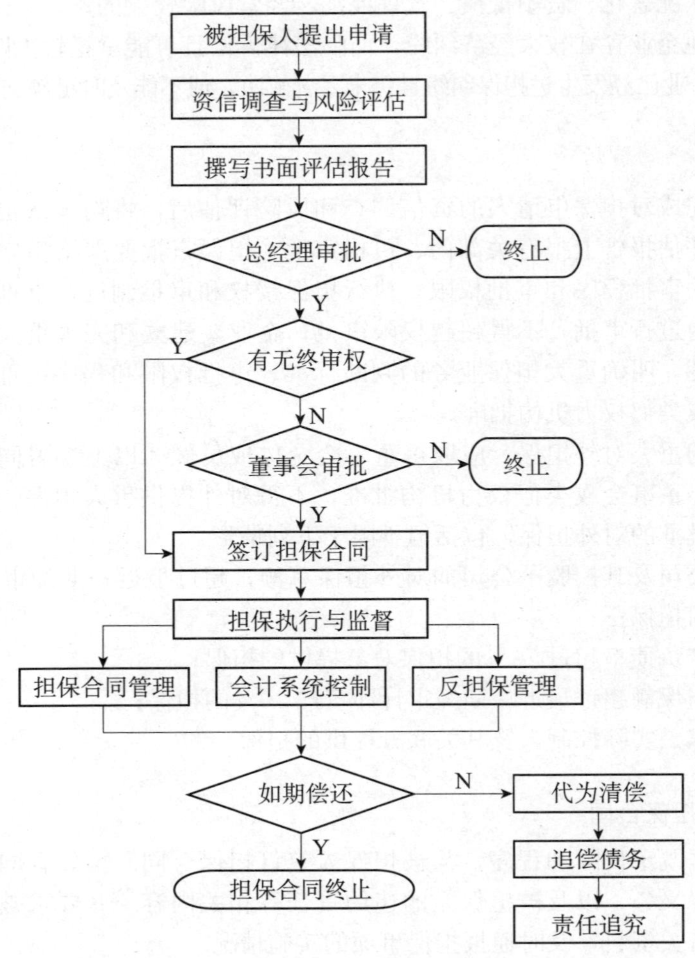

图12-1　担保业务流程图

担保业务主要风险与控制措施

一、担保业务的主要风险

企业办理担保业务至少应当关注下列风险：

（一）担保程序不规范风险

企业缺乏规范的担保制度，或制度不规范、不认真执行；对担保申请人的资信调查不深入、不透彻，对担保项目的风险评估不全面、不科学；审批不严或越权审批，未经授权对外订立担保合同，或者担保合同内容存在重大疏漏和欺诈：这些可能导致企业担保决策失误或遭受欺诈、经济利益和企业信誉受损。

（二）担保业务舞弊风险

在担保业务中存在商业贿赂、串通舞弊等违法违纪行为，可能导致担保业务的经办、审批等相关人员涉案或企业经济利益受损。

（三）担保业务监控管理不力风险

对担保合同履行情况疏于监控或监控不力，对被担保人财务及经营状况监控不力，对被担保人出现财务困难或经营陷入困境等状况不能及时掌握、应对措施不当，可能导致企业不能及时发现和妥善应对被担保人的异常情况，延误处置时机，致使企业为承担相关法律责任，代为清偿债务，而使自身的经济利益受到直接损害。

二、担保业务的关键控制点、控制目标和控制措施

担保业务内部控制的关键控制点、控制目标和控制措施如表 12－1 所示。

表 12－1　担保业务内部控制的关键控制点、控制目标和控制措施

关键控制点	控制目标	控制措施
1. 调查评估	掌握真实情况，得出准确结论	（1）完善担保政策和相关管理制度，并严格执行 （2）委派具备胜任能力的专业人员开展调查和评估，并落实责任制度 （3）与国家法律法规和本企业担保政策相抵触的业务，一律不得提供担保 （4）调查评估人员与担保业务审批人员实行职务分离
2. 审批	审批严格，决策规范	（1）建立和完善担保授权审批制度，并严格执行 （2）认真审查担保申请人的调查评估报告 （3）建立和完善重大担保业务的集体决策审批制度 （4）需要变更担保事项的，应当重新履行调查评估程序和审批手续
3. 签订担保合同	合法、合规，维护企业利益	（1）严格按照经审核批准的担保业务订立担保合同 （2）认真审核合同条款，保证内容完整、表述严谨准确、手续齐备 （3）实行担保合同会审联签制度和合同签字授权制度 （4）加强企业印章管理，严格执行印章使用审批登记制度 （5）规范担保合同的记录、传递、使用和保管 （6）担保合同要准确描述合同条款，明确双方权利义务和违约责任 （7）建立健全担保合同订立及审批管理制度，明确审核、审批程序和所涉及的部门人员及相应权责

续前表

关键控制点	控制目标	控制措施
4. 担保执行与监督	及时掌握被担保人的财务及经营状况	(1) 指定专人定期监控被担保人的经营情况和财务状况，对被担保人进行跟踪和监督 (2) 及时报告被担保人的异常情况和重要信息 (3) 督促被担保人认真履行偿债义务 (4) 及时终结担保责任
5. 代为清偿和权利追索	认真履行合同义务，切实维护企业权益	(1) 按照担保合同承担代偿义务，维护企业诚实守信的市场形象 (2) 运用法律武器向被担保人追索赔偿权利 (3) 切实加强对反担保财产的管理 (4) 严格落实担保业务责任追究制度

三、担保业务的会计系统控制

企业应当建立健全记录担保业务的会计凭证和账簿，正确核算担保业务情况，妥善保管有关担保业务的合同、协议、抵押凭证、质押凭证、会计凭证、收款收据、付款凭证等资料，确保会计记录与实际担保业务的一致性。担保业务的会计系统控制具体措施包括以下四个方面：

（一）准确核算担保业务

企业应按照国家统一的会计准则进行担保业务会计处理，发现被担保人出现财务状况恶化、资不抵债、破产清算等情形的，应当合理确认预计负债和损失；属于上市公司的，还应当区分不同情况依法予以公告。

（二）及时掌握担保信息

健全担保业务经办部门与财务部门的信息沟通机制，促进担保信息的及时、有效沟通；建立担保事项台账，详细记录担保对象、金额、期限、用于抵押和质押的物品或权利以及其他有关事项；同时，及时足额收取担保费用，维护企业担保权益。

（三）加强反担保财产管理

建立健全反担保财产登记账簿，妥善保管被担保人用于反担保的权利凭证，定期核实财产的存续状况和价值，发现问题及时处理，确保反担保财产安全完整。

（四）妥善保管担保业务档案

夯实担保合同基础管理，妥善保管担保合同、与担保合同相关的主合同、反担保函或反担保合同，以及抵押、质押的权利凭证和有关原始资料，做到担保业务档案完整无缺。当担保合同到期时，企业要全面清查用于担保的财产、权利凭证，按照合同约定及时终止担保关系。

案例分析

2000 年 4 月，中国工商银行上海某支行与某住宅开发公司（A 公司，债务人）签订了人民币 800 万元的借款合同，借款期限至同年 11 月。该支行还与某房地产上市公司（B 公司，担保人）签订了担保合同，约定由该房地产公司承担借款债务的连带担保责任。该笔借款到期后，A 公司和 B 公司均未履行还款义务。经催讨不成，原告中国工商银行上海某支行将 A、B 两公司诉至法院。

经查，B 公司是一家上市公司，根据其刊登的年报记载，A 公司是 B 公司的大股东之一，在 1998 年和 1999 年的持股比例分别为 5.02%和 1.37%。2000 年至 2001 年，A 公司陆续将其所持 B 公司的股票抛售完毕。

上海市第二中级人民法院经审理认为：本案的借款合同合法有效，A 公司理应承担清偿债务的民事责任。保证合同的效力和由此产生的民事责任是本案的争议焦点。

依据《中华人民共和国公司法》和《中华人民共和国担保法》的规定："董事、经理以公司资产为本公司股东的债务提供担保属于禁止性法律规定。"法律本身没有对此种担保行为的效力做出例外的规定，并且国家证券监管部门通过发布有关规范性文件明确上市公司不能为其股东提供担保。

因此，就本案而言，在签订担保合同时，A 公司是 B 公司的股东，该担保行为违反了法律的禁止性规定，应当确认无效。同时，由于 B 公司是上市公司，其股东信息已经有效地向社会公开，故中国工商银行上海某支行在审核担保人资格时理应知道 A 公司的股东地位。该支行与 B 公司对担保合同的无效均有过错，B 公司依法应承担民事责任的部分不应超过 A 公司不能清偿部分的 1/2。据此，法院判决 A 公司偿还该支行借款本金人民币 800 万元及相应利息，B 公司对上述借款不能清偿部分承担 50%的赔偿责任。

分析要求：根据内部控制的有关规范和原理，研究本案例，分析企业办理担保业务应当关注哪些风险和事项。

分析提示：担保业务存在巨大的风险。从本案例可以看出，对外担保可能会给公司带来巨大损失，担保合同无效的法律规定不能完全对抗第三人，关联人（如大股东、企业高管）可能利用担保侵害公司利益。《企业内部控制应用指引第 12 号——担保业务》要求企业办理担保业务至少应当关注下列风险：一是对担保申请人的资信状况调查不深、审批不严或越权审批，可能导致企业担保决策失误或遭受欺诈；二是对被担保人出现财务困难或经营陷入困境等状况监控不力、应对措施不当，可能导致企业承担法律责任；三是担保过程中存在舞弊行为，可能导致经办审批等相关人员涉案或企业利益受损。

对担保方来说，担保风险还具有以下特点，需引起注意：

（1）担保业务不在会计账簿上直接反映，具有隐蔽性。

（2）被担保方的经营管理难以监控，风险爆发常常具有突然性。

（3）对担保方的资金影响可能被放大：风险金额超过担保方可承受范围，爆发在担保方经营、资金的困难或短缺时期，多头担保、重复担保、循环担保可能引起连锁反应。

从以上分析来看，担保业务虽然不常发生，但对企业影响巨大，企业进行内部控制时应重点关注。

担保业务控制制度设计

一、担保业务控制制度设计的方法与内容

担保业务控制制度设计是在遵循国家和企业担保业务相关法规制度的基础上，以国家监管部门制定的内部控制规范及其应用指引为依据，结合企业担保业务的实际情况，用系统控制的技术和方法，构建企业自身担保业务内部控制体系的动态过程。

担保业务控制制度设计主要包括现状调研、风险评估和制度设计三大基本环节。根据设计操作需要，在基本流程的基础上，还要设计多层次具体流程，每个具体流程中需明确工作内容、方法、步骤及相应的表单等，要突出担保业务控制制度设计的特色。各环节的工作方法与内容是：

（一）现状调研

制度设计者首先要整理描述企业担保业务相关的内部管理制度或相关文件，梳理担保业务现有业务流程，编制担保业务内部管理制度或相关文件情况表，完成编制担保业务流程目录、绘制担保业务流程图等担保业务控制制度设计的基础性工作。

1. 整理描述制度文件

制度设计者要认真梳理企业现有的控制制度或文件，重点关注有无担保业务方面的相关制度，制度设计是否完善，制度是否得到有效执行，有无具体可控的操作文件或表单等。

2. 梳理描述业务流程

企业担保业务流程因企业不同而不同。《企业内部控制应用指引第12号——担保业务》将担保业务流程界定为调查评估与审批、执行与监控等活动。企业在担保业务控制制度设计时，应将业务范围统一到担保业务应用指引的要求上来。当然，企业担保业务复杂多样，其管理制度、业务流程也千差万别，因此，担保业务控制制度设计在具体业务流程的设计上一定要体现不同企业的自身特点，不能简单地照搬照抄。

3. 确定业务流程目录

在梳理担保业务管理制度和业务流程现状的基础上，制度设计者应根据控制制度设计的要求，编制担保业务流程目录，绘制担保业务流程图。

（二）风险评估

担保业务风险是指担保企业在担保业务运作过程中，因各种不确定性因素的影响而遭受损失的可能性及后果。担保业务风险评估的基本程序为：识别担保业务风险，并进行具体描述；分析担保业务风险，编制担保业务风险分析表；评估担保业务风险，编制担保业务风险评估表；确定担保业务风险应对策略；编制担保业务风险数据库等。

1. 识别并描述风险

评估担保业务风险，首先要识别出担保业务的具体风险，然后整理出整体层面的风险。企业担保业务具体风险是多种多样的，因企业而异。

2. 分析风险

担保业务风险分析涉及的内容很多，一般应从成因和结果两个方面进行，并编制担保业务风险分析表。

3. 评估风险

评估担保业务风险应从可能性和影响程度两个维度进行，根据评估结果进行风险排序或划分等级，并编制担保业务风险评估表。识别出担保业务风险后，就要对风险进行评估，即考查风险发生的概率，衡量风险可能造成的损失程度，明确企业能容忍的最大损失，即承受能力。

4. 选择风险应对策略

担保业务风险应对是根据风险评估结果，针对风险的不同等级选择担保业务风险应对策略的过程。要针对不同等级的风险，相应采取风险规避、风险降低、风险分担和风险承受四种应对策略，并编制担保业务风险应对表。

5. 编制风险数据库

依据担保业务风险评估的结果编制担保业务层面的风险数据库。担保业务风险数据库的基本要素包括业务流程、风险描述、风险分析、风险排序、风险应对策略、剩余风险等，也可以加上内部控制制度设计完成后的控制措施、控制部门或岗位等。

（三）制度设计

担保业务控制制度设计建立在担保业务风险评估的基础上，是担保业务内部控制设计的关键环节。担保业务控制制度设计的基本程序为：确定担保业务关键控制点，明确担保业务控制目标，提出担保业务控制措施，设计担保业务控制证据，优化担保业务控制制度，绘制担保业务控制流程图，编制担保业务控制矩阵。

1. 确定关键控制点

企业在构建与实施担保业务内部控制的过程中，要针对担保业务风险评估结果，确定担保业务的一般控制点和关键控制点，并编制担保业务控制要点表。

2. 明确控制目标

担保业务控制的基本目标是保证担保业务的合法性、安全性、有效性和可靠性，有效控制各种可能发生的风险。各关键控制点的具体控制目标，应根据识别出来的可能存在的具体风险来设计。

3. 提出控制措施

构建担保业务内部控制体系，必须强化对担保业务控制点，尤其是关键控制点的风险控制，并采取相应控制措施。担保业务控制措施要与担保业务相融合，并嵌入担保业务流程当中，主要包括：严格控制担保行为，建立担保决策程序和责任制度；明确担保原则、担保标准和条件以及担保责任等相关内容；加强对担保合同订立的管理；及时了解和掌握被担保人的经营和财务状况，防范潜在风险。

4. 设计控制证据

为使担保业务控制制度能够有效实施，企业需要制定必要的表单，为担保业务过程留下控制证据。担保业务的相关表单很多，包括担保业务风险评估报告、会议记录、抵押登记表、质押登记表、担保合同、担保台账、跟踪管理报告、财务报表附注、风险预警报告、审核意见书、相关决策文件、债权证明、追偿方案等。

5. 优化控制制度

企业要将内部控制的思想、方法和措施嵌入担保业务管理制度中去。由于担保业务具有相对独立性，因此，企业可以制定一个统一的担保业务管理制度，内容至少应明确调查评估与审批、执行与监控等环节的职责和权限。

6. 绘制控制流程图

企业应根据担保业务流程、风险点、控制点及相关控制措施，结合单位实际情况来绘制担保业务控制流程图。尤其是应把担保业务内部控制流程和担保业务流程整合在一起，并在图上标示风险点和控制点。

7. 编制控制矩阵

担保业务控制矩阵是对担保业务流程图中的风险点、控制措施和控制证据等的详细说明与描述，是担保业务控制制度设计结果的集中体现和上述工作的综合汇总，也是企业内部控制管理手册的重要组成部分。

二、担保业务控制制度设计的目标

担保业务控制制度设计的目标要围绕企业内部控制的战略目标、经营目标、资产目标、报告目标和合规目标，根据担保业务内部控制的总体要求来确定。一般而言，担保业务内部控制的基本目标是规范担保业务行为，有效控制担保业务风险，实现担保业务的合法性、安全性和真实性。为此，担保业务控制制度设计应能实现以下控制目标：

（一）确保担保业务的合法性

担保业务是一项法律行为，企业开展担保活动必须符合国家相关法律法规的规定，坚决杜绝违反《中华人民共和国公司法》《中华人民共和国担保法》等法律法规的行为。

（二）确保担保业务的安全性

担保业务充满风险，为了加强风险控制，将风险降至最低，担保业务必须在严格的授权下进行。企业应当建立和完善担保授权审批制度，明确授权批准的方式、权限、程序、责任和相关控制措施，规定各层级人员应当在授权范围内进行审批，不得超越权限审批。

（三）确保担保业务记录的完整性

企业应按照国家统一的会计准则进行担保会计处理，确保所有担保业务记录均能如实反映实际情况，保证账面担保责任与实际担保责任相一致。要建立担保事项台账，详细记录担保对象、金额、期限、用于抵押和质押的物品或权利以及其他有关事项；要切实加强对反担保财产的管理，妥善保管被担保人用于反担保的权利凭证，定期核实财产的存续状况和价值，发现问题及时处理，确保反担保财产的安全完整。

（四）确保担保信息披露的恰当性

企业要健全担保业务经办部门与财务部门的信息沟通机制，促进担保信息的及时、有效沟通。担保业务作为会计上的或有事项，可能会带来或有负债及预计负债，应当分不同情况在会计报表及其附注中及时、正确、恰当地加以反映，以客观地反映财务状况和经营成果。

三、担保业务控制制度设计案例

浙江新农化工股份有限公司对外担保管理制度

（2018 年 4 月修订）

第一章　总　　则

第一条　为了规范浙江新农化工股份有限公司（以下简称公司）对外担保行为，有效控制公司资产运营风险，保证公司资产安全，促进公司健康稳定地发展，根据《中华人民共和国公司法》（以下简称《公司法》）、《中华人民共和国担保法》（以下简称《担保法》）、《中国证券监督管理委员会、国务院国有资产监督管理委员会关于规范上市公司与关联方资金往来及上市公司对外担保若干问题的通知》、《关于规范上市公司对外担保行为的通知》、《深圳证券交易所股票上市规则》（以下简称《股票上市规则》、《深圳证券交易所中小企业板上市公司规范运作指引》等有关法律法规和《浙江新农化工股份有限公司章程》（以下简称《公司章程》）的规定，结合公司实际情况，特制定本制度。

第二条　本制度适用于公司及公司控股子公司（以下简称子公司）。

第三条　本制度所称对外担保是指公司以自有资产或信誉为任何其他单位或个人提供的保证、资产抵押、质押以及其他担保事宜。具体包括借款担保、银行开立信用证和银行承兑汇票担保、开具保函的担保等。

第四条　公司为子公司提供的担保视同对外担保，适用本制度。

第五条　公司对外担保应遵守下列基本规定：

（一）遵守《公司法》《担保法》和其他相关法律法规，并符合《公司章程》有关担保的规定。

（二）遵循平等、自愿、公平、诚信、互利的原则，拒绝强令为他人提供担保的行为。

（三）对外担保由公司统一管理，未经公司董事会或股东大会的批准，公司及子公司不得以任何形式提供对外担保，也不得与任何单位相互担保。

（四）对外担保应当要求被担保人提供反担保等必要的防范措施，且反担保的提供应当具有实际承担能力。

（五）公司独立董事应在年度报告中，对公司累计和当期对外担保情况做出专项说明，并发表独立意见。

第六条　公司控股股东及其他关联方不得强制公司为他人提供担保。

第二章　担保审查与决议权限

第七条　经法定程序审批，公司可以为具有独立法人资格并具有以下条件之一的单位提供担保：

（一）因公司业务需要的互保单位。

（二）与公司具有重要业务关系的单位。

（三）与公司有潜在重要业务关系的单位。

（四）公司控股子公司及其他有控制关系的单位。

以上单位必须同时具有较强的偿债能力，并符合本制度的相关规定。

第八条　虽不符合本制度第七条所列条件，但公司认为需要发展与其业务往来和合作关系且风险较小的申请担保人，经公司董事会或股东大会审议通过后，可以为其提供担保。

第九条　公司应充分调查被担保企业的经营和资信情况，认真审议分析被担保人的财务状况、营运状况、行业前景和信用情况，对信用级别低的企业原则上不予提供担保。公司可以在必要时聘请外部专业机构对担保风险进行评估，以作为董事会或者股东大会进行决策的依据。

第十条　公司下列对外担保行为，应当经董事会审议通过后提交股东大会审议：

（一）单笔担保额超过公司最近一期经审计净资产10%的担保。

（二）公司及子公司的对外担保总额，超过公司最近一期经审计净资产50%以后提供的任何担保。

（三）为资产负债率超过70%的担保对象提供的担保。

（四）连续十二个月内担保金额超过公司最近一期经审计总资产的30%。

（五）连续十二个月内担保金额超过公司最近一期经审计净资产的50%且绝对金额超过5 000万元。

（六）对股东、实际控制人及其关联人提供的担保。

（七）深圳证券交易所或《公司章程》规定的其他担保情形。

股东大会在审议为股东、实际控制人及其关联方提供担保议案时，该股东或受该实际控制人支配的股东，不得参与该项表决，该项表决由出席股东大会的其他股东所持表决权的半数以上通过。股东大会审议前款第（四）项担保事项时，应当经出席会议的股东所持表决权的三分之二以上通过。

第十一条　上述担保事项应当先经董事会审议通过后，再提交股东大会审议通过，除了需公司股东大会审议通过的担保事项，公司对外提供的其他担保应当由董事会审议通过。

董事会对对外担保事项做出决议时，必须经出席董事会会议的三分之二以上通过并经全体独立董事三分之二以上同意。

第三章　对外担保的日常管理与风险管理

第十二条　对外担保应当订立书面合同，合同事项必须完整、明确，符合相关法律法规。

担保合同及相关原始资料应按公司内部管理规定妥善保管，并及时通报董事会秘书和财务部门。

第十三条　公司财务部为公司担保的日常管理部门，应及时跟踪被担保企业的经济运行情况，并定期通报公司担保的实施情况。

第十四条　公司财务部建立对外担保档案制度，对担保合同、资料及时进行清理检查，并定期与银行等相关机构进行核对，保证存档资料的完整、准确、有效，关注担保的时效、期限。

公司在合同管理过程中发现未经董事会或者股东大会审议通过的异常担保合同的，应当及时向董事会、监事会报告并公告。

第十五条　公司应当指派专人持续关注被担保人的情况，收集被担保人最近一期的财务资料和审计报告，定期分析其财务状况及偿债能力，关注其生产经营、资产负债、对外担保以及分立合并、法定代表人变化等情况，建立相关财务档案，定期向董事会报告。

公司所担保债务到期时，相关部门应当积极督促被担保人在十五个工作日内履行偿债义务。若出现被担保人债务到期后十五个工作日内未履行还款义务，或是被担保人经营状况严重恶化，发生公司解散、分立、破产、清算，债权人主张担保人履行担保义务等情况，公司财务部等相关部门应及时了解被担保人的债务偿还情况，告知公司董事长、总经理和董事会秘书，并执行反担保措施。

第十六条　担保债务到期后需展期并需继续由公司提供担保的，应作为新的对外担保，重新履行担保审批程序和信息披露义务。

第十七条　公司为债务人履行担保义务后，应当采取有效措施向债务人追偿。

第四章　责任追究

第十八条　公司董事、监事、总经理、其他高级管理人员以及子公司负责人违反法律法规、规范性文件或本制度规定，擅自越权签订担保合同或怠于行使其职责，对公司利益造成损害的，应当追究当事人的责任。

第十九条　公司全体董事应当严格按照本制度、相关法律法规、规范性文件的规定审核公司对外担保事项。

第二十条　公司担保合同的审批决策机构或人员、管理部门的有关人员，由于决策失误或工作失职，发生下列情形者，应视具体情况追究责任：

（一）在签订、履行合同中，因严重不负责任被欺诈，致使公司利益遭受严重损失的。

（二）在签订担保合同中徇私舞弊，致使公司财产重大损失的。

第二十一条　因担保事项而造成公司经济损失时，应当及时采取有效措施，减少经济损失的进一步扩大，降低风险，查明原因，依法追究相关人员的责任。

第五章　对外担保的信息披露

第二十二条　公司必须严格按照《股票上市规则》和《公司章程》等有关规定，及时履行对外担保的信息披露义务。

第二十三条　如果被担保人于债务到期后十五个工作日内未履行还款义务，或者被担保人出现破产、清算或其他严重影响其还款能力的情形，公司应当及时予以披露。

第二十四条　公司应采取必要措施，在担保信息未依法公开披露前，将信息知情者控制在最小范围内。任何依法或非法知悉公司担保信息的人员，均负有当然的保密义务，直至该信息依法公开披露之日，否则将承担由此引致的法律责任。

第六章　附　　则

第二十五条　本制度未尽事宜，依照国家有关法律法规、规范性文件以及《公司章程》的有关规定执行。本制度与有关法律法规、规范性文件以及《公司章程》的有关规定不一致的，以有关法律法规、规范性文件以及《公司章程》的规定为准。

第二十六条　本制度经公司股东大会审议通过后生效施行，修改时亦同。

第二十七条　本制度由公司董事会负责解释。

浙江新农化工股份有限公司董事会

2018年5月8日

【能力训练】

一、知识巩固

（一）单选题

1. 担保是指企业作为担保人，按照公平、自愿、互利的原则与债权人约定，当债务人不履行债务时，依照法律规定和合同协议承担相应（　　）的行为。

A. 担保承诺　B. 合同条款　C. 法律责任　D. 担保责任

2. 企业办理担保业务，一般包括受理担保申请、（　　）、审批、签订担保合同、担保执行与监督、担保合同终止等流程。

A. 可行性研究　B. 书面报告　C. 签字　D. 调查评估

3. 担保申请人的资信状况主要包括基本情况、资产质量、财务状况、经营情况、（　　）、行业前景等。

A. 企业规模　B. 盈利能力　C. 信用程度　D. 资产负债率

4. 担保合同到期时，企业要全面清查用于担保的财产、（　　），按照合同约定及时终止担保关系。

A. 权利凭证　B. 财务报表　C. 会计报表　D. 会计账簿

（二）多选题

1. 担保业务内部控制的总体要求包括（　　）。

A. 健全规章制度，规范担保行为

B. 加强监督管理，防范担保风险

C. 严格绩效管理，提高担保效益

D. 准确核算担保业务，及时披露担保信息

2. 担保申请人出现（　　）情形之一的，企业不得为其提供担保。

A. 担保项目不符合国家法律法规和企业担保政策的

B. 已进入重组、托管、兼并或破产清算程序的

C. 财务状况恶化、资不抵债、管理混乱、经营风险较大的

D. 与其他企业存在较大经济纠纷，面临法律诉讼且可能承担较大赔偿责任的

3. 上市公司须经股东大会审核批准的对外担保，包括但不限于（　　）等情形。

A. 对外担保总额，超过最近一期经审计净资产 30%以后提供的任何担保

B. 为资产负债率超过 70%的担保对象提供的担保

C. 单笔担保额超过最近一期经审计净资产 10%的担保

D. 对股东、实际控制人及其关联方提供的担保

4. 企业办理担保业务至少应当关注的风险包括（　　）。

A. 担保程序不规范风险　B. 担保业务舞弊风险

C. 担保业务监控管理不力风险　D. 担保业务战略性风险

（三）判断题

1. 担保一般有口头担保和书面担保，二者具有相同的法律效力。（　　）

2. 上市公司的重大对外担保，应取得董事会全体成员 2/3 以上签署同意或者经股东大会批准。（　　）

3. 上市公司须经股东大会审核批准的对外担保，不包括对股东提供的担保。（　　）

二、案例分析

联合公司法定代表人蔡铭至今仍在为自己的无知受骗而万分痛苦。他只是为“朋友”申请的贷款仗义担保，最终联合公司却为此付出 750 万元的高昂代价，食下了盲目担保的苦果。

“只是履行一下形式而已。”这就是东海公司法定代表人张斐给联合公司法定代表人蔡铭吃的“定心丸”。张斐为了向银行申请贷款，找到了熟人蔡铭，请联合公司为其担保。蔡铭不假思索爽快地在张斐带来的格式担保合同上签字、盖章。银行向东海公司发放贷款 700 万元。张斐将这笔钱投进了期货市场，最后血本无归。

因无钱归还贷款，张斐向蔡铭提出了续保要求，蔡铭又签下了担保书；银行以借新还旧的方法，重新发放了 750 万元贷款，将其中的 700 万元用于归还旧贷款。到贷款期满，张斐仍然没钱归还借款。银行将东海公司和联合公司告上法庭，这时东海公司已经关门大吉，张斐也下落不明。法院依法判决联合公司对东海公司 750 万元的借款承担连带清偿责任。蔡铭觉得冤枉，但法律无情。

【分析要求】根据内部控制的有关规范和原理，分析蔡铭为什么会落入“担保陷阱”。

三、复习思考

1. 什么是担保业务？担保业务至少应当关注哪些风险？
2. 简述担保业务内部控制的总体要求。
3. 根据担保业务的有关规定，企业对担保申请人出现的哪些情形，不得提供担保？
4. 简述担保审批环节的控制目标和主要控制措施。
5. 简述担保业务控制制度设计的目标。

参考文献

［1］张长胜．企业内部控制．北京：北京大学出版社，2012.

［2］张长胜．企业全面预算管理．2版．北京：北京大学出版社，2013.

［3］方红星，池国华．内部控制．大连：东北财经大学出版社，2011.

［4］企业内部控制编审委员会．企业内部控制配套指引解读与案例分析．上海：立信会计出版社，2010.

［5］刘永泽，池国华．企业内部控制制度设计操作指南．大连：大连出版社，2011.

［6］蒙丽珍．内部控制与风险管理．大连：东北财经大学出版社，2011.

［7］张庆龙，聂兴凯，彭志国．企业内部控制建设与评价．北京：经济科学出版社，2011.

［8］李敏．企业内部控制规范．上海：上海财经大学出版社，2011.

［9］王保平．企业内部控制操作实务与案例分析．北京：中国财政经济出版社，2010.

图书在版编目（CIP）数据

企业内部控制实务/张长胜主编．--2版．--北京：中国人民大学出版社，2020.3
21世纪高职高专规划教材．会计系列
ISBN 978-7-300-28004-2

Ⅰ.①企… Ⅱ.①张… Ⅲ.①企业内部管理－高等职业教育－教材 Ⅳ.①F272.3

中国版本图书馆CIP数据核字（2020）第049666号

21世纪高职高专规划教材·会计系列
企业内部控制实务（第2版）
主　编　张长胜
副主编　林树良　娄秀玲　黄巧莉
Qiye Neibu Kongzhi Shiwu

出版发行	中国人民大学出版社		
社　　址	北京中关村大街31号	**邮政编码**	100080
电　　话	010－62511242（总编室）		010－62511770（质管部）
	010－82501766（邮购部）		010－62514148（门市部）
	010－62515195（发行公司）		010－62515275（盗版举报）
网　　址	http://www.crup.com.cn		
经　　销	新华书店		
印　　刷	北京溢漾印刷有限公司	**版　　次**	2014年10月第1版
规　　格	185 mm×260 mm　16开本		2020年3月第2版
印　　张	22插页1	**印　　次**	2020年3月第1次印刷
字　　数	483 000	**定　　价**	45.00元

信息反馈表

尊敬的老师：

您好！为了更好地为您的教学、科研服务，我们希望通过这张反馈表来获取您更多的建议和意见，以进一步完善我们的工作。

请您填好下表后以电子邮件、信件或传真的形式反馈给我们，十分感谢！

一、您使用的我社教材情况

您使用的我社教材名称			
您所讲授的课程		学生人数	
您希望获得哪些相关教学资源			
您对本书有哪些建议			

二、您目前使用的教材及计划编写的教材

您目前使用的教材	书名	作者	出版社
您计划编写的教材	书名	预计交稿时间	本校开课学生数量

三、请留下您的联系方式，以便我们为您赠送样书（限1本）

您的通信地址			
您的姓名		联系电话	
电子邮箱（必填）			

我们的联系方式：

地　址：苏州工业园区仁爱路158号中国人民大学苏州校区修远楼

电　话：0512-68839320　　传　真：0512-68839316

E-mail：huadong@crup.com.cn　　邮　编：215123

网　址：www.crup.com.cn